Mauersegler

Für Pawly,

der meine Geschichte hören wollte

Werner Ullrich

Mauersegler

Heimat an fernen Wassern

Roman

Impressum
Herausgeber: © 2020 Copyright by Werner Ullrich
Texte: © Copyright by Werner Ullrich
Umschlag: Sabine Fenner, Elmshorn
Bild Umschlag: Gidon Pico, Israel
Bild Klappe: Free-Photos (Pixabay)

Druck: epubli - ein Service der neBapubli GmbH, Berlin

INHALT

Prolog

6

An fernen Wassern

8

Gefangenschaft

128

Heimkehr

268

Märchen hinterm Stacheldraht

343

Prolog

»Nowadays I'm lost between two shores«
Neil Diamond: »I am … I said«

Es gibt zwei Menschen in meinem Leben, die mir zeitlebens rätselhaft geblieben sind, obwohl ich mit ihnen auf engstem Raum zusammengelebt habe.

Der eine war mein Onkel. Ich begegnete ihm zum ersten Mal, als er aus russischer Kriegsgefangenschaft heimkam, im Frühjahr 1947, da war ich fünf Jahre alt. Er bot einen jämmerlichen Anblick in seiner schlotternden Kleidung, körperlich war er in schlechter Verfassung, und was seinen Seelenzustand betraf, war es sicher noch schlechter um ihn bestellt. Umso erstaunlicher waren seine Späße, die er mit meinen Brüdern und mir machte. Allerdings habe ich sie damals nicht verstanden, und auch später konnte ich nicht über seine Witze lachen. Er hingegen amüsierte sich köstlich, wenn er uns schockierte, aber sein Lachen klang nicht echt.

Mein Onkel war viel zu früh, mit nicht einmal zwanzig, in den Krieg gezogen und als junger Mann in russische Gefangenschaft geraten. Über diese Zeit hat er nie gesprochen. Er blieb für mich geheimnisvoll, unnahbar, und dabei hatte ich das Gefühl, er mochte mich von meinen Brüdern am liebsten. Meinen Fragen ist er dennoch stets ausgewichen.

Der andere rätselhafte Mensch war meine ostpreußische Schwiegermutter, die mir sehr nahestand. Auch sie war Opfer des Krieges, in dem sie ihre Heimat verloren hatte. Im Gegensatz zu meinem Onkel hat sie versucht, ihr Schicksal zu meistern. Sie erzählte immer wieder von ihrer Heimat Ostpreußen. Ihre Gedanken, die Bilder in ihrem

Kopf weilten noch im Memelland. Ich weiß nicht, wie sie es geschafft hat, in Norddeutschland zu leben, ohne dort jemals heimisch zu werden. Auch an ihrem Dialekt und am ostpreußischen Wortschatz hat sie zeitlebens festgehalten, ebenso an ostpreußischen Gerichten, die sie unvergleichlich schmackhaft zubereiten konnte, zur großen Freude meiner Frau, unserer beiden Kinder und mir.

Ich habe im Laufe meines Lebens viele Vertriebene getroffen, bei keinem habe ich eine derart fest verwurzelte Liebe zur Heimat gefunden wie bei ihr. Es lag nicht in ihrer Absicht, mich mit ihren großen oder kleinen Geschichten zu verzaubern. Aber wahrscheinlich war das der Grund, dass mir Ostpreußen über die Jahre wie ein verlorenes Paradies erschien. Und noch etwas hat sie erreicht, wofür ich ihr dankbar bin: Mein Heimatbegriff hat durch sie eine weitere Dimension erhalten.

Beide Menschen haben mir auf unterschiedliche Weise Rätsel aufgegeben, denen ich auf die Spur kommen wollte. So habe ich mich auf eine Reise in die Vergangenheit begeben, und als ich zu schreiben begann, merkte ich, wie die Worte ihre eigene Dynamik entwickelten und eine Geschichte hervorbrachten, die ich schon lange in meiner Phantasiewelt entworfen hatte.

An fernen Wassern

1

Portugal, August 2006

Der Tag begann wie jeder andere. Vertraute Rituale am Morgen, beim Frühstück. Das kleine Dorf, versunken im Schweigen. Nächtliches Hundegebell, letzte Hähne, verstummt. Der Klangraum über dem Tal gehörte den Vögeln, deren Stimmen die Stille durchdrangen, als wären sie an Verstärker gekoppelt. Ein Tag, der gleichförmig dahinfloss, wie ein Fluss im trägen Bett, nicht ahnend, dass ein Wasserfall vor ihm lag, der seinen Lauf abrupt verändern sollte.

Vormittags gingen sie zu den Briefkästen, die neben dem provisorischen Bushäuschen am Fuße des Hügels angebracht waren, alle mit einer Nummer versehen. In den abgelegenen Dörfern der Algarve wurde die Post immer noch auf diese Weise ausgeliefert. Meistens war ihre Box leer, oder es war nur ein Werbezettel eingeworfen worden.

Heute zog der Großvater einen Brief heraus, der an seinen Enkel adressiert war, in großen Druckbuchstaben stand sein Name „Robin" auf der Vorderseite, nicht zu übersehen und gut lesbar, auch für ihn. Der Großvater wusste, dass er seinen Namen erkennen würde, obwohl er noch nicht zur Schule ging.

Er wendete den Brief und las den Absender, zunächst leise, für sich, Leenja Nowak, dann laut. „Leenja Nowak ... von deiner Mama", sagte er, während er den künstlerischen Schriftzug seiner Tochter bewunderte. Robin wollte sofort wissen, was seine Mutter geschrieben hatte, und so schlitzte der Großvater den Briefumschlag mit seinem

Taschenmesser auf und begann zu lesen, während sie den Hügel zum Haus hinaufstiegen und zum Frühstücksplatz zurückkehrten.

Sie saßen schon eine Weile schweigend nebeneinander, oben auf dem Hügel, im Rücken die dicke Steinwand des Bauernhauses, die sie vom Dorf abschirmte, vor ihnen der steil abfallende Hang, übersät mit wildem Hafer, der in der Morgensonne golden schimmerte. Jetzt im Spätsommer waren Gräser und Klee vertrocknet, wilder Fenchel, Agaven und Olivenbüsche setzten mattgrüne Farbtupfer in die gelbe, verbrannte Fläche, ein Bild wie ein Aquarell. Der Großvater liebte dieses Farbenspiel, das ihn an die ostpreußischen Getreidefelder seiner Kindheit erinnerte, blau-rot gesprenkelt mit Kornblumen und Mohn.

In die Stille hinein ertönte die Stimme des Enkels, die ihn aus seinen Träumen holte.

„Warum habt ihr sie Leenja genannt?"

Er spürte ein Kribbeln auf der Haut, ein sicheres Zeichen dafür, dass er überrumpelt war. Er kannte dieses Gefühl, wenn sich alle Antennen hilfesuchend nach innen richteten.

Insgeheim hatte er damit gerechnet, dass sein Enkel ihn eines Tages nach seiner Vergangenheit fragen würde, neugierig wie er war, alles Mögliche hatte er erwartet. „Warst du ein guter Sportler? Wann hast du schwimmen gelernt?" oder „Bist du Soldat gewesen?", aber nicht diese eine Frage, die voll ins Zentrum traf. „Warum habt ihr sie Leenja genannt?" Nur sechs Worte, die eine Lawine von Erinnerungen auslösten.

Sie hallten lange nach, schwebten in der Luft wie auf Vogelschwingen. Nun waren sie ausgesprochen und ließen sich nicht mehr aufhalten, sie kannten ihren Weg ins Innere des Großvaters, wie Zugvögel, die ihr Ziel niemals verfehlen. Einige verflüchtigten sich auf der Reise in die Vergangenheit, der Name „Lenya" blieb, traf ihn mitten ins Herz. Sein Enkel musste gespürt haben, dass sich ein Geheimnis dahinter verbarg … und nun diese Frage.

Er schaute den Abhang hinab zum kleinen Gebirgsbach, der die Grundstücksgrenze markierte. Zur Regenzeit führte er reichlich Wasser, sodass sein Rauschen deutlich zu hören war. Heute ließen sich nur Teilstücke des ausgetrockneten Bachbetts ausmachen. Wenn man sich an den abgeblühten Oleanderbüschen orientierte, die den Bachlauf einrahmten, entdeckte man vereinzelte Felsbrocken, die von den Fluten über Jahrhunderte ausgewaschen waren.

Rechter Hand ragte eine steile Wand aus Felsgestein und hellbraunem Lehm empor, die im oberen Teil eine Vielzahl kleiner Löcher aufwies, ideale Nistplätze für eine ganze Kolonie von Mauerseglern, die den Sommer über an der Algarve heimisch waren.

„Einen besseren Brutplatz hätten sie nicht finden können", dachte der Großvater und meinte damit auch seinen idealen Aussichtspunkt vom gegenüberliegenden Hügel aus.

Er fühlte sich manchmal wie auf einem Hochsitz, wenn die Vögel unter ihm das Tal entlangsegelten, dessen gute Thermik sie nutzten. Nicht selten flogen sie so nah an ihm vorbei, dass er sich einbildete, sie würden eine Flugschau veranstalten, für ihn ganz allein. Es waren elegante Segler dabei, Schwalben, Feigenvögel, vereinzelt auch Kraniche oder Reiher. Am meisten aber bewunderte er die Mauersegler, die alle anderen in ihrer Flugkunst übertrafen. Heute musste er nach oben schauen, um sie ausfindig zu machen. Unterhalb der Kumuluswolken erblickte er einen Schwarm seiner Lieblinge, unverkennbar mit ihren sichelartigen Flügeln. Er wusste, dass sie an warmen Tagen bei ihrer Nahrungssuche sehr hoch fliegen mussten, um die kleinen Beutetiere zu jagen, die von der aufsteigenden Thermik hochgesogen wurden. An der gegenüberliegenden Felswand konnte er keine Vögel mehr erspähen, auch nicht durchs Fernrohr. Ende Juli war die Fütterungszeit vorüber. „Es wird nicht mehr lange dauern, bis sie ihren Rückflug ins afrikanische Winterquartier antreten", dachte der Großvater, als er die Frage seines Enkels aufgriff.

Es gab einen Teil in seiner Vergangenheit, die Paul Schlokat ruhen lassen wollte, Erlebnisse, die mit dem Krieg zusammenhingen. Er hatte sie verdrängt, wie hinter einer Nebelwand verborgen. In letzter Zeit allerdings passierte es ihm häufiger, dass seine Gedanken sich plötzlich in diese vergessene Zeit verirrten, und dann sah er Bilder ganz deutlich vor sich, wie am Morgen, als er durch das Summen einer einzelnen Mücke an die mörderischen Schwärme in Sibirien erinnert worden war.

Es dauerte eine Ewigkeit, bis der Großvater sein Erstaunen über die sonderbare Frage des Enkels überwunden hatte, und je länger er in die Stille hineinhorchte, umso klarer wurde ihm, dass es keine einfache Antwort geben würde. Während er nach passenden Worten suchte, verweilte sein Blick auf den am Himmel schwebenden Mauerseglern, und ein vertrautes Gefühl von Freiheit stellte sich bei ihm ein, wie so oft, wenn er diese außergewöhnlichen Vögel beobachtete. Und noch etwas wurde ihm klar: Sie waren eine wichtige Verbindung zu seiner sibirischen Vergangenheit.

Er zeigte zum Himmel, als er sich seinem Enkel zuwandte, dessen Namen er wie das englische Wort „robin" für Rotkehlchen aussprach, weil er seine Nähe suchte wie der kleine, zutrauliche Vogel.

„Robin, siehst du die Vögel dort oben?"

„Na klar! Du weißt doch, Bapu, ich habe Adleraugen!"

Erwartungsvoll schaute Robin seinen Großvater an, der nicht so recht wusste, wie er seine Geschichte beginnen sollte.

„Für mich sind es besondere Vögel. Heute kannst du sehen, warum sie Mauersegler heißen, sie schlagen kaum mit den Flügeln, schweben einfach auf der Luft, als würden sie segeln. Ich liebe diese Vögel. Wenn ich ihnen lange genug zuschaue, bilde ich mir ein, ich könnte frei sein wie ein Vogel und überall hinfliegen. Ich liebe sie umso mehr, weil sie mich an Lenya erinnern." Und nach einer kleinen Pause fügte er hinzu: „Und damit meine ich nicht deine Mutter."

Nun war es heraus, er hatte den Namen „Lenya" ausgesprochen, so wie er ihn unzählige Male gesagt oder geträumt hatte, immer mit einem russischen Akzent. Robin hatte den Unterschied sofort bemerkt. Wenn der Großvater von seiner Tochter, also seiner, Robins, Mutter, sprach, war der Klang ein anderer, heller, mit einem langen „e", während es sich eben wie ein lang gezogenes „ä" angehört hatte.

„Es gibt keinen besseren Ort, um die ganze Geschichte zu erzählen, als dieses kleine Dorf in den Hügeln zwischen Algarve und Alentejo", dachte der Großvater. „Es erinnert mich in vielem an das Dorf in Sibirien, wo ich Lenya begegnet bin. Das wird es mir leichter machen, meinem Enkel davon zu erzählen."

Es gab Augenblicke, da erschien es ihm unwirklich, dass er dieses Fleckchen Land gefunden hatte. Es ging alles so berauschend schnell mit dem Kauf des Bauernhauses vor drei Jahren und danach mit dem Ausbau durch einen jungen portugiesischen Bauunternehmer, den er schon vor Unterzeichnung des Kaufvertrages zufällig getroffen hatte, mit dem er sich bestens verstand und der seine Ideen kreativ umsetzte. Alles fügte sich ineinander, wie in einem Traum. Selten zuvor war er so fest davon überzeugt gewesen, einen Schutzengel zu haben. Er glaubte an geheime Mächte im Himmel, an jemanden, der ihn führte, sodass sich alles, was er machte, richtig anfühlte.

Das Dorf und seine wenigen Bewohner hatte er auf Anhieb ins Herz geschlossen, sie erfreuten sich mit ihm an den Baufortschritten und versorgten ihn mit frischen Eiern und Gemüse, während seine Frau, die er in den ersten Monaten nicht auf die Baustelle mitgenommen hatte, das neue Projekt aus der Ferne verfolgte.

Als sie ihn im zweiten Jahr begleitete und er sie im Dorf herumführte, war er überrascht, wie gut sie sich mit den Einheimischen verständigen konnte, obwohl sie nur wenige Worte Portugiesisch sprach. Jula brauchte nicht viele Worte, sie hatte ein sprechendes Gesicht, und ihr Lachen war ansteckend. Er wunderte sich daher nicht, dass die neuen Nachbarn sie mit offenen Armen aufnahmen.

Seine Tochter würde er Leenja nennen, das wusste Paul schon, lange bevor er seine Frau kennengelernt hatte. Bei der Geburt des ersten Kindes, eines Jungen, überließ er es ihr, einen Namen zu finden. Bei der zweitgeborenen Tochter hatte er die Initiative ergriffen. Jula hatte sich zunächst gewundert über seine klare Vorstellung, es durfte nur dieser eine Name sein. Keiner ihrer Vorschläge fand seine Zustimmung, da konnte sie noch so viele Namen ins Feld führen, er blieb bei seiner Wahl. Als sie keine Ruhe geben wollte, schlug Paul einen Doppelnamen vor. Das war aber nicht der springende Punkt, sie wollte nur wissen, warum er so auf den Namen fixiert war. Es half nichts, er musste ihr von seinem Überlebenskampf in russischer Gefangenschaft berichten, zumindest Bruchstücke preisgeben. Es fiel ihm schwer, über diese Phase seines Lebens zu sprechen. Und obwohl er sonst alles mit Jula bereden konnte, blieb er selbst ihr gegenüber verschlossen und flüchtete sich in vage Andeutungen.

Nun, nachdem mehr als 40 Jahre vergangen waren seit Leenjas Geburt, hatte Enkel Robin die Tür aufgestoßen, die zu den verborgenen Geschichten seiner Kindheit und Jugendzeit führten. Er wusste, wo er beginnen würde. So nahm er Robins Hand und zeigte ins Tal.

„Geh ins Haus und sag Moma, dass wir zum Fluss gehen."

Der Großvater holte den Wanderstock und wartete am Eingangstor. Robin kam aus der Küche geflitzt, wie immer mit seinem Kescher bewaffnet, obwohl der Fluss kein Wasser führte.

Als sie durch die Pforte gingen, blickte Paul sich noch einmal um. Jula stand auf der Küchenterrasse und winkte ihnen nach. Eigentlich stand sie nicht. Es sah aus, als würde sie beim Winken tanzen, ihr ganzer Körper war in Bewegung. Es faszinierte ihn noch immer, wenn sie sich so unbeschwert bewegte wie bei ihrer ersten Begegnung, als er sich auf der Stelle in sie verliebt hatte.

Er warf ihr eine Kusshand zu und zog die schwere Stahltür ins Schloss. Am Bushäuschen vorbei gingen sie weiter auf einem felsigen Weg bergab, direkt am Hausbach entlang, der hier in den Fluss mündete. Riesige Schilfhalme bildeten einen Torbogen, den sie passierten, ehe sie das steinige Flussbett betraten. Ein Meer aus glatt geschliffenen Steinen in allen Größen und Farben lag vor ihnen. Sie wandten sich nach rechts zu ihrem Lieblingsplatz, einem großen Felsbrocken, der ihnen beiden Platz bot.

Robin legte seinen Kescher ab und begann nach passenden Steinen, mit denen er werfen konnte, zu suchen. Nach einer Weile kehrte er zum Großvater zurück, der es sich auf dem Felssitz bequem gemacht hatte. Der Fluss mit seinem Schilfgürtel schirmte sie von allem ab, und obwohl das Dorf so nahe lag, hatten sie das Gefühl, in der Wildnis zu sein, weit weg von jeglicher Zivilisation. Es war ein guter Platz für geheime Geschichten.

Er schaute in Robins Gesicht, sah seine runden, blauen Augen, Julas Augen, die ihn neugierig fixierten, und plötzlich fiel ihm ein, wie er seine Geschichte beginnen würde. Sein Blick schweifte zum verlassenen Gehöft oberhalb des Flusses. Die kompakten niedrigen Steinmauern duckten sich schutzsuchend in den Hang. Das einzige Gebäude, das er von hieraus sehen konnte. Ihn faszinierte die frappierende Ähnlichkeit mit dem sibirischen Steinhaus. Lenyas Haus.

„Weißt du, was ein Schutzengel ist?", fragte er unvermittelt, und als Robin ihn ungläubig ansah, fuhr er fort.

„Während meiner Kindheit habe ich nicht an Schutzengel geglaubt. Heute weiß ich, dass es sie gibt und dass sie manchmal sogar auf die Erde kommen, um dich besser beschützen zu können. Ich hatte solch einen Schutzengel in Sibirien … Lenya … von ihr werde ich dir erzählen und davon, wie sie mir das Leben gerettet hat. Lenya ist vor drei Jahren gestorben, kurz nachdem ich das portugiesische Haus gefunden hatte. Als ich die Kolonie der Mauersegler entdeckte, wurde mir klar, dass dies kein Zufall war. Seitdem erinnern mich die Vögel täglich daran, die Geschichte von Lenya zu erzählen. Es ist eine lange Geschichte, die bis in meine Kindheit zurückreicht."

Er ließ seine Augen über das ausgetrocknete Flussbett wandern. Wenn er es in Gedanken mit Wasser füllte und sich die Hügel wegdachte, sah er den Fluss seiner Kindheit vor sich, der ebenso wie dieser in einer großen Schleife ums Dorf herumlief, so als wollte er es beschützen.

2

Ostpreußen, September 1931

Als Kinder waren sie unzertrennlich, Bruno und Paul. Sie mussten nur wenige Meter zurücklegen, über die Parkstraße hinweg, und schon waren sie beisammen. Paul wohnte im letzten Haus der Parkstraße, Bruno im ersten der Tilsiter Straße, Nummer 4, direkt am Ufer der Alten Gilge. Sie waren gleichaltrig und nutzten das letzte Jahr vor der Einschulung für Abenteuer. Die Umgebung des kleinen Städtchens wollten sie erkunden, und das konnten sie fast ungestört, seit die Sommerferien zu Ende waren, und die älteren Kinder wieder in die Schule mussten. Das Glück war auf ihrer Seite, der Sommer hatte die Elchniederung fest im Griff. Die Sonne war ihr ständiger Begleiter, so als wollte Petrus ihnen das verbleibende Jahr ohne schulische Pflichten unvergesslich einbrennen.

Schon Ende August gab es dafür erste Anzeichen. Die Störche sammelten sich nicht wie sonst um diese Zeit auf den Wiesen, um bei günstiger Thermik ihren Vogelzug vom nördlichen Ostpreußen bis ins südliche Afrika anzutreten. Offenbar fühlten sie, dass es im September noch ausreichend schönes Wetter geben würde, optimale Bedingungen, die sie für ihren langen Flug brauchten.

Das Gespür der Vögel bewahrheitete sich. In diesem Jahr erlebten die Einwohner von Kuckerneese einen Spätsommer, der fast den ganzen September andauerte. Die Badestellen an der Alten Gilge, die in zwei großen Schleifen am Ort vorbeifloss, waren belebt wie im Hochsommer, besonders an den Wochenenden, wenn selbst die Erwachsenen eine Abkühlung suchten, oder nach Schulschluss, wenn die älteren Kinder auftauchten.

Vormittags jedoch gehörte der Fluss den beiden Freunden, die sich in den Kopf gesetzt hatten, die Welt zu erobern wie einst Tom Sawyer und Huckleberry Finn. Jeden Morgen gleich nach dem Frühstück rannte Paul barfuß aus dem Haus, nur mit Badehose bekleidet. Den Beutel mit Hemd, Handtuch und Shorts musste ihm seine Mutter manches Mal hinterhertragen, er vergaß ihn regelmäßig, so eilig hatte er es. Bruno erwartete ihn meist an der Gartenpforte, auch er mit nacktem Oberkörper.

Heute war nicht viel von ihm zu sehen, nur die Füße ragten über den Rand eines riesigen Schlauches, in dem er es sich bequem gemacht hatte. Diesen schwimmenden Reifen nahmen sie stets mit, wenn sie zum Baden gingen, sie sprachen stolz von ihrem „Floß", das ihr treuer Gefährte an diesen unbeschwerten Tagen war.

Brunos Vater hatte den Schlauch eines ausrangierten Treckerreifen bei der Staatsdomäne ergattert und die Kinder an einem der ersten Sommertage damit überrascht, nachdem sie ihm stolz ihre Schwimmkünste vorgeführt hatten. Heimlich, unter Anleitung von Brunos älterem Bruder Gustav, übten sie so lange, bis sie schließlich allein den Fluss überqueren konnten. Damit überraschten sie den Vater, der vom Ufer aus staunend zusah, wie sie Seite an Seite ans andere Ufer schwammen und wieder zurück.

Die wenigen Meter bis zur Badestelle rollten sie das Riesenrad, indem jeder an seiner Seite abstützte. Wenn sie unterschiedlich stark drückten, manchmal aus reinem Übermut, kam es vor, dass der Reifen umkippte und sie unter sich begrub. Während sie sich aufrappelten, beschimpften sie sich, gaben sich gegenseitig die Schuld, waren aber eigentlich gar nicht böse aufeinander. Sie wollten nur keine Gelegenheit auslassen, ihr Repertoire an Schimpfwörtern aufzufrischen. Bruno schimpfte auf Ostpreußisch, „Dämlack", „Klumpatsch", „Lorbass". „Pürzel" war sein liebstes von allen, „dammlicher Pürzel", sagte er, und Paul konterte mit einer Salve russischer Kraftausdrücke, die er vom Großvater gelernt hatte: „Durak", „Makaronnik", „Mudak". Anschließend konnten sie sich schier ausschütten vor Lachen.

Unter Gelächter brachten sie auch heute ihr Floß ins Wasser und vertäuten es an einem Pfahl. Der Fluss war an dieser Stelle sehr flach, sie konnten fast überall stehen, nur in der Flussmitte gab es einen schmalen Bereich, wo sie keinen Grund unter den Füßen hatten. Das machte ihnen keine Angst mehr, seit sie wussten, wie sie sich über Wasser halten konnten, und mit jedem Tag nahmen ihre Schwimmkünste zu. Das Floß war ihre Rettungsinsel, zu der sie jederzeit zurückschwimmen konnten, wenn ihre Kräfte nachließen.

Als Erstes legten sie ihre Handtücher auf den kleinen Strand, den die Gilge in dieser Rechtskurve aufgespült hatte. Dann leerten sie ihre Beutel, um zu sehen, ob eine Überraschung darinnen war. Paul fand eine Dose mit Schraubdeckel und darin die leckeren Klöpschen. „Danke, Groma", sagte er leise, und Bruno fügte hinzu: „Deine Oma ist die beste Köchin in ganz Kuckerneese." Mehr gab es nicht zu sagen, sie stürzten sich gierig auf die Klopse, bis alle verspeist waren, und beendeten das Festmahl mit einem lauten Rülpser, worüber sie erneut lachen mussten.

„Was machen wir nun?", fragte Paul.

Er verließ sich auf Bruno, der gewöhnlich einen Plan hatte, und so war es auch heute. Sein Freund deutete flussabwärts.

„Hinter der Flussbiegung liegt die Eisenbahnbrücke, wollen wir dorthin schippern?"

„Eine verrückte Idee!", dachte Paul.

Er freute sich stets auf Brunos riskante Abenteuer, die er allein niemals unternommen hätte, aber mit einem Draufgänger wie Bruno an der Seite fühlte er sich stark. Für ihren Ausflug brauchten sie noch zwei lange Stangen, die sie sich vom Wäscheplatz der Familie Janz besorgten.

Brunos Mutter betrieb in ihrem Haus an der Gilge eine Wäscherei und Färberei. Ständig waren die Leinen behängt, und selbst auf dem

Rasen lagen Stücke zum Bleichen. Frida, die junge Angestellte, besorgte die Arbeiten außerhalb des Hauses, sie war zudem als Dienstmädchen bei Familie Janz eingestellt und wohnte in der Kammer hinterm Haus.

Wenn die Jungen am Fluss spielten, sollte sie vom Wäscheplatz aus ein Auge auf die beiden werfen. Als Bruno eine der Stützen unter der Leine wegzog, sackte die ganze Aufhängung merklich ab, und einige Wäschestücke kamen dem Boden bedenklich nahe. Frida schimpfte mit Bruno und fragte, was sie vorhätten.

„Ach, die Stangen brauchen wir für unser Floß … zum Staken", antwortete er und lief zur Anlegestelle.

„Macht keinen Unsinn! Und bleibt in der Nähe!", rief sie ihnen nach, gut gemeinte Ratschläge, die über dem Wasser verflogen, während die Jungen mit dem Ablegen beschäftigt waren.

Paul hatte bereits das Tau vom Pfosten gelöst, und nun bestiegen sie ihr Floß, was ihnen im seichten Wasser leichtfiel. Von Weitem sah es aus, als würden sie auf ein Pferd steigen, und so saßen sie auch, rittlings auf dem dicken Schlauch, jeder auf einer Seite, und mussten mit Schenkeldruck verhindern, dass sie ins Wasser abrutschten. Vorsichtig stakten sie ihr Floß in die Flussmitte. Als sie merkten, dass es von der Strömung erfasst wurde, legten sie die Stäbe beiseite. Sie trieben nun gemächlich flussabwärts und näherten sich dem Wäscheplatz, wo Frida einem Wäschekorb Bettlaken entnahm und auf die Leine hängte. Zum Glück stand sie mit dem Rücken zum Fluss. Bruno zischte leise: „Alle Mann in Deckung!"

Sie legten sich rücklings ins Innere des Schlauches, sodass ihr Po im Wasser hing, nur ihre Haarschöpfe und Füße schauten noch über den Rand. In dieser Haltung trieben sie unentdeckt am Wäscheplatz vorbei, bis sie hinter der Kurve außer Sicht waren und sich aufrichten konnten.

Nun lag die Eisenbahnbrücke direkt vor ihnen. So weit waren sie noch niemals mit ihrem Floß vorgedrungen, es war ein berauschendes Gefühl, die Brücke weniger als einen halben Kilometer entfernt. Der Fluss ließ sich Zeit, sie dorthin zu treiben. Es war Pauls Idee, die beiden Stangen quer über den Reifen zu legen, so konnten sie, bäuchlings auf dem Floß liegend, die Reise bequem fortsetzen, ihre Köpfe hingen über Bord und spiegelten sich im Wasser.

Welch ungleiches Paar. Bruno mit seinem hellen breiten Gesicht und den vorstehenden Wangenknochen, von Sommersprossen übersät, aus dem zwei hellblaue Augen hervorstachen unter einer Tolle aus blonden Locken. Pauls schmales Gesicht mit dem sonnengebräunten Teint hatte mädchenhafte Züge. Seine braunen Augen unter langen, gebogenen Wimpern verstärkten diesen Eindruck. Die dunklen Haare fielen glatt herab bis in den Nacken und bedeckten beide Ohren.

Vor Erreichen der Brücke entschieden sie sich für die rechte Uferseite, wo auch der Bahnhof lag. Sie hatten Mühe, mit ihren Stangen den Grund zu erreichen, weil der Fluss hier deutlich tiefer war. Bruno bekam keinen Kontakt zum Boden, doch Paul lehnte sich weit über Bord, griff das Ende seiner Stake, und da seine Arme deutlich länger waren, konnte er sich vom Grund abstoßen.

„Langer Lulatsch", brummelte Bruno und wäre fast über Bord gefallen, als er mit seinem Staken ebenfalls auf Widerstand stieß.

Am Brückenpfeiler vertäuten sie ihr Floß und staunten über das gewaltige Bauwerk, das sich wie ein riesiges Gewölbe aus Stahlverstrebungen über ihnen auftürmte. Sie liefen die Böschung hinauf zu den Schienen und stellten verwundert fest, wie nah der Bahnhof lag.

Die Bahnstrecke verlief eingleisig über die Brücke hinweg, verzweigte sich kurz danach in drei Gleise, die hinter dem Bahnhof wieder zusammenliefen. Die Elchniederungsbahn führte von Groß Britannien über Kuckerneese nach Karkeln am Haff. Bis ans Haff waren sie schon gefahren, die andere Richtung war ihnen unbekannt. Als sie Menschen auf dem Bahnsteig entdeckten, kramte Bruno eine Pfennigmünze aus der Innentasche seiner Badehose hervor und legte sie auf die Schienen.

„Da kommt bestimmt gleich ein Zug, mal sehen, ob der entgleist."

Schutzsuchend liefen sie unter die Brücke, wo sie in Deckung gingen, Paul mit mulmigem Gefühl. Der Zug ließ nicht lange auf sich warten, er kam vom Haff und hielt mit quietschenden Bremsen am Bahnhof von Kuckerneese. Ein lang gezogener Pfiff, und die Lok näherte sich schnaufend. Als der Zug über die Brücke ratterte, direkt über ihnen, schwoll der Lärm ohrenbetäubend an. Wie ein Donnerschwall ergoss sich das Schnaufen und Stampfen der Lok, das Quietschen und Rollen der Räder, Metall auf Metall, und das Ächzen der Brückenpfeiler auf sie nieder wie Urgewalten und ließ sie unwillkürlich die Köpfe einziehen. Als der letzte Wagen die Brücke passiert hatte und der Zug Fahrt aufnahm Richtung Britannien, stellten sich die vertrauten Fahrgeräusche ein, die zunehmend schwächer wurden, um sich schließlich in einem fernen Rollen aufzulösen.

Die plötzliche Stille weckte die Jungen aus ihrer Erstarrung. Gleichzeitig sprangen sie auf, schauten sich an und brachen in lauten Jubel aus. Nun waren sie neugierig, was mit der Münze geschehen war. Sie lag noch an derselben Stelle auf dem Gleis, nur deutlich breiter und flach gewalzt.

„Platt wie 'ne Flunder", sagte Paul.

„Nächstes Mal nehmen wir een Dittchen", prahlte Bruno, „dann bringen wir den Zug zum Entgleisen."

Es war Zeit, nach Hause zu schippern, also stakten sie in Ufernähe flussaufwärts, gegen die Strömung. Als ihnen das zu lange dauerte, gingen sie an Land und zogen das Floß, im Wasser treibend, hinter sich her. Bald kam der Wäscheplatz in Sicht. Die Mittagssonne schien so hell auf die weiße Bettwäsche, dass es fast blendete, und dann entdeckten sie noch etwas. An ihrem Lagerplatz stand eine wild gestikulierende Frida. Sie erwartete die Rückkehrer und überschüttete sie mit Vorwürfen. Als sie das Floß in die Garage brachten, trat Brunos Mutter aus der Wäscherei, um sie auszuschimpfen. Ihr eigenmächtiger Ausflug musste Konsequenzen haben.

„Für heute Badeverbot!" ordnete sie an, und damit war die Angelegenheit für sie erledigt.

Bruno war froh, dass er der dicken Luft im Elternhaus entgehen konnte, weil Paul ihn zum Essen mitnahm. Im Schlokat'schen Haus nahmen die Großeltern eine zentrale Rolle ein, weil Pauls Eltern tagsüber außer Haus beschäftigt waren. Seine Mutter Anna arbeitete in einem Textil- und Kurzwarenladen direkt am Marktplatz von Kuckerneese. Sie kam häufig in der Mittagspause zum Essen nach Hause. Sein Vater Peter war vor Kurzem als Lehrer an die August-Albrecht-Schule nach Tilsit versetzt worden. Er hatte ein Zimmer in der Stadt und kam nur am Wochenende nach Hause. Manchmal, wenn es passte, nahm Brunos Vater ihn in seinem Wagen mit nach Hause. Als Milchkontrolleur besaß er ein Auto, einen DKW F2 Kombi, mit dem er in der Elchniederung über die Dörfer fuhr, um Milchbauern und Molkereien bis hin nach Tilsit aufzusuchen.

Großmutter stand wie gewohnt am Herd, als die beiden Kinder ins Haus stürmten. Paul roch sofort den Duft nach frischem Streuselkuchen, der ihnen aus der Küche entgegenschlug.

„Danke, Groma, für die leckeren Klöpschen", sagte er, als er die leere Dose auf dem Küchentisch abstellte.

Die Großmutter drehte sich um und lachte, als sie die beiden Kinder in Badehosen vor sich stehen sah. Es war ihnen anzusehen, dass sie Unsinn gemacht hatten.

„Leckert euch schon?", fragte sie.

„Was gibt's denn?", wollte Bruno wissen.

„Na, Keenigsberjer Klopse."

Da jubelten sie, denn das war ihr absolutes Leibgericht. Sie konnten es kaum abwarten, bis Mutter Schlokat zu Tisch kam. Erst mal suchten sie den Großvater, der wie immer draußen in seinem Garten zugange war. Es war ein großes Stück Land, das er bewirtschaftete, einige Beete hatten die Ausmaße von kleinen Feldern. Heute fanden sie ihn auf dem Kartoffelacker. Er hatte Drahtkörbe und leere Säcke bereitgelegt und war dabei, mit der Kartoffelhacke erste Stauden auszuheben.

„Gropa, es gibt gleich Essen", rief Paul schon von Weitem.

Großvater richtete sich auf und stand nun in voller Größe vor ihnen, ein stattlicher Mann, der Hugo Schlokat. Er war in seiner Jugend einer der besten deutschen Speerwerfer gewesen und hätte beinahe an den Olympischen Spielen in Athen teilgenommen. Seine schlanke, athletische Figur hatte er sich bewahrt, die tägliche Landarbeit hielt seine Muskeln weiter in Form.

Ihre Begrüßungszeremonie war einzigartig. Er streckte die Arme zur Seite, winkelte die Unterarme an, wartete, bis die Kinder sich an die Oberarme geklammert hatten, einer links, einer rechts, und dann hob er sie vom Boden weg bis auf seine Höhe. Gesicht an Gesicht, schaute ihnen in die Augen und stellte die übliche Frage:

„Na, ihr beiden Lorbasse, was habt ihr heute angestellt?"

Wenn sie nicht am ausgestreckten Arm „verhungern" wollten, mussten sie ihm die Wahrheit sagen, und das taten sie gerne, weil er ihr Verbündeter war, wenn sie ihn in ihre Abenteuer einweihten.

„Wir sind mit dem Floß bis zur Eisenbahnbrücke gefahren", sagte Paul.

„Und dann haben wir gewartet, bis ein Zug über die Brücke donnerte", ergänzte Bruno.

„Jungche, Jungche, da wart ihr aber mutig! Dann müssen wir uns jetzt stärken."

Mit diesen Worten stellte er sie auf dem Boden ab, nahm sie an die Hand und ging ins Haus.

Königsberger Klopse mit Kapernsauce, das war ein Festessen, und Bruno und Paul übertrafen sich im Verspeisen von Klopsen. Die Mutter wunderte sich immer über Paul, der in Brunos Gesellschaft ein echter Rabauke sein konnte. Von ihrem Abenteuer erzählten die Freunde nichts, und Gropa hielt ebenfalls dicht. Für den Nachmittag verkündete er seinen Plan.

„Gleich kommt Viktor zur Kartoffelernte", sagte er. „Habt ihr Lust zu helfen?"

Das kam ihnen gerade recht, da sie nicht zum Baden durften, und mit Gropa und dem russischen Erntehelfer versprach es ein lustiger Nachmittag zu werden.

Großvater ging vorweg und holte mit einem gezielten Hieb seiner Kartoffelhacke die Stauden aus dem Boden, eine Reihe für Viktor, die andere für die beiden Kinder. Das passte wunderbar, zu zweit waren Bruno und Paul etwa gleich schnell wie Viktor, sodass sie nebeneinander sammeln und dabei ein wenig plaudern konnten, Viktor auf Russisch, Bruno auf Ostpreußisch und Paul als Mittler zwischen beiden Sprachen. Wenn der Drahtkorb voller Kartoffeln war, trugen sie ihn zu den Säcken. Viktor wollte den Kindern den Korb abnehmen, aber das ließ ihr Stolz nicht zu, zu zweit schafften sie es bis zum Anfang des Feldes. Das Ausleeren in die Säcke überließen sie dann ihm, der zuvor den Drahtkorb einmal kräftig schüttelte, um den losen Sand von den Knollen zu entfernen.

„Dawai, dawai!", scherzte er und dann: „Ssomee kaptowka."

Paul verstand sich ausgezeichnet mit Viktor. Viele russische Worte hatte er schon bei seinem Großvater aufgeschnappt, nicht nur die

Schimpfwörter. Wenn Viktor ein unbekanntes Wort benutzte, war er neugierig.

„Gropa, was heißt ‚Ssomee kaptowka' auf Deutsch?"

„Na, mehr Kartoffeln", rief der Großvater und lachte.

Paul brauchte das Wort nur einmal zu hören, um es zu behalten. Ihm fiel es leicht, eine neue Sprache zu lernen, er merkte aber auch, dass Bruno sich schwer damit tat.

Am Nachmittag tauchte die Großmutter mit einem Picknickkorb am Feldrand auf. Nun gab es vom frisch gebackenen Streuselkuchen, so viel sie mochten, dazu für die Kinder Kakao und für die Erwachsenen Kaffee.

„Ihr habt schon viel jeschafft", lobte der Großvater. „Wir machen noch zwei Reihen, und dann is Feierabend."

Während der Großvater und Viktor die schweren Säcke mit der großen Schubkarre in die Scheune fuhren, stürmten die Kinder zur Pumpe, um den Staub von Armen und Beinen zu waschen. In der Küche erbettelten sie noch ein letztes Stück Streuselkuchen, das sie auf dem Weg in die Scheune verspeisten.

Dort beluden Großvater und Viktor den Kutschwagen für den Wochenmarkt, der jeden Mittwoch in Kuckerneese stattfand. Kisten voller Kartoffeln, Körbe mit Tomaten und Gurken, Äpfeln, Pflaumen und Birnen, Bohnen und Erbsen sowie Salatköpfen waren bereits aufgeladen, um am frühen Morgen vom einzigen Pferd zum Marktplatz gezogen zu werden. Der Großvater war für den Transport und den Aufbau zuständig, die Großmutter stand hinter dem Markttresen und verkaufte die heimischen Produkte. Zur Hochsaison von Kartoffeln und Rüben half Viktor ihr beim Abwiegen und Einpacken.

„Darf ich morgen mit Groma auf den Markt?", fragte Paul.

Der Großvater hatte nichts dagegen, und Viktor freute sich, weil er seinen kleinen Freund gern an seiner Seite wusste, mit dem er sich in seiner Heimatsprache unterhalten konnte und der als Dolmetscher einsprang, wenn die Kunden mit ausgefallenen Wünschen kamen.

„So, ihr beiden Steppkes, Augen zu, Hand auf!", sagte Großvater und legte jedem einen Dittchen in die Handfläche.

Er wusste schon im Voraus, was passieren würde und sah sie in Gedanken aus dem Scheunentor flitzen, links um die Ecke in die Parkstraße, dann in die Tilsiter Straße einbiegen, an Brunos Haus vorbei Richtung Marktplatz und schließlich atemlos in den Kolonialwarenladen stürmen, wo sie vor den Bonbonieren haltmachten, um mit den Fingern die Behälter anzutippen, aus denen sie Bonsche in ihre Tüte haben wollten.

3

Portugal, März 2007

Früh am Morgen waren Jula und Paul auf einer kurvigen Nebenstrecke über Santa Katharina unterwegs zum Flughafen nach Faro und fuhren durch Täler, in denen gelbe Teppiche aus Klee in der strahlenden Märzsonne leuchteten. Ihre Tochter, Lehrerin an einem Hamburger Gymnasium, wollte die Ferientage nutzen, um ein wenig Sonne an der Algarve zu tanken, und ihr Sohn Robin hatte sie darin bestärkt, weil er die Großeltern vermisste, die schon seit Anfang Februar in Portugal weilten.

Kaum hatte das Kind die Großeltern erspäht, stürmte er los. „Moma, Bapu", tönten ihre Kosenamen durch die Ankunftshalle. Er sprang in die Arme des Großvaters, der ihn herumwirbelte und dann an Jula weiterreichte. Seinen Rollkoffer hatte Robin einfach stehen lassen, den musste seine Mutter samt ihrem Gepäck hinter sich herziehen.

Auf dem Rückweg vom Flughafen nahmen sie die schnelle Strecke über die Nationalstraße, die dicht am Meer entlangführte, das für kurze Momente silbrige Streifen aufblitzen ließ. Kurz vorm Ortseingang überquerten sie zweimal den Fluss, und der Großvater drosselte das Tempo an den Brücken, um seinem Enkel das Wintergesicht des Flusses zu zeigen. Dieser bemerkte es sofort und jubelte.

„Der Fluss hat ja richtig viel Wasser! Gehen wir gleich zum Fluss, Bapu?"

„Wenn die Frauen uns lassen, können wir sofort losziehen", sagte der Großvater, als das Auto im ersten Gang den Hausberg erklomm und er im Rückspiegel die erwartungsvollen Augen seines Enkels sah.

Gemeinsam trugen sie das Gepäck ins Haus. Robin holte seine Trekkingschuhe aus dem Koffer und begann sie anzuziehen. Der

Großvater schaute Jula und Leenja fragend an. Sie amüsierten sich beide über den unternehmungslustigen Jungen. Paul war wieder einmal fasziniert von der Ähnlichkeit zwischen Mutter und Tochter, deren Gesichter beim Lachen, so wie jetzt, noch runder wurden und ihn an kleine Sonnen erinnerten. Er liebte ihre großen blauen Augen, die über den vorspringenden Wangenknochen wie in einer Höhle lagen, nach oben hin abgeschirmt durch dichte Augenbrauen. Die Mundpartie hatte Leenja von ihm geerbt, ihre Lippen waren nicht so voll wie die ihrer Mutter. Nur ihre Haare fielen nicht glatt herab wie jene der Eltern, sondern kräuselten sich in vielen kleinen Locken um den Kopf. „Eine Generation übersprungen", dachte Paul und sah die widerspenstigen Haare seiner Mutter vor sich.

Der Großvater packte noch ein paar Sachen in den Wanderrucksack, dann zog er ebenfalls seine Trekkingschuhe an, nahm seinen Wanderstock, und schon waren sie unterwegs.

Auf dem steinigen Weg hügelabwärts zum Flussbett schweiften seine Gedanken weit in die Vergangenheit zurück. Er dachte an das Abschiedsfest in Sibirien, als das Lager in einen rauschhaften Tiefschlaf verfallen war und er Lenya bei Einbruch der Nacht zu seinem Lieblingsplatz am Bach geführt hatte. Das lag fast 60 Jahre zurück, und dennoch sah er die Szene vor sich, als wäre es gestern gewesen. Manche Bilder hatten sich so tief in seinem Gedächtnis eingeprägt, als wären sie für die Ewigkeit bestimmt.

Heute saß er als Großvater mit seinem Enkel am portugiesischen Fluss auf ihrem Felsen … am vertrauten Platz, wo sie ihre Geheimnisse teilten. Es gab keinen Ort, an dem sie sich so nahe kamen … ein Platz, wo die Worte spielerisch leicht über die Lippen flossen wie das Wasser über Steine.

Der Fluss führte noch Restwasser vom Frühjahrsregen, gerade so viel, dass sich ein breites, flaches Gewässer über das Steinbett ergoss. So mochte der Großvater den Fluss am liebsten, weil er ihn an den sommerlichen Bergbach in Sibirien erinnerte. Es war ein sanftes

Fließen, wenig angsteinflößend. Und für Robin war es ideal, dass er den Wasserlauf an vielen Stellen problemlos überqueren und von einer Seite zur anderen wechseln konnte, um mit dem Kescher nahe genug an die Fische zu kommen.

„Ich glaube, Wasser ist sein Element", dachte der Großvater. „Gut, dass es im Februar viel geregnet hat, der Fluss ist ein besserer Spielplatz, wenn er Wasser führt."

Am großen Felsen legte er den Rucksack ab, setzte sich und beobachtete Robin beim Steinewerfen. Mit den kleinen versuchte er weit zu werfen, wählte Ziele im Fluss oder auf der gegenüberliegenden Seite, die großen ließ er ins Wasser plumpsen und freute sich über die kräftigen Spritzer, auch wenn er dabei nass wurde. Der Großvater staunte, wie weit er schon werfen konnte, und dachte an seinen Gropa, den Speerwerfer, vielleicht hatte der Junge dessen Talent geerbt. Seine Anlagen schienen gut mit außergewöhnlich langen Extremitäten, und alles deutete darauf hin, dass er einmal sehr groß werden würde.

„Robin, mach mal eine Pause, ich hab was zum Naschen dabei."

Robin kam mit einem Stein in der Hand zum Rastplatz, der war von ovaler Form, blauschwarz mit einer weißen Maserung.

„Bapu, guck mal, was ich gefunden habe!"

„Der ist aber schön, den willst du doch bestimmt behalten."

„Na klar, den bringe ich Papa mit, der sammelt Steine aus der ganzen Welt."

Nun war Robin neugierig auf den Inhalt des Rucksacks. Als Erstes kam ein Teelöffel zum Vorschein, dann folgten sein Lieblingsjoghurt mit Schokostückchen, den es nur hier an der Algarve gab, und als Krönung eine Schale Freilanderdbeeren, die er gestern in der Markthalle gekauft hatte. Dann zog er sein altes Klappmesser aus der Hosentasche und zeigte Robin den abgewetzten, fleckigen Holzgriff und die schartige Klinge. Für einen kurzen Moment dachte er an die Geheimtasche im Innenfutter seines Stiefels, die als Versteck gedient hatte, als er in den Krieg zog.

Der Großvater entfernte mit seinem Taschenmesser das Grün einer Erdbeere, nahm einen Löffel voll Joghurt, legte die Frucht obendrauf und schob den Happen in Robins weit geöffneten Mund. Beide hatten sie ihre Freude an der Zeremonie.

„Lecker!", sagte der Junge nach beendeter Mahlzeit.

Im nächsten Moment war er schon wieder bei seinem Fundstück.

„Wie heißt der Fluss, Bapu?"

„Fluss heißt auf Portugiesisch ‚Ribeiro', und dieser heißt ‚Ribeiro do Carriços'. Warum fragst du?"

„Wenn ich Papa den Stein schenke, möchte er wissen, wo der herkommt."

Er versuchte, den portugiesischen Namen des Flusses nachzusprechen: „Ribeiro do Carriços."

„Dein Portugiesisch klingt schon echt gut", lobte der Großvater und dachte zurück an seine Kindheit, als er Russisch gelernt hatte, spielerisch leicht, weil er die Melodie der Sprache liebte.

Sein Enkel schien ähnlich talentiert zu sein, darüber freute er sich. Mit einem Mal sah er das lachende Gesicht seines ostpreußischen Großvaters vor sich und hörte den besonderen Klang seiner Stimme, wenn er ins Russische wechselte.

Bei diesem Gedankensprung nach Ostpreußen wurde ihm mit einem Mal bewusst, dass der Fluss seiner Kindheit, die Gilge, sich zu dieser Jahreszeit ganz anders präsentiert hatte als der Fluss in Carriços, der noch niemals ein Winterkleid getragen hatte.

4
Ostpreußen, März 1932

Brunos 6. Geburtstag Anfang März wurde auf dem Eis gefeiert. Der Winter 1931/32 machte es möglich. Selbst die größeren Flüsse wie Gilge und Ruß ruhten unter einer dicken Eisschicht, und die Schneepflüge waren ständig im Einsatz, um die Wege frei zu schieben. Das war nicht ungewöhnlich, die Winter in Ostpreußen zogen sich oft weit in den März hinein.

Für Bruno und Paul war der Fluss auch im Winter ihr Lieblingsspielplatz. Sie fegten den Schnee vom Eis, um Schlitterbahnen oder kleine Eishockeyfelder anzulegen, als Puck diente eine kreisrunde Scheibe aus schwerem Eichenholz, die ihnen Opa Schlokat geschnitzt hatte. Geeignete Stöcke fanden sie im Wald neben dem Friedhof.

Es gab einen Platz weiter unten Richtung Eisenbahn, der von den älteren Kindern und Erwachsenen frei geräumt und des Abends mit Wasser übergossen wurde. Dort präsentierte sich die Eisfläche spiegelglatt, ideal zum Figurenlaufen und auch zum Eishockeyspielen. Allerdings musste jeder, der dort laufen wollte, einen Dittchen opfern, der immer in einem Zipfel der Hosentasche lauerte und eigentlich zum Kauf von Bonbons bestimmt war.

Wenn sie nicht Schlittschuh liefen, gingen sie zum Rodeln. Gleich neben dem Haus gab es einen kleinen Anstieg. Wer keinen Schlitten hatte, kam mit dem Backblech. Dieser Hügel war für die kleineren Kinder, Bruno und Paul fühlten sich zu erwachsen, um hier zu spielen, sie erkundeten mit ihren Schlitten den Winterfluss und fanden an der Eisenbahnbrücke eine Böschung, die sie zu ihrer privaten Eisbahn machten.

Hochbetrieb herrschte an den Nachmittagen am Mühlenberg, wo die Rodelbahn deutlich länger und steiler war. Dort waren Stürze keine

Seltenheit, sodass der letzte Abschnitt oft auf dem Hosenboden zurückgelegt wurde. Wenn sie nach Hause zogen, sah ihre Kleidung recht ramponiert aus. An den Hosen hingen die Eisklunker wie angeklebt, die Strümpfe waren zerrissen, die Knie aufgeschürft. Wenn sie dann spätabends nach Hause kamen, kriegten sie ordentlich ‚Zunder'.

Die beiden Freunde waren auch im Winter unzertrennlich. Bis zu ihrer Einschulung zu Ostern, Mitte April, blieben ihnen nur wenige Wochen, die sie nutzen wollten. Paul war etwas jünger, er würde erst Ende April sein sechstes Lebensjahr vollenden und hätte daher noch ein Jahr warten können mit dem Schuleintritt. Aber das kam überhaupt nicht infrage, er wollte gemeinsam mit Bruno die Schulbank drücken.

Zu Weihnachten hatten beide Schlittschuhe bekommen, die mit einem Vierkantschlüssel an ihren Stiefeln angeschraubt werden konnten. Die ersten Steh- und Gleitversuche machten sie an der Hand ihrer Väter, doch irgendwann versuchten sie es allein, und das ging nicht ohne Stürze und blaue Flecken ab. Inzwischen hatten sie den Bogen raus und konnten übers Eis gleiten, auch das Abstoppen gelang schon recht gut, nur mit dem Kurvenlaufen taten sie sich schwer. Sie waren stolz, dass sie seit Kurzem mit den größeren Kindern Eishockey spielen durften, denn dabei waren nur Spieler mit Schlittschuhen zugelassen.

Brunos Geburtstag feierten beide Familien zusammen mit winterlichem Picknick auf dem Eis, einer Thermoskanne Kakao für die Kinder, heißem Glühwein und einem Fläschchen Bärenfang für die Erwachsenen, und ein Blech mit Oma Schlokats berühmtem Streuselkuchen, frisch gebacken, durfte auch nicht fehlen.

Während die Kinder sich auf den Kuchen stürzten, begannen die Väter, ein Eiskarussell zu bauen. Sie hatten alles vorbereitet, das Eisloch war schon ausgefräst, dort steckten sie den Hauptmast hinein. Nun mussten sie nur noch kreuzweise zwei lange Stangen befestigen, an denen sich die Schlittschuhläufer festhielten, und dann konnte es losgehen. Die Erwachsenen wechselten sich ab mit dem Drehen des Stangenkreisels. Je mehr Kinder ins Karussell stiegen, umso länger brauchte der Anschieber, bis er es richtig in Fahrt brachte. Bruno und Paul gehörten zu den Mutigsten, die sich ganz außen festhielten, wo das Tempo irgendwann so hoch wurde, dass sie loslassen mussten. Dann landeten sie nicht selten auf der Böschung oder flogen mit lautem Gekreische übereinander.

Die Stimmung wurde gegen Abend immer ausgelassener, und als die Dunkelheit einsetzte, zeigte der Bärenfang bei den Erwachsenen seine Wirkung. Nun mussten sie zu zweit versuchen, das Karussell in Schwung zu bringen, so gut es im angetrunkenen Zustand ging.

„Letzte Fahrt! Für das Geburtstagskind!", rief Brunos Vater und schnappte sich Gropa zum Anschieben.

Alle Kinder hängten sich ein letztes Mal ins Karussell, das war Ehrensache, bei den Abschlussrunden wollte keiner fehlen. Die Anschieber schafften zwar nicht mehr das Tempo vom Anfang der Feier, dafür klangen ihre Späße um ein Vielfaches lauter und derber. Während die Kinder ihre Schlittschuhe losschraubten, genehmigten sich die Männer einen letzten Schnaps, und dann zogen alle glücklich nach Hause.

Der lange Winter hatte große Lücken in den Holzdiemen hinterlassen. Überall begann man, für Nachschub zu sorgen. Großvater war ein Meister im Holzfällen, er hatte lange Jahre als Forstarbeiter in der Elchniederung gearbeitet und war sogar in den angrenzenden russischen Wäldern tätig gewesen, woher seine hervorragenden Russischkenntnisse stammten. Seit einiger Zeit arbeitete er in den Wäldern der Domäne, besonders im Herbst und Winter, wenn die Erntezeit in seiner kleinen Landwirtschaft vorüber war.

Bruno und Paul freuten sich, als Großvater Schlokat sie am Tag nach dem Geburtstag zum Holzholen mitnahm. Sie waren stolz, dass sie mit in den Wald durften, obwohl sie dort kaum helfen konnten. Dick eingemummelt, thronten sie auf dem Kutschbock links und rechts von Gropa, der die Zügel hielt und mit dem Gaul sprach: „Hüh, du alter Zossen ... auf deine alten Tage wirst uns doch noch Holz ins Haus bringen." Manchmal mischten sich auch russische Wortfetzen darunter: „Dawai, dawai, Panjepferdchen ..." Sie durften abwechselnd die Peitsche halten und versuchen, sie zum Knallen zu bringen, aber das wollte noch nicht so recht gelingen.

Am Waldrand lagen stapelweise Stämme, bereits auf die richtige Länge geschnitten, damit der Großvater sie allein auf den Wagen hieven konnte. Die Kinder vertrieben sich derweil die Zeit, warfen mit Schneebällen und sprangen in die Schneewehen. Auf dem Rückweg mit vollbeladenem Wagen hatte das Pferd ordentlich zu schnaufen, von seinem Rücken stiegen Dampfschwaden in die frostige Luft, deutlich dichter als auf dem Hinweg.

Erst nach dem Abladen im Hof begann das eigentliche Vergnügen für die Kinder. Sie durften beim Sägen und Holzhacken helfen. Gropa suchte für sie einige dünne Stämme aus und zeigte ihnen die Tricks beim Sägen, zu zweit mit der Bügelsäge.

„Die Säge frisst sich von selbst ins Holz, ihr dürft nicht drücken oder schieben, dann verklemmt sie sich. Nur ziehen, immer schön abwechselnd."

Trotz Gropas guter Erklärung hatten sie große Schwierigkeiten, das Sägeblatt in den Stamm zu treiben. Deshalb übte er zunächst mit jedem einzeln, er gab das Kommando: „Zieh du, zieh ich, du, ich ..." Sie versuchten es erneut ohne seine Hilfe, dieses Mal mit Absprache: „Du und ich, du und ich ..." Irgendwann brachten sie den Schnitt zu Ende, und das erste Holzstück fiel zu Boden. Der Großvater kümmerte sich derweil um das Pferd und lud das restliche Holz ab. Als er damit fertig war und zum Sägebock zurückkehrte, staunte er nicht schlecht, als der erste Stamm bereits zerlegt war.

„Guckt mal, wer da kommt. Belohnung für die fleißigen Helfer", sagte er und zeigte zur Küchentür.

Großmutter näherte sich langsam, ein Küchentablett vorm Bauch, von dem feiner Dampf aufstieg. Für jeden gab es einen großen Becher Kakao.

„Du bist die beste Köchin der Welt", sagte Paul, als er den ersten Schluck genommen hatte.

Großvater lachte, als er sah, wie die Worte des Enkels ein verlegenes Lächeln ins Gesicht seiner Frau zauberten. Er liebte es, wenn sie kindliche Reaktionen zeigte, und neckte sie manchmal zärtlich, indem er sie bei ihrem Mädchennamen nannte.

„Sophia Herrmann, du bist ja ganz rot im Gesicht ... es ist dir doch nicht zu kalt hier draußen?"

Auf die Kinder wartete nun die nächste Herausforderung. Großvater hatte alles bestens vorbereitet, für jeden lag eine kleine Axt auf einem niedrigen Hackklotz bereit. Er zeigte ihnen, wie sie die Axt handhaben sollten, den ersten Schlag ins Holz nur mit einer kurzen Ausholbewegung und dabei möglichst die Mitte treffen. Wenn die Axt dann ins Holz eingedrungen war, durften sie kräftiger zuschlagen, bis das Holz gespalten war. „Holzhacken ist leichter als Sägen", sagte der Großvater, „aber auch gefährlicher!" Er blieb bei ihnen stehen, um sie ermahnen zu können, falls sie leichtsinnig werden sollten. Doch alles verlief gut und ohne Verletzungen, und am Ende lag ein ansehnlicher Haufen gespaltener Holzstücke am Boden rund um die Hackklötze. Großvater stellte sich in Positur mit ausgebreiteten Armen, ein sicheres Zeichen für die Kinder, sich an seine muskulösen Oberarme zu klammern. Dann hob er sie beide gleichzeitig vom Boden weg, bis auf Augenhöhe, drehte sich um sich selbst und ließ die Jungen wie im Kettenkarussell kreiseln. Schließlich setzte er sie sicher am Boden ab, drückte jedem einen Dittchen in die Hand, mit dem sie jubelnd aus der Scheune flitzten, zum Bonscheladen um die Ecke.

5

Portugal, Juli 2008

Sommerhitze in den Hügeln zwischen Algarveküste und Alentejo, davon hielt Jula nichts. „Fahr ruhig allein", war alles, was sie sagte, als er ihr von seinen Plänen erzählte, nach Portugal zu fliegen, um die Bewässerung der Pflanzen zu kontrollieren, „ich hüte derweil unser deutsches Heim". Zu Beginn des Sommers hatte es im Süden Portugals eine ungewöhnliche Hitzewelle gegeben, und Anfang Juli ließ es Paul keine Ruhe mehr, er musste seinen mediterranen Garten aufsuchen und nach dem Rechten schauen. Um das Haus mit den fast meterdicken Wänden machte er sich keine Sorgen.

Als Robin von seinen Reiseplänen hörte, ahnte der Großvater, was passieren würde. Er wollte unbedingt mit, er bettelte so lange, bis seine Mutter einwilligte, die letzte Woche der Sommerferien mit ihm an der Algarve zu verbringen. Sie fand einen günstigen Flug nach Lissabon, eine Woche nach seiner Abreise. Robin jubelte laut, Großvater leise, denn er freute sich ebenfalls, seinen treuesten Gefährten dort unten an seiner Seite zu wissen.

Es machte ihm nichts aus, dass er mit dem Mietwagen bis nach Lissabon fahren musste, um sie abzuholen. Das Fahren auf den fast leeren Autobahnen in Portugal strengte ihn nicht an, und den Weg zum Flughafen kannte er inzwischen bestens.

Viel zu früh gelangte er ans Ziel, das war sein Plan, er liebte diese Zeitspanne des Wartens und der Vorfreude, die er möglichst in die Länge ziehen wollte. In freudiger Erwartung setzte er sich in ein Café und beobachtete das Treiben der Reisenden, während er genüsslich an einer „bica" nippte, wie die Portugiesen es taten, und sein Lieblingsgebäck „pastel de nata" verzehrte.

Dann war der Moment gekommen. Noch bevor er ihn sehen konnte, hörte er die vertraute Stimme, die alle Geräusche der quirligen Ankunftshalle übertönte, „Bapu, Bapu!", und sah ihn auf sich zustürmen. „Wie groß er geworden ist", dachte er noch und stemmte dabei seine Füße in den Boden, um dem kindlichen Ansturm standhalten zu können. Dann wirbelte er ihn herum und wurde mit Küssen überhäuft. Leenja kannte die stürmische Begrüßungszeremonie zwischen ihrem Vater und Robin, sie freute sich über die ungetrübte Liebe zwischen den beiden, ein großer und ein kleiner Junge, eine eingeschworene Gemeinschaft. Sie ließ sich Zeit, mit dem Gepäck nachzukommen.

Robin freute sich auf die erste Fahrt von Lissabon durchs Alentejo. Der Großvater war aufgeregt, weil er ihm viel Neues zeigen konnte. Die Sonne stand schon fast im Westen, als sie kurz nach Verlassen des Flughafens auf die Ponte Vasco da Gama einbogen. Der Tejo floss breit und majestätisch unter der Brücke hindurch, sein Wasser glänzte silbrig im Nachmittagslicht. Und die Brücke wollte kein Ende nehmen. Robin war beeindruckt von der Breite des Flusses, dagegen waren die Hamburger Elbbrücken ein Katzensprung. Auf der A12 ging es Richtung Süden, viele Kilometer über die erhabene Brücke, von der aus man alle möglichen Boote auf dem Tejo ausmachen konnte. Aus dieser Höhe wirkten sie unendlich klein und verloren, wie Miniaturspielzeug. Vom höchsten Punkt der Brücke aus konnten sie bei genauem Hinsehen im Gegenlicht verschwommen die Umrisse der Ponte 25 do Abril erkennen. Schließlich erreichten sie das südliche Ufer des Tejo und ließen Lissabon hinter sich.

„Willkommen im Alentejo", sagte der Großvater, als der erste Storch über die Autobahn segelte. „Tiefflieger", fügte er leise hinzu und dachte für kurze Momente an den Fliegerangriff in Ostpreußen, kurz bevor er in Gefangenschaft geraten war. Sein Enkel holte ihn in die Gegenwart zurück.

„Schau mal, Bapu, ein Storchennest!"

Auf einem Strommast direkt neben der Autobahn war ein wagenradgroßes Nest gebaut, ein Storch stand als bewegungsloser Wächter darüber.

„Gleich wirst du staunen, Robin, wir kommen ins Storchenland."

Links und rechts der Autobahn erstreckten sich ausgedehnte Wiesen, die für diese Jahreszeit erstaunlich grün aussahen. „Gute Futterplätze für Störche", dachte der Großvater, nun kamen sie ins Storchenparadies. Parallel zur Autobahn verliefen riesige Überlandleitungen mit gewaltigen Strommasten, die von den Störchen als Grundpfeiler für ihre Nester genutzt wurden, und sie bauten in mehreren Etagen. Eine solche Häufung von Nestern auf engstem Raum hatte der Großvater während seiner Kindheit in Ostpreußen nicht erlebt. „Sozialer Wohnungsbau", murmelte er vor sich hin und hörte seinen Enkel zählen.

„18 Nester auf einem Mast!", jubelte Robin. „Das ist Rekord!"

„Du kannst aber schnell zählen", sagte der Großvater.

Er freute sich über die Begeisterung seines Enkels an den außergewöhnlichen Vögeln. Er selbst hatte diese eleganten Segler schon als Kind bewundert und sie als Frühlingsboten jedes Jahr herbeigesehnt.

„So viele Störche auf einem Haufen habe ich in Ostpreußen nur einmal im Jahr gesehen, wenn sie sich zum Abflug nach Süden auf einer Wiese am Ortsrand von Kuckerneese versammelten. Hier ziehen die Störche nicht fort."

„Warum bleiben die Störche hier?", wollte Robin wissen.

„Hier gibt es keinen richtigen Winter wie bei uns, mit Frost und Schnee. Die Frösche, Lurche, Eidechsen und anderes Kleingetier sind das ganze Jahr über auf den Wiesen unterwegs. Also finden die Störche immer genug Futter und bleiben in diesem Paradies."

Die Autobahn führte jetzt in einer großen Rechtskurve nach Süden Richtung Algarve. Diesen Streckenabschnitt mitten durchs ländliche Alentejo fand Robin etwas eintönig. Den Großvater erinnerte die versteppte Landschaft an die Tundra Sibiriens. Er mochte die Farbgebung. Ausgetrocknete, hellgelbe Weideflächen, so weit das Auge reichte, auf denen sich grasende dunkelbraune Rinder deutlich abzeichneten. Vereinzelte Gehöfte mit weißen Wänden und roten Ziegeldächern bildeten leuchtende Farbtupfer im gelbbraunen Gemälde.

Manchmal fuhren sie an großen Anbauflächen vorbei, Mandel- und Olivenplantagen, Weinstöcken in endlosen Reihen, aber auch Feldern mit Weizen, Mais, Kohl oder Kartoffeln, die alle von riesigen Wassersprengern auf Gummirädern flankiert waren, deren Arme wie Flugzeugtragflächen über den Pflanzen zu schweben schienen. Die Landschaft wurde zunehmend hügeliger, die Autobahn von lockerem Baumbestand flankiert. Pinien-, Oliven- und Alfarobabäume wechselten sich ab, und dann mischten sich erstmals Bäume mit merkwürdigem Aussehen darunter. Die Stämme ohne Rinde, kahl bis zu einer Höhe von etwa zwei Dritteln. Der nackte Stamm des Baumes leuchtete kaffeebraun unterhalb des Blätterdaches. Großvater erklärte.

„Das sind Korkeichen. Aus ihrer Rinde werden Korkprodukte hergestellt wie zum Beispiel die Korken in den Weinflaschen. Portugal ist das Land, wo der meiste Kork gewonnen wird. Die Bäume werden alle sieben Jahre geschält, so lange dauert es, bis die Rinde wieder ausreichend nachgewachsen ist. Das Schälen ist eine Kunst und erfordert viel Erfahrung und spezielles Werkzeug."

Nachdem sie die letzte Bergkette überquert hatten, stießen sie auf die Küstenautobahn, die nahe am Meer entlangführte.

„Ich sehe das Wasser", sagte Robin.

„Am liebsten würde ich da gleich reinspringen", stöhnte Leenja, die auf dem Beifahrersitz mit der tief stehenden Sonne zu kämpfen hatte und sich nach einer Abkühlung sehnte.

„Ich glaube, wir verschieben das Baden lieber auf morgen, es wird bald dunkel", wandte ihr Vater ein.

Für den nächsten Tag hatte er bereits ein Badeziel ausgesucht, den „Bimmelbahnstrand", wie sie ihn liebevoll nannten, hinter Santa Lucia. Sie parkten ihr Auto an der Lagune und mussten wattseitig einen breiten Wasserlauf, den „Canal de Tavira", auf einer schwankenden Brücke überqueren, die direkt zur Haltestelle der Kleinbahn führte. Es war eine Bahn wie aus dem Museum, ähnlich der Elchniederungsbahn im Memelland, eine kleine Diesellok an der Spitze, dahinter zwei offene Waggons mit Dach und einfachen Holzbänken als Sitze. Während der ruckelnden Fahrt erzählte Paul aus Kindertagen, wenn sie mit der Kleinbahn von Kuckerneese ans Kurische Haff gefahren waren, um von dort aus mit dem Boot auf die Nehrung überzusetzen, wo sie ein langer Sandstrand erwartete.

Robin war begeistert von dem altertümlichen Gefährt. Die Diesellok zuckelte im besseren Schritttempo durchs Naturschutzgebiet Ria Formosa. Dabei konnten sie den Krebsen zusehen, wie sie seitwärts in ihre Schlicklöcher flüchteten. Alsbald veränderte sich die Wattlandschaft, und der Untergrund wechselte zu hellem Sand. Als die ersten flachen Dünen in Sicht kamen, endete die Bahnfahrt. Über einen kurzen Holzsteg durch die Dünen erreichten sie den Strand auf der Ilha de Tavira, er zog sich kilometerweit nach links und rechts, sodass in beide Richtungen kein Ende auszumachen war.

Robin hatte bereits seine Schuhe ausgezogen und stürmte barfuß vorweg, er wollte so dicht wie möglich an die Wasserkante, wo die Wellen lang gezogen ausliefen. Hier ließ er sich nieder. Mit Eimer, Kescher und Schaufel ausgerüstet, begann er sofort zu bauen. Die Zeit schien für ihn eine andere Bedeutung zu haben. Er wirkte versunken in seinem Spiel, nur hin und wieder unterbrach er sich, wenn er etwas Besonderes gefunden hatte, was er den Erwachsenen zeigen wollte, hübsche Muscheln oder gemaserte Steine in allen Farben und Größen. Während Paul seinen Enkel beobachtete, eilten seine Gedanken weit fort, nach Ostpreußen, auf die Kurische Nehrung, wo er als Kind so gerne am Strand entlanggewandert war, um nach Bernstein zu suchen.

6
Ostpreußen, 1939–1942

Das Jahr 1939 markierte einen bedeutenden Einschnitt im Leben von Bruno und Paul. Mit dem neuen Schuljahr wechselten sie auf die „Oberschule für Jungen zu Tilsit".

Bis zur Quinta hatten sie die „Höhere Knaben- und Mädchenschule" in Kuckerneese besucht. Das Lernen fiel ihnen leicht, und die Hausaufgaben erledigten sie in Windeseile, sodass sie die Nachmittage zum Spielen nutzen konnten. Ihre Stärken zeigten sich früh: Während Bruno eine naturwissenschaftliche Begabung besaß, hatte Paul ein noch größeres Talent für Sprachen. Die Kuckerneeser Schule lag neben dem alten Sportplatz in der Hafenstraße, nicht weit von ihrem Zuhause. Nachmittags gingen sie dorthin, wenn sie sportliche Wettkämpfe austragen wollten. Beim Wettlauf blieb der Ausgang stets ungewiss, die Siege fielen knapp aus und wechselten häufig. Beim Weitsprung dominierte Bruno, sowohl im Sprung aus dem Stand als auch mit Anlauf, beim Werfen war Paul deutlich überlegen, egal, ob sie Steine oder Schlagbälle benutzten.

Normalerweise hätten sie erst nach der Obersekunda aufs Gymnasium nach Tilsit wechseln müssen, aber Pauls sprachliche Fähigkeiten konnten auf dem städtischen Gymnasium besser gefördert werden, und da Bruno nicht von Paul getrennt werden wollte, blieb ihm nichts anderes übrig, als seinem Freund nach Tilsit zu folgen.

Nun waren sie Fahrschüler, was ihre Freizeit deutlich einschränkte. Meistens fuhren sie frühmorgens mit dem Bus nach Tilsit, der seit 1934 sechsmal am Tag verkehrte. Manchmal mussten sie auf die Bahn ausweichen, denn es gab Tage im Winter und Frühjahr, an denen aufgrund der Schneelage oder extremen Tauwetters der

Busverkehr eingestellt wurde. In Britannien mussten sie dann umsteigen, dort stieß die Kleinbahn auf die Staatsbahnstrecke von Königsberg nach Tilsit. Mit der Bahn dauerte der Schulweg deutlich länger, dafür ließen sich die Schularbeiten dort besser als im Bus erledigen. Wenn sie nachmittags nach Hause kamen, waren in jedem Falle ihre Hausaufgaben gemacht. Gelegentlich passierte es, dass Brunos Vater sie mit seinem Transporter von der Schule abholte, wenn er Tilsiter Molkereibetriebe inspizieren musste.

Im Sommer 1939 gab es in der Elchniederung keinerlei Anzeichen für den nahenden Krieg, für die Kinder in der Tilsiter Oberschule schon gar nicht. Hier waren die ersten Wochen des neuen Schuljahres mit umfangreichen Vorbereitungen für die Hundertjahrfeier der Schule ausgefüllt. Den Höhepunkt bildete eine Fahrt aller Schüler und Lehrer mit dem Sonderzug nach Memel, die kurz vor den Sommerferien stattfand.

Es gab einen Anlass für Brunos Vater, sich einen Radioapparat anzuschaffen. Beim jährlichen Besuch seiner Eltern in Celle Anfang Juli hatte er begeistert vor dem neuen Radio gesessen, um die Nachrichten aus erster Hand zu erhalten. Dabei war ihm erstmals bewusst geworden, dass sie in Kuckerneese hinter dem Mond lebten. Die Neuigkeiten aus Königsberg brauchten einfach zu viel Zeit, um bis ins Memelland zu gelangen, und verloren unterwegs ihre Aktualität.

Kaum war Herr Janz aus dem Westen zurück, bestellte er in Tilsit ein Radio, das er Ende August abholen konnte, gerade noch rechtzeitig vor dem Polenfeldzug. Beim Auspacken des Kartons fiel ihm ein Zettel entgegen, eine Naziverordnung, die am 1. September 1939 in Kraft trat und das Abhören feindlicher Sender untersagte.

Als der „Blitzkrieg" mit Polen nach zwei Wochen beendet war, liefen alle Schlokats in die gute Stube der Familie Janz, wo der neumodische Apparat stand, um die Sondermeldungen zu hören. Bruno und

Paul hockten auf dem Fußboden, mit den Ohren direkt am Gerät. Als der Königsberger Sender am Ende das Deutschlandlied spielte, sangen die Erwachsenen mit, und Herr Janz holte eine Flasche Johannisbeerwein, um den Sieg zu feiern. Auf Ostpreußen hatte dieser erfolgreiche Krieg unmittelbare Auswirkungen, seine Insellage war plötzlich aufgehoben.

„Ostpreußen kommt ‚heim ins Reich‘," sagte Herr Janz voller Stolz.

Und Großvater Schlokat konnte sich nicht verkneifen hinzuzufügen:

„Das hat der Hitler gut geplant mit dem Polenkrieg, nach der Getreideernte angefangen und vor der Rübenernte beendet. Das soll ihm mal einer nachmachen."

Paul schaute ihn an, um zu sehen, ob er das ernst meinte. Gropa lächelte ihn an und zwinkerte mit den Augen, da wusste Paul, dass sein Großvater kein Anhänger Hitlers war.

Die für den Herbst geplante offizielle Hundertjahrfeier der Tilsiter Oberschule wurde wegen des Kriegsbeginns abgesagt. Stattdessen verlängerten sich die Sommerferien für Bruno und Paul um zwei Wochen, weil die unteren Klassen in den Ernteeinsatz geschickt wurden. Die ersten beiden Septemberwochen arbeiteten die beiden Jungen auf dem Gutshof in Sköpen. Wenn sie morgens in die Kleinbahn stiegen, um von Kuckerneese aus drei Stationen bis zum Nachbarort zu fahren, war das für sie ein spannendes Abenteuer. Die körperliche Arbeit fiel ihnen leicht, da sie viele Erntetätigkeiten schon bei Opa Schlokat gelernt hatten.

Auf dem Gut trafen zu diesem Zeitpunkt russische Erntehelfer ein, da es hieß, deutsche Männer würden vermehrt zum Wehrdienst eingezogen. Paul nutzte jede Gelegenheit, um seine Russischkenntnisse anzuwenden, und so wurden die beiden Jungen schnell in den Kreis der Russen aufgenommen, und der Ruhm von Oma Schlokats Kochkünsten verbreitete sich bis nach Sköpen. Es verwunderte nicht, dass Paul in der zweiten Woche weit mehr Klopse in seinem Proviantbeutel transportierte, als Bruno und er jemals hätten verspeisen können. Gegen Ende ihres Arbeitseinsatzes auf den Feldern meldeten sie sich zum Holzfällen, auch hierbei konnten sie auf ihre Erfahrungen im Umgang mit Säge und Axt zurückgreifen, an den sie von zu Hause, bei Pauls Großvater, seit frühester Kindheit gewöhnt waren.

Als Dreizehnjährige verfügten sie neben der Technik inzwischen über ausreichend Kraft, um selbst dicke Bäume zu fällen, zu entästen und in Stücke zu sägen, die sie später im Gutshof mit der Axt spalteten und schließlich in der Scheune aufstapelten. Es gefiel ihnen, wenn ihre neuen russischen Freunde sie wegen ihrer Holzfällertätigkeiten bewunderten, und das machte ihnen den Abschied noch schwerer. An ihrem letzten Arbeitstag wurden sie zu einem Abschiedsfest eingeladen. Als sie am Lagerfeuer saßen und zu den Klängen einer Balalaika in die russischen Lieder einstimmten, hätten sie sich niemals vorstellen können, dass in weniger als zwei Jahren ihre russischen Sangesbrüder zu Feinden werden sollten. Im Laufe des Abends kam der Gutsherr ans Lagerfeuer, ein kleiner, drahtiger Mann namens Gudat, um sich von den Kuckerneeser Jungen zu verabschieden. Ihm waren die besonderen Qualitäten der beiden Heranwachsenden bei der Ernte nicht verborgen geblieben. Ihm gefielen ihr jugendlicher Eifer und ihre Freude an der Arbeit, mit denen sie für gute Stimmung auf dem Gut gesorgt hatten.

„Ihr könnt gerne wiederkommen", sagte er beim Abschied. „Zur Kartoffelernte in den Herbstferien können wir so tüchtige Jungen wie euch gut gebrauchen", und wie zur Bestätigung klatschten die russischen Erntehelfer Beifall.

Mit stolzgeschwellter Brust fuhren Bruno und Paul an diesem Abend nach Hause, rannten vom Bahnhof gleich zu Opa Schlokat, um ihm die Neuigkeit zu verkünden, denn sie wussten, wem sie diese große Ehre zu verdanken hatten. Sie trafen ihn an der Pumpe, wo er seine Gartengeräte säuberte. Dieses Mal fragte er nicht: „Was habt ihr denn wieder angestellt?", sondern hörte sich ihre Geschichte bis zu Ende an. Dann stellte er sich in Position, breitete die Arme aus und wartete auf den Ansturm.

„Mal sehen, ob ich euch noch stemmen kann, ihr langen Lulatsche!"

Die Jungen hatten keine Mühe, die Oberarme zu umfassen, sie mussten sich dafür nicht einmal auf die Zehenspitzen stellen, denn sie reichten Gropa schon bis über die Schulter. Der Großvater atmete kräftig aus, bevor er seine Muskeln spannte und beide gleichzeitig vom Boden hob, dabei mussten sie die Beine anwinkeln, damit sie frei hängen konnten. Trotzdem schafften sie es irgendwie, dass alle drei wie früher auf Augenhöhe kamen.

„Ich bin mächtig stolz auf euch", keuchte der Großvater, ließ seine Arme sinken, und als er sich von ihrem Gewicht befreit hatte, verkündete er etwas wehmütig: „Ich glaube, das war das letzte Mal, dass ich euch beide in die Höhe gehoben habe, ihr werdet mir einfach zu schwer."

Dies war der Moment, in dem Paul zum ersten Mal bemerkte, dass sein geliebter Gropa alt wurde. Dessen Kräfte waren ihm als Kind unermesslich erschienen, nun erkannte er, dass sie nachließen, nachdem sein Großvater im letzten Jahr seinen 60. Geburtstag gefeiert hatte.

„Gropa, du brauchst keine Angst zu haben, wir werden dir wie immer in den Herbstferien bei der Gartenarbeit helfen. Aber wenn du uns für ein paar Tage nicht brauchst, würden wir auch gerne auf dem Gut in Sköpen arbeiten."

Der Großvater musste schmunzeln, als er in das ernste Gesicht seines Enkels blickte, und es wunderte ihn nicht, dass Paul wieder einmal allein entschieden hatte, ohne Bruno zu fragen. Bruno war spontan und draufgängerisch, sein Enkel dagegen sensibel und nachdenklich, wenn er eine Entscheidung traf, folgte sein Freund ihm blind.

So geschah es, dass Bruno und Paul in den folgenden vier Jahren die Herbstferien teilweise auf dem Gutshof in Sköpen verbrachten. Im Herbst 1940 arbeiteten sie noch zusammen mit den russischen Erntehelfern aus dem Vorjahr. Aber schon im folgenden Jahr, nach dem Beginn des Russlandfeldzuges, trafen sie auf fremde Russen, die als Zwangsarbeiter auf dem Gut arbeiten mussten.

Die Jungen begegneten ihnen freundlich, aber die Russen blieben verschlossen, sie taten sich schwer damit, an die Freundlichkeit von Deutschen zu glauben – erste bittere Auswirkungen des Krieges, welche sie unmittelbar zu spüren bekamen. Ansonsten verlief das Alltagsleben in Kuckerneese wie gewohnt, der Krieg war in weiter Ferne. Kleine Veränderungen wurden übersehen oder falsch gedeutet.

Die Truppentransporte machten einen großen Bogen um die Kleinstadt an der Gilge. Sie zogen weiter südlich auf der Hauptstrecke Königsberg–Tilsit nach Osten, ein Teil der Heeresgruppe Nord benutzte die Nebenstrecke von Tilsit über Heydekrug nach Memel. Ende Juni 1941 stand Tilsit im Mittelpunkt. Durch die Grenzstadt an der Memel rollten Panzer, Armeefahrzeuge in allen Größen, mit Geschützen und Waffen beladen, und ein Heer von Soldaten in Kriegsuniform marschierte in endloser Reihe über die Memelbrücke nach Litauen. Die Stadt befand sich im Ausnahmezustand, Geschäfte und Schulen wurden geschlossen, Hakenkreuzfahnen verteilt, um den Soldaten zuzujubeln. Es war ein Freudenfest, auch für Bruno und Paul, nicht nur, weil die Schule ausfiel. Überall erklang ausgelassener Jubel wie bei einer Militärparade.

Die Schulkinder zählten die Lastwagen, die Kompanien, die Geschütze, die sich von Westen nach Osten Richtung Russland in endlosen Kolonnen voranschoben. Wenn der Zug ins Stocken geriet, stimmten die schneidigen Soldaten ein Lied an, vom „Polenmädchen" oder das Horst-Wessel-Lied „Die Fahne hoch", welches die Kinder morgens in der Schule zur Begrüßung singen mussten, mit erhobenem Arm und einem anschließenden „Heil Hitler!".

Paul sollte sich später an einen dieser denkwürdigen Tage ganz besonders erinnern. Es war Freitag, der 20. Juni, danach begann das Wochenende im ländlichen Kuckerneese. Nur zwei Tage später, am Sonntag, den 22. Juni 1941, erklärte Deutschland Russland den Krieg, und niemand hatte zu dem Zeitpunkt auch nur die leiseste Ahnung vom Ausmaß und der Grausamkeit des bevorstehenden Krieges, weder im Reich noch im abgelegenen Ostpreußen.

Am Montag wurde in Tilsit das gewohnte Leben wieder aufgenommen. Die Kinder gingen in die Schule, auf den Straßen herrschte weitgehend Ruhe, nur vereinzelte Wehrmachtsfahrzeuge des Nachschubs fuhren gen Osten und erinnerten an den gewaltigen Truppentransport des Wochenendes, Geräusche des Krieges, wie sie die Jungen niemals zuvor gehört hatten. Als sie nach Schulschluss auf ihren Bus warteten, war der Russlandfeldzug ihr einziges Gesprächsthema. Sie konnten sich nicht vorstellen, wie solch ein Krieg abläuft. Vom Westfeldzug gegen Frankreich vor einem Jahr hatten sie noch weniger mitbekommen als vom Krieg gegen Polen. Auf Bruno und Paul wirkte der Krieg nicht bedrohlich. Wenn sie auf die Landkarte im Janz'schen Haus schauten, wo Brunos Vater den Frontverlauf mit Stecknadeln markierte, dachten sie an strategische Spiele. Nur der gewaltige Truppentransport, der vor ihren Augen durch Tilsit gezogen war, hatte in ihrer kindlichen Vorstellungswelt erste Zweifel geweckt.

Auf den Bus wartend, hörten sie es gleichzeitig. Gedämpften Lärm, der aus großer Ferne zu ihnen drang, bösartiges Grummeln, ähnlich einem Gewitter, Donnergrollen, das viel zu häufig von dumpfen Detonationen unterbrochen wurde. Eine Geräuschkulisse, die sie nicht einordnen konnten, ein Gewitter klang anders. Auf der Heimfahrt begleitete sie das ferne Rumoren, abgeschwächt durch die vibrierenden Busfenster.

Zu Hause erfuhren sie zunächst nichts, das eingeschaltete Radio half auch nicht weiter. Es gab keine Sondermeldungen von der deutschen Ostgrenze. Am nächsten Morgen fragte Paul seine Eltern am Frühstückstisch: „Sind das Manöver? Oder ist es Krieg?"

„Das ist wohl Kriegslärm", sagte sein Vater. „Wir haben von schweren Panzerkämpfen bei Tauroggen zwischen russischen und deutschen Truppen gehört."

Der Gefechtslärm drang sogar bis nach Kuckerneese, klang aber nicht so bedrohlich wie im näher gelegenen Tilsit. Nach wenigen Tagen endete der Spuk, und in Ostpreußen kehrte Ruhe ein, der Krieg entfernte sich und geriet in Vergessenheit. Es sollte dreieinhalb Jahre dauern, ehe der Kriegslärm an die Memel zurückkehrte, Ende 1944, zu einem Zeitpunkt, als die meisten Familien Kuckerneese bereits verlassen hatten.

Mit Beginn des neuen Schuljahres 1942 ergaben sich einige Veränderungen. Nach den Osterferien tauchte eine neue Fahrschülerin auf, die von der Kuckerneeser Mittelschule in eine gemischte 9. Klasse des Tilsiter Gymnasiums wechselte. Mila war die Tochter von Schuster Anschel, dessen Werkstatt in der Nähe der Synagoge lag, wo die wenigen Juden aus der Gegend um Kuckerneese während des „Dritten Reiches" zusammengezogen worden waren.

Paul würde sich später fragen, warum Mila 1942 noch ihre Schule besuchen konnte, denn eine Naziverordnung vom September 1941 untersagte Juden den Besuch deutscher Schulen. Auch fehlte an ihrer Kleidung der obligatorische Judenstern. Im fernen Memelland war eben vieles anders, die Verordnungen wurden gar nicht oder verspätet umgesetzt. Und in diesem Falle mochte es daran liegen, dass man den Schuster, der sich nie etwas hatte zuschulden kommen lassen, brauchte.

So pendelten sie also zu dritt in die Schule, zwei 16-jährige Jungen mit einem 15-jährigen Mädchen. Mila war schlank und für ihr Alter erstaunlich groß, sie hatte Bruno schon überholt, dessen Wachstumsschübe mehr in die Breite als in die Länge verliefen. Bei Paul hingegen hatte das Längenwachstum voll eingesetzt, er überragte seinen Freund um Haupteslänge.

Mit zunehmendem Alter traten die körperlichen Unterschiede der beiden Freunde immer deutlicher hervor. Brunos Haare blieben hell- bis rotblond und wurden lockiger, während Paul seine glatten Haare aus der Kindheit behielt, die vom ursprünglichen Dunkelblond ins Schwarze gewechselt waren. Rein äußerlich waren sich Mila und Paul recht ähnlich. Wie sich herausstellen sollte, passten sie auch sonst gut zueinander.

Schon bald merkte Paul, dass er die neue Mitschülerin mochte, die immer gute Laune hatte. Sie machte gerne Späße mit ihnen und reagierte nicht beleidigt, wenn Bruno sie neckte. Paul hielt sich zurück, er beobachtete sie, wenn die beiden anderen sich kabbelten.

Alles an ihr war frech, angefangen bei den kurzen Zöpfen, die wie Rattenschwänze seitwärts abstanden. Ihr dunkelblonder Pony war so lang, dass er die Augenbrauen verdeckte. Dadurch wirkte ihr schmales Gesicht runder, und die Augen traten zurück. Ebenso wie Paul hatte sie von Natur aus eine dunklere Haut, die sich in der Sonne schnell bräunte. Ihre Kleidung war eigenwillig, entweder war der Stoff auffällig gemustert, oder es fanden sich ausgefallene Applikationen wie Knopfreihen an Röcken oder Blusen. Am frechsten wirkten ihre Schuhe aus buntem Leder mit Schnallen, Sandalen mit gekreuzten Riemen und flachem Absatz, die viel von ihren schlanken Füßen freigaben.

Als sie merkte, dass Paul ihre Füße anstarrte, fing sie an zu lachen.

„Staunst du über meine wunderschönen Schuhe?"

Er fühlte sich ertappt.

„Ja, solche habe ich noch nie gesehen."

„Das ist kein Wunder", sagte sie „all meine Schuhe macht mein Papa für mich, und ich sage ihm genau, wie ich sie haben möchte."

„Wieso kann dein Papa solche Schuhe basteln?", fragte Bruno.

„Na, der ist doch Schuster, du alter Durak!"

Mila brach in lautes Gelächter aus, sie kannte dieses russische Schimpfwort, und es klang so lustig, wie Paul es aussprach.

„Kannst du etwa Russisch?", fragte sie.

„Ja, ein wenig", gab er schüchtern zu. Das war stark untertrieben, aber er wollte nicht angeben und stellte die Gegenfrage: „Und woher kannst du Russisch?"

„Von meinen Großeltern, die sind in Russland aufgewachsen. Während der Oktoberrevolution sind sie nach Deutschland geflüchtet. Meistens reden wir zu Hause Deutsch, aber sie verfallen immer wieder ins Russische, besonders wenn sie sich streiten. Ich habe vieles aufgeschnappt, auch allerhand Schimpfworte."

Paul freute sich über die Aussichten, mit Mila Russisch sprechen zu können. Vielleicht konnte er etwas von ihr lernen, und es eröffnete sich die Möglichkeit, ihr etwas mitzuteilen, was nicht für Brunos Ohren bestimmt war. Er erzählte Mila, dass er seit dem laufenden Schuljahr im Rahmen einer Arbeitsgemeinschaft am Unterricht für Russisch teilnahm. Bruno ließ sich dafür nicht begeistern, er interessierte sich mehr fürs Praktische und hatte sich beim Technischen Werken angemeldet.

Anfang der Sommerferien machte Brunos Familie eine lange Reise zu den Großeltern nach Celle. Nur Brunos älterer Bruder Gustav fuhr nicht mit, er hatte sich als Primaner freiwillig zum Wehrdienst gemeldet und die Schule mit einem „Reifevermerk" verlassen.

Brunos Vater war in Celle aufgewachsen und kehrte gerne für ein paar Tage in seine niedersächsische Heimatstadt zurück. Seine Frau Anna war eine echte Ostpreußin, er hatte sie während seiner landwirtschaftlichen Ausbildung in Königsberg kennengelernt. Für die lange Fahrt in den Westen konnten sie den Firmenwagen der Molkereibetriebe benutzen. Paul staunte über den vollbeladenen Kleintransporter, als er frühmorgens von Bruno Abschied nahm. Es sah aus wie bei einem Umzug.

„Bleibt ihr lange weg?", fragte er Bruno mit sorgenvoller Miene.

„Nein, wie immer, in einer Woche bin ich zurück. Papa meinte, seine Eltern könnten ein paar Sachen von uns gebrauchen."

Paul fragte nicht weiter nach, er wusste, dass Kurt Janz ein Meister im Planen und Organisieren war. Durch seine Fahrten über Land sprach er mit vielen Menschen und sammelte Informationen, die er mit den Nachrichten aus dem Radio ergänzte, und dabei schaltete er verbotenerweise auch mal einen ausländischen Sender ein. Bei seinen Besuchen in Celle erfuhr er vieles über den Kriegsverlauf, das sich aus der nationalsozialistischen Berichterstattung nicht heraushören ließ. Herr Janz sammelte eifrig Neuigkeiten und kam zu dem Schluss, dass Ostpreußen möglicherweise verloren gehen könnte, und das zu einer Zeit, als die Fronten noch weit entfernt von der Heimat verliefen.

In der ersten Ferienwoche war Paul also auf sich allein gestellt, sein Spielkamerad fehlte ihm. So blieb ihm nichts anderes übrig, als sich zu seinem Großvater zu gesellen. Er folgte ihm überall hin und war froh, wenn dieser ihn mit kleinen Aufträgen beschäftigte. Seine Mutter arbeitete im Geschäft, sein Vater war zu Wehrübungen eingezogen. So blieben die Großeltern seine einzigen Ansprechpartner.

Wie sollte er die heißen Sommertage verbringen? Mit Bruno wäre er sicher zum Baden gegangen, aber ohne ihn machte es ihm keinen Spaß. Dem Großvater blieb Pauls Unzufriedenheit nicht verborgen, er überlegte angestrengt, wie er seinen Enkel aufheitern könnte. Schließlich hatte er eine Idee. Alles war schon abgesprochen, als er ihn am Abendbrottisch überraschte.

„Hör mal, Paul, wollen wir Morgen einen Ausflug machen, an den Strand auf der Kurischen Nehrung?"

Paul strahlte über das ganze Gesicht, sein Gropa hatte wieder einmal ins Schwarze getroffen.

„Oh, ja! Das haben wir so lange nicht mehr gemacht."

Dann fiel ihm blitzartig noch etwas ein, und ehe er lange darüber nachdachte, sprach er es aus.

„Ich würde Mila gerne fragen, ob sie mitkommen möchte. Ihr wisst schon, die Tochter vom Schuster."

Seine Mutter konnte ihre Überraschung nicht verbergen und sah die Großeltern an, die beide breit grinsten. Ihnen war nicht verborgen geblieben, was sich zwischen den Fahrschülern ereignete, und Paul hatte ihnen oft davon erzählt, wie er mit Mila Russisch sprach, wenn er Bruno ärgern wollte. Jedenfalls dachten sie alle das Gleiche: „Hat Paul etwa eine erste Freundin?"

Natürlich waren sie einverstanden, und er machte sich gleich auf den Weg zum Schuster. Vor der Werkstatt blieb er kurz stehen, blickte durch die mit einem Judenstern beklebte Fensterscheibe und entdeckte Milas Vater, der sich gerade über einen Leisten beugte. Er nahm all seinen Mut zusammen, trat ein und fragte geradeheraus: „Meine Großeltern fahren morgen mit mir auf die Kurische Nehrung. Darf Mila mitkommen?"

Herr Anschel lächelte freundlich, legte den Schuh zur Seite, an dem er gerade arbeitete, und ging voraus in die Wohnstube.

„Na, dann komm erst mal rein in die gute Stube. Du bist doch der Paul, vom Lehrer Schlokat, stimmt's? Mila hat schon von dir erzählt, sie ist begeistert, dass du auch Russisch sprichst."

Als Vater Anschel mit Paul im Türrahmen erschien, blickte Mila erstaunt mit offenem Mund auf und wurde leicht verlegen.

„Hier ist ein junger Mann, der möchte dich etwas fragen."

Paul war noch verlegener als Mila, aber nun gab es kein Zurück mehr.

„Mila, meine Großeltern fahren morgen mit mir an den Strand in Nidden. Möchtest du mitkommen?"

Mila schaute ihn neugierig an und wusste nicht recht, was sie mehr erstaunte: dass er den Mut hatte, sie zu fragen, oder dass er sie ganz offensichtlich mochte. Bevor sie antwortete, tauschte sie kurze Blicke mit ihren Eltern, die ihr Einverständnis signalisierten.

„Das ist eine prima Idee, Paul, ich freue mich, dass du mich mitnehmen möchtest."

Sie verabredeten sich für den ersten Zug Richtung Haff am Bahnhof von Kuckerneese.

Am Morgen herrschte emsiges Treiben im Hause Schlokat. Groma füllte den Picknickkorb, bis nichts mehr hineinpasste, während Gropa die Utensilien für den Strand zusammenpackte, Sonnensegel, Handtücher, Sonnencreme ...

Mila erwartete sie am Bahnhof in Begleitung ihrer Mutter. Sie hatte einen großen dunkelblauen seesackähnlichen Beutel über der Schulter hängen, der farblich sehr gut mit ihrem Sommerkleid harmonierte, das aus einem leichten, hellblauen Stoff gefertigt und mit weißen Blüten gemustert war. Ihre eigenwilligen Sandalen kannte Paul bereits. Sie sah wie immer umwerfend aus. Paul kannte kein Mädchen, das sich so raffiniert kleidete und so ein gutes Gefühl dafür hatte, was zu ihr passte.

Die Kleinbahn brachte sie nach Karkeln ans Haff, von wo aus sie mit einem Kurenkahn übersetzten. Vor ihnen lag die Kurische Nehrung, rechter Hand, im Osten, sahen sie im Sonnendunst verschwommen die Hafenanlagen von Memel liegen. Mila war aufgeregt.

„Ich muss euch etwas verraten. Es ist das erste Mal, dass ich auf die Kurische Nehrung fahre. Also, keine Ahnung, was mich erwartet."

In Nidden gingen sie an Land und hatten noch ein gutes Stück zu laufen bis zum Strand. Vorbei an alten Fischerkaten erreichten sie den Nehrungswald, der sich bis zum Dünengürtel erstreckte. Auf Holzstegen ging es nun bergan, bis zum höchsten Punkt der Dünen. Und da lag es vor ihnen, das „Mare Balticum" ... ein grandioser Ausblick. Durch die leichte Krümmung der Nehrung zog sich das breite Band des hellen Strandes von Horizont zu Horizont.

„Unglaublich!", entfuhr es Mila.

So früh am Tage verloren sich die wenigen Menschen am Strand. Der Großvater wählte eine Mulde als ihren Lagerplatz und begann sogleich, das Sonnensegel aufzuspannen, damit Großmutter einen schattigen Platz für den Picknickkorb fand. Die Sonne wärmte schon kräftig, es würde ein heißer Tag werden.

Mila und Paul liefen barfuß an die Wasserkante und testeten die Temperatur. Es war fast windstill, und dementsprechend sanft liefen die Wellen auf dem Strand aus, es war ideales Badewetter. Als sie zum Lagerplatz zurückkamen, hatte Großvater das Segeltuch aufgespannt. Es hing an einem Treibholzpfosten, der im losen Sand mit Heringen verankert war, eine Meisterleistung von Gropa. Dadurch gewannen sie eine kleine Fläche, die im Schatten lag.

Mila holte ihr Badetuch aus dem Seesack und legte es neben die anderen Handtücher. Als Nächstes angelte sie ihren Badeanzug heraus und legte den Beutel in den Schatten zu Omas Picknickkorb. Paul stand bereits in Badehose und wartete auf Mila. Sie verschwand kurz hinter dem Segeltuch und tauchte nach wenigen Augenblicken im Badedress wieder auf, so schnell umgezogen, dass es für Paul ein Rätsel war, wie sie das geschafft hatte.

Es überraschte ihn nicht, dass auch ihr Badeanzug extravagant ausfiel, wenig Stoff und doch alles bedeckt, schmale Träger und ein tiefer Rückenausschnitt. Vorne zwischen den Brüsten, die noch wenig ausgeprägt waren, schlängelte sich ein grüner Salamander Richtung Bauchnabel. „Blau ist wohl ihre Lieblingsfarbe", dachte Paul, als er den türkisblauen Stoff bewunderte und in ihre grünblauen Augen schaute, die schalkhaft auf ihn gerichtet waren.

„Wer zuerst im Wasser ist", rief Mila, und dann rannten sie um die Wette.

Der Großvater sah das Wasser aufspritzen, als die beiden Jugendlichen gleichzeitig die Wasserkante erreichten, weiterliefen und gemeinsam vornüber kippten, als sie ins tiefere Wasser gerieten. Zurück am Lagerplatz, mussten sie die Kälte abschütteln. Sie trockneten sich flüchtig ab, den Rest überließen sie der Sonne, feuchtwarm lag der Stoff auf ihrer Haut.

„Zeit für Bernstein", sagte die Großmutter nach einer Weile.

Sie erhob sich und wanderte Richtung Wasserkante. Paul und Mila folgten ihr, während er ihr wichtige Tipps zum Suchen gab.

„Bernsteine sind sehr leicht, viel leichter als andere Steine, und deshalb findet man sie häufig zwischen den Pflanzenresten aus Seetang und Algen, die bei Flut an den Strand gespült werden und einen braunen Streifen zurücklassen."

Bei diesen Worten strich er mit seinen Fingern über den Pflanzensaum und zerteilte ihn mit sanftem Druck auf der Suche nach dem Gold des Meeres. Großmutter fand als Erste einen Stein, sie war die Expertin im Bernsteinsuchen, sie besaß einen regelrechten Riecher für die Stellen, wo Bernstein angeschwemmt wurde. Anhand ihres Fundstückes erklärte sie Mila, woran man einen Bernstein erkennt.

Großvater war kein ernsthafter Sucher und ging alsbald zum Lagerplatz zurück. Bei Mila und Paul war das Jagdfieber geweckt. Sie vertieften sich derart in die Suche, dass sie fast das Mittagessen verpasst hätten. Erst als der Großvater zum Essen rief, merkten sie, dass sie großen Hunger hatten.

Erst mal zeigten sie ihre Schätze. Großmutter kontrollierte und sortierte aus. Paul hatte fünf kleine Bernsteine gefunden, vier hellgelbe und einen braunen. Milas Hand war angefüllt mit einer Vielzahl von Fundstücken. Mit geübtem Blick sortierte Großmutter aus, einen nach dem anderen ließ sie in den Sand fallen, alles Steinsplitter. Zum Schluss blieben zwei Stücke auf der Handfläche zurück. Bernsteine, ein kleiner und einer von der Größe einer Murmel.

„Bravo, Mila, du bist ein Glückskind. Das ist der größte Bernstein der heutigen Suche. Nun wollen wir uns aber stärken."

Oma Schlokat hatte schon eine Tischdecke im Sand ausgebreitet und die Speisen darauf verteilt. Alles, was Paul besonders gerne mochte, lag bereit: Omas Kartoffelsalat mit sauren Gurken und Apfelstückchen, ihre berühmten Klopse und der leckere Streuselkuchen. Paul lief das Wasser im Munde zusammen. Mila holte diverse jüdische Speisen aus ihrem Seesack. Paul kannte nur die Bagel, so musste sie erklären, was ihre Mutter eingepackt hatte.

„Diese Teigtaschen sind mit Hack gefüllt, sie heißen ‚Knishes'. Sesambagel kennt ihr wahrscheinlich. Mein Lieblingsgericht ist ‚Challah', ein Hefezopf mit Rosinen und Honig, sehr süß und lecker!"

Sie zelebrierten ein vielfältiges Picknick, ostpreußisch und jüdisch zugleich, von würzig bis süß war alles dabei. Sie aßen mit großem Appetit. Gropa gefielen die „Knishes". Bevor er erneut zulangte, fragte er Mila mit einem Augenzwinkern: „Darf ich noch eines von diesen leckeren Bällchen haben?"

Mila lachte, denn ihre Mutter hatte ihr genug mitgegeben, sodass zum Schluss noch einiges übrig blieb. Mila lobte den Streuselkuchen, sie verputzte gleich mehrere Stücke, und Paul wunderte sich, dass sie so viel essen konnte bei einer derart schlanken Figur.

Groma hatte sogar zwei Thermoskannen dabei, eine mit Kaffee für sich und ihren Mann und eine mit Kakao, der wie immer ausgezeichnet schmeckte. Paul verdrückte noch eine letzte „Challah" und fühlte sich nun pudelsatt.

Nach dem Picknick blieb nicht mehr viel Zeit. Sie durften die letzte Bahn von Karkeln nicht verpassen. Mila und Paul gingen noch einmal baden, dann wurde zusammengepackt. Paul trug den Picknickkorb, Mila schulterte ihren Seesack, und so folgten sie den Großeltern durch die Dünen. Groma hatte sich bei Gropa untergehakt und lehnte ihren Kopf beim Gehen an seine Schulter. Für Paul sahen sie in diesem Moment sehr glücklich aus. Mila empfand es wohl ähnlich.

„Deine Großeltern sind einmalig, ich mag sie sehr."

„Ich dich auch!"

Da war es heraus, was er die ganze Zeit zu verbergen versucht hatte. Mila brach in schallendes Gelächter aus, sie hatte nicht erwartet, dass er es zugeben würde.

„Du musst es nicht sagen, ich hab's schon lange gemerkt."

„Und du?"

„Ich mag dich auch, wäre ich sonst mitgekommen?"

Vom Anlegesteg aus konnten sie in der Ferne das Fährboot sehen, das auf dem Rückweg vom Festland war. Es würde noch eine ganze

Weile dauern, bis es in Nidden anlegte. Die Großmutter nahm Mila beiseite und flüsterte.

„Komm mit, ich zeig dir was."

Sie gingen den Holzsteg zurück und verschwanden im Dorf. Paul setzte sich neben Gropa und schaute über die Nehrung. Die Sonne war Richtung Königsberg unterwegs und hatte jetzt am Spätnachmittag nicht mehr ganz so viel Kraft. Gropa legte seinen Arm um Pauls Schulter.

„Ihr passt gut zusammen, Mila und du. Ich hab beobachtet, wie sie dich anschaut. Sie mag dich."

Kurz bevor die Fähre in Nidden anlegte, kamen Großmutter und Mila zurück und taten geheimnisvoll.

„Schaut mich mal genau an!"

Paul bemerkte das Detail zuerst, auf das sie anspielte. In ihrer Halskuhle hing der Bernstein und leuchtete wie eine kleine Sonne. Großmutter erklärte: „Wir waren in der Bernsteinwerkstatt, um Milas Stein schleifen zu lassen. Der Meister war so nett, dass er ihn gleich mit einem Silberdraht eingefasst und die Länge der Kette perfekt an ihrem Hals angepasst hat. Wie findet ihr den Schmuck?"

Paul war überwältigt, ihm fehlten die Worte. Er starrte fasziniert auf Milas Hals und wunderte sich gleichzeitig über Großmutters verrückte Idee und ihre Großzügigkeit. Der Großvater ergriff für ihn das Wort.

„Ein perfekter Sommerschmuck auf deiner gebräunten Haut. Der Stein wird dir Glück bringen, weil du ihn selbst gefunden hast."

Dann wandte er sich an seine Frau: „Sophia Herrmann, da hast du aber jemanden glücklich gemacht."

Auf der Bootsüberfahrt kam eine leichte Brise auf und kühlte ihre sonnenerhitzte Haut. Am Karkelner Bahnhäuschen stand der Zug schon abfahrbereit. So ging es ohne Pause weiter. Mila und Paul saßen nebeneinander, so dicht beisammen hatten sie noch nie gesessen, er spürte die Sonnenwärme ihres Körpers, die durch den geblümten Stoff des Kleides drang. Sie ließen die Landschaft schweigend an sich vorbeiziehen, Wasserläufe und kleine Seen mit Schilf, Wiesen und Felder mit versprengten Störchen auf Futtersuche. Viel zu schnell erreichten sie Kuckerneese, Paul hätte noch stundenlang weiterfahren können an Milas Seite.

Am Bahnhof stand niemand, um Mila abzuholen. Er hatte es insgeheim gehofft.

„Ich bringe Mila noch nach Hause", sagte er, als sie ansetzte, sich von den Großeltern zu verabschieden, etwas verlegen, wie er feststellte, was eigentlich gar nicht zu ihr passte. Womöglich hatte dieser Tag für sie eine viel größere Bedeutung, als er geahnt hatte.

„Danke", sagte sie leise, „danke für den wunderbaren Ausflug. Die Bernsteinkette wird mich immer an diesen Tag erinnern."

„Für uns war es auch ein besonderer Tag", sagte die Großmutter, „wir nehmen dich jederzeit gerne wieder mit."

Sie trödelten vom Bahnhof Richtung Synagoge, machten noch einen kleinen Umweg am Sportplatz vorbei, standen dann aber doch viel zu schnell vorm Schusterladen. Beim Abschied von Paul hatte Mila ihre Selbstsicherheit wiedergefunden, sie wusste genau, was sie tun wollte, um Danke zu sagen.

Sie näherte sich ihm mit leicht geöffnetem Mund, aber es kamen keine Worte heraus. Sie schenkte ihm einen Kuss, einen Wangenkuss, der völlig anders war als alle Wangenküsse, die er bisher bekommen hatte. Sie wählte eine ganz besondere Stelle in seinem Gesicht, die Vertiefung zwischen Wange und Kinn.

In diese kleine Kuhle direkt neben seinem Mund drückte sie ihre Lippen … ließ sie für Sekunden dort ruhen … länger als bei einem Freundschaftskuss … lange genug, dass er die Wärme ihrer Lippen spüren konnte und den Duft ihres sonnenerhitzten Gesichtes wahrnahm.

In dieser Nacht lag Paul noch lange wach, dachte an den Tag mit Mila und ihren ersten Kuss, der ihn verzaubert hatte.

7

Celle, Weihnachten 2008

Kaum hatte Robin Weihnachtsferien bekommen, hielt ihn nichts mehr zu Hause. Sein Vater Timo konnte es ebenfalls kaum erwarten, bei den Großeltern in Celle ostpreußische Weihnachten zu feiern. Leenja musste beide vertrösten.

„Wir fahren wie immer zwei Tage vor Heiligabend. Du weißt schon, Robin, dass Moma mächtig beschäftigt ist, um all die Leckereien vorzubereiten. Da dürfen wir nicht zu früh auftauchen, sonst gibt's nichts zu essen."

Robin wusste, dass seine Mutter ein wenig übertrieb. Er dachte an seinen Großvater, der ihn schon sehnsüchtig erwartete, um mit ihm in den Wald zu ziehen und einen Tannenbaum zu schlagen.

Am Morgen nach ihrer Ankunft machten sie sich gleich auf den Weg, mit Säge und Axt ausgerüstet. Zum Transport des Baumes zogen sie einen Handkarren hinter sich her, denn das Waldstück lag ein gutes Stück entfernt, flussabwärts an der Aller. Am Rande der Tannenschonung stellten sie den Wagen ab und stiefelten in den niedrigen Wald. Die Bäume standen dicht an dicht, was es ihnen schwer machte, ein passendes Exemplar zu finden.

„Na, Robin, dann such mal einen schönen Tannenbaum aus. Du weißt doch noch, welche Sorte deine Großmutter besonders liebt."

„Klar, Bapu, sie mag ihn, wenn er schön puschelig ist, und größer als du muss er sein."

Sie drangen tiefer in die Schonung ein und kamen an eine Lichtung. Hier standen die Bäume nicht ganz so dicht, sodass es Robin leichter fiel, eine Vorauswahl zu treffen. Schließlich hatte er zwei in die engere Wahl gezogen und diskutierte mit seinem Großvater so lange, bis sie sich einig waren, welcher von beiden es sein sollte.

„Tannenbaumschlagen ist Männersache", sagte der Großvater und reichte seinem achtjährigen Enkel die Säge, damit er den Baum fällen konnte. Er dachte an seine Kindheit, als sein Großvater ihm und Bruno die Aufgabe des Sägens überlassen hatte, und er erinnerte sich an die Winterlandschaft rund um Kuckerneese.

„Weißt du, dass wir in meiner Kindheit einen Besen mitgenommen haben, wenn wir zum Tannenbaumschlagen in den Wald gezogen sind? In Ostpreußen herrschte um diese Jahreszeit richtiges Winterwetter, die Bäume duckten sich unter der Schneelast. Bei unserer Suche haben wir sie abgefegt, um zu sehen, ob die Zweige gut gewachsen waren. Mein Gropa ist mit Bruno und mir in den Wald gefahren, zu dritt saßen wir auf dem Kutschbock, hinter uns der große Schlitten, auf dem die beiden Tannenbäume transportiert werden sollten, einer für die Familie Janz und einer für die Schlokats. Wir hatten sehr große Bäume in der alten Heimat, sie mussten vom Boden bis zur Decke reichen, sonst taugten sie nichts."

Robin gelang es mühelos, den Stamm direkt über dem Boden abzusägen. Zu zweit trugen sie das Prachtstück aus dem Wald, Großvater am dicken Ende, sein Enkel an der Spitze. Glücklich zogen sie den Bollerwagen heimwärts, einträchtig nebeneinander an der Deichsel.

Nun musste der Baum nur noch in den Ständer gebracht werden, dafür war Großvater verantwortlich. Robin schaute zu, wie er das anstellte, reichte ihm Keile, wenn er welche brauchte, und wartete geduldig, bis der Tannenbaum richtig eingepasst war.

Großvater zog sich zurück, sobald der Baum in der guten Stube stand. Das Schmücken überließ er Jula, er wusste, dass sie dabei ungestört sein wollte, nur Robin durfte ihr helfen. Er bewunderte die alten Kästen, in denen Kugeln und anderer Baumschmuck aufbewahrt lagen. Sie waren noch aus Ostpreußenzeiten. Pauls Großmutter hatte damals einige Pakete von Kuckerneese nach Celle, zu Brunos Großeltern, geschickt, als klar wurde, dass sie ihre Heimat verlassen mussten. Den Tannenbaumschmuck wollte sie auf keinen Fall zurücklassen. Als Erstes platzierte Jula die Kerzen, und Robin durfte schon mit dem Lametta beginnen, dann schmückten sie gemeinsam mit allem, was die Kisten hergaben. Es wurde ein bunter, glänzender Baum, wie in jedem Jahr. Zum Schluss fehlte nur noch das silberne Glöckchen, das Robin in den Baum hängen durfte.

Nach dem Schmücken wurde die gute Stube zugesperrt, das war Tradition im Hause Schlokat. Jula hatte noch einige Vorbereitungen in der Küche zu treffen, dabei wollte sie ungestört sein. So schickte sie ihre Kinder in die Stadt mit einem Zettel für letzte Einkäufe. Robin half seinem Großvater im Innenhof, der sich um das Feuerholz für die beiden Öfen kümmerte. Er stand am Hackklotz und spaltete Kleinholz. Robin sammelte die Späne zum Feueranzünden in einem Weidenkorb und brachte sie ins Haus.

Mittags fanden sich alle wieder in der Küche ein. Es gab nur einen kleinen Imbiss, denn für das Festessen am Abend sollte genug Platz im Magen bleiben. Dennoch war der Kartoffelsalat mit Würstchen nach dem Rezept von Pauls Großmutter ein leckerer Auftakt für die Festtage, von der Menge her genau richtig bemessen, sodass niemand sich satt essen konnte.

Rechtzeitig zum Kirchgang traf weiterer Besuch ein, Leenjas Bruder Peter mit seiner Frau Lea. Sie hatten eine kurze Anreise aus dem benachbarten Wolfsburg, wo Peter im VW-Werk arbeitete.

Die Kirche war wie stets an Heiligabend brechend voll, sie hatten Mühe, für alle einen Sitzplatz zu finden. Robin saß neben den Großeltern, während die anderen Familienmitglieder verstreut auf den Kirchenbänken Platz fanden. Robin langweilte sich während der Predigt, tuschelte mit Großvater und zählte die Kerzen am Tannenbaum.

Im Dunkeln gingen sie nach Hause Richtung Stadtrand, zum Ufer der Aller, wo das Fachwerkhaus der Großeltern lag. „Keine weiße Weihnacht", dachte der Großvater. „Und kein Eis auf dem Fluss." An solchen Tagen hatte er Heimweh nach Ostpreußen.

Beim Betreten des Hauses wurde er auf andere Gedanken gebracht, er musste die Öfen versorgen, den Herd in der Wohnküche, den Kachelofen in der guten Stube und den gusseisernen Bollerofen in der ausgebauten Werkstatt, wo Peter und Lea schlafen sollten. Robin durfte mit ins Weihnachtszimmer, denn er sollte die Glocke läuten, nachdem Großvater alle Kerzen angezündet hatte, und dann konnte die Bescherung beginnen.

Es war das übliche Durcheinander von Einwickelpapier, Schleifenbändern, Weihnachtsanhängern und ausgepackten Geschenken. Alles lag kreuz und quer zu Füßen des Tannenbaumes. Während die Frauen sich in die Küche begaben, um das Festessen auf dem großen Esstisch anzurichten, versuchten die Männer, Ordnung in das Geschenkechaos zu bringen.

Und dann war es endlich so weit, Jula rief an die festlich gedeckte Tafel. Wie in jedem Jahr gab es kaum eine freie Fläche auf dem Tisch, und es fehlte nichts von den traditionellen Gerichten. Zwei große Schüsseln mit sauer eingelegtem Entenklein standen im Zentrum, Timos Leibgericht. Drum herum standen Schalen und Schüsseln mit allerlei Spezialitäten: Klopse nach ostpreußischer Machart, geräucherte Aale und Flundern, saurer Hering, Krabbensalat, eingelegte Gurken, Kürbisse und Sauerkraut, Leber- und Blutwurst, eine Käseplatte, mit Birnenscheiben dekoriert, und dazu knuspriges Brot und krosse Bratkartoffeln.

Der Großvater schenkte ein, den Frauen Weißwein, die Männer tranken Bier und Robin Limonade. Dann erhob Großvater sein Glas.

„Auf ein schönes Weihnachtsfest 2008."

Nun konnte das Festessen beginnen. Jeder hatte seine Lieblingsspeise. Leenja und Robin probierten als Erstes die Klopse mit Bratkartoffeln, Paul und Peter griffen zum Aal. Timo musste man nicht fragen, er stürzte sich aufs Sauerfleisch, und Großvater wartete nur auf seinen Kommentar „Lecker, lecker, sehr lecker!", um seine Frau anzuschauen, die wie immer verlegen lächelte.

„Jula Maleika, hör mal, du darfst deinen Schwiegersohn nicht zu sehr verwöhnen, sonst kommt er nächste Weihnachten wieder zu uns, und seine Eltern gucken in die Röhre."

„Oh, ja!" rief Robin „Das können wir doch machen." Er lachte lauthals, denn er hatte mitbekommen, dass Großvater es nicht ernst meinte, seine Späße, um Großmutter zu necken, kannte er bereits.

Auf jeden Fall kamen alle auf ihre Kosten und aßen mehr, als sie vertragen konnten, dennoch blieb vom Festschmaus vieles übrig. Und das musste so sein, sonst wäre es keine ostpreußische Feier gewesen. Großvater holte eine Flasche Bärenfang.

„Nun brauchen wir ein Gläschen zum Verdauen."

Ostpreußische Tradition, jeder Erwachsene musste einen Schnaps trinken, auch die Frauen. Für die Männer schenkte er gleich noch einen nach. Die Wirkung ließ nicht lange auf sich warten, es wurde viel gelacht und durcheinandergeredet. Jula kochte inzwischen eine Kanne Bohnenkaffee, denn es gab noch etwas Süßes zum Nachtisch.

„Königsberger Marzipan", sagte sie triumphierend, „das haben wir Leenja zu verdanken."

Sie stellte einen Teller Marzipankonfekt in unterschiedlichsten Formen auf den Tisch und überließ es ihrer Tochter, die dazugehörige Geschichte zu erzählen.

„Ihr wisst doch alle, wie gerne meine Mutter Marzipan mag, und wenn es dann noch echtes Königsberger gibt, ist sie vollkommen glücklich. Ich glaube, es hat etwas damit zu tun, dass es der

Geschmack ihrer Kindheit ist, mit dem viele ostpreußische Erlebnisse verknüpft sind. Fragt sie selbst. Jedenfalls bin ich froh, dass es immer noch die Konditorei im Univiertel gibt, wo das Königsberger Marzipan nach alter Tradition hergestellt wird. Der Konditormeister aus Gumbinnen ist nach der Evakuierung in Hamburg gestrandet und hat nach dem Krieg sein Gewerbe wieder aufgenommen. Die Rezepturen für das Königsberger Marzipan hat er an seine Nachkommen weitergegeben, die den Laden heute noch führen. Es war Jula, die die Konditorei durch einen Zufall entdeckt hat. Während ihrer Ausbildung zur Postangestellten war sie vorübergehend im Hauptpostamt in der Schlüterstraße angestellt. Die nächstgelegene Möglichkeit für einen Brötchenkauf lag schräg gegenüber, so traf sie den Konditormeister aus Gumbinnen wieder, der sich gut an sie erinnern konnte. Als junges Mädchen hatte sie zu den vielen Stammgästen in seinem ostpreußischen Laden gezählt, besonders in der Adventszeit, wenn das Marzipankonfekt sich auf den Blechen stapelte."

Robin hatte der Geschichte seiner Mutter aufmerksam zugehört. Da gab es etwas, das er nicht verstand.

„Moma, bist du nicht aus Kuckerneese? Ich dachte, ihr habt euch schon in Ostpreußen kennengelernt."

„Wie kommst du darauf? Wir sind uns in Ostpreußen nie begegnet. Ich bin in Gumbinnen aufgewachsen und auch dort zur Schule gegangen. Paul habe ich erst viel später getroffen, lange nach dem Krieg."

Der Großvater wunderte sich über das große Interesse seines Enkels an ihrer alten Heimat und fragte sich, ob Jula und er durch ihr anhaltendes Heimweh, durch versteckte Andeutungen oder durch ihren ostpreußischen Dialekt, den sie nie ganz ablegen konnten, die vielen Nachfragen provozierten oder ob Robin in seinem Kopf ein Bild von Ostpreußen entwarf, das er ständig zu ergänzen versuchte, damit die Heimat seiner Großeltern nicht verloren ging.

Am ersten Weihnachtstag zog der Duft von Entenbraten durchs ganze Haus. Im Backofen brutzelten drei Enten, überwacht von Jula, die ihre eigene Technik hatte, um sie schön knusprig werden zu lassen. Von Zeit zu Zeit bestrich sie die Vögel mit einem Sud aus Öl, Honig und Salz. Robin leistete ihr Gesellschaft, während alle anderen einen Spaziergang machten. Er durfte schon mal vom Rotkohl probieren und beim Tischdecken helfen.

An diesem Mittag musste ein Gedeck mehr aufgelegt werden, denn es kam ein weiterer Besucher. Brunos älterer Bruder Gustav Janz war zum Weihnachtsessen eingeladen. Er lebte allein. Mit den Eltern war er nach der Währungsreform 1947 von Celle aufs Land gezogen, nach Zicherie, einem Dorf an der Zonengrenze in der Nähe von Wittingen, wo Gustav einen kleinen Hof gekauft hatte. In den Anfängen konnte Pauls Großvater ihm wichtige Ratschläge geben, denn die Janzens hatten in Ostpreußen kaum Erfahrungen in landwirtschaftlichen Dingen gesammelt. Gustavs Mutter half ihrem Sohn, den Hof zu bewirtschaften, sie kümmerte sich um die Hühner und den Gemüsegarten. Sein Vater arbeitete für den Molkereibetrieb in Wittingen.

Jula und Paul hatten den Kontakt zu Gustav nie abreißen lassen. Anfangs war Pauls Mutter die treibende Kraft gewesen, sie wollte ihre ehemaligen Nachbarn und Freunde Anna und Kurt Janz aus Kuckerneeser Zeiten regelmäßig besuchen, und außerdem machte sie ihren beiden Enkelkindern Peter und Leenja eine große Freude, wenn sie die beiden Stadtkinder auf den Bauernhof mitnahm, wo sie zwischen all den Tieren herumstromern konnten.

Jula und Paul hielten den Kontakt aufrecht, auch als aus der Elterngeneration alle gestorben und ihre Kinder aus dem Haus waren. Sie machten auf diese Weise kleine Ferien auf dem Lande, und sie wussten es zu schätzen, wenn sie auf der Heimfahrt immer frische Eier im Gepäck hatten und mit allem, was saisonal an Früchten und Gemüse anfiel, großzügig versorgt nach Celle zurückfuhren.

Gustav traf zeitgleich mit den Spaziergängern beim Schlokat'schen Haus ein. Trotz seiner 85 Jahre traute er sich noch, die Strecke von Zicherie nach Celle mit dem eigenen Auto zu fahren, er fühlte sich auf den wenig befahrenen Landstraßen sicher. Nur nachts mochte er nicht mehr hinterm Steuer sitzen.

Jula stand drinnen am Herd und begann, die Entenbraten mit der Geflügelschere zu zerteilen. Es knackte, wenn sie die Haut durchtrennte, so kross war sie. Die goldbraunen Stücke verteilte sie in drei Schalen über die ganze Länge des Tisches, so konnte jeder leicht zugreifen. Der Rotkohl dampfte aus zwei großen Schüsseln. Als Beilagen gab es Bratkartoffeln, geschmorte Äpfel und Preiselbeeren. Es war alles perfekt und wie immer reichlich vorhanden.

Gegen Ende des Essens stand Großvater auf und ergriff das Wort.

„Jula, ich möchte dir zu diesem wunderbaren Festessen gratulieren, und dazu fallen mir die Worte meines Jugendfreundes Bruno ein. Wenn er meine Großmutter loben wollte, sagte er immer: ‚Du bist die beste Köchin von ganz Kuckerneese.' Ich habe während des Essens meine Augen geschlossen und gedacht, es schmeckt genauso wie zu Hause vor 70 Jahren, und Bruno würde dies bestätigen."

Gustav nickte zustimmend, als der Name seines Bruders fiel, und lobte das ostpreußische Weihnachtsessen, während Robin sich schon auf den Nachtisch freute. Jula war zufrieden, dass es allen so gut gemundet hatte, merkwürdigerweise wurde sie beim Lob ihres Mannes nicht verlegen. Sie war in Gedanken schon beim Nachtisch, den hatte sich Enkel Robin gewünscht: Vanilleeis mit Schokotröpfchen. Und Königsberger Marzipan durfte natürlich auch nicht fehlen. Sie blieben noch ein Weilchen an der Tafel sitzen, um das Essen sacken zu lassen. Peter und Lea machten sich zum Aufbruch bereit, sie waren bei Leas Eltern, die in Gifhorn wohnten, zum Kaffee eingeladen. Die anderen blieben über Nacht. Gustav zog sich für eine kurze Mittagspause ins Gästezimmer zurück. Robin begann mit seinem Vater ein neues Puzzle zusammenzusetzen, während Paul vom Sessel aus zuschaute. Jula und Leenja räumten in der Küche auf, die Reste vom Vorabend und vom Mittag wurden auf kleinere Schalen und Teller appetitlich neu verteilt. Am Abend sollte es das traditionelle Reste-essen geben.

Am Nachmittag fanden sich alle im Weihnachtszimmer ein, und es dauerte nicht lange, bis altbekannte oder ganz neue Geschichten aus Ostpreußen erzählt wurden. Meistens waren es Kleinigkeiten, die als Auslöser für solche Geschichten herhalten mussten. Gustav zeigte auf den Weihnachtsbaum und erzählte, wie seine Mutter den Lamettaschmuck jedes Jahr wiederverwendete, indem sie die einzelnen Fäden mit dem Bügeleisen glättete. Jula erinnerte sich an die vielen Süßigkeiten, die an ihrem ostpreußischen Weihnachtsbaum gehangen hatten. In der Konditorei in Gumbinnen gab es kurz vor Weihnachten ein reichhaltiges Sortiment an Kringeln, Plätzchen oder Marzipanfiguren mit Loch, sodass man sie an den Tannenbaum hängen konnte. Jula liebte diese Süßigkeiten, und das wussten ihre Eltern. Sie brauchte keinen bunten Teller, sie naschte vom Weihnachtsbaum, das war ihr größtes Vergnügen.

Paul vermisste am meisten die ostpreußische Winterlandschaft, die zu Weihnachten alles mit Eis und Schnee verzauberte. Er klang wehmütig, als er vom Winterfluss seiner Kindheit erzählte.

„Schade, dass die Aller nicht zugefroren ist, ich würde allzu gerne mit Robin eine Schlittenfahrt machen, wie mein Gropa sie mit Bruno und mir alljährlich am ersten Weihnachtstag gemacht hat."

Er sah die Bilder vom Weihnachtsmorgen klar und deutlich vor sich, wenn er schon mit Winterkleidung zum Frühstück kam, Fäustlinge und Pelzmütze unterm Arm. Sein Gropa brauchte ihn nicht daran zu erinnern, es war klar, dass sie einen Schlittenausflug machen würden. Robin wollte die ganze Geschichte hören, in allen Einzelheiten. Also begann Paul zu erzählen.

„Gropa blinzelte mir zu, er war bereit. Wir holten den Zweierschlitten aus dem Schuppen und überquerten die Straße zum Haus von Familie Janz, wo Bruno uns schon erwartete. ‚Fröhliche Weihnachten!' klang es hin und her, und schon waren wir unterwegs auf dem Fluss.

Das Eis der Gilge war nur an einigen Stellen mit einer dünnen Schneeschicht überzogen, größtenteils hatte der Wind den Pulverschnee vom blanken Eis geweht. Gropa fiel es nicht schwer, den Schlitten mit uns beiden Jungen übers Eis zu ziehen. Schnell erreichten wir die Eisenbahnbrücke, und er zog immer weiter, manchmal verfiel er in einen leichten Trab, wie ein Pferd, und wir feuerten ihn an: ‚Hüh! Panjepferdchen, hüh.' Als wir älter wurden, tauschten wir ab und an die Rollen, dann nahm Gropa auf dem Schlitten Platz, und wir zogen mit vereinten Kräften. Jedenfalls hatten wir immer viel Spaß und kamen mit rotgefrorenen Wangen nach Hause, rechtzeitig zum Festessen."

Paul und Jula waren gute Erzähler, und die anderen hörten gerne die alten Geschichten aus Ostpreußen. Als der Bärenfang seine Wirkung zeigte, wurde selbst der wortkarge Gustav gesprächig und tischte skurrile Geschichten aus seiner Kindheit auf.

Robin fand es ausgesprochen lustig, seine Großeltern und Gustav so ausgelassen und beschwipst zu erleben. Für ihn gab es einen offensichtlichen Zusammenhang zwischen der fröhlichen Stimmung und der ostpreußischen Lebensart. Er liebte das ansteckende Lachen seiner Mutter, die ihre Eltern ermunterte, aus der alten Heimat zu erzählen, längst bekannte Geschichten, aber auch neue, die zufällig ausgegraben wurden. Sein Vater hingegen zeigte wenig Interesse an den alten Geschichten. Dafür liebte er die ostpreußischen Speisen umso mehr.

Großvater entführte Robin mit seiner bildhaften Sprache in eine andere Welt, in ein Land voller Seen und Wälder und besonderer Menschen, die die Gabe besaßen, das Leben zu genießen. Jula ging mit bestem Beispiel voran, ihr Lachen war einmalig, ungezwungen, spontan, natürlich, wie bei einem Kind. Wenn sie erzählte, geriet ihr ganzer Körper in Bewegung, als müsste sie die Bilder der Kindheit aus tieferen Schichten hervorholen. Aus ihrem Mund sprudelten die Worte in Schüben, denn oft unterbrach sie sich, indem sie auflachte, als könnte sie nicht glauben, was sie selbst erlebt hatte. Auf Robin wirkte seine Großmutter wie ein großes Kind, er kannte niemanden, der so glücklich aussah beim Erzählen.

An Tagen wie diesen erlebte Robin seine Großeltern auf andere Weise. Sie nahmen ihn mit auf eine Zeitreise in ihre Kindheit, die in vielem ganz anders aussah als seine eigene. Manches konnte er sich nur schwer vorstellen, und es gab auch einiges, was er nicht verstand. Wenn die Erwachsenen Begriffe wie „Evakuierung" oder „Volkssturm" benutzten, wusste er nicht, was es damit auf sich hatte, er fragte aber nicht nach, um die spannenden Geschichten nicht zu unterbrechen. Am meisten beschäftigte ihn nach diesem Abend die Frage, warum die beiden befreundeten Familien Schlokat und Janz Ostpreußen verlassen hatten, ihre über alles geliebte Heimat.

8

Ostpreußen, 1943/44

Im abgeschiedenen Memeldreieck zwischen den Flüssen Gilge und Russ herrschte selbst im vierten Kriegsjahr die vertraute ländliche Ruhe. Bruno und Paul hatten gerade die 11. Klasse beendet und freuten sich auf ihr letztes Schuljahr nach den Osterferien. Obwohl die Meldungen über die Schlacht bei Stalingrad bis nach Kuckerneese durchgesickert waren, blieb der Krieg in ungefährlicher Ferne. Die Jugendlichen besuchten wie gewohnt die Schule, halfen darüber hinaus in der Landwirtschaft und interessierten sich nicht für den Krieg, dessen Bedeutung sie überhaupt nicht einschätzen konnten. Die Erwachsenen hingegen wurden durch die ausgeklügelte Propaganda der Nazis getäuscht, die selbst die vernichtende Niederlage der 6. Armee unter General Paulus als heroischen Kampf der deutschen Soldaten darstellte.

Der Krieg machte einen Bogen um den nordöstlichen Zipfel des Deutschen Reiches. Der Nachschub an Kriegsmaterial und Soldaten zog weiter südlich vorbei, und auch die Kampfgeschwader, die lärmend gen Osten flogen, trübten nicht den Himmel über Kuckerneese. Wenn sich eine einzelne Stuka doch einmal verirrte und ihr Gebiet überflog, liefen die Kinder nach draußen, um das Schauspiel ja nicht zu verpassen.

Auch wenn der Kreis Elchniederung weit abseits des Weltgeschehens lag, nahmen die Menschen Veränderungen wahr, die als Auswirkungen des Krieges angesehen werden mussten. Das Memelland galt als die Kornkammer Deutschlands, dort musste keiner an Hunger leiden. Dennoch wurden seit Kurzem Lebensmittelkarten ausgegeben. Paul hatte sich gewundert, als er die Marken erstmals im Janz'schen Haus sah, seine Familie bekam sie nicht, weil die Schlokats mit ihrer kleinen Landwirtschaft als „Selbstversorger" eingestuft waren.

Regelmäßig kam ein Viehzähler auf die Höfe, um die Anzahl der Tiere zu kontrollieren. Er kam sogar zu Schlokats, um die Hühner und die beiden Schweine zu registrieren. Den Bauern waren Abgabepflichten auferlegt, je nach Stückzahl mussten sie Milch und Eier abliefern, einen Teil der Ernte ebenfalls. Butter wurde nur in den Molkereien hergestellt, eigenes Buttern war verboten. Wenn ein Schwein geschlachtet werden sollte, musste dies vorher angemeldet werden.

Opa Schlokat hatte kaum Probleme mit den landwirtschaftlichen Kriegsverordnungen. Von den Eiern seiner Hühner blieben nach der Abgabe stets so viele übrig, dass er sogar Familie Janz damit versorgen konnte. Das Gartenland, auf dem er anbaute, war einfach zu klein, als dass Ernteabgaben erhoben wurden. Außerdem verhielten sich die Kontrolleure bei der Auslegung der Verordnungen großzügig. In Kuckerneese wurde weiterhin „schwarz" geschlachtet, und so manche Wurst landete in der Tasche eines Viehzählers.

Die Zahl der zur Wehrmacht eingezogenen Männer stieg rapide, mit spürbaren Auswirkungen in allen Bereichen. In der Landwirtschaft arbeiteten fast nur noch russische oder polnische Zwangsarbeiter, die in den Ferien von Schulkindern beim Ernteeinsatz unterstützt wurden. So wie Brunos älterer Bruder Gustav meldeten sich viele Primaner vorzeitig zum Wehrdienst, geködert mit einem „Reifevermerk", der dem Abitur entsprach. Die Zahl der echten Abiturienten ging seitdem stetig zurück. Auch in den unteren Klassen war die Schülerzahl am Gymnasium rückläufig. In Pauls Klasse befanden sich nur noch neun Schüler, und es blieb ungewiss, wer von ihnen nach den Ferien zum Abitur antreten würde.

Inzwischen begann man vereinzelt Lehrer einzuziehen, Deutschland brauchte Soldaten. Auch Pauls Vater traf dieses Schicksal, er bekam den Einberufungsbescheid vor den Osterferien, ebenso wie Pauls Russischlehrer, der die Arbeitsgemeinschaft geleitet hatte.

Nach den Ferien sollte Paul, der sich mit der russischen Sprache am besten auskannte, die AG mit den verbliebenen vier Schülern weiterführen. Darauf freute er sich, und er war stolz, dass sein Lehrer ihm so viel Vertrauen schenkte. Erst mal aber wollte er am Ende der Osterferien seinen 17. Geburtstag feiern, zusammen mit Bruno, drei Klassenkameraden und Mila. Als sie zu dritt mit ihren Zeugnissen im Ranzen von Tilsit nach Kuckerneese unterwegs waren, hatte er sie eingeladen.

„Mila, ich möchte dich zu meinem Geburtstag, am 30. April einladen."

„Oh, danke. Wie alt wirst du denn?"

„Ich werde 17. Außer Bruno kommen noch drei Mitschüler, Bodo aus Britannien, den kennst du ja vom Zugfahren, und zwei weitere aus Tilsit."

Pauls Geburtstag fand erstmals ohne seinen Vater statt, der während seiner vierwöchigen Grundausbildung keinen Sonderurlaub erhielt. Stattdessen kam Brunos Vater zum Geburtstagskaffee, der aufgrund seiner Tätigkeit für die Molkereibetriebe als unabkömmlich galt. Sie saßen zu neunt an der Kaffeetafel, Pauls Mutter und Großeltern, Herr Janz und neben Bruno noch drei Mitschüler.

Aber wo blieb Mila? Paul schaute ständig aus dem Fenster in Richtung Parkstraße. Er hoffte, ihren dunklen Haarschopf zu erblicken. Vergeblich, sie tauchte den ganzen Nachmittag nicht auf. So musste er sich mit ihrem Fehlen abfinden und stürzte sich ohne sie auf Gromas Streuselkuchen, frisch aus dem Ofen, noch warm und knusprig, so wie er ihn am liebsten mochte.

Den Nachmittag verbrachten sie am Fluss und tobten barfuß am Wasser herum, zum Baden war die Gilge noch zu kalt. Abends verdrückten sie Unmengen von Klopsen und in Schmalz gebackene Flinsen, ehe die Mitschüler aus Tilsit in die Kleinbahn stiegen.

Die Erwachsenen plauderten in der Küche, als die Jungen vom Bahnhof zurückkamen. Gropa drehte sich zu ihnen um.

„Na, ihr beiden Lorbasse, in wenigen Tagen seid ihr Primaner. Ich bin stolz auf euch. Versprecht ihr mir, bis zum Ende des Schuljahres durchzuhalten und ein richtiges Abitur zu machen?"

Sie nickten beide, Bruno in Gedanken bei seinem Bruder Gustav, der die Schule vor dem Abschluss verlassen hatte. Ob er das inzwischen wohl bereute, wo er jetzt als Soldat an der Ostfront dienen musste? Paul dachte an seinen Vater, der sich niemals freiwillig zur Wehrmacht gemeldet hätte.

Die Schlokats gehörten alle nicht der Partei an, und Großvater zeigte innerhalb der Familie ganz offen seine Abneigung gegenüber den Nationalsozialisten. Paul wollte unter allen Umständen die Schule mit dem Abitur beenden, ebenso wie Bruno, der keinerlei Lust verspürte, in den Krieg zu ziehen. Auch dieser wusste, dass sein Vater dem Naziregime kritisch gegenüberstand und nur notgedrungen in die Partei eingetreten war, um seinen guten Posten nicht zu verlieren.

Bereits als Kinder hatten Bruno und Paul wenig Interesse an Kriegsspielen gezeigt, und auch die Hitlerjugend reizte sie nicht. Sie verbrachten ihre Freizeit lieber zu zweit und fanden es spannender, eigene Abenteuer zu erleben. In Kuckerneese ließ man sie gewähren, der Druck der Partei reichte von Berlin aus nicht bis an die Memel.

„Schade, dass Papa und Gustav nicht zu meinem Geburtstag da sein konnten", sagte Paul, „vielleicht im nächsten Jahr, wenn der Krieg dann vorbei ist."

Der Großvater fragte sich, ob Paul sehr traurig über das Fernbleiben von Mila war.

„Hast du eine Ahnung, warum Mila nicht gekommen ist? Es passt nicht zu ihr, dass sie ohne Absage wegbleibt."

Das hatte Paul auch schon gedacht, und er nahm sich fest vor, am nächsten Tag bei Schuster Anschel nach dem Rechten zu sehen. Frühmorgens holte er Bruno ab. Zu zweit gingen sie ans Ende der Tilsiter Straße, über den Marktplatz, um dann nach rechts Richtung Synagoge abzubiegen. Diesen Teil von Kuckerneese kannten sie kaum, über den Marktplatz mit seinen Geschäften kamen sie sonst nicht hinaus. Es war der östliche Teil des Ortes, in dem sie heimisch waren, mit dem Bahnhof, dem neuen Sportplatz und vor allem dem Fluss, der südlich des Ortes eine Biegung machte und direkt an ihren Häusern vorbeifloss. Als Kinder diente die Gilge als Spielplatz, und auch jetzt, wo sie erwachsen wurden, übte der Fluss nach wie vor eine magische Anziehungskraft aus.

Sie erreichten das Judenviertel neben der Synagoge und wunderten sich, dass keine Menschseele zu sehen war, alles wirkte verlassen. Vorm Schusterladen blieben sie stehen und schauten durch die Scheibe in die Werkstatt mit den Regalen voller Leder, Leisten und Werkzeug, da fehlte es an nichts. Von Meister Anschel keine Spur. Bruno drückte die Klinke herunter, die Tür war nicht verschlossen. Sie traten ein und gingen an der Werkstatt vorbei in die Wohnstube. Es war unheimlich still im Haus. Paul rief nach oben: „Mila, Mila, bist du da?" Es klang verzweifelt, weil er in dem Moment bereits ahnte, dass niemand zu Hause war. Panisch liefen sie weiter zum Uhrmacher, aber auch hier trafen sie niemanden an, dann weiter zu den anderen Judenhäusern, aber alles lag menschenverlassen da.

„Vielleicht sind sie in der Synagoge beim Gottesdienst", riet Bruno. „Lass uns nachsehen."

Sie öffneten die schwere Kirchentür und spähten ins Innere, doch die Kirchenbänke waren verwaist.

„Was sucht ihr denn hier?", hörten sie plötzlich eine Stimme hinter sich.

Sie drehten sich erschrocken um. Vor ihnen stand Ortsgruppenleiter Kluckert und schmunzelte, als er merkte, dass sie sich ertappt fühlten. Bruno fasste sich als Erster.

„Wir wollten nachschauen, ob die Juden vielleicht alle beim Gottesdienst sind, nachdem wir in den Häusern niemand gefunden haben."

„Da kommt ihr zu spät. Die Juden sind umgesiedelt worden in eine größere Judengemeinde. Wir brauchen den Platz für Mütter und Kinder aus Berlin, die in den nächsten Tagen hier eintreffen."

Paul fragte, warum alle Möbel in den Häusern geblieben seien.

„Es tut mir leid, dass die Räumung so schnell gehen musste. Es gab eine Anweisung von ganz oben, und der Kreisgruppenleiter hat sie mit einem SS-Kommando schnellstens durchgeführt."

Er wirkte etwas hilflos, als er sich vor den Jungen rechtfertigen musste, denn eigentlich verstand er selbst nicht, warum die jüdischen Menschen, die schon so lange in Kuckerneese gelebt hatten, plötzlich fortgebracht worden waren. Verlegen wandte er sich mit einem mehr zu sich selbst gesprochenen „Heil Hitler!" ab und verschwand Richtung Marktplatz.

Die beiden Jungen blieben irritiert zurück. Sie konnten so vieles nicht begreifen. Warum hatten sie von dem Umzug nichts mitbekommen? Warum hatte Mila keinen Abschiedsgruß hinterlassen? Hatte man ihr keine Gelegenheit dazu gegeben? War die Räumung heimlich erfolgt, in einer Nacht- und Nebel-Aktion? Hatten die Juden nichts geahnt?

„Das muss gerade erst passiert sein", sagte Bruno. „Schau mal, die haben es noch nicht mal geschafft, die Judensterne zu entfernen."

Großvater Schlokat sah sofort, dass etwas nicht stimmte, als die beiden wenig später niedergeschlagen vor ihm standen.

„Was ist euch denn über die Leber gelaufen?"

Sie erzählten ihm von dem leeren Judenviertel und was der Ortsgruppenleiter dazu gesagt hatte.

Der Großvater nickte nachdenklich, als er mehr zu sich selbst als zu den Jungen sprach: „Dann stimmt es also, was Brunos Vater gesagt hat. Überall im Reich werden Juden abtransportiert. Nun also auch bei uns. Und das mit den Bombenangriffen auf Berlin wollte ich zunächst auch nicht glauben."

Mila erwähnte er nicht, er konnte sich vorstellen, wie sehr Paul ihr nachtrauerte.

Das Schuljahr 1943/44 verlief für die angehenden Abiturienten anders als die vorangegangenen. Der lange Krieg zeigte nun auch Auswirkungen, die bis in die Schulen hineinreichten. Der erste Schultag nach den Ferien begann schon ungewöhnlich. Heftige Regenfälle hatten das Memelland so sehr aufgeweicht, dass die Busse nicht fahren konnten. Daher mussten Bruno und Paul auf die Kleinbahn ausweichen. Beim Umsteigen in Britannien trafen sie Bodo, so waren sie wieder zu dritt. Aber es war nicht das Gleiche wie mit Mila. Paul vermisste sie sehr, sie, Bruno und er hatten ein Trio gebildet, das nicht nur gemeinsam zur Schule fuhr, sondern auch nachmittags und in den Ferien vieles zusammen machte.

Bruno dachte zurück an die letzten Sommerferien, als er aus Celle zurückgekommen war und Paul seine neue Freundin zum Baden mitgebracht hatte. Am Anfang störte es ihn, dass er seinen Freund nun teilen musste, der mit seiner Aufmerksamkeit oft bei Mila weilte. Als er merkte, dass sie mit der Freundschaft locker umging und Paul manchmal aufzog, fing er auch an, ihn zu necken. Pauls intensive Blicke in Richtung Mila kommentierte er umgehend.

„Was glubscht du so? Pass auf, dass die Augen nicht rausfallen!"

Damit brachte er beide zum Lachen.

Pauls Gedanken wanderten zurück zu den Herbstferien, als sie Mila zum Kartoffelsammeln mitgenommen hatten, ohne vorher um Erlaubnis zu fragen. Auf dem Gut brauchte man jede Hilfe, so hatte der Gutsbesitzer nichts dagegen, als sie zu dritt auftauchten. Und Mila schaffte es im Handumdrehen, die Kluft zwischen den russischen Zwangsarbeitern und ihnen zu überbrücken. Ihre Russischkenntnisse zusammen mit ihrer fröhlichen Art kamen ihr dabei zu Hilfe. Es war wieder so wie in den Anfängen, als sie mit den Gastarbeitern zusammengesessen und Späße gemacht hatten. Mila und Paul plauderten auf Russisch, und Bruno, der in der Hinsicht nicht mithalten konnte, versuchte es mit Zeichensprache.

Mila fehlte ihnen. Sie waren doch gerade noch zusammen auf dem Eis gewesen, und nun war sie auf einmal verschwunden. Bruno hatte sie zu seinem Geburtstag eingeladen, den sie auf dem Eis gefeiert hatten, das lag erst einen Monat zurück.

„Sie gehört doch fast zur Familie", hatte er scherzhaft gesagt.

Auf dem Eis erlebten sie Mila als Künstlerin, sie hatte schon als Kleinkind auf Schlittschuhen gestanden und konnte Figuren laufen wie keine andere. Paul bewunderte ihr Können und nannte sie anerkennend „Eisprinzessin". Wenn sie versuchte, ihm Figuren beizubringen, nahm sie ihn mit den Worten „Komm, lass uns tanzen!" bei der Hand, und dann gab er sein Bestes, ließ sich aber durch ihre Nähe viel zu sehr ablenken. Beim Eishockey wollte jeder sie gerne in seiner Mannschaft haben, weil sie mit ihren läuferischen Fähigkeiten so manchen Gegenspieler narren konnte.

Mila wurde auch in der Schule vermisst, Paul ertappte sich dabei, wie er auf dem Pausenhof nach dem Mädchen mit den abstehenden Zöpfen Ausschau hielt. Als er sich suchend umblickte, bemerkte er, wie wenig Schüler auf dem Hof standen. „Also nicht nur in der Prima gehen die Schülerzahlen zurück", dachte er. Von den ehemals neun Klassenkameraden waren nur noch fünf übriggeblieben.

Mit gemischten Gefühlen traten sie die Heimfahrt an, sie fragten sich, ob die Schule bis ins neue Jahr Bestand haben würde. Beim Umsteigen wurden sie abgelenkt, die Kleinbahn nach Kuckerneese war voll besetzt. Frauen und Kinder mit einem eigenartigen Dialekt bevölkerten die Holzbänke. Pauls Vermutung bestätigte sich bei der Ankunft in Kuckerneese, wo alle ausstiegen und von Ortsgruppenleiter Kluckert in Empfang genommen wurden. Es handelte sich um Berliner Mütter mit ihren Kindern, die aufs Land verschickt worden waren, um dem Bombenterror zu entgehen. Obwohl diese Menschen nichts dafürkonnten, betrachtete Paul sie wütend, weil er sie für das Verschwinden der Juden verantwortlich machte, in deren Häuser sie jetzt einziehen würden.

Die Sorge der beiden Jungen, ob sie es bis zum Abitur schaffen würden, war berechtigt, die Einberufung ihres Jahrgangs 1926 stand bevor. Das hatte unmittelbare Auswirkungen auf ihre Sommerferien. Sie wurden zu einem vierwöchigen Dienst in einem Wehrertüchtigungslager bei Heydekrug eingezogen und konnten somit weder Großvater Schlokat noch auf dem Gutshof helfen.

Während der Ausbildung kamen sie erstmals mit Waffen in Berührung. Sie lernten, wie man sie auseinandernimmt, reinigt und wieder zusammenbaut. Es folgten Übungen im Gelände, bei denen sie erste Schießerfahrungen sammeln konnten und lernten, wie man richtig marschiert. Am besten gefielen ihnen die militärischen Wettkämpfe, zu denen Ausdauerläufe mit Gepäck oder Hindernisparcours zählten. Hier packte sie der sportliche Ehrgeiz, und sie dachten nicht an den möglichen Ernstfall, in dem es ums Überleben ging.

Als sie wieder zu Hause waren, blieben ihnen noch ein paar Tage, um bei Opa Schlokat im Garten zu helfen, für die Beerenernte konnte er sie gut gebrauchen. Der Großvater wollte ganz genau wissen, was sie im Ausbildungslager gemacht hatten. Er freute sich, dass sie nach wie vor keine Lust verspürten, als Soldaten in den Krieg zu ziehen, und erinnerte sie an ihr Versprechen.

„Also, ich kann mich darauf verlassen, ihr bleibt bis zum Abitur in der Schule?"

„Klar, Gropa."

„Die gewinnen den Krieg auch ohne uns."

Großvater wollte das nicht kommentieren. Er glaubte längst nicht mehr an den Endsieg. Wenn die Wehrmachtsberichte vom heldenhaften Kampf an der Ostfront sprachen und vom standhaften Behaupten der deutschen Stellungen, zog er daraus seine eigenen Schlüsse. „Der Krieg ist nicht mehr zu gewinnen", hatte Herr Janz ihm nach seiner Rückkehr von seinem letzten Besuch in Celle heimlich anvertraut und ihm damit bestätigt, was er schon lange glaubte. Als im strengen Kriegswinter 1941/42 zur großen Kleidersammlung aufgerufen wurde, ahnte er, dass der Vormarsch der deutschen Truppen vor Moskau ins Stocken geraten war.

Im Rundfunk und auf Aushängen wurde zur Sammlung von Wintersachen für die Ostfront aufgerufen und damit eine regelrechte Sammelleidenschaft ausgelöst. Bruno und Paul beteiligten sich jedes Jahr daran, meist zogen sie in den Herbstferien zu abgelegenen Höfen, um nach Stoffresten oder Winterzeug zu fragen. Begehrt waren vor allem Pelzmützen, Fäustlinge, gefütterte Schuhe und Jacken. Ortsgruppenleiter Kluckert richtete eine Sammelstelle im Hause Janz ein, von wo aus Brunos Vater die Sachen mit seinem Wagen zur Zentrale in Britannien beförderte, die beiden Jungen dicht gedrängt auf dem Beifahrersitz, um ihm beim Ein- und Ausladen zu helfen. Am Bahnhof von Britannien staunten sie über die Berge von Kleidung, welche in die Eisenbahnwaggons verladen wurden. Alles war gut organisiert und wurde vom Kreisgruppenleiter überwacht. Zusätzlich klebte an jedem Wagen die Verordnung des „Führers" zur Wintersammlung.

In den Herbstferien waren Bruno und Paul ständig unterwegs, sie pendelten vom Ernteeinsatz auf dem Gutshof zum Kleidersammeln, und die verbleibende Zeit halfen sie Großvater im Garten oder beim

Anlegen von Brennholzvorräten. Nach den Ferien begann der Endspurt fürs Abitur, sie waren jetzt nur noch zu viert. Die Hausaufgaben und die Vorbereitungen auf die Prüfungen nahmen einen Großteil des Nachmittags ein. So blieb nicht viel Zeit zum Herumstromern.

Weihnachten 1943 stand bevor. Das bedeutete zum letzten Mal Ferien für die Primaner. In der Schule machte sich Abschiedsstimmung breit, es sickerte durch, dass die Schule vor der Auflösung stand. So wurden bereits vor den Ferien alle Arbeitsgemeinschaften aufgelöst. Paul erhielt ein Diplom über das eigenverantwortliche Leiten der Russisch-AG, worauf er mächtig stolz war, und auch Bruno hatte in seiner Technik-AG allerhand Fähigkeiten erworben, von Holzarbeiten über Löten bis hin zum Glasschneiden, was in der Teilnahmebescheinigung detailliert aufgeführt war. Beide hatten einen besonderen Grund zur Vorfreude auf das bevorstehende Weihnachtsfest, denn sowohl Pauls Vater als auch Brunos Bruder kamen auf Heimaturlaub nach Hause. So würden sie alle zusammen feiern … ihr letztes Weihnachten in Ostpreußen.

Später sollten sie oft an dieses stimmungsvolle Fest zurückdenken, die reichlich gedeckte Tafel mit all den ostpreußischen Leckereien. Und draußen, wie auf Bestellung, eine traumhafte Schneelandschaft, die Kuckerneese von der Außenwelt abschnitt und Kriegsgeräusche fernhielt. Am Weihnachtsmorgen trafen sich beide Familien bei Janz, „Geschenke anschauen", nannten sie das, ein Schnäpschen dabei konnte auch nicht schaden, das Rundfunkgerät aber blieb über Weihnachten ausgestellt. Paul zeigte stolz das kleine Klappmesser, welches Gropa ihm geschenkt hatte.

Die beiden Fronturlauber genossen die friedlichen Tage in ihren Familien. Über ihr Soldatenleben sprachen sie kaum, der Krieg wurde ausgeklammert. Während Herr Janz als Besatzungssoldat in Frankreich so gut wie gar nicht in Kampfhandlungen verstrickt war, sah man Gustav die Strapazen des Fronteinsatzes im Osten deutlich an. Als Funker war er zwar nicht direkt am Kampfgeschehen beteiligt, die Schrecken des Krieges blieben ihm in den hinteren Stellungen aber nicht verborgen.

Der Heimaturlaub endete, als die Jungen wieder zur Schule mussten. Die letzte Etappe. Der einzige Primaner aus Tilsit hatte sich abgemeldet, nun waren sie nur noch zu dritt, drei Fahrschüler, zwei aus Kuckerneese und Bodo aus Britannien. Und sie hatten Glück, der Schulbetrieb wurde lange genug aufrechterhalten. Am 4. Februar 1944 legten die letzten drei Primaner das Abitur ab, danach wurde die Schule geschlossen. Es sah so aus, als würden die beiden Freunde aus Kuckerneese getrennte Wege einschlagen. Paul wollte in Königsberg ein Studium aufnehmen, um später als Lehrer zu arbeiten. Bruno interessierte sich für eine Tischlerlehre, die er in Tilsit machen konnte.

Doch es kam anders, der Krieg durchkreuzte ihre Pläne. Wie eine dunkle Wolke hing die Notdienstverpflichtung über den beiden Achtzehnjährigen. Doch bevor es dazu kam, hatte Ortsgruppenleiter Kluckert eine bessere Verwendung für sie. Er brauchte dringend Hilfe bei den Sammelaktionen, die noch einmal erweitert wurden. Für den „Endsieg" brauchte man außer Kleidung auch Altmetalle und Papier. Kurzerhand verpflichtete er Bruno und Paul für den Sammeldienst an der Heimatfront mit dem Status „uk", unabkömmlich.

Ende Februar war Schweineschlachten bei Schlokats. Sie hatten die Schlachtung vorschriftsmäßig beim Ortsgruppenleiter angemeldet und gleichzeitig um die Freistellung von Paul gebeten, der anstelle seines Vaters aushelfen sollte. Früh am Morgen kam der Schlachter mit seinen langen Messern und überprüfte die Vorbereitungen. Der Schweinetrog stand vor dem Stall, das Schwein grunzte drinnen, mit einem Strick am Hinterfuß, in den Kesseln kochte das Wasser. Da konnte es losgehen. Paul zog das Schwein unter Quieken aus dem Stall, wo es mit einem gezielten Axthieb der flachen Seite betäubt wurde. Oma Schlokat stand schon mit Schüssel und Rührlöffel bereit, um das Blut aufzufangen, nachdem der Schlachter das Messer in die

Gurgel gestochen hatte. Mit vereinten Kräften zogen Opa Schlokat und der Schlachter das tote Tier in den Trog, während Paul eimerweise kochendes Wasser über das Borstenvieh kippte. Dann kamen die Borstenschaber zum Einsatz, bis das Tier völlig nackt war. Zum eigentlichen Schlachten wurde der leblose Körper an einer schräg gestellten Leiter an den Hinterbeinen aufgehängt, ohne Paul hätten sie das nicht geschafft. Er war inzwischen mindestens so stark wie sein Großvater.

Kaum hing das Schwein an der Schuppenwand, tauchte wie bestellt der Ortsgruppenleiter auf, mit Bruno im Gefolge. Oma Schlokat kam mit der Schnapsflasche aus dem Haus, denn es wurde Zeit für den ersten Schnaps, eine altbewährte Tradition bei den Schlokats. Wenn das Schwein hing, musste es „begossen" werden. Bruno und Paul durften sich auch einen genehmigen, als Abiturienten gehörten sie zum Kreis der Erwachsenen, alt genug für einen Schnaps.

Während Sophia in der Küche mit den Blutwürsten hantierte, begann draußen das eigentliche Schlachten. Für Paul war es das erste Mal, dass er beim Zerlegen des Schweinekörpers von Anfang bis Ende dabei sein durfte, und er bewunderte, wie geschickt der Schlachter mit den Messern umging. Opa Schlokat kratzte inzwischen den Dreck aus den Därmen, die später für Würste gebraucht wurden. Als Bruno abends nach seinem Dienst vorbeikam, führte Paul ihn voller Stolz in die Räucherkammer. Da hingen unzählige Würste, Schinken und Speckschwarten, die darauf warteten, eingeräuchert zu werden.

In den Sommermonaten nahmen die Sammelaktivitäten deutlich ab, was dazu führte, dass Kluckert die Jungen an manchen Tagen nicht brauchte und nach Hause schickte. Er mochte die beiden sehr, dieses ungleiche Paar, das eine unzertrennliche Freundschaft verband. Er sah in ihnen Kinder, die er selbst gerne gehabt hätte und in ihm Vatergefühle weckten. Auf keinen Fall durften die beiden eingezogen werden, das wollte er durch seine einflussreiche Stellung verhindern.

Juni 1944. Die Sommerreise der Familie Janz fiel aus. Stattdessen gab es eine Krisensitzung beider Nachbarsfamilien, mit Herrn Janz als Wortführer, er verfügte über die besten Informationen.

„Es ist Zeit zu überlegen, was wir machen sollen. Der Krieg ist nicht mehr zu gewinnen. Im Osten rücken die russischen Truppen stetig auf Ostpreußen zu, im Westen sind die Alliierten vor ein paar Tagen an der Küste der Normandie gelandet und drängen die Wehrmacht zurück. Es kann nicht mehr lange dauern, dann findet der Krieg auf deutschem Boden statt. Es wird keinen vorzeitigen Frieden geben. Ich habe mit Gustav gesprochen, er hat mir von unzähligen Gräueltaten des deutschen Militärs an der russischen Bevölkerung berichtet. Wenn die Russen über die Grenze kommen, steht uns Schlimmes bevor. Ich denke, wir sollten Ostpreußen verlassen und uns nach Westen absetzen, zu meinen Eltern. Vielleicht können wir nach dem Krieg zurückkommen."

Herr Janz hatte nichts beschönigt, und im Gegensatz zur Kriegspropaganda wollte er keine falschen Hoffnungen wecken. Seine Worte trafen alle ins Herz. Sie sollten ihre Heimat aufgeben. Lange sagte keiner ein Wort, eine bedrückende Stille lag über der Wohnstube im Janz'schen Haus. Opa Schlokat dachte voraus und beschäftigte sich schon mit Einzelheiten der Flucht.

„Was passiert mit den Hühnern, dem Pferd und dem Schwein?"

„Das ist mir auch schon durch den Kopf gegangen", fuhr Herr Janz fort. „Die Hühner und das Pferd müssen wir zurücklassen, vielleicht bringen wir sie zum Gut nach Sköpen. Das letzte Schwein schlachten wir so bald wie möglich, um noch alles zu räuchern. Wir werden viele Pakete zu meinen Eltern nach Celle schicken. Was ihr im Garten erntet, wird eingeweckt oder getrocknet und verschickt."

„Fahren wir mit dem Zug nach Celle?", fragte Paul.

„Nein", antwortete Herr Janz. „Wenn ich das Auto bis dahin noch habe, fahren wir mit dem Kombi. Das darf aber niemand wissen. Ich versuche einen Erlaubnisschein für eine Dienstfahrt zu bekommen. Also, absolutes Stillschweigen."

Bruno war mächtig stolz auf seinen Vater, der alles weit vorausschauend geplant hatte, er glaubte nicht, dass seine Mutter einbezogen worden war. Sie kümmerte sich ausschließlich um ihre Färberei, das nahm sie voll in Anspruch. Die Politik überließ sie gerne ihrem Mann.

Nachdem Herr Janz zu Ende gesprochen hatte, trat eine ungewöhnliche Stille ein, so schweigsam hatte man die beiden Familien noch nie um einen Tisch sitzen sehen. Widersprechen mochte keiner, denn alle vertrauten seiner Einschätzung der Lage. Die Tragweite seiner Worte begann sich nur langsam in ihrem Bewusstsein auszubreiten. Wortlos gingen sie auseinander, jeder versuchte auf seine Weise zu begreifen, was ein Abschied von Kuckerneese bedeutete.

Es blieb nicht viel Zeit zum Trauern. Nun mussten Vorbereitungen getroffen werden, und das möglichst unauffällig. Es sollte aussehen wie immer, Familie Janz macht ihre jährliche Besuchsreise zu den Eltern im Westen.

Im Hause Schlokat begannen die Frauen auszusortieren, was sie nicht zurücklassen wollten. Vom Boden bis zur Vorratskammer arbeiteten sie sich voran, wählten aus und verpackten die Sachen in Pakete, die von Bruno und Paul fast täglich zur Post getragen wurden. Ansonsten halfen die Jungen Gropa im Garten. Alles, was reifte, wurde geerntet, getrocknet oder eingemacht.

In der Räucherkammer herrschte Leere, Schinken, Speck und Würste waren Richtung Westen unterwegs, als erneut geschlachtet wurde, dieses Mal „schwarz" und während der Nacht. Auch das zweite Schwein sollte mit auf Reisen gehen, in Konservendosen, Weckgläsern oder als Räucherware.

Während Brunos Vater wie gewohnt für die Molkereibetriebe arbeitete, war er gedanklich oft abgelenkt. Seine Hauptsorge galt dem

Benzin, das im nunmehr fünften Kriegsjahr streng rationiert war und für Privatreisen nicht genehmigt wurde. So sah er sich gezwungen, kleinste Mengen abzuzweigen, bis er Ende August einen Kanister voll hatte. Für die lange Fahrt mit sieben Personen mussten außerdem noch Sitzplätze geschaffen werden, eine gute Aufgabe für Bruno. Nun konnte er zeigen, was er in der AG gelernt hatte.

In Schlokats Scheune fanden die Jungen geeignete Bretter und Werkzeuge. Nachdem sie das Wageninnere vermessen hatten, begannen sie mit dem Sägen und Hobeln. Nuten wurden ausgestemmt, Löcher gebohrt und Dübelholz vorbereitet. Bruno hatte den Ehrgeiz, ohne Schraubverbindungen auszukommen, daher musste er exakt arbeiten. Abends, wenn der Kombi in der Scheune stand, konnten sie ungestört die Bauteile anpassen. Paul fand die Sitzbank für zwei Personen perfekt, doch Bruno markierte einige Stellen mit dem Bleistift, die er am nächsten Tag noch nachbessern wollte. Am darauffolgenden Abend saßen sie Probe auf der neuen Holzbank. Mit dem Rücken an die hintere Sitzreihe gelehnt, hatten sie freien Blick nach hinten durch die Scheibe der Kofferraumtür.

„Das wird doch unser Platz während der Fahrt, oder?", fragte Paul.

„Na klar, ist doch Ehrensache", erwiderte Bruno.

Die weitere Platzverteilung im Kombi ergab sich dadurch von selbst, auf dem Beifahrersitz würde Opa Schlokat mit seinen langen Beinen sitzen, auf der Rückbank die drei Frauen.

Der Abschied kam schneller als erwartet. Herr Janz, der sich täglich über den Frontverlauf informierte, verfolgte mit Entsetzen das schnelle Vorrücken der Roten Armee während der Sommeroffensive. Ende August hatte die Front die Memel und die Weichsel erreicht. Die Lage wurde nun brenzlig, und er drängte zum Aufbruch. Am folgenden Wochenende sollte es losgehen, am Samstag, den 2. September 1944.

Vorher gab es für Opa Schlokat noch etwas zu erledigen, er musste sein Pferd und seine Hühner unterbringen. Paul hatte ihm den Gutshof in Sköpen vorgeschlagen, wo er und Bruno sich bestens auskannten, und Herr Gudat mochte seinen tüchtigen Helfern diesen Gefallen nicht ausschlagen. Gemeinsam machten sie sich auf die letzte Kutschfahrt, Großvater, flankiert von den beiden großen Jungen auf dem Kutschbock. Das Panjepferdchen zuckelte vorneweg, hatte es nicht eilig, als ob es spürte, dass es sich um eine Abschiedsfahrt handelte. Hinter ihnen auf dem Leiterwagen gackerte aufgeregt das Federvieh, als ob es gegen die Umsiedlung protestieren wollte.

Als die Straße auf die Bahnstrecke traf und ein Stück neben den Gleisen entlangführte, dachte Paul wehmütig an die unbeschwerten Zeiten als Fahrschüler zurück. Er ließ seine Blicke über die Felder schweifen, auf denen das Kartoffelkraut sich bräunlich zu färben begann, ein sicheres Zeichen dafür, dass die Ernte bevorstand.

Ob man sie auf dem Gut vermissen würde? Bruno weilte mit seinen Gedanken in den Wäldern, die ihm am meisten fehlen würden, weil er die Holzfällerarbeiten liebte. In das Schweigen der beiden Freunde mischte sich das Gebrummel von Opa Schlokat, der mit seinem Pferd sprach.

„Brrh, mein Panjepferdchen, nicht so schnell!", sagte er mehrmals. „Lass dir Zeit, es ist unsere letzte Fahrt."

Paul war traurig, als er den Schmerz in der Stimme seines Großvaters hörte. Seine trübsinnigen Gedanken wurden erst verscheucht, als sie endlich den Hof erreichten und Gropa die Kutsche vor den Stallungen abstellte. Der Gutsherr hatte sie kommen sehen und zeigte ihnen, wo sie die Tiere unterbringen konnten. Für ihn schien es nur eine vorübergehende Lösung zu sein, und sie ließen ihn in diesem Glauben.

Im Bahnhofshäuschen warteten sie mit Gropa auf die Kleinbahn nach Kuckerneese. Da ahnten die Jungen noch nicht, dass sie das Schicksal schon bald zum Gut Sköpen zurückbringen würde und sie das „Panjepferd" wiedersehen würden.

Am Freitagabend fuhr Herr Janz den Kombi nach Dienstschluss gleich in Schlokats Scheune, damit Bruno die Sitzbank einbauen konnte. Letzte Dinge wurden darunter verstaut, Rauchwaren, Weckgläser, kleine und größere Beutel mit Esswaren, die nicht zurückbleiben sollten, und der Reservekanister mit Benzin.

Weit vor Sonnenaufgang fuhren sie los. Der Zeitpunkt war gut gewählt. Die vertrauten Gebäude ihres Heimatstädtchens lagen in Dunkelheit und waren nur schemenhaft zu erkennen, denn auch in Kuckerneese wurde die Verdunklungsvorschrift umgesetzt. Das machte ihnen den Abschied leichter. Keine einzige Straßenlaterne brannte, und in den Häusern schliefen die Einwohner zu dieser frühen Stunde noch. Das einzige Licht verströmten die Autoscheinwerfer, und die zeigten Richtung Westen, in eine ungewisse Zukunft.

Herr Janz fuhr in gemäßigtem Tempo Richtung Tilsit, einerseits um das Auto an seine Last mit sieben Personen zu gewöhnen, zum anderen wollte er das heimatliche Memelland langsam durchfahren. Dabei dachte er auch an Bruno und Paul, die jahrelang auf dieser Strecke mit dem Bus zur Schule gefahren waren. Die nächste Etappe durch Ostpreußen hätte er auch ohne Scheinwerfer bewältigt, so vertraut waren ihm die Straßen über Gumbinnen nach Allenstein und Preußisch Eylau.

Als sie bei Graudenz die Weichsel überquerten, ging die Sonne auf und schien den beiden Jungen auf der rückwärtigen Holzbank direkt ins Gesicht. In Frankfurt an der Oder stießen sie auf Militärfahrzeuge und mussten lange warten, ehe sie über die Brücke fahren durften.

Nach dieser Erfahrung änderte Herr Janz seine Route. Er mied die Hauptverkehrsstraßen, auch die großen Städte umfuhr er weiträumig, um möglichen Bombenangriffen zu entgehen. Südwestlich von Berlin, als sie eine längere Essenspause machten, tauchte hoch oben am

Himmel eine feindliche Bomberstaffel auf, ansonsten blieb es ruhig auf den Landstraßen.

Nachdem Herr Janz Benzin nachgefüllt hatte, ging es auf die letzte Etappe, über die Elbe bei Havelberg, dann Richtung Braunschweig und weiter nach Celle, wo sie kurz vor Mitternacht ankamen.

9

Celle, Dezember 1944

Mit Ankunft der Flüchtlinge aus Ostpreußen wurde es eng im kleinen Fachwerkhaus an der Aller. Vier zusätzliche Schlafplätze für die Schlokats mussten gefunden werden. Im Zimmer der Enkel schlief Paul in Gustavs Bett, an Brunos Seite. Ehepaar Janz übernachtete auf der Schlafcouch im Wohnzimmer, sie überließen den Großeltern Schlokat das Gästezimmer, und Pauls Mutter begnügte sich mit einem Aufstellbett in der Küche.

Es sollte eine vorübergehende Lösung sein, die in den ersten Tagen im Haus von Brunos Großeltern gefunden wurde. Zum Glück war im Kombi kein Platz für Möbel gewesen, die hätten bei Brunos Großeltern nicht mehr hineingepasst. In der Werkstatt stapelten sich haufenweise Pakete, die in den Sommermonaten von beiden Familien aus Kuckerneese abgeschickt worden waren, die Speisekammer konnte man kaum noch betreten, ohne an Würste oder Speck zu stoßen, die von der Decke baumelten. Holzborde bogen sich unter der Last von Einweckgläsern und Konservendosen, und in den Paketen lagerten weitere Lebensmittel aus der Heimat. Zu Essen hatten sie jedenfalls für die nächste Zeit genug.

Das Hauptproblem bestand in den unzureichenden Schlafplätzen. Und das würde sich noch verschärfen, wenn Pauls Vater und Gustav auf Fronturlaub dazukämen. Es fand sich eine Übergangslösung. Die Werkstatt wurde freigeräumt. Alle Geräte kamen in eine Ecke, die Pakete wurden auf den Boden gebracht oder ausgepackt, wenn sie im neuen Behelfsschlafraum von Nutzen waren. Der kleine gusseiserne Werkstattofen reichte aus, um die provisorische Behausung einigermaßen warm zu halten. Also zogen die Schlokats in das Nebengebäude und richteten sich ein, so gut es ging, in der Hoffnung, nach Kriegsende in ihre Heimat zurückzukehren.

In Kuckerneese wartete man vergeblich auf die beiden Familien, konnte sich ihr Fernbleiben aber erklären, da der Kriegslärm von jenseits der Memel schon bis in den Ort drang, und niemand mehr an eine Wende des Krieges glaubte. Ortsgruppenleiter Kluckert war froh, als er merkte, dass seine beiden Schützlinge auf Besuch blieben, während es in Kuckerneese langsam brenzlig wurde. Er führte sie weiterhin als „uk" und bewahrte sie damit vor der drohenden Einberufung. Seine schützenden Hände reichten sogar bis ins ferne Niedersachsen.

Als Anfang Oktober deutsche Soldaten mit schwerem Geschütz auf dem Rückzug von der Ostfront durch Kuckerneese rollten, wunderten sie sich, dass sie die Bevölkerung noch dort vorfanden. „Seht zu, dass ihr wegkommt, der Russe steht vor der Tür", schimpften sie. Wenige Tage später reagierte die Kreisleitung der NSDAP und ordnete am 12. Oktober die Evakuierung des Kreises Elchniederung an. In Celle hörten sie die Nachricht im Radio und wussten damit, dass der Krieg die deutsche Ostgrenze erreicht hatte. Im Nachhinein dankten sie Brunos Vater, dass sie ihre Heimat rechtzeitig verlassen hatten, und bangten nun mit den Kuckerneeser Familien, dass ihre verspätete Flucht gelingen möge. Nachdem die Heeresleitung sich von diesem Schock erholt hatte, rief sie alle wehrfähigen Männer von 16 bis 60 zum „Volkssturm" auf. Sie sollten die Wehrmacht dabei unterstützen, den „Heimatboden des Deutschen Reiches" zu verteidigen, und wurden den Orts- und Kreisgruppenleitern unterstellt. Erneut hatten Bruno und Paul Glück, dass Herr Kluckert für sie zuständig blieb und sie weiterhin als „unabkömmlich" führte.

Die Herbstmonate in der neuen Umgebung verliefen für die beiden Jungen in Anbetracht der Kriegssituation erstaunlich unbeschwert. Die Tage nahmen den Rhythmus auf, den sie von Ostpreußen her kannten. Sie halfen zunächst auf verschiedenen Bauernhöfen, die an der Kleinbahnstrecke von Celle nach Wittingen lagen, bei der Kartoffelernte. Die Osthannoversche Eisenbahn mit dem Kürzel „OHE" erinnerte sie sehr an die Elchniederungsbahn, und wenn sie auf den

Holzbänken Platz genommen hatten und durch die Heidelandschaft zuckelten, kamen heimatliche Gefühle auf.

Die einheimischen Bauern erfreuten sich an den beiden kräftigen Jungen mit ihrem eigenwilligen Dialekt, ein Glücksfall, denn es fehlte überall an männlichen Arbeitskräften, und ihre Späße, die sie auf dem ostpreußischen Gut gemacht hatten, kamen auch hier gut an. Anders als in Ostpreußen arbeiteten sie ohne Lohn, stattdessen fuhren sie abends mit einem Rucksack voller Kartoffeln heim und legten damit einen Wintervorrat für beide Familien an. Zum Abschluss der Rübenernte bekamen sie jeder einen großen Eimer Sirup, worüber Oma Schlokat sich besonders freute. Nun würde sie zu Weihnachten jede Menge »Braune Kuchen« backen können, so wie sie es von zu Hause her gewohnt war.

Nach Beendigung der Erntearbeiten halfen die Jungen einem Bauern in der Nähe von Celle, im Wald Nachschub fürs Feuerholz zu holen. Nicht wie gewohnt mit Pferd und Wagen zogen sie vom Hof, sondern mit einem Trecker. Auf dem Hofplatz vor den Stallungen gab der Bauer ihnen eine kurze Einweisung ins Treckerfahren, und dann durften sie abwechselnd üben. Na, das war ein Vergnügen. Als sie den Bogen raushatten, wurde der Anhänger angekoppelt, und dann tuckerten sie vom Hof, der Bauer ließ sich chauffieren und gab nur hin und wieder Anweisungen, welche Wege sie einschlagen sollten.

Das Baumfällen, Ausästen und Zerlegen der Stämme überließ er ebenfalls den Jungen, er war froh, zwei derart versierte Helfer zu haben, so konnte er seinen alten Rücken schonen. Wenn sie mit einer Fuhre aus dem Wald zurückkamen, ging es an die Hackklötze, auch hier schaute er gerne zu und bewunderte, wie geschickt sie mit der Axt umzugehen wussten. Beim Stapeln des Holzes vollbrachten sie ihr Meisterstück. Sie bauten drei kreisrunde Holzdiemen mit einem kegelförmigen Dach entlang der Scheunenwand, ohne Ecken und Kanten, und freuten sich zusammen mit dem Bauern an ihrem Kunstwerk. Zum Abschluss gab es noch eine letzte Fuhre. Der Anhänger wurde mit trockenem Feuerholz aus den alten Beständen beladen, und dann steuerten sie den Trecker vor das Haus der Großeltern Janz, wo sie die Holzscheite unter dem Dachüberstand aufstapelten. Der Winter konnte kommen.

Die Wehrmacht versuchte weitere Soldaten zu rekrutieren. Alle, die in der Heimat entbehrlich waren, mussten mit einer Einberufung rechnen. Glücklicherweise wurde Herr Janz nicht eingezogen. Seine Weitsicht bewahrte ihn vor diesem Schicksal. Er hatte während seiner früheren Besuche in Celle Kontakte zu Molkereibetrieben aufgenommen, und nun, da viele Mitarbeiter in der Milchwirtschaft fehlten, wurde er gleich nach seiner Ankunft als Kontrolleur eingesetzt. Seinen Kombi durfte er allerdings nicht behalten, der wurde von der Wehrmacht konfisziert, die jedes Fahrzeug dringend brauchte. Der Umstieg aufs Fahrrad war für ihn zunächst ungewohnt, aber durch die verwinkelte Kleinstadt mit ihren Fachwerkhäusern radelte er gerne, und dann gab es ja auch noch die Kleinbahn, die er häufig benutzte, wenn er die Molkereien in Hankensbüttel oder Wittingen besuchen musste.

Das erste Weihnachtsfest in der neuen Heimat wurde überschattet von wenig erfreulichen Kriegsmeldungen, die alle Hoffnungen auf einen „Endsieg" endgültig zunichtemachten. An allen Fronten befanden sich deutsche Soldaten auf dem Rückzug, da war an Heimaturlaub kaum zu denken. Gustav hatte schon Anfang Dezember in einem Feldpostbrief angekündigt, dass er keinen Fronturlaub bekommen würde. Aber Pauls Vater hatte Glück, er durfte über Weihnachten für eine Woche nach Hause.

Obwohl sich alle große Mühe gaben, wollte sich der Zauber der Weihnacht in diesem Jahr nicht einstellen. Es wurde wie immer gut gegessen, doch selbst der ostpreußische Schnaps konnte nicht die fröhliche Stimmung herbeizaubern, für die er im heimatlichen Kuckerneese regelmäßig gesorgt hatte.

Vater Schlokat verhielt sich schweigsamer als sonst, und Paul entdeckte in seinem Gesicht Falten, die beim vorigen Weihnachtsfest noch nicht da gewesen waren, Spuren des Krieges. Seine ruhige Zeit als Besatzungssoldat hatte schlagartig nach der Invasion der Alliierten im letzten Sommer geendet, von da an wurde er mit vielen anderen Kameraden an die Front verlegt. Er sah müde aus und zog sich abends früh zurück auf eine Liege, die neben der seiner Frau in der Werkstatt aufgestellt war.

Unmittelbar nach den Festtagen fand Großvater Schlokat einen Brief aus der Heimat in der Post, adressiert an Familie Janz. Als er den dienstlichen Stempel bemerkte, schwante ihm Böses. Es war ein offizielles Schreiben von Ortsgruppenleiter Kluckert, in dem er Bruno Janz und Paul Schlokat mitteilte, dass er sie nicht länger in seinen Diensten halten könne. Der offizielle Teil des Schreibens bestand aus dem Einberufungsbefehl zum Volkssturm mit detaillierten Anmerkungen über ihre Ausrüstung und Aufgaben. Sie sollten sich bis zum 1. Januar 1945 bei der Kreisleitung Elchniederung in Britannien einfinden.

Die beiden Jungen hatten gar nicht mehr damit gerechnet, ins Kriegsgeschehen hineingezogen zu werden, doch nun lag der Ernstfall als offizielles Schreiben auf dem Tisch. Die Nachricht erschütterte beide Familien so sehr, dass alle zunächst in Schockstarre verfielen. Jeder versuchte auf seine Art zu begreifen, dass die Einberufung nicht abgewendet werden konnte, und als das geschehen war, begann am nächsten Morgen ein emsiges Treiben, um die Jungen so gut wie möglich für alle denkbaren Szenarien auszurüsten.

Bruno und Paul indessen machten sich am wenigsten Sorgen. Sie hatten den Ernst der Lage noch nicht begriffen, es überwog die Freude, nach Ostpreußen zurückzukehren. Dort in der Heimat, wo sie sich bestens auskannten, würden sie das Abenteuer überstehen. Sie fragten sich, wohin man sie von Britannien aus schicken würde und ob sie an richtigen Kämpfen würden teilnehmen müssen. Die Vorbereitungen überließen sie den Erwachsenen.

Großvater Schlokat rechnete mit dem Schlimmsten, er befürchtete, dass sie den Russen in die Hände fallen könnten, und dementsprechend sorgfältig wählte er die Ausrüstung. Mit seiner Frau hatte er beraten, welchen Notproviant sie ihnen mitgeben konnten, der ja möglichst lange haltbar sein musste, und da kamen eigentlich nur Räucherwaren und Trockenobst infrage.

Pauls Mutter setzte sich an die Nähmaschine und begann zu schneidern. Auf der Innenseite der Winterjacke nähte sie versteckte Taschen ein, die Hose wurde ebenfalls mit weiteren Taschen besetzt. Ihr Meisterstück vollbrachte sie an den Stiefeln in Form von zwei winzigen Stecktaschen im Innenfutter, jeweils neben dem Knöchel am Schaft des linken und rechten Schuhs eingenäht. Geheimtaschen. Die eine für Pauls geliebtes Klappmesser, das Gropa ihm zwei Jahre zuvor zu Weihnachten geschenkt hatte, die andere für eine aufziehbare Taschenuhr, welche er zum 6. Geburtstag bekommen hatte, als er die Uhr lesen konnte.

Dem überstürzt einberufenen Volkssturm mangelte es an jeglicher Ausrüstung. Es gab keine Stahlhelme, keine Wehrmachtskleidung und nur eine geringe Anzahl an Gewehren. Die Einberufenen wurden aufgefordert, sich selbst um ihre Ausrüstung zu kümmern. Es kam den Jungen zugute, dass sie für die strengen ostpreußischen Winter die richtige Kleidung besaßen. Jacke und Hose waren wasserabweisend und von innen gefüttert, die Lederstiefel hatten ein Lammfellfutter, und die Pelzmütze ging bis über die Ohren. Unterwäsche und Strümpfe, aus Angorawolle gefertigt, schützten den Körper bei extremer Kälte.

Als die Rucksäcke gepackt wurden, befand Gropa Pauls Rucksack für zu klein, sein alter Wehrmachtsrucksack erschien ihm wesentlich geeigneter. Man konnte außen viele Dinge anhängen, die innen zu viel Platz wegnahmen, wie das Essgeschirr oder Ersatzstiefel.

Während Großvater nicht von der Seite der Jungen wich, als sie zu packen begannen, kümmerte Großmutter sich um die Marschverpflegung. Sie kannte sich am besten aus, wie man Vorräte einpacken musste, damit sie nicht verdarben, ob in Leinensäckchen oder Stanniolpapier. Sie achtete darauf, dass die Behälter nicht zu groß waren, damit sie notfalls in die Geheimtaschen in Jacke und Hose passten, falls der Rucksack verloren ging oder durchsucht wurde.

Die Jungen fanden die Vorbereitungen der Erwachsenen reichlich übertrieben, lehnten sich aber nicht dagegen auf, weil sie so kurz vor dem Abschied keinen Streit anzetteln wollten. Sie glaubten, dass sie nach einem kurzen Kriegsabenteuer bald wieder zu Hause sein würden.

Am 30. Dezember 1944 kam der Tag des Abschieds. Für Pauls Vater endete der Heimaturlaub. Er fuhr gen Westen, während sein Sohn und Bruno sich nach Osten aufmachten.

An den Abschiedsabend sollte Paul noch oft zurückdenken. Seine Eltern hatten geweint, was bei seiner Mutter verständlich war, sie machte sich Sorgen um ihre beiden Männer und hatte sowieso „nahe am Wasser gebaut". Die Tränen des Vaters verwirrten ihn. Er konnte sich nicht erinnern, wann er ihn das letzte Mal hatte weinen sehen. Ob er daran dachte, dass es ein Abschied für immer sein könnte, wo sie nun beide in den Krieg zogen? Gropa blickte voraus, er wollte Paul Mut machen.

„Ich hoffe, ihr braucht nicht ernsthaft zu kämpfen, auf jeden Fall werdet ihr es mit russischen Soldaten zu tun bekommen, und da weiß ich, dass du eine Fähigkeit besitzt, die stärker ist als alle Waffen, du kannst Russisch. Ich glaube, Paul, das wird dir in vielen Situationen helfen."

Bevor er weiterredete, reichte er Paul ein kleines Wörterbuch.

„Ich schenke dir dieses russische Lexikon, damit du weißt, dass ich in Gedanken immer bei dir bin, und es soll dich daran erinnern, dass du wieder nach Hause kommst. Es wird dir helfen, dein Russisch zu verbessern, und es soll dir Glück bringen. Versprich mir, dass du wieder nach Hause kommst."

„Na klar, Gropa", sagte Paul sichtlich gerührt. „Wer soll dir denn sonst beim Tannenbaumschlagen helfen. Ohne mich würdest du doch nie den richtigen finden, stimmt's, Groma?"

Seine Großmutter nickte, sie wusste am besten, wie sehr Paul ihrem Mann fehlen würde.

Die Rucksäcke waren, da sie mit der halben Räucherkammer beladen waren, sehr schwer, es erinnerte die Jungen an die Gepäckmärsche während des Wehrertüchtigungslagers. Die vielen zusätzlichen Taschen in der Kleidung blieben vorerst leer, nur das Lexikon seines Gropas hatte Paul in der linken Brusttasche verstaut, symbolhaft trug er es über dem Herzen. Sein Notizbuch mit Bleistift, das er für die Russisch-AG benutzt hatte, steckte er in den Rucksack.

Der Zug Richtung Berlin war überfüllt, sie hatten aber das Glück, zwei Plätze nebeneinander zu ergattern. Bis in die Reichshauptstadt verlief die Fahrt reibungslos, keine Spur von Krieg. Das änderte sich schlagartig, als sie Berlin erreichten. Durch die Zugfenster konnten sie überall zerstörte Häuser erblicken, auch einige Bahnhöfe wiesen Bombenschäden auf. Überall an der Bahnstrecke arbeiteten Bautrupps, um zerstörte Gleise zu reparieren.

Es ging langsam durch Berlin, immer wieder Stopps vor Gleisbauarbeiten. Bei der Einfahrt in den Hauptbahnhof fingen dann auch noch die Sirenen an zu heulen. Fliegeralarm. Erst mal Endstation. Ein Schutzwart führte sie zum nächsten Luftschutzkeller. Eine bedrückende neue Erfahrung für Bruno und Paul, dort unten eingesperrt zu sein, hilflos den Bombenabwürfen ausgeliefert, welche die Kellerwände und die eingepferchten Menschen erzittern ließen.

Als der Spuk vorüber war, verbrachten sie mit vielen anderen Gestrandeten, die auf ihre Weiterfahrt warteten, einige Stunden im

Wartesaal des Bahnhofs, unter ihnen zahlreiche Mütter mit Kindern, offensichtlich auf der Flucht in den Westen. Aus dem Gewirr unterschiedlichster Dialekte, Kinderweinen und Flüchen drangen ostpreußische Laute zu ihnen. Bruno und Paul fragten sich besorgt, ob sie noch Menschen in den Dörfern Ostpreußens antreffen würden.

Der nächste Zug Richtung Ostpreußen fuhr erst am frühen Morgen. In der zugigen Wartehalle bewährte sich erstmals ihre Winterkleidung, die sie warmhielt. Dann ging es nach Osten, gegen den Strom, mit ausreichend Sitzplätzen, während die Züge in die Gegenrichtung aus allen Nähten platzten. Als sie die Oder überquert hatten, waren sie unter sich, Soldaten in Uniform, vom Heimaturlaub auf dem Weg zurück an die Front, sowie ältere Männer und Jugendliche wie sie, die zum Volkssturm gehörten.

Jenseits der Weichsel, als die Bahnstrecke ein Stück weit neben der Hauptstraße verlief, begegneten sie einem Flüchtlingstreck, einem nicht enden wollenden Strom. Dicht an dicht fuhren sie hintereinander in mäßigem Tempo Richtung Westen, kleine Panjewagen oder Kutschen, von zwei Pferden gezogen, mit allem Möglichen an den Seiten behängt, Weidenkörben, Kiepen, Marmeladeneimern. Unter den Planen schauten Kinder hervor, in dicke Winterklamotten gehüllt. Die Erwachsenen liefen neben den Fuhren her. Manche hatten sogar einen Bollerwagen im Schlepptau, selbst Kühe liefen mit, sie waren mit einem Strick hinten am Wagen befestigt und zottelten gehorsam hinterher.

Ein bunter Bandwurm zog sich über die gefrorene Landschaft dahin, weithin sichtbar für feindliche Flugzeuge, denen sie schutzlos ausgeliefert waren. Bruno und Paul dachten zurück an ihre bequeme Flucht mit dem Auto und hatten Mitleid mit ihren ostpreußischen Landsleuten, die solch große Strapazen auf sich nehmen mussten.

Spätabends erreichten sie ihr Ziel, Britannien, heimatliches Territorium. In der Kreisleitung erwartete sie Ortsgruppenleiter Kluckert, der sie freudig begrüßte und gleich unter seine Fittiche nahm. Er würde in nächster Zeit ihr Vorgesetzter beim Volkssturm sein. Im verlassenen Kuckerneese gab es für ihn nichts mehr zu tun, aber hier, ein Stück weiter südlich, eine Gruppe von Volkssturmmännern zur Verteidigung der Heimat zu übernehmen, die meisten von ihnen fast noch Kinder, das erschien ihm sinnvoll, da er nicht die Absicht hatte, ihr Leben leichtfertig aufs Spiel zu setzen.

Am nächsten Morgen sollten sie zum Dienst antreten, die Nacht durften sie in einem der verlassenen Häuser Britanniens verbringen. Sie erinnerten sich an ihren Mitschüler Bodo Reckenhofer, in dessen Haus sie sich auskannten, dort wollten sie übernachten.

Es war ein merkwürdiges Gefühl, ein verlassenes, kaltes Haus in Besitz zu nehmen, sie kamen sich vor wie Einbrecher. Dann siegte die Neugier, und sie begannen, sich einzurichten. Bruno holte Feuerholz und heizte den Ofen an, während Paul die Speisekammer inspizierte, die noch gut bestückt war. Er fand sogar Weinflaschen. Nun saßen sie an Silvester vorm Ofen, mit reichlich zu essen, und zur Feier des Tages gab es Wein. Plötzlich sprang Bruno auf, mit dem Glas in der Hand, und prostete in die Luft.

„Danke für die Einladung, Bodo!"

Da war der Bann gebrochen, und sie brachen in Lachen aus wie schon lange nicht mehr. Bruno behielt auch in den schwierigsten Situationen seinen Humor und schaffte es immer wieder, Paul aus seinen Grübeleien zu holen, so auch dieses Mal.

„Wir trinken aufs Neue Jahr", sagte Paul, „und darauf, dass wir immer zusammenbleiben, egal, was passiert."

Um Mitternacht gingen sie nach draußen, hinaus in die ostpreußische Winterlandschaft. Der Schnee dämpfte ihre Schritte. Der Ort wirkte gespenstisch, wie ausgestorben, keine Einwohner auf den Straßen, um das neue Jahr mit Knallern zu begrüßen, und die wenigen Soldaten und Volkssturmmänner hatten andere Sorgen, als Feuerwerkskörper in die Luft zu jagen.

Als sie dort nebeneinanderstanden, in der Stille der Winternacht, vernahmen sie Geräusche von weit her, ein dumpfes Grollen von Geschützdonner kam aus Richtung Allenstein. Sie erinnerten sich an den Beginn des Russlandfeldzuges, da hatte es genauso geklungen, in Tilsit, am 23. Juni 1941. Doch damals war der Kanonendonner nach wenigen Tagen ostwärts abgezogen. Jetzt, fast vier Jahre später, in der Neujahrsnacht 1945, beschlich sie eine ängstliche Vorahnung, denn sie wussten, der Kriegslärm würde näherkommen. Die Front hatte Ostpreußen erreicht.

10

Ostpreußen, Winter 1945

Am Neujahrsmorgen brauchten sie keinen Wecker, der einsetzende Gefechtslärm riss sie aus ihren Träumen. Ein kalter Ostwind trieb den Kanonendonner aus Richtung Tilsit bis zu ihnen ins Schlafzimmer und ließ die Front näher erscheinen, als sie in Wirklichkeit war.

Im Schuppen fanden sie zwei Herrenräder, von Bodo und seinem Vater. Damit fuhren sie zur Kommandantur, um sich zum Dienst zu melden. Heute waren sie nicht allein, etwa 50 Männer hatten sich eingefunden und warteten im Inneren des Bahnhofsgebäudes, das nun als Wehrerfassungsstelle diente. Dicht gedrängt warteten alte und junge Männer vor einer Tischreihe, auf der ein Stapel Formulare und gelbe Armbinden lagen. Unter anderen Umständen hätte man an eine Ansammlung von Großvätern mit ihren Enkeln denken können. Auf der anderen Seite des Tisches stand Herr Kluckert, als Einziger in Uniform, und versuchte, Ordnung in den bunten Haufen zu bringen, indem er sie in Reihe antreten ließ.

Die Schlange reichte bis auf die Straße, und die beiden Jungen standen ziemlich am Ende. Es dauerte ewig, bis sie zum Tisch des Ortsgruppenleiters vorgedrungen waren. Herr Kluckert nahm sie ganz offiziell ins Bataillon „Rominter Heide" auf, sie bekamen eine Registrierungsnummer und eine gelbe Armbinde mit dem Aufdruck „Deutscher Volkssturm".

Nach beendigter Erfassung sah er sich genauer an, was die Jungen an Kleidung trugen und in den Rucksäcken hatten, und freute sich über ihre gute Ausrüstung. So konnte er den spärlichen Vorrat an Winterkleidung anderen geben. Es fehlte an allen Ecken und Enden, auch die vorhandenen Gewehre reichten längst nicht aus. Auf diese Weise blieben Bruno und Paul unbewaffnet, was sie nicht störte, immerhin bekamen sie wie alle anderen einen Wehrmachtsspaten, den sie an ihren Rucksack hängen konnten.

Am Nachmittag begann ihr Dienst mit Exerzierübungen auf dem Dorfanger, geleitet vom Ortsgruppenleiter, der für den Ernstfall die Umsetzung einiger wichtiger Kommandos probte. Am Abend gab es erstmals warmes Essen. In der Küche der Kommandantur wurde Erbsensuppe in die Kochgeschirre gefüllt. Dazu gab es eine Ration Kommissbrot mit einem Stück Wurst für den nächsten Tag.

Nach dem Essen holte Herr Kluckert die beiden Jungen zu sich. Nun, als sie unter sich waren, legte er den förmlichen Ton ab und fragte nach, wie es ihnen in den letzten Monaten ergangen sei, und erzählte von Kuckerneese, das glücklicherweise rechtzeitig geräumt worden war. Bevor er sie entließ, deutete er an, was sie beim Volkssturm zu erwarten hatten. Aufgrund der unübersichtlichen militärischen Lage würde er versuchen, seiner Truppe einen Fronteinsatz zu ersparen. Sichtlich erleichtert, hörten sie ihm zu. Dennoch trug Bruno vor, was ihm am Morgen eingefallen war.

„Herr Kluckert, auch wenn wir vielleicht keine Waffen brauchen. Ich wüsste, wo wir welche besorgen könnten. In Sköpen auf dem Gut stehen viele Gewehre, die zur Treibjagd benutzt werden. Die könnten Paul und ich holen."

„Das ist eine gute Idee. Ich stelle euch einen Berechtigungsschein aus, damit könnt ihr morgen nach Sköpen fahren."

Er schrieb etwas auf ein Formblatt, setzte einen Stempel darauf, und damit konnten sie den Auftrag gefahrlos ausführen.

In der Kleinbahn nach Sköpen herrschte eine frostige Atmosphäre. Die beiden ehemaligen Schulkinder vermissten die ostpreußischen Fahrgäste von einst, palavernde Marktfrauen, die nach Kuckerneese unterwegs waren, Stadtbewohner aus Tilsit, die ans Meer fuhren oder Fahrschüler aus den umliegenden Gemeinden. Heute saßen nur junge Leute von der Waffen-SS im Zug, die schweigsam auf die Eisblumen an den Fensterscheiben starrten. Sie nahmen den gleichen Weg, zum Gutshof, wo eine SS-Division vorübergehend Quartier bezogen hatte.

Die Jungen brauchten eine Weile, um sich einen Überblick über die Veränderungen auf dem Gut zu verschaffen. Alle Räume des Gutshauses waren mit Soldaten belegt, selbst die Imsthäuser, wo sonst die Knechte und Mägde gewohnt hatten. Sogar der Gutsherr musste mit einer Gesindekammer vorlieb nehmen, seine Frau hatte er vorsorglich zu Verwandten nach Westen geschickt.

Herr Gudat freute sich, zwei seiner treuen Erntehelfer wiederzusehen. Es störte ihn nicht, dass sie seine Jagdgewehre mitnehmen wollten, eine Treibjagd würde es hier in absehbarer Zeit nicht mehr geben. Er erzählte ihnen, dass kurz vor Weihnachten, als die SS nach Sköpen kam, alle russischen Gefangenen vom Gut weichen mussten. Sie hatten vor dem Wintereinbruch noch die Zuckerrüben geerntet und die Felder umgepflügt. Nun blieb bis zum Frühjahr wenig zu tun, und der Gutsherr konnte es vorerst verschmerzen, als die Gefangenen mit ihrem Wachposten vom Gutspark mit ungewissem Ziel zur Kleinbahn abmarschierten. Der Kreisleiter hatte ihm versichert, dass er im Frühjahr neue Arbeitskräfte bekommen würde. So wie die Dinge sich entwickelten, glaubte er nicht daran.

Drei Helfer waren auf dem Gut geblieben, um das Anwesen in Ordnung zu halten und die Tiere zu versorgen, zwei Polen, die schon lange als Knechte auf dem Hof arbeiteten, und zur großen Überraschung der Jungen auch Viktor, der nach der Evakuierung, als die Domäne in Kuckerneese aufgegeben wurde, ins benachbarte Sköpen weitergezogen war. Er hatte keine Angst vor Repressionen von Seiten des russischen Militärs, weil er schon seit Ende des Ersten Weltkrieges in Ostpreußen lebte und damit nicht als Zwangsarbeiter galt.

Das war ein freudiges Wiedersehen mit Viktor, der sie gleich zum Panjepferdchen führte. „Gropa wird staunen", dachte Paul, als er den Pferdehals kraulte, und er nahm sich vor, am Abend einen Brief an ihn zu schreiben. Die drei Hilfskräfte hatten ihr Lager in der Scheune eingerichtet. Da gab es auch noch Platz für zwei weitere Schlafstellen, für Bruno und Paul, auf Strohballen.

Erst mal wollten sie sich im Gutshaus umschauen. In der Eingangshalle und den großen Räumen hatte sich die Kälte eingenistet, nur im Herrenzimmer brannte ein einziger Ofen. Dort trafen sie den leitenden Offizier, hinter dem Schreibtisch sitzend, und überreichten ihm das offizielle Schreiben des Ortsgruppenleiters. Er warf einen flüchtigen Blick darauf und schmunzelte.

„So, so, ihr seid also beim Volkssturm. Na, dann bedient euch am Waffenschrank. Wir können mit den Jagdgewehren sowieso nichts anfangen."

Bruno überwand seine Hemmungen und äußerte eine Bitte.

„Im Kutschenverschlag steht ein kleiner gusseiserner Ofen, dürfen wir den in der Scheune aufstellen? Wir wollen heute dort übernachten. Und wenn wir schon beim Einheizen sind, könnten wir auch hier im Haus alle Öfen heizen, wenn Sie einverstanden sind. Wir wissen, dass genügend Feuerholz vorhanden ist, denn wir haben es selbst vor einem Jahr als Erntehelfer im Wald geschlagen."

Der Offizier wunderte sich über den vorwitzigen Jungen, der offensichtlich keinerlei Erfahrung mit dem militärischen Umgangston zu haben schien. Er willigte ein und entließ die Jungen ohne den üblichen Hitlergruß.

Mit einer Sackkarre transportierten sie den Ofen zur Scheune und stellten ihn innen vor eine Luke, sodass das gebogene Ofenrohr nach draußen führte. Viktor staunte darüber, was die beiden Draufgänger innerhalb kürzester Zeit organisieren konnten.

„Ihr kennt euch hier immer noch gut aus, und Angst vor den SS-Leuten scheint ihr auch nicht zu haben. Na, dann wollen wir mal Feuer machen."

„Hilfst du uns beim Einheizen, Viktor?", fragte Bruno.

Dann packten sie zu dritt an. Als Erstes brauchten sie Scheite zum Anzünden, dazu mussten sie die dicken Kloben aufspalten. Dann trugen sie die Späne und das dicke Holz zu den Öfen. Jeder trug eine Kiepe ins Haus und begann mit dem Anheizen eines Ofens. Paul beheizte den zentralen Kachelofen, Bruno und Viktor gingen in die erste Etage, wo zwei Stahlöfen standen. Insgesamt waren im Gutshaus sechs Öfen aufgestellt. Als alle Öfen brannten, hatten sie kurz Zeit, sich um ihren Scheunenofen zu kümmern. Danach galt es, in allen Öfen rechtzeitig Holz nachzulegen, und damit waren sie bis zum Abend beschäftigt. Wenn sie durch das schwere Eingangsportal ins Herrenhaus traten, rochen sie die brennenden Holzfeuer und wurden in Wärme gehüllt.

Die Nacht in der Scheune verbrachten sie in der Nähe des Bullerofens, dort ließ es sich aushalten. Paul schrieb einen langen Brief an seinen Großvater, nachdem Viktor ihnen von seinem Besuch in Großvaters Haus und Garten berichtet hatte. Er war nach ihrer Flucht dort gewesen, um nach dem Rechten zu sehen. Dabei konnte er die letzten Birnen und Pflaumen von den Obstbäumen pflücken.

In der Nacht hatte es geschneit, der Gutspark war von einer dicken Schneedecke überzogen. Der Weg von der Scheune bis zum Gutshaus musste freigeschaufelt werden, das erledigten sie zu fünft. Danach schleppten sie Feuerholz zu den Öfen und heizten ein. Bruno und Paul erinnerten sich an ihren eigentlichen Auftrag und gingen in Begleitung von Herrn Gudat zum Waffenschrank. Der Gutsherr schloss auf und holte alle Waffen heraus, es waren 15 Gewehre und sein eigenes, welches er an sich nahm. Sie verteilten alles auf zwei Waffentaschen und gingen ins Herrenzimmer, um sich zu verabschieden.

„Vom Heizen versteht ihr wirklich etwas", sagte der Offizier, „und zum Schneeschieben könnte ich euch ebenfalls gut gebrauchen."

Mit den schweren Taschen über der Schulter stapften sie durch den Neuschnee zum Bahnhof und meldeten sich mittags zurück in der Kommandantur, wo ein neugieriger Herr Kluckert sie erwartete. Am nächsten Morgen wollte er den Volkssturm weiter aufrüsten. Paul vergaß nicht, den Feldpostbrief an seinen Großvater aufzugeben. Abends hatten sie frei und fuhren mit den Fahrrädern in ihr Quartier, das Elternhaus von Bodo.

Am nächsten Morgen stand Exerzieren auf dem Plan. Die meisten trugen inzwischen eine Waffe über der Schulter, was den Eindruck der Wehrtüchtigkeit der Truppe erheblich steigerte. Bruno und Paul hatten kein Gewehr abbekommen und hegten den Verdacht, dass Herr Kluckert sie mit Absicht unbewaffnet lassen wollte.

Dieser Eindruck bestätigte sich nach dem Exerzieren, als der Ortsgruppenleiter sie zum „Appell" holte. Er hatte einen Anruf vom SS-Offizier bekommen, der ihn ersuchte, seine beiden tüchtigen Volkssturmmänner für die Division in Sköpen abzustellen, wo er sie als „Mädchen für alles" gut gebrauchen könne.

„Da habt ihr wohl einen guten Eindruck gemacht auf dem Gut, dass die SS-Truppe euch anfordert. Na, mir soll's recht sein. Ab morgen verseht ihr euren Dienst in Sköpen. Ich stelle euch ab, bin aber nach wie vor für euch zuständig."

Das sagte er in ernstem, offiziellem Ton. Doch dann fügte er lächelnd hinzu.

„Macht mir keine Schande."

Bruno und Paul wussten nicht, ob sie sich bedanken sollten, dass sie nach Sköpen verlegt wurden, wo sie sich auskannten und von militärischen Aktivitäten verschont blieben. Wenn sie es bisher noch nicht gewusst hatten, wurde ihnen spätestens jetzt klar, dass Herr Kluckert sie weiterhin beschützen wollte.

Als sie vor Bodos Elternhaus auf die Räder stiegen, ihre Rucksäcke mit weiteren Lebensmitteln aus der Speisekammer prall gefüllt, ahnten sie nicht, dass sie Herrn Kluckert bereits nach zwei Wochen in Sköpen wiedersehen sollten.

Nachdem sie ihre Räder in der Gutsscheune abgestellt hatten, meldeten sie sich beim SS-Offizier zum Dienst. Sie bemerkten, dass sich die Stimmung in der SS-Division verändert hatte. Es herrschte Aufbruchstimmung. Die Front rückte hörbar näher, und das abgelegene Dorf Sköpen geriet in die Fänge des Krieges. Die Ereignisse überschlugen sich. Kaum ein Tag verging ohne Fliegerangriffe auf Züge oder letzte Flüchtlingstrecks, die viel zu spät aufgebrochen waren, um rechtzeitig über die Weichsel zu kommen. In Sköpen fiel keine Bombe, aber wenn die Tiefflieger lärmend über den Ort hinwegdonnerten, suchten Bruno und Paul Schutz in der Scheune.

Am 13. Januar war das Artilleriefeuer von jenseits der Memel deutlich hörbar, die russische Armee rückte vor, um Tilsit einzunehmen. In der SS-Division glaubte niemand mehr daran, dass die Front gehalten werden konnte. Noch am selben Tage rückte sie ab.

Herr Gudat gesellte sich zu den beiden Jungen, die den Abzug beobachteten. Er wusste nicht, ob er sich freuen sollte, dass die Soldaten ihm sein Gut überließen. Er nahm Haltung an, als der Offizier am Ende der Kolonne an ihnen vorbeifuhr, und staunte, als der Wagen kurz stoppte und der SS-Mann heraussprang. Er wollte es sich nicht nehmen lassen, sich von Bruno und Paul zu verabschieden, die das Gutshaus so fleißig beheizt hatten.

„Ich entlasse euch aus meiner Befehlsgewalt", sagte er in militärischem Ton und fügte gedämpft, nicht hörbar für die Wagenbesatzung, hinzu: „Passt gut auf euch auf, und spielt mir nicht die Helden!"

Der Abzug der SS-Division ließ die katastrophale Lage an der Ostfront erahnen. Die Nachricht verbreitete sich schnell und veranlasste Herrn Kluckert, seine Volkssturmtruppe nach Sköpen zu verlegen, wo im Gutshof genügend Platz frei geworden war. Für Bruno und Paul war dies ein weiterer Glücksfall, denn sie mussten nicht nach Britannien zurück und konnten nach Rücksprache mit ihrem Vorgesetzten die gewohnten Tätigkeiten auf dem Gut weiterführen, während die anderen Männer vom Volkssturm die Schützengräben rund um Sköpen ausbesserten und beschädigte Gleisabschnitte der Kleinbahn reparierten.

Herr Kluckert hing ständig am Feldtelefon und verfolgte die Veränderungen der militärischen Lage. Am 21. Januar wurde Tilsit von der russischen Armee eingenommen, und schon am folgenden Tag erreichten versprengte Truppenteile der vierten deutschen Armee den Ort Sköpen, um dort vorübergehend Stellung zu beziehen.

Das kleine ostpreußische Dorf wurde von Wehrmachtsfahrzeugen überschwemmt. Panzer und Geschütze platzierte man hinter den Schützengräben am Ortsrand, Mannschaftswagen, Kradräder und Jeeps standen dicht gedrängt auf der Lindenallee, die zum Gut führte, und selbst im Innenhof gab es kaum ein freies Fleckchen. Bruno und Paul staunten über das vielfältige Kriegsmaterial, das sie in aller Ruhe aus der Nähe betrachten konnten. Sie wunderten sich allerdings über den miserablen Zustand der Ausrüstung und der Wehrmachtskleidung. Der Kontrast zum Militärkonvoi in Tilsit zu Kriegsbeginn, als sie jubelnd an der Straße gestanden hatten, während Fahrzeuge und Soldaten in festlichem Glanz vorbeizogen, hätte nicht größer sein können. Selbst die militärisch unerfahrenen Jungen spürten, dass der Krieg dem Ende entgegenging.

Die Artillerie verschanzte sich kurz nach dem Eintreffen in den ausgehobenen Schützengräben, die sich durch den Arbeitseinsatz der Volkssturmmänner in bestmöglichem Zustand befanden. Kluckert freute sich, dass der Einsatz seiner Truppe von Nutzen gewesen war. In die bevorstehenden Kampfhandlungen sollten seine Männer nicht einbezogen werden. Stattdessen würden sie sich um die beschädigten Militärfahrzeuge kümmern, um sie für den Rückzug einsatzfähig zu machen. Für Bruno fand sich hier abermals die passende Gelegenheit, sein handwerkliches Geschick zu beweisen. Paul dagegen blieb lieber bei seinen gewohnten Tätigkeiten, die Öfen zu heizen, an Viktors Seite die Tiere zu versorgen und die Wege von Eis und Schnee zu befreien. Im Herrenhaus gab es einen erneuten Wechsel, die höheren Dienstgrade belegten die Zimmer, und die Volkssturmmänner mussten mit der Scheune vorliebnehmen.

Für kurze Zeit wurde der Gutshof zu einer großen Reparaturwerkstatt. Die klare Winterluft über Sköpen vibrierte unter dem Hämmern, Meißeln, Schleifen sowie dem Aufheulen einzelner Motoren, wenn sie getestet wurden. Vom Kriegslärm der vergangenen Tage hörte man nichts, nicht einmal ein fernes Grummeln. Es schien, als hätte die russische Armee eine Verschnaufpause eingelegt, und die deutschen Soldaten atmeten auf, dass sie ihre neue Stellung in Sköpen in Ruhe beziehen konnten.

Die plötzliche Ruhe im Osten mutete gespenstisch an. Herr Kluckert kannte den Grund. Aus dem Wehrmachtsbericht ging hervor, dass der Feind von Süden her bis Elbing am Frischen Haff vorgedrungen war. Daher brauchten die Russen sich nicht zu beeilen, von Tilsit aus weiter nach Westen vorzustoßen. Ostpreußen war eingeschlossen.

Am Morgen des dritten Tages erwachte Paul auf seinem Strohlager in der Scheune als Erster, geweckt von einem dumpfen Rumoren, das so gewaltig war, wie er es noch niemals zuvor gehört hatte. Er glaubte zu spüren, wie der Boden unter seinem Lager vibrierte. Sofort weckte er Bruno und Viktor.

„Die Russen kommen", sagte Viktor. „Jetzt ist es vorbei mit der Ruhe."

Und so war es. Der Krieg ging in die letzte Phase, die russische Armee rückte in breiter Front an, um über die Weichsel Richtung Berlin vorzustoßen. Herr Kluckert rief seine Volkssturmmänner zusammen, um ihnen mitzuteilen, dass sie sich nicht an Kampfhandlungen beteiligen würden. Er ließ durchblicken, für wie sinnlos er den Widerstand der geschwächten Truppenteile hielt. Die übermächtige russische Armee würden die Deutschen hier nicht aufhalten können.

Vom Gutshof aus konnten sie tagsüber ein reges Treiben in den Schützengräben beobachten. Geschütze und die wenigen intakten Panzer wurden in Stellung gebracht. Gegen Abend begann die deutsche Artillerie zu feuern, die russische Front blieb zunächst ruhig.

Die Volkssturmtruppe von Herrn Kluckert beschäftigte sich abseits auf dem Hof mit weiteren Reparaturen. Obwohl die Stellungen außerhalb des Dorfes lagen, beschlich Bruno und Paul ein bedrückendes Gefühl. Zum ersten Mal erlebten sie das Kriegsgeschehen aus unmittelbarer Nähe. In dieser Nacht trauten sie sich nicht zu schlafen. Sie verlegten ihr Strohlager unter einen umgedrehten Leiterwagen, wo sie mit Viktor und den beiden polnischen Helfern Schutz suchten.

In der Nacht begann das Gegenfeuer der Russen. Die Detonationen ließen die Scheunenwände erzittern, aber die Einschläge lagen ausnahmslos südlich des Dorfes in Richtung Britannien. Als gegen Morgen der Gefechtslärm nachließ, wagten Bruno und Paul sich aus der Scheune.

Der Gutshof präsentierte sich unversehrt, nur die Zufahrt hatte Schaden genommen, ein Lindenbaum war von einer Granate zerfetzt worden. Aufgewühlte Erde, Pflastersteine und Äste markierten die Einschlagstelle und hinterließen einen schmutzigen Fleck in der malerischen Winterlandschaft.

Auf deutscher Seite hatte man den Widerstand aufgegeben und bereitete sich auf den eiligen Rückzug vor. Nun drängte sich alles im Hof zusammen, die Fahrzeuge wurden beladen, wobei die Volkssturmleute halfen, so gut sie konnten. Es entstand ein gewaltiges Durcheinander, das sich erst aufzulösen begann, als die Kolonne sich endlich in Bewegung setzte.

Zurück blieb die kleine Truppe von Volkssturmmännern, die unter Führung von Herrn Kluckert versuchen sollte, den Feind so lange wie möglich aufzuhalten, so wollte es der Kompaniechef. Panzersperren und Brückensprengungen sollten den Vormarsch des Feindes verlangsamen.

Herr Gudat war aus dem Gutshaus getreten, um den Abzug des Wehrmachtstrupps zu verfolgen. Er wusste nicht, ob er erleichtert darüber sein sollte, dass er die zweite Belegung mit deutschen Einheiten gut überstanden hatte. Die Ungewissheit über die nächste Einquartierung, dieses Mal durch feindliche Russen, ließ ihm keine Ruhe. Immer wieder ertappte er sich dabei, dass sein Blick nach Osten ging, wo die russische Armee auftauchen würde. Aber die ließ sich Zeit mit dem Vormarsch.

Er gesellte sich zu Herrn Kluckert, der mit den beiden Jungen am Anfang der Allee stand, wo gerade die letzten Fahrzeuge abfuhren. Langsam verebbte der Motorenlärm, und das Rasseln der Panzerketten wurde von der Winterlandschaft gedämpft. Die beiden Männer sprachen über den überhasteten Rückzug der deutschen Einheit und darüber, dass eine „Abwehrschlacht" wohl anders ausgesehen hätte. In Kluckerts Worten klang auch ein wenig Enttäuschung mit, als er die Wehrmachtspropaganda zitierte.

„So sieht also die Realität aus, ‚wenn um jeden Meter deutschen Bodens gekämpft wird'."

Er gab sich nicht einmal Mühe, seine Kritik am Naziregime vor den Jungen zu verbergen. Bruno und Paul sahen sich an und wussten in diesem Moment, dass Herr Kluckert seine Leute auch weiterhin aus kriegerischen Handlungen heraushalten würde. Also nichts mit Panzersperren, stattdessen weiße Bettlaken zur Begrüßung des Feindes.

In der Nacht blieb es erstaunlich ruhig, das bedrohliche Grummeln im Osten war verstummt, es schien, als würde die russische Armee eine Pause einlegen, damit die Jungen den versäumten Schlaf der vergangenen Nacht nachholen konnten. Gegen Morgen meldete sich die russische Front zurück, eine Lawine aus Lärm schwappte über Sköpen hinweg und schwoll stetig an.

Es war der 27. Januar, als Sköpen in russische Hand fiel, so unspektakulär, dass es in keinem Wehrmachtsbericht erwähnt wurde. Vom Waldrand her kamen sie in breiter Front ins Dorf hinein, über einen weißen Teppich aus nächtlichem Neuschnee, ohne Eile und ohne Deckung zu suchen. Paul beobachtete, wie die ersten Soldaten in vorderster Linie mit ihren wattierten Jacken über die Schützengräben sprangen, die Maschinengewehre schussbereit vor der Brust haltend. Die roten Sterne auf den Pelzmützen leuchteten in der Morgensonne. Siegessicher näherten sie sich dem Gut, wo sie Menschen ausmachen konnten.

Die Volkssturmmänner hatten sich vollständig im Innenhof versammelt, ebenso Viktor und die beiden polnischen Zwangsarbeiter, während der Gutsherr und Herr Kluckert auf der Treppe zum Haupteingang den Anmarsch der Russen erwarteten. Ein kleiner Trupp russischer Soldaten hatte inzwischen das Dorf erreicht und kam näher, vorbei an verlassenen Höfen, von denen keinerlei Gefahr drohte. Dennoch begannen einige Soldaten, in die Luft zu schießen, und demonstrierten so ihre militärische Überlegenheit.

Währenddessen zog die Armee mit Geschützen und Panzern an Sköpen vorbei, ein nicht enden wollender Tross, der tiefe Spuren in die frische Schneedecke fräste und die Schneewehen platt walzte. Die Hauptkampflinie rollte weiter nach Westen, ohne einen einzigen Schuss abzufeuern, und ließ Sköpen im Niemandsland zurück. Bruno und Paul wunderten sich, wie schnell alles ablief und dass die Armee einfach durchzog. Sie hatten sich die Einnahme des ostpreußischen Ortes viel schrecklicher vorgestellt.

Inzwischen erreichten die ersten russischen Soldaten das Gutsgelände. Mit Gewehren im Anschlag wurden die Volkssturmmänner vor die Scheune getrieben, wo sie bis zum Eintreffen der Offiziere in

Schach gehalten wurden. Die ließen nicht lange auf sich warten, zwei olivgrüne Jeeps mit rotem Stern auf der Kühlerhaube kamen vors Gutshaus gefahren, gefolgt von einem Proviantlaster mit Feldküche.

Einer der beiden Offiziere warf einen kurzen Blick auf den bunt zusammengewürfelten Haufen der Deutschen, die da vor der Scheune standen, in den unterschiedlichsten Klamotten, ganz unmilitärisch, ohne Waffen oder Stahlhelme. Sie einte nur das Abzeichen mit gelber Aufschrift „Deutscher Volkssturm-Wehrmacht", das alle als Armbinde trugen.

Der Offizier konnte sich ein Lächeln nicht verkneifen, bevor er seinen Leuten kurze Befehle erteilte. Dann drehte er sich um und folgte dem anderen Offizier, der den Gutsbesitzer und den Ortsgruppenführer die Treppe hinauf ins Gutshaus gedrängt hatte.

Paul hatte die russischen Befehle verstanden und übersetzte Bruno im Flüsterton, was mit ihnen geschehen sollte.

„Wir werden alle in die Scheune gesperrt und dort bewacht. Alles wird auf Waffen durchsucht, und in den nächsten Tagen werden wir nach Britannien in die Kommandantur abgeführt, wo weiter entschieden wird, was mit uns passiert."

Als beide Offiziere im Haus verschwunden waren, setzten die russischen Soldaten den Befehl um, jeder auf seine Art. Ein untersetzter Russe mit rundem Gesicht wurde besonders aufdringlich, als sie in die Scheune zurückweichen mussten.

„Hietler kapuut!", schrie er ständig und: „Uri, Uri!"

Er untersuchte die Handgelenke, und wenn er eine Armbanduhr entdeckte, nahm er sie an sich. Bei einem älteren Volkssturmmann fand er sogar eine goldene Taschenuhr, und als dieser sie nicht gleich hergeben wollte, riss er die Kette brutal aus dem Knopfloch. Paul war froh, dass seine Lieblingsuhr nicht gefunden wurde, das Geheimversteck seiner Mutter im Stiefelschaft hatte sich erstmals bewährt und sollte auch weiterhin unentdeckt bleiben.

In diesem Moment begann er zu ahnen, wie wertvoll ihre Ausrüstung noch sein würde, und schämte sich im Nachhinein, dass er seine Mutter und die Großeltern wegen ihrer seiner Meinung nach übertriebenen Maßnahmen zu Hause belächelt hatte. Während der Uhrensammler seinen Beutezug fortsetzte, konfiszierten die anderen Russen alles, was sie an Waffen fanden. Auf diese Weise gelangten die Jagdgewehre aus dem Gutsschrank in die Hände der Russen, die sich darüber zu streiten begannen, weil jeder eine so ungewöhnliche Waffe als Kriegstrophäe besitzen wollte.

Die Offiziere inspizierten das Gutsgebäude, in dem sie mit ihrer Einheit Quartier beziehen wollten. Herr Gudat führte sie herum, konnte sich allerdings mit seinen wenigen russischen Worten kaum verständlich machen. Es war kalt in den Räumen, da am Morgen keine Zeit fürs Ofenheizen geblieben war. Herr Kluckert dachte an seine beiden Schützlinge und schlug vor, Bruno und Paul zum Einheizen zu holen, ebenso Viktor, der als Übersetzer nützlich sein konnte.

Schon kurze Zeit später flackerten die Feuer in allen Öfen, und die russischen Soldaten begannen die restlichen Zimmer und die Imsthäuser zu belegen, die nicht von den Offizieren in Anspruch genommen wurden. Der schwere Eichenschreibtisch, hinter dem noch vor wenigen Tagen ein deutscher Kommandant gesessen hatte, wurde nun von den beiden russischen Offizieren in Beschlag genommen, die sich auf eine neue Situation einstellen mussten, weit hinter der Front im besetzten Feindesland eine Ordnung herzustellen.

Zunächst verhörten sie den Gutsbesitzer, der sich glücklich schätzen konnte, kein Freund der Nazis und auch kein Parteimitglied zu sein. Fürs Erste durfte er sich weiterhin um das Gut kümmern und damit den Besatzern zur Seite stehen. Viktor wurde bei der Vernehmung als Dolmetscher gebraucht und konnte ein gutes Wort für Herrn

Gudat einlegen, indem er von der guten Behandlung der russischen Hilfsarbeiter durch den Gutsherrn berichtete.

Die Offiziere wunderten sich über Viktors gute Deutschkenntnisse und verlangten nach einer Erklärung. Sie hatten zunächst angenommen, er wäre dem Gut als Zwangsarbeiter zugeteilt worden. Als er ihnen erzählte, dass er schon als junger Mann ins Memelland gegangen sei, um dort zu arbeiten, in Kuckerneese, auch bei Pauls Großvater, holten sie Paul als Zeugen. Der konnte glaubhaft versichern, und zwar auf Russisch, dass Viktor freiwillig viele Jahre in Kuckerneese gearbeitet und ihm von klein auf die russische Sprache beigebracht hatte.

Die Offiziere nutzten die Gelegenheit, dass sich unter den Gefangenen gleich zwei Männer befanden, die ihre Sprache verstanden. Viktor und Paul bekamen dadurch eine Sonderstellung, und es ergab sich fast zwangsläufig, dass sie gemeinsam mit Bruno als Laufburschen eingesetzt wurden, zumal sie sich auf dem Gut bestens auskannten. Holzarbeiten, Ofenheizen, Versorgen der Tiere und andere Aufgaben wurden ihnen überlassen. Selbst beim Schneeräumen, das sich bis ans Ende der Gutszufahrt erstreckte, blieben sie ohne Bewachung.

Mit dem Panjepferdchen vor dem Schneepflug fühlten sie sich in die Zeit mit Großvater Schlokat zurückversetzt. Besonders Paul vermisste seinen Gropa schmerzlich und hätte ihm gerne gesagt, dass sie zu dritt auf sein Lieblingspferd aufpassten. Durch die vielen Tätigkeiten, die sie tagsüber ganz ohne Aufsicht ausführten, fühlten sie sich nicht wie Gefangene. Erst bei der Essenausgabe, wenn sie sich an der Feldküche vor der Scheune einfanden, um russische Kohlsuppe und klebriges Brot abzuholen, merkten sie, dass kärgere Zeiten angebrochen waren. Zum Glück steckte Herr Gudat ihnen manchmal etwas aus seiner Vorratskammer zu, wenn sie sich beim Arbeiten im Haus unbeobachtet fühlten. So brauchten sie ihre geheimen Vorräte in den Rucksäcken noch nicht anzutasten. Erst abends, als sie zum Schlafen in die Scheune zurückkehrten, wo die anderen Volkssturmmänner Trübsal bliesen, wurde ihnen bewusst, dass sie den Russen bedingungslos ausgeliefert waren.

Die Befragung von Volkssturmführer Kluckert verlief wenig verheißungsvoll, wie Viktor den beiden Jungen am nächsten Tag berichtete. Beim Verhör konnte er nicht leugnen, dass er Parteimitglied war, wie sonst hätte er Ortsgruppenleiter werden können. Es nützte ihm nichts, dass er nicht als Soldat gedient hatte und seine Volkssturmtruppe bewusst aus Kampfhandlungen herausgehalten hatte, als Mitglied der NSDAP an der Heimatfront wurde er von den Russen als Kriegsverbrecher eingestuft. Am nächsten Morgen würde er in die Kommandantur nach Britannien gebracht werden, wo über sein weiteres Schicksal entschieden werden sollte.

Wie ungewiss ihre Lage war, bekamen sie am nächsten Morgen zu spüren, als zwei russische Soldaten in die Scheune kamen und die polnischen Zwangsarbeiter abführten. Als kurz darauf Schüsse fielen, ahnten sie, dass etwas Schreckliches geschehen war. Am liebsten wären sie in der Scheune geblieben, aber sie wurden im Gut erwartet, um die Öfen anzufeuern. Kaum bogen sie um die Ecke zum Schuppen, wo das Holz lag, entdeckten sie die beiden Polen.

Sie standen da wie abgestellt, bäuchlings gegen eine Schneewehe gelehnt … in unnatürlicher Haltung … die Füße merkwürdig verdreht … baumelten wie Marionetten über dem Boden. Ihre Gesichter waren fest in den Schnee gedrückt, ihre Köpfe wirkten skulpturenhaft an der weißen Wand, die mit roten Farbspritzern besprenkelt war.

Die Schüsse in den Hinterkopf mussten aus sehr kurzer Distanz abgefeuert worden sein. Die Russen hatten sich nicht einmal die Mühe gemacht, eine abgelegene Stelle für ihre Exekution zu suchen. Es sah aus, als ob die Hingerichteten als Abschreckung für andere Kollaborateure zur Schau gestellt werden sollten. Viktor begann nachträglich am ganzen Körper zu zittern. Sein Schicksal hing entscheidend von Pauls positiver Aussage ab, sonst wäre er möglicherweise ebenfalls hingerichtet worden.

„Ich bin so froh, dass du mir bei der Befragung geholfen hast", sagte er, an Paul gewandt.

Sie füllten die Holzkiepen, schweigend, jeder für sich damit beschäftigt, das Geschehene zu verarbeiten. Sie hatten es eilig, den Unglücksort hinter sich zu lassen. An der Scheune entlang, vorbei an den Wachsoldaten, hasteten sie zum Gut. An der Treppe zum Herrenhaus erwartete sie die nächste böse Überraschung. Herr Kluckert wurde abgeführt, in Begleitung eines Offiziers und eines Wachmannes, der eine Pistole auf ihn gerichtet hielt.

„Passt gut auf euch auf!", konnte ihr Beschützer ihnen noch zurufen, als er die letzten Stufen der Treppe herabstolperte und, unten angekommen, unsanft in den bereitstehenden Jeep geschoben wurde.

Beim Anfahren gab es noch einen kurzen Blickkontakt, dann entschwand er aus ihren Augen. Als sich der Wagen einen Weg durch die Schneemassen bahnte, ahnten sie noch nicht, dass es kein Wiedersehen geben würde, aber ihnen wurde schmerzlich bewusst, dass sie soeben ihren väterlichen Freund verloren hatten.

Zum Glück blieb Viktor auf dem Gut, der den beiden 18-jährigen Jungen helfen würde, wo er nur konnte. Beschützen mussten sie sich von jetzt an aber selbst und gegenseitig, denn das stand nicht in Viktors Macht.

Paul war beim anschließenden Ofenheizen nicht so recht bei der Sache, er dachte an die erste Begegnung mit Herrn Kluckert, wie er sie in der jüdischen Kirche überrascht hatte. Als er sie ausschimpfte, hatte ihm Paul in die Augen geschaut und erkannt, dass er es gut mit ihnen meinte. Zwei Jahre war das nun her, so lange hatte er es geschafft, sie aus dem Kriegsgeschehen herauszuhalten. Paul bedauerte sehr, dass sie sich nie ausdrücklich bei ihm bedankt hatten.

Am 31. Januar sollten die Gefangenen in der Kommandantur erfasst werden. Viktor konnte Bruno und Paul rechtzeitig informieren. Vor dem Abmarsch nach Britannien sollten alle Rucksäcke kontrolliert werden, hauptsächlich auf Waffen. Die Jungen nahmen dies zum Anlass, den Inhalt ihrer Rucksäcke genauestens zu prüfen. Den Notproviant aus Celle verstauten sie vor der Inspektion in den Geheimtaschen in ihren Jacken und Hosen, ebenso das russische Lexikon von Gropa und andere Kleinigkeiten. Sie hofften, dass die Kleidung nicht durchsucht werden würde.

Sie hatten Glück, am Morgen beim Antreten vor der Scheune mussten sie nur den Wehrmachtsspaten abgeben, Essgeschirr und Feldflasche durften sie behalten und auch alle Klamotten im Rucksack. Gut, dass Viktor sie gewarnt hatte. Bei anderen Gefangenen wurden die Russen fündig, Messer, Kompasse, Uhren, Schmuck und einiges an Essbarem kam zum Vorschein.

Nach der Durchsuchung mussten die Gefangenen antreten, und dann setzte sich der bunte Haufen in Bewegung, angetrieben durch die „Dawai, dawai"-Rufe der russischen Wachsoldaten.

Viktor schaute ihnen nach, als sie in die verschneite Lindenallee einbogen und das Gutsgelände hinter sich ließen. Er blieb als Einziger zurück. Über sein Schicksal hatte der anwesende Offizier bereits entschieden, er sollte Herrn Gudat zunächst bis Kriegsende bei der Bewirtschaftung des Hofes helfen. Danach würde man weitersehen.

Ziel der Gefangenen war der zehn Kilometer entfernte Ort Britannien. Ein eisiger Ostwind blies ihnen entgegen, als sie zum Bahnhof von Sköpen marschierten. Die beiden Kuckerneeser Jungen hielten sich, um etwas Windschutz zu haben, am Ende der Kolonne, unmittelbar vor den russischen Bewachern, deren Gewehre ihnen keine Angst machten. Ihre ostpreußischen Winterjacken hielten sie warm, und die vollgestopften Geheimtaschen sorgten für weitere Isolierung.

Bruno bemerkte die Kleinbahn vorm Bahnhäuschen als Erster.

„Was meinst du, Paul, ob wir ein Stück mit der Bahn fahren?"

Paul sah Qualm aus dem Schornstein der Lok aufsteigen, ein untrügliches Zeichen für ihren Transport mit dem Zug.

„Na klar!", sagte er. „Den Russen ist es wohl auch zu kalt."

Und so war es. Die Gefangenen verteilten sich auf drei Waggons mit jeweils zwei Wachsoldaten, und dann setzte sich der Zug in Bewegung. Paul wollte ein wenig von der vertrauten Landschaft an der Bahnstrecke sehen und hauchte ein Guckloch in die von Eisblumen beschlagene Scheibe. Sie passierten Bogdahnen und erreichten Hoheneiche. Hier stoppte der Zug, die weitere Strecke bis Britannien war beschädigt. Also gab es doch noch einen fünf Kilometer weiten Fußmarsch entlang der Chaussee.

Vor der Kommandantur wurden sie in zwei Gruppen unterteilt, es folgten getrennte Befragungen der jüngeren und der älteren Jahrgänge. Bei Bruno und Paul verlief die Registrierung ohne Probleme. Nachdem sie ihre Wehrpässe vorgelegt hatten, wurden sie nach ihrer Einstellung zum Nationalsozialismus befragt. Da sie nicht einmal zur Hitlerjugend gehörten, entließ man sie recht schnell aus der Schreibstube.

Gegen Mittag war die Prozedur beendet, man hatte alle Volkssturmmänner erfasst und neu aufgeteilt. Die meisten wurden zur Zwangsarbeit verurteilt, für sie begann ein beschwerlicher Weg nach Osten, in die Straflager. Unter ihnen befanden sich fast alle älteren Männer, Mitglieder der Nazipartei, und einige Jugendliche, die sich in der Hitlerjugend hervorgetan hatten.

Bruno und Paul gehörten zu einer kleinen Gruppe von acht weiteren Jugendlichen und zwei alten parteilosen Männern. Sie durften mit ihren russischen Begleitern nach Sköpen zurückkehren, wo man sie als Hilfskräfte gut gebrauchen konnte. Der Rückmarsch verlief deutlich entspannter, die Russen trugen ihre Gewehre über der Schulter und unterhielten sich, während die Deutschen in aufgelockerter Formation marschieren durften. In Hoheneiche belegten sie nur einen Waggon und kamen ohne Zwischenfälle nach Sköpen.

Paul entging der Stimmungswandel bei den Russen im Vergleich zum Hinmarsch nicht. Er hörte zu, als sie von den Deutschen sprachen und sich über die jungen Burschen lustig machten, die sich bei der ersten Feindberührung in die Hosen gemacht hätten. Paul drehte sich lachend zu dem hinter ihm sitzenden Russen um und fragte ihn: „Was passiert denn nun mit uns Hosenscheißern?"

Dem Wachmann verschlug es zunächst die Sprache, als er auf Russisch angesprochen wurde. Dann grinste er etwas verlegen, weil er sich im Nachhinein ertappt fühlte.

„Ihr bleibt erst mal auf dem Gut. Du bist doch einer von den Ofenheizern, die sollten wir den Offizieren unbedingt zurückbringen."

Paul bedankte sich für die Auskunft und übersetzte seinen Landsleuten umgehend die gute Nachricht. Plötzlich stand er im Mittelpunkt der Truppe. Sie waren ihm dankbar und bewunderten auch seinen Mut, dass er den Russen angesprochen hatte. Für Paul war das nichts Besonderes, hatte er doch bei seinen Ernteeinsätzen schon oft mit Russen zu tun gehabt und keine Angst vor ihnen.

In der Gutsscheune konnten sich die wenigen Gefangenen nun ausbreiten. Mit der Aussicht auf einen längeren Verbleib begannen sie, ihre Lagerstätten etwas bequemer einzurichten. Sie bedienten sich am Haufen der Strohballen und verteilten sie rund um den Ofen, sodass jeder etwas von der Wärme abbekam. Von ihren Bewachern merkten sie wenig, nur ein einzelner Russe war vor der Scheune postiert.

Die Tage vergingen nun mit Arbeitseinsätzen rund um Sköpen. Es gab vieles an Gebäuden, Straßen und Gleisen zu reparieren. Nur Bruno und Paul durften auf dem Gut bleiben, wo sie an Viktors Seite die gewohnten Tätigkeiten wieder aufnahmen. Im Ofenheizen galten sie inzwischen als Experten. Zum Anheizen musste man die richtigen

Scheite verwenden und nach und nach kleinere Stücke zufügen, bis ausreichend Glut vorhanden war, um dann die dicken Kloben aufzulegen. Danach hatten sie für eine Weile Ruhe, konnten Schnee räumen oder Holz hacken. Beim Nachlegen in den Öfen wechselten sie sich ab, das schaffte einer mit Leichtigkeit. Wenn Paul seine Ofenrunde machte, nutzte er die Gelegenheit, ein paar Worte mit den russischen Offizieren zu wechseln.

Ende Februar erwähnte er gegenüber dem russischen Offizier, dass die Holzvorräte merklich geschrumpft seien und es besser wäre, für Nachschub zu sorgen. Der Offizier wollte wissen, ob die Jungen schon als Holzfäller gearbeitet hätten, und als Paul bejahte, wies er ihn an, im März damit zu beginnen. Einen besseren Auftrag hätte er nicht erteilen können. Paul konnte seine Freude nicht verbergen und stürmte aus dem Zimmer, um Bruno die Neuigkeit mitzuteilen.

„Rat mal, Bruno, wo wir in den nächsten Tagen arbeiten sollen!"

„Keine Ahnung!"

„Na, im Wald. Wir sollen Holz fällen, Feuerholz machen."

Bruno war sprachlos, und Viktor amüsierte sich über die beiden so grundverschiedenen Freunde.

„Da hätten die Russen keine Besseren aussuchen können. Ihr seid doch Experten im Holzschlagen. Wenn das Opa Schlokat wüsste!"

Es war genau der richtige Zeitpunkt, um Holz zu fällen, die Wege waren hart gefroren und gut befahrbar. Bis Ende März würden sie Zeit haben, das auszunutzen. Sie wussten, dass im April alles im Schlamm versinken konnte und die Pferde keine Chance hätten, die Fuhrwerke zu bewegen. Viktor bestärkte sie, keine Zeit verstreichen zu lassen. Das morgendliche Anheizen der Öfen würden sie gemeinsam machen, danach konnte er sie entbehren. Er sprach mit den Offizieren darüber, die sich einverstanden erklärten und sogar auf eine Bewachung im Wald verzichteten.

Die Scheune würde nun tagsüber verwaist sein und niemand auf die Rucksäcke aufpassen. Das gefiel den Jungen gar nicht, zumal die guten Dinge aus den Geheimtaschen wieder in den Rucksäcken lagen. Zum Holzfällen konnten sie den zusätzlichen Ballast am Körper nicht gebrauchen. Unter den Russen und ihren deutschen Landsleuten gab es bestimmt Diebe. Viktor wusste Rat, er deponierte die Rucksäcke bis auf Weiteres bei Herrn Gudat in der Kammer.

Dann ging es los. Herr Gudat begleitete sie um die Scheune herum, vorbei am Hinrichtungsplatz, von dem die Leichen der polnischen Zwangsarbeiter bereits abtransportiert worden waren. Im Werkraum fanden sie alles, was sie brauchten. Dies war Brunos Reich, er suchte die Holzfällerwerkzeuge aus, die mit in den Wald sollten: eine Zugsäge für zwei, Äxte in verschiedenen Längen und Keile.

Im Forst angekommen, markierte der Gutsherr die zu fällenden Bäume. Es schien fast wie früher, als sie zum Ernteeinsatz und Holzfällen auf dem Gut gearbeitet hatten. Bevor Herr Gudat sich auf den Rückweg machte, zog er eine Räucherwurst aus der Jacke und gab sie Paul mit den Worten: „Wer schwer arbeitet, muss auch gut essen."

„Das hat mein Gropa auch immer gesagt. Danke!", antwortete dieser.

Bruno nickte und wollte wissen, wie es um die Vorratskammer bestellt sei.

„Herr Gudat, haben die Russen die Speisekammer noch nicht geplündert?"

„Doch, doch, da ist nichts mehr zu holen. Aber ich habe noch ein Geheimfach auf dem Boden. Das haben sie noch nicht entdeckt. Eine Kartoffelmiete ist auch noch ungeöffnet, sie ist unter dem Schnee verborgen, und Mehlsäcke stehen unberührt im Nebenraum zur Küche."

Als Paul das hörte, hatte er eine Idee.

„Wie wäre es, wenn wir Brot backen? Einer der beiden alten Volkssturmmänner ist gelernter Bäcker. Das wäre doch mal eine gute Abwechslung zum klebrigen russischen Brot."

Der Gutsbesitzer wunderte sich, dass er nicht selbst auf die Idee gekommen war, und erinnerte sich an frühere Backtage, an denen der Duft von frischem Brot durchs ganze Haus gezogen war. Jetzt, wo die Lage auf dem Gut sich ein wenig entspannt hatte, würden die Russen sicher nichts gegen diesen Plan haben, und der Backofen in der Gutsküche wartete nur darauf, mal wieder angeheizt zu werden.

„Ich werde Viktor von deinem Vorschlag erzählen. Er hat den besten Draht zu den Offizieren und soll sie um Erlaubnis fragen. Übrigens, nächstes Wochenende wollen die Russen zwei Schweine schlachten. Mal sehen, ob die Suppen dann etwas gehaltvoller werden."

Lachend drehte er sich um und ließ die Jungen im Wald zurück. Die waren nun in ihrem Element. Es gab kaum etwas Aufregenderes, als Bäume zu fällen. Das hatte sie als Kinder schon fasziniert, wenn sie mit Opa Schlokat in den Wald gezogen waren. Jetzt beherrschten sie die Techniken. Zuerst mit der Axt die Fällkerbe am Fuße des Stammes einschlagen, um die Fallrichtung des Baumes vorzugeben. Dann auf der Rückseite, etwas oberhalb der Kerbe, die Zugsäge ansetzen. Wenn der Baum gefällt am Boden lag, folgten das Ausästen und Zerlegen des Stammes in tragbare Stücke. Am Ende des Tages stapelten sie das geschlagene Holz am Wegrand für den späteren Transport.

Im März verbrachten die Jungen jeden Tag allein im Wald, abgeschieden von der Welt und vom Kriegsgeschehen, das nicht weit von ihnen stattfand. Nur hin und wieder wurden sie von Viktor mit wichtigen Nachrichten versorgt. Er hatte ständigen Kontakt zu den russischen Offizieren, die ihre Begeisterung über die Eroberung Nazideutschlands nicht verbergen konnten.

So erfuhren sie vom stetigen Vormarsch der Roten Armee über Oder und Neiße hinweg in Richtung Berlin. Von Westen her näherten sich die amerikanischen Truppenverbände der Reichsgrenze. Das Ende des Krieges ließ sich Anfang Februar schon absehen, als die Führer der Alliierten sich auf der Krim trafen, um über die Aufteilung Nazideutschlands zu beraten.

Auf dem Gut hatte sich der Tagesablauf eingespielt. Es gab wenig Aufregendes. Kleine Höhepunkte wie Brotbacken und Schlachten wurden freudig angenommen, brachten Russen und Deutsche für Momente näher zusammen und verbesserten die Mahlzeiten.

Der Winter hielt Ostpreußen lange im Griff, es herrschte strenger Frost bis Ende März, alle Öfen waren von morgens bis in die Abendstunden in Betrieb. Die Vorräte in den Holzschuppen schrumpften bedenklich. Für diesen Winter mussten sie noch reichen, denn das frische Holz musste erst noch durchtrocknen.

Bruno und Paul hatten ihre Aktionen im Wald beendet und begannen, das geschlagene Holz aufs Gut zu bringen. Sie spannten zwei Pferde vor den großen Leiterwagen und pendelten zwischen Wald und Gut hin und her. Bald türmten sich die Holzstämme im Gutshof. Die Russen staunten, wie viel Holz zwei junge Burschen in so kurzer Zeit schlagen konnten. Für die letzte Fuhre aus dem Wald wurde das Panjepferdchen angespannt, dabei dachten sie an Großvater Schlokat, der sich gefreut hätte über sein altes Kutschpferd, das die Holzladung ohne Probleme aus dem Wald zog.

Am 22. März war die Arbeit im Wald abgeschlossen. Ein denkwürdiges Datum. Zeitgleich überquerten amerikanische Truppenteile den Rhein. Nun galt es, das Holz zu spalten und im Schuppen zu stapeln. Diese Arbeit zog sich weit in den April hinein. Als Königsberg am 9. April von der Roten Armee erobert wurde, hatten sie etwa die Hälfte geschafft. Wie auf ein Zeichen des Himmels setzte Tauwetter ein, es gab sogar den ersten Regen, als wollte Ostpreußen in Trauer versinken.

Ende April war der Platz an den Hackklötzen wie leergefegt, alles Holz lag sauber aufgestapelt im Schuppen. Nun überschlugen sich die Ereignisse. Viktor hatte jeden Tag große Neuigkeiten zu verkünden. Am 25. April trafen US- und Sowjettruppen an der Elbe aufeinander. Zeitgleich tobte die Schlacht um Berlin.

Am 30. April wurde die sowjetische Flagge auf dem Reichstagsgebäude gehisst, und Hitler beging im Führerbunker Selbstmord. Das war das Ende des Naziregimes. Die russischen Soldaten schossen mit ihren Gewehren Freudensalven in den Frühlingshimmel über Sköpen, und der Wodka floss in Strömen die siegreichen Kehlen hinunter. „Hietler kapuut!", lallten die betrunkenen Soldaten und brachten eine Wodkaflasche in die Scheune, wo man nicht so recht wusste, ob es einen Grund zum Feiern gab. Schließlich wurde die Flasche herumgereicht, und manch einer nahm einen Schluck auf den nahenden Frieden, auch wenn er nicht wusste, was die neue Zeit bringen würde.

Am 8. Mai kurz vor Mitternacht trat die bedingungslose Kapitulation in Kraft, für die Russen ein weiterer Anlass, ausgelassen zu feiern.

Gefangenschaft

11

Russland, 1945

Bruno und Paul bekamen es als Erste zu spüren. Im Gutshaus schlug ihnen eine Kältewelle entgegen, von einem Tag auf den anderen, und das lag nicht an den frostigen Nächten Anfang Mai, wo sie morgens noch die Öfen heizen mussten. Die Stimmungslage hatte sich verändert. Beide Offiziere, die vor Kurzem noch zu Späßen aufgelegt gewesen waren, begegneten ihnen nun distanziert und feindselig.

Zunächst konnten sie sich den plötzlichen Stimmungsumschwung nicht erklären, aber dann wurden sie von Herrn Gudat und Viktor aufgeklärt. Schon wenige Tage nach Kriegsende wurde das ganze Ausmaß der Gräueltaten des Naziregimes bekannt. Nicht nur die systematische Judenvernichtung, auch die unmenschliche Behandlung der russischen Zwangsarbeiter empörte die russischen Besatzer und verstärkte den Hass auf alle Deutschen. Auch Bruno und Paul ließ man nun offen spüren, dass sie Kriegsgefangene waren.

Der Frühling blieb davon unbeeindruckt und hielt mit aller Macht Einzug in Ostpreußen. Nach den ersten warmen Tagen brachen überall die Knospen an Bäumen und Büschen auf und überzogen die Landschaft mit frischem Grün. Die Natur frohlockte, im krassen Gegensatz zur gedrückten Stimmung auf dem Gut. In den nächsten Tagen würde sich das Schicksal der Gefangenen entscheiden.

Paul erinnerte sich an die lauen Maientage in Kuckerneese und sah sich mit seinem Großvater in den Garten ziehen. Er fragte sich, was nach Kriegsende auf den ostpreußischen Feldern passieren würde, jetzt, wo die einheimischen Bauern vertrieben waren.

In der russischen Kommandantur hatte man sich dieses Problems bereits angenommen. Für Sköpen gab es eine einfache Lösung. Man setzte Viktor als Verwalter des Hofes ein und stellte ihm übergangsweise Herrn Gudat als Berater zur Seite. Sie sollten gemeinsam die russischen Landarbeiter, die in den nächsten Tagen erwartet wurden, bei den vielfältigen Tätigkeiten auf dem Gutshof anleiten.

Der Aufbruch der Gefangenen kam schneller als erwartet. Zum Glück hatten die Jungen weiterhin Viktor als Informationsquelle, der ihnen rechtzeitig, am Abend vor dem Abmarsch, Bescheid gab. So konnten sie ihre Rucksäcke durchsehen und alles Wichtige in den Geheimtaschen verschwinden lassen.

Und es blieb auch noch Zeit für einen Abschiedsrundgang über das Gut in Begleitung ihrer beiden Freunde. Im Pferdestall ließen sie sich Zeit, kraulten die Mähne vom Panjepferdchen, Bruno auf der einen, Paul auf der anderen Seite. Schweigend. Selbst Bruno, der immer für einen Spruch gut war, fehlten die Worte. Sie wussten beide, dass es ein Abschied für immer war, und das Pferd hob seinen Kopf mit aufgestellten Ohren, so als wüsste es die Zärtlichkeiten zu deuten.

„Passt mir gut auf Gropas Panjepferdchen auf", sagte Paul mit belegter Stimme.

Viktor nickte schweigend, während der Gutsbesitzer das Taschentuch hervorholte, um seine Tränen wegzuwischen. Zum Abschied umarmten sie sich, zwischen Pferdeleibern, drei Ostpreußen und ein Russe, der inzwischen selbst ein halber Ostpreuße war. Die Zukunft war für alle ungewiss so kurz nach Kriegsende. Das Schicksal der gefangenen Deutschen lag in den Händen der russischen Besatzer, und die wussten zum Teil selbst noch nicht, wie sie die vielfältigen Aufgaben als Besatzungsmacht bewältigen sollten. Zunächst mussten alle Gefangenen nach Russland transportiert werden, danach würde man über das Schicksal Ostpreußens entscheiden.

Früh am Morgen wurden sie aus der Scheune geholt, die Wachsoldaten trieben sie mit Gewehrkolben nach draußen. Es blieb ihnen gerade noch Zeit, die Rucksäcke zu greifen. Wer nicht rechtzeitig gepackt hatte, musste Sachen zurücklassen. Vor dem Abmarsch wurden die Rucksäcke ein weiteres Mal inspiziert, außer Kleidung und Kochgeschirr durfte nichts mitgeführt werden. Alle wussten das, umso erstaunlicher war die Vielfalt an Gegenständen, welche die Russen aus dem Gepäck kramten.

Bei Bruno und Paul wurden sie nicht fündig. Die Geheimtaschen an Jacke und Hose, prall gefüllt mit der eisernen Reserve, blieben unentdeckt, weil keine Leibesvisitation stattfand. Die Jungen ließen sich ihre Erleichterung nicht anmerken, waren aber froh, dass die raffiniert eingenähten Verstecktaschen von Pauls Mutter keiner Überprüfung standhalten mussten.

Einer der Offiziere erteilte den Befehl zum Abmarsch. Er wunderte sich, dass die Deutschen noch immer die gelbe Armbinde des Volkssturms an der Jacke trugen. „Krieg vorbei!", schimpfte er und riss einem Gefangenen eigenhändig das gelbe Wehrmachtsabzeichen vom Ärmel.

Die erste Etappe führte von Sköpen nach Britannien, dieses Mal nicht mit der Kleinbahn, es wurde marschiert. Kein Problem für die beiden Kuckerneeser. Sie waren durch die körperliche Arbeit im Wald und durch so manche zugesteckte Extrawurst in guter Verfassung, während andere Gefangenen aufgrund schlechter Ernährung und Bewegungsmangel geschwächt waren.

Besonders die beiden älteren Volkssturmmänner hatten Mühe, das Marschtempo zu halten. Sie liefen in der letzten Reihe und wurden ständig von den Wachposten angetrieben, wenn es sein musste auch mit Schlägen. Bei der ersten Rast bemerkten alle, wie schlecht es dem ältesten Deutschen ging, dem Bäckermeister. Er lag auf dem Rücken und röchelte schwer. Ein bedrückendes Gefühl, dass keiner ihm helfen konnte, und so waren sie froh, als der Marsch nach kurzer Pause fortgesetzt wurde.

Bruno und Paul gingen in der ersten Reihe und versuchten das Marschtempo zu drosseln, wobei Paul seine Russischkenntnisse nutzte, um die beiden Wachleute an der Spitze abzulenken. Aber auch das half dem kranken Alten nicht. Er fiel immer weiter zurück und blieb schließlich stehen, ein Wachposten an seiner Seite. Der Rest des Trupps marschierte unerbittlich weiter, angetrieben von den bewaffneten Wachsoldaten. Alle rechneten mit dem Schlimmsten, trotzdem zuckten sie zusammen, als der Schuss hinter ihrem Rücken fiel. Der Wachposten hatte den Deutschen erschossen, mitten auf der Chaussee, wo er ihn liegen ließ. Es durfte keiner zurückbleiben.

In Britannien wurde die auf neun Mann geschrumpfte Gruppe der ehemaligen Volkssturmbrigade in einem Lagerschuppen auf dem Bahnhofsgelände untergebracht, der bereits aus allen Nähten platzte. Die Gefangenen standen dicht gedrängt, die Rucksäcke zwischen den Beinen, um etwas Platz zu gewinnen. An Hinlegen war in dieser Nacht nicht zu denken. Bruno und Paul blieben direkt neben dem Eingangstor. An die Wand gelehnt, konnten sie sogar ein wenig schlafen.

Am nächsten Morgen mussten sich alle vor der Kommandantur aufstellen. Es wurden zunächst Namen von Gefangenen aufgerufen, die bereits registriert waren, darunter auch die Namen von Bruno und Paul. Die Aufgerufenen mussten raustreten und wurden abgezählt. Wenn etwa 100 Gefangene zusammengebracht waren, erfolgte der Befehl zum Abmarsch.

Es ging nach Osten. Für Bruno und Paul bekannte Straßen, die nach Tilsit führten. Ostpreußen verabschiedete sich von den beiden Kuckerneeser Jungen mit einem wolkenlosen Himmel. Die Maisonne brannte auf sie herab und brachte die Marschierenden mächtig ins

Schwitzen. Es blieb ihnen nichts anderes übrig, als ihre kostbaren Jacken auszuziehen und am Rucksack festzuzurren.

Aus den Erfahrungen des Vortags hatten sie gelernt, möglichst weit vorn zu marschieren. So bekamen sie von den Schikanen am Ende der Kolonne nichts mit. Der Marsch verlief außer einer kurzen Rast an einer Dorfpumpe, wo Gefangene und Wachmänner ihren Durst stillten, ohne besondere Vorkommnisse.

Am Spätnachmittag erreichten sie Tilsit. Die quirlige Stadt an der Memel erkannten die Jungen kaum wieder, einerseits wegen der vielen Zerstörungen, vor allem aber fehlten die ostpreußischen Menschen, die der Stadt eine einzigartige Atmosphäre gegeben hatten. Paul bemerkte Brunos bedrückte Stimmung. Als sie am Realgymnasium vorbeikamen, das erstaunlich unversehrt aussah, versuchte er ihn aufzuheitern.

„Soll ich die Russen fragen, ob wir mal kurz in unsere alte Schule gehen dürfen? Ich sag einfach, wir haben unsere Turnschuhe dort vergessen."

Bruno konnte sich tatsächlich ein Lachen nicht verkneifen.

„Wäre schön, wenn wir da noch mal reinkönnten. Ich kann nicht glauben, dass wir vor nicht mal einem Jahr dort drinnen unser Abitur gemacht haben. Es kommt mir vor, als wären seitdem Jahre vergangen."

Am Memelufer wurden sie durch Brückenarbeiten aufgehalten. Sowohl die Königin-Luisen- als auch die Eisenbahnbrücke waren noch vor dem Einmarsch der Russen von deutschen Pionieren gesprengt worden. Nun sollten deutsche Kriegsgefangene die Brücken möglichst schnell wieder instand setzen, da sie eine wichtige Verbindung nach Osten bildeten. Die Zwangsarbeiter gehörten zum Arbeitsbataillon Tilsit und waren am jenseitigen Ufer in großen Lagerhallen untergebracht, wo der Marsch der Gefangenenkolonne enden sollte.

Während sie über provisorische Bohlenstege auf die andere Seite der Memel gelangten, wurden sie von deutschen Stimmen begleitet, alle möglichen Dialekte prasselten auf sie ein. Sie freuten sich, als sie im Vorbeigehen ostpreußische Wortfetzen aufschnappten.

Im Lager war zum Glück noch reichlich Platz, sodass sie diese Nacht im Liegen verbringen konnten. Als Erstes mussten sie unbedingt trinken, mit der Essenausgabe dauerte es noch, bis die Arbeiter von den Brücken zurückkamen. Wie üblich gab es eine Suppe aus Kartoffeln und Rüben mit einem Stück Kommissbrot, woran sich ihre Mägen allmählich gewöhnten, aber richtig satt wurden sie davon nicht.

Im Lager blieben sie einige Tage, ohne zu wissen, wie es weitergehen sollte. Da sie nicht zur Arbeit eingeteilt wurden, vermuteten sie, dass sie Tilsit bald verlassen würden. Anfang Juni ging es tatsächlich weiter. Mit neuen Wachposten marschierten sie gen Osten, stramme Tagesmärsche lagen vor ihnen, von Sonnenaufgang bis zur Dämmerung, und es blieb lange hell. Geschlafen wurde in Gehöften auf Stroh oder Heu. Am fünften Abend hatten sie ihr nächstes Ziel erreicht, einen Güterbahnhof. Von hier aus sollte es auf Schienen weitergehen, sobald genug Gefangene eingetroffen waren.

Wieder vergingen mehrere Tage des Wartens, in denen jeder auf seine Weise die Langeweile bekämpfte. Paul blätterte in seinem Russischlexikon und lernte das kyrillische Alphabet. Währenddessen beobachtete er die Wachposten, um einzuschätzen, wen er gefahrlos ansprechen konnte. Auf diese Weise schaffte er es, dass Bruno eine Aufgabe bekam. Er durfte sich um das allabendliche Lagerfeuer für die Russen kümmern, und da er alles liebte, was mit Holz zu tun hatte, war er Paul dankbar für diese Tätigkeit.

Fast täglich trafen weitere Trupps von Strafgefangenen am Bahnhof ein. Anfang Juli ging es endlich weiter, sie wurden in zehn bereitstehende Waggons verfrachtet, denen man ansah, dass sie bisher nur zum Viehtransport benutzt worden waren. Die Gefangenen wurden in Gruppen von 50 Leuten eingeteilt, die in einem Wagen Platz finden mussten. Bruno und Paul konnten von Glück sagen, dass sie bei der brutalen Verladung zusammenblieben.

Die nächsten drei Wochen sollten sie in den Waggons verbringen, eingepfercht wie Tiere. Eine schlimme Etappe stand ihnen bevor. Es gab weder Pritschen noch Stroh. Am meisten Probleme bereitete ihnen die Enge, dicht an dicht hockten sie mit angezogenen Beinen auf dem nackten Holzboden. In dieser Notlage wurde Bruno erfinderisch. Wenn sie die Knie durchstrecken wollten, rückten sie aufeinander zu und schlangen die Beine umeinander. Sie hatten ja keine Berührungsängste. Bruno amüsierte sich über diese Position.

„Wir sehen aus wie ein Liebespaar. Was die anderen wohl denken", flüsterte er Paul zu.

Zum Einschlafen wählten sie stets diese verschlungene Sitzposition, da es unmöglich war, sich hinzulegen. So schliefen sie aufrecht, eingezwängt und abgestützt durch andere Mitreisende und ihre Rucksäcke.

Als Toilette diente ein Loch direkt neben der Schiebetür. Man einigte sich darauf, dass sie nur tagsüber benutzt werden durfte, damit nachts niemand über die Schlafenden hinwegkriechen musste. Am Tage heizte die Sonne die Waggons kräftig auf, die Luft war erfüllt vom Gestank nach Schweiß und Urin. Nachts kühlte es merklich ab, und wenn der Zug Fahrt aufnahm, drang sogar etwas Frischluft durch schmale Ritzen nach drinnen. Am schlimmsten verliefen die langen Wartezeiten auf Bahnhöfen oder freier Strecke, wenn leises Stöhnen oder unterdrücktes Fluchen in jeden Winkel des Waggons kroch. Sobald der Zug anfuhr, übertönten die Fahrgeräusche das Gejammer.

Die Schiebetür wurde nur zweimal am Tag aufgeschoben: das erste Mal am Morgen, wenn ein Wachposten nachfragte, ob jemand über Nacht gestorben sei; das zweite Mal zur Verpflegung. Ein Eimer Wasser wurde hereingestellt, völlig unzureichend für 50 Leute, die mit einer täglichen Becherration auskommen mussten. Zu essen gab es meistens zwei Scheiben getrocknetes Brot. Da die meisten Gefangenen noch einige Fettreserven am Körper hatten, bestand weniger die Gefahr des Verhungerns. Der Durst hingegen wurde ein ständiger Begleiter und war so groß, dass sie den Hunger kaum spürten.

Am dritten Tag hatten sie den ersten Toten in ihrem Wagen. Für Bruno und Paul war dies ein Anlass, sich Gedanken darüber zu machen, wie sie den Transport überleben könnten. Paul ergriff die Gelegenheit und half, den Toten aus dem Zug zu schaffen und auf einen bereitstehenden Leiterwagen zu hieven, zu den Leichen aus den anderen Waggons. Er blickte sich um und wandte sich an den nächststehenden Wachmann.

Er hatte sich genau überlegt, wie er ihn ansprechen wollte, und seine Russischkenntnisse ließen ihn nicht im Stich. Er sagte zunächst, dass er sich nicht beklagen wolle über die einfachen Umstände bei ihrem Transport, nicht über den Platzmangel, nicht über das Essen. Das einzige Problem sei der Durst. Wenn die geringe Wasserration beibehalten würde, könnten viele Leute verdursten.

Der Wachposten war derart erstaunt über den jungen Deutschen, der in fließendem Russisch auf ihn eingeredet hatte, dass er nicht gleich reagierte. Er wollte zunächst nur wissen, woher Paul so gut Russisch konnte. Als dieser ihm von seinem Großvater erzählte, der in Russland gearbeitet hatte, und von seinem Russischunterricht an der Tilsiter Schule, wurde das Gesicht des Wachmanns freundlicher. Er erklärte Paul, dass sie nicht genügend Wachleute für den Wassertransport von der Pumpenstation zu den Waggons dabeihätten. Paul schlug vor, dass die Gefangenen selbst das Wasser von der Lokpumpe holen könnten. Wenn aus jedem Waggon zwei Gefangene abgestellt würden, wäre das Problem gelöst. Den Wachmann schien der Vorschlag zu überzeugen, er wollte noch seinen Namen wissen und fragte, zu welchem Waggon er gehörte.

Am nächsten Morgen geschah das Wunder. Nach dem Öffnen der Schiebetüren wurden zwei Gefangene bestimmt, die nach vorne zur

Lokomotive zum Wasserholen an der großen Pumpe geschickt wurden. Als jeder mit einem vollen Eimer Wasser zurückkehrte, gab es großen Jubel in allen Waggons. Das bedeutete eine doppelte Ration zu trinken, mindestens zwei Becher pro Tag.

Es blieb nicht lange verborgen, wem die Gefangenen das zu verdanken hatten. Ihnen war nicht entgangen, wie Paul am Morgen zuvor mit einem russischen Wachmann gesprochen hatte, und nur so ließ sich die Lageverbesserung erklären. In ihrem Waggon waren sich alle einig, dass Bruno und Paul das Vorrecht als Wasserholer haben sollten. Für die beiden Jungen bot der morgendliche Gang eine willkommene Gelegenheit, sich für wenige Minuten an der frischen Luft bewegen zu können. Wenn sie mit ihren randvoll gefüllten Eimern an den offenen Wagentüren vorbeigingen, sorgsam darauf bedacht, ja keinen Tropfen des kostbaren Wassers zu verschütten, hörten sie wiederholt anerkennende Bemerkungen und manches gemurmelte „Danke, Paul!".

Die Hitze und der Platzmangel stellten für die Gefangenen weiterhin eine große Belastung dar. Hinzu kamen die katastrophalen hygienischen Verhältnisse und die fehlenden Bewegungsmöglichkeiten. Es gab nur zwei Positionen, zwischen denen man wechseln konnte: entweder mit angewinkelten Beinen am Boden hocken oder aufrecht stehen. Beim zweiten Wasserholen entdeckte Bruno einen Haufen rostiger Nägel neben der Pumpe. Unbemerkt ließ er eine Handvoll in seiner Hosentasche verschwinden, und nachdem er den vollen Eimer in den Waggon geschoben hatte, bückte er sich, um zum Schein an seinem Stiefel zu nesteln und dabei heimlich einen Stein aus dem Gleisbett aufzusammeln. Mit diesen Schätzen kehrte er in den Wagen zurück, wo Paul gespannt darauf wartete zu erfahren, was sein Freund vorhatte.

Nach der Essenausgabe machte sich Bruno ans Werk. Er suchte in den Holzwänden nach geeigneten Ritzen oder Löchern, und wenn er fündig wurde, trieb er einen Nagel hinein, nur so weit, bis dieser stabil in der Wand steckte und der längere Teil nach außen abstand. Der Stein diente ihm als Hammer. Nachdem er die ersten Nägel platziert hatte, nahm er ihre beiden Jacken und Rucksäcke, hängte sie an die Haken, drehte sich triumphierend um und schaute in erstaunte Gesichter. Es war allen klar, dass er die Enge am Boden vermindern wollte. Im Laufe des Tages befestigte er alle Nägel rundherum an den Seitenwänden und schuf so genügend Haken, um alles aufzuhängen, was auf dem Fußboden Platz weggenommen hatte. Es blieb eng im Wagen, aber in dieser Nacht konnten sie mehr oder weniger liegend schlafen.

„Ich bin stolz auf dich", sagte Paul beim Einschlafen, als er mit angezogenen Beinen neben Bruno lag.

„Und ich bewundere dich, wie du die russischen Wachposten um den Finger wickeln kannst."

Am Morgen herrschte spürbar bessere Stimmung in ihrem Waggon, obwohl es einen weiteren Toten gegeben hatte. Das sollte sich bis zum Ende des Transportes auch nicht ändern. Man begann sich daran zu gewöhnen. Jeden Morgen wurden Leichen entsorgt. Am Ende sollten in ihrem Wagen nur 40 Insassen das Etappenziel lebend erreichen, eine Quote, die in anderen Zugteilen deutlich schlechter ausfiel.

Mit jedem Toten verringerte sich die Platznot im Waggon, und die Wasserrationen stiegen merklich an, sodass sich die Bedingungen für Bruno und Paul in der dritten Woche besserten. Als es auch noch zu regnen begann, gelangte etwas Frische in die abgestandene Luft, und sie konnten zum ersten Mal durchatmen.

Am Abend des Regentages meldete sich plötzlich der Hunger zurück. Paul stieß Bruno an und erinnerte ihn an den Notproviant. Bruno fand auch, dass es an der Zeit war, das erste Mal darauf zurückzugreifen, sie hatten lange genug der Versuchung widerstanden. Das Wasser lief ihnen im Munde zusammen, aber bevor sie an ihre Geheimtaschen gingen, wollten sie den Einbruch der Dunkelheit abwarten.

Sie warteten bis kurz nach Mitternacht, als die meisten Gefangenen schliefen und es dunkel genug war. Während der Güterzug durch die Dunkelheit rollte, begleitet vom monotonen Klacken der Stahlräder an den Gleisspalten, konnten sie unbemerkt ihr Festmahl zelebrieren. Paul holte einen Streifen geräucherten Speck aus dem Jackenversteck, von dem er mit seinem Messer zwei Stücke abschnitt. Bevor sie zu essen begannen, verstaute er Messer und Speck schleunigst in den Geheimtaschen. Und dann schoben sie sich die Leckerbissen in den Mund.

Augenblicklich begann sich der unvergleichliche Geschmack des heimatlichen Räucherspecks auszubreiten … auf ihrer Zunge … am Gaumen … in der Speiseröhre. Er beflügelte ihre Gedanken … ließ sie zurückkehren zu den Spielplätzen ihrer Kindheit … zu ostpreußischen Schlachtfesten … in die Räucherkammer … und zu ihren Familien. Beide bemühten sich, diesen Geschmack so lange wie möglich festzuhalten. Und so lutschten und kauten sie, behielten den Speck im Mund wie einen Sahnebonbon, bis sich Fleisch und Fett aufgelöst hatten.

Als es dämmerte, lutschten sie noch immer am letzten Rest der Schwarte. Der Zauber des nächtlichen Festmahls hatte sich auf ihren Gesichtern ausgebreitet, sie glänzten, als wäre der fettige Speck nach außen gedrungen. Bruno schaute in das zufriedene Gesicht seines Freundes, beugte sich vor und flüsterte ihm ins Ohr: „Wenn wir stets die ganze Schwarte essen, werden wir bald quieken wie Schweine."

Sie brachen in Lachen aus, das sie sofort unterdrücken mussten, um die Mitgefangenen nicht zu wecken. Paul bewunderte seinen Freund in solchen Augenblicken, weil dieser selbst in der misslichsten Lage seinen Humor behielt.

Als sie nach drei Wochen in Stalinogorsk südlich von Moskau ankamen, freuten sie sich, den Viehwaggon verlassen zu können. Etwa vierhundert hatten die Zugfahrt überlebt. Die meisten Gefangenen mussten erst wieder lernen, aufrecht zu gehen, sie stolperten über ihre eigenen Füße. Manch einer fiel auf dem Weg vom Bahnhof zum Lager zu Boden. Zum Glück mussten sie nicht weit laufen.

Alle Gefangenen aus dem Zug wurden in einer großen Baracke untergebracht. Die Schlafpritschen bestanden aus dreistöckigen Stahlgestellen mit Brettern als Schlafunterlage, nicht sehr bequem, aber man konnte sich endlich wieder ausstrecken. Nach der Ankunft wurden die Neuankömmlinge abermals vernommen und registriert. Das zog sich bis in die Nacht hinein.

Am nächsten Tag gab es zum ersten Mal etwas Warmes zu essen, echte russische Kohlsuppe, die sofort ihre Wirkung zeigte, und so konnten die Neuankömmlinge auch gleich ausprobieren, wie es sich anfühlte, auf einem richtigen Klo zu sitzen. Die Verpflegung war auch hier nicht ausreichend, aber wenigstens gab es eine warme Mahlzeit pro Tag.

Einmal in der Woche wurde Waschen angeordnet. Man bekam eine Waschschüssel und Seife, holte sich Wasser von der Pumpe und versuchte sich den Dreck vom Körper zu schruppen und die Bartstoppeln abzuschaben, so gut es mit dem kalten Wasser eben ging. Während der Waschprozedur kamen die Kleider zur Entlausung. Bruno und Paul mussten aufpassen, dass sie rechtzeitig alles Wichtige aus ihren Geheimtaschen in die Rucksäcke umpackten.

In Stalinogorsk blieben die Deutschen aus dem Zug bis Ende Juli zusammen. Es handelte sich um ein großes Auffanglager für Kriegsgefangene und Zivilverschleppte, darunter viele Italiener, Österreicher und Ukrainer. Von hier aus sollte die Verteilung auf verschiedene andere Lager vorgenommen werden. Für die russische Bürokratie war dies so kurz nach dem Krieg eine gewaltige Herausforderung. So mussten die Gefangenen lange Zeit mit Warten verbringen, bis die russischen Behörden entschieden hatten, in welchem Lager sie arbeiten sollten.

An einem heißen Sommertag Anfang August zeichnete sich eine Lösung ab. Alle Insassen der Baracke wurden zum Abmarsch aufgefordert. Es ging zurück zum Bahnhof, wo sie auf den nächsten Zug warten mussten. Dieser brachte sie nach einer Tagesreise zunächst ins Barackenlager „Schatura Torf", das vorwiegend mit deutschen Kriegsgefangenen belegt war, dann aber gleich weiter in ein anderes Lager, das „Patuscha" hieß und in einer abgelegenen Waldregion lag.

Mehr als zwei entbehrungsreiche Monate lagen seit ihrem Aufbruch in die Kriegsgefangenschaft hinter ihnen. Während sie sich immer weiter von der Heimat entfernten, sahen sie die furchtbaren Zerstörungen, die der Krieg im Westen Russlands hinterlassen hatte. Städte und Dörfer machten einen trostlosen Eindruck, und selbst die Landschaft zeigte deutliche Spuren des Krieges, der zweimal über sie hinweggerollt war.

Nun, im westlichen Teil Sibiriens, trafen sie auf unberührte Natur, die vom Krieg verschont geblieben war. Riesige Wälder erstreckten sich vom Lager aus in alle Himmelsrichtungen bis zum Horizont. Hier wurden Holzfäller gebraucht. Bruno und Paul konnten es kaum erwarten, dass die Zeit der Untätigkeit zu Ende ging, eine bessere Arbeit, als Holz zu schlagen, hätte man für sie nicht finden können.

Die Baracken waren aus einfachen Holzlatten zusammengebaut, als Dächer hatte man Zeltplanen gespannt. Die Schlafstellen bestanden aus Strohmatten, Decken gab es nicht. Für den Sommer schien das ausreichend, an den Winter mochte noch keiner denken. Die Verpflegungssituation besserte sich nicht. Jeden Tag gab es ein klitschiges Brot für vier Personen und mittags im Wechsel einen Brei aus Hirse oder Hafer. Wasser war genug vorhanden, und morgens wurde sogar Kaffee ausgeschenkt. Einmal pro Woche bekam jeder Gefangene eine Portion Zucker und Tabak, egal, ob Raucher oder Nichtraucher. Bruno und Paul nutzten den Tabak, um dafür Brot einzutauschen, was ihren Hunger etwas abmilderte.

Waschräume hatte man im Lager nicht eingerichtet. Deshalb war es üblich, dass alle Lagerinsassen alle paar Tage zu einem im Wald gelegenen See gingen, der auch von Einheimischen als Badeanstalt benutzt wurde. Um ein Zusammentreffen zu vermeiden, durften die Gefangenen nur nachts zum Waschen gehen. Auch hier wurden die Kleider zum Entlausen vorher eingezogen, so dass die Gefangenen bis auf die Unterhose nackt zum See zogen, nur mit Waschschüssel und Seife ausgestattet.

Die Waldarbeit bereitete den Gefangenen keine Probleme, nur in den ersten Tagen mussten sich ihre Muskeln daran gewöhnen. Als lästige Quälgeister erwiesen sich Mücken und Bremsen, die sie bei der Arbeit umschwirrten. Bruno und Paul hatten ähnliche Erfahrungen schon in den Wäldern Ostpreußens gemacht und kamen besser damit zurecht als die meisten Mitgefangenen. Als Ende August erste Nachtfröste das Ende des sibirischen Sommers ankündigten, fand die Mückenplage schlagartig ein Ende. Dafür wurde es nachts auf den Strohmatten ohne Decke empfindlich kalt. Man behielt zum Schlafen die Klamotten an, wer eine warme Winterjacke besaß, zog sie noch obendrüber.

Ihre Sorgen wegen des bevorstehenden Winters wurden ihnen abgenommen, als Mitte September ihre Verlegung in ein anderes Lager verkündet wurde. Wieder hieß es antreten und abzählen, und dann setzte sich ein Trupp aus 400 Gefangenen zur nächstgelegenen Bahnstrecke in Bewegung.

Auf dieser neuen Etappe verlief vieles anders als bisher. Es wirkte, als sei an irgendeiner Stelle entschieden worden, in welches Arbeitslager die Gefangenen dauerhaft gebracht werden sollten. So ging es zügig voran. Am Bahnhof erwartete sie bereits ein Zug, welcher sie weiter nach Osten bringen sollte, diesmal keine Viehwaggons, sondern einfache Personenwagen. Diese waren allerdings in einem miserablen Zustand und vermutlich nur für diesen Transport aus einem Abstellschuppen hervorgeholt worden.

Etliche Fensterscheiben waren zersprungen oder fehlten komplett, die wenigen verbliebenen Holzbänke erinnerten an bessere Zeiten, als in den Wagen noch russische Fahrgäste befördert worden waren. Hinter der Lokomotive befanden sich zwölf Wagen, zwei für das Wachpersonal und zehn für die Gefangenen. Mit 40 Personen in einem Wagen wurde es zwar wieder eng, doch hatte dies auf diesem Transport durchaus positive Auswirkungen. Denn je weiter sie nach Sibirien hineinfuhren, umso kälter wurde es. Sie rückten freiwillig näher zusammen, um sich gegenseitig zu wärmen.

Die Verpflegung war besser als auf der letzten Zugfahrt, längst nicht ausreichend, aber abwechslungsreicher. Der Zug benutzte die Strecke der Transsibirischen Eisenbahn. Dadurch kam er häufig durch größere Ortschaften, wo die Gefangenen mit Tee versorgt wurden. Hin und wieder gab es auch eine warme Suppe. Ansonsten fuhren sie ununterbrochen, nur selten stoppte der Zug auf freier Strecke. Die beschädigten Fenster erwiesen sich schnell als größtes Problem: Wenn der Zug Fahrt aufnahm, strömte die kalte Luft ungehindert ins Wageninnere und ließ die Gefangenen erzittern.

Paul hatte ein untrügliches Gespür für die drohende Gefahr und beriet sich gleich nach der Abfahrt, als es draußen noch herbstlich mild war, mit Bruno.

„Wenn wir die kaputten Fenster nicht irgendwie verriegeln, werden wir alle erfrieren. Siehst du das auch so, Bruno?"

„Das kann schon sein, zumal wir nicht wissen, wie lange wir mit dem Zug unterwegs sein werden, und kälter wird es garantiert noch."

„Hast du eine Idee, was wir machen können?"

„Ja, ganz einfach. Wir brauchen Bretter, Nägel und einen Hammer. Vielleicht noch eine Säge. Damit würde ich alles dicht machen."

Nun waren Pauls Überzeugungskünste gefragt. Kaum hatte der Zug die nächste Stadt erreicht, wandte er sich an einen mit Abzeichen dekorierten Offizier, der für den Transport verantwortlich war. Er schilderte das Problem und zählte auf Nachfrage das benötigte Material auf. Dem Russen war die heikle Situation mit den kaputten Fenstern auch schon aufgefallen, da im zweiten Wagen der Wachmänner ebenfalls eine Scheibe fehlte. Als er nun hörte, dass einer der Gefangenen zu tischlern verstand, griff er den Plan auf.

Bruno hatte sehr darauf gehofft, dass Paul erfolgreich sein würde. Als er ihn nun freudestrahlend zurückkommen sah, wusste er, dass Paul wieder einmal mit seinem besten Russisch und seiner Diplomatie überzeugt hatte. Auf das Material brauchten sie nicht lange zu warten. Schon im nächsten Bahnhof hielt der Zug direkt neben einem Stapel Bretter. Auch ein Kasten mit Werkzeugen stand bereit, mehr, als Bruno benötigte. Das gefiel ihm, denn so konnte er Paul als Helfer einsetzen.

Die Bretter stapelten die Wachleute in ihrem Wagen, wo reichlich Platz vorhanden war. Bruno reparierte als Erstes das Fenster im zweiten Wagen der Wachsoldaten. Er war froh, dass Paul an seiner Seite blieb und die Verständigung mit den Russen übernahm. So konnte er sich voll auf seine Arbeit konzentrieren. Natürlich wollte er es an diesem Fenster besonders gut machen, die Bretter sollten alle die gleiche Länge haben und gut auf Stoß aneinandergesetzt sein. Beim Festnageln hielt Paul das jeweilige Brett in Position, und Bruno versenkte gekonnt mit wenigen Hammerschlägen die Nägel im Holz.

Der Zug hatte inzwischen Fahrt aufgenommen, so konnten sie die Wirkung der Holzverschalung testen. Die Wachmänner zeigten sich beeindruckt, mit welch einfachen Mitteln Bruno das Problem gelöst hatte. Die Öffnung war zwar nicht komplett dicht, es gab schmale Spalten zwischen den Brettern, durch die kalte Zugluft eindringen konnte. Das spürte man aber nur, wenn man unmittelbar davorstand. Bruno erblickte Wehrmachtsdecken an den Schlafplätzen der Wachmänner. Er nahm eine dieser Decken, hängte sie über den Bretterverschlag, und nun war keine Zugluft mehr zu spüren. Als Nächstes kümmerten sie sich um ihren eigenen Wagen. Hier mussten drei Fensteröffnungen verschalt werden, was sie bis zum Einbruch der Dunkelheit schafften. In dieser Nacht blieb die schlimmste Kälte ausgesperrt, und die Wärme, die sich um den Haufen dicht aneinandergeschmiegter Körper sammelte, blieb im Wagen. Am Morgen reckten sie sich gut gelaunt, so fest hatten sie in den letzten Nächten nicht geschlafen. Alle wussten, wem sie das zu verdanken hatten. Einer sprach es dann aus, der Älteste des Sköpener Volkssturmtrupps, Edwin Herrmann, ein pensionierter Postbeamter aus Königsberg.

„Paul, wenn wir dich nich hättn und de kleenen Kartoffeln."

Das sagte man so in Ostpreußen, wenn man jemanden loben wollte. Und Bruno setzte noch einen drauf, weil er Pauls Anteil an der Aktion richtig einzuschätzen wusste.

„Ich bin stolz auf dich!"

Beim morgendlichen Teeausschank wollte der Offizier den jungen Deutschen kennenlernen, der sich als Tischler bewährt hatte. Bruno fühlte sich geehrt, als Paul das Lob des Russen an ihn weitergab, und freute sich, als er den Auftrag für die restlichen Zugfenster erhielt.

Im Laufe des Tages zogen die beiden Handwerker mit der Werkzeugkiste von Wagen zu Wagen und verkleideten die kaputten Fenster. Dabei stießen sie auf zwei weitere Deutsche, die sich mit Holzarbeiten auskannten. Einer übernahm das Sägen, der andere benutzte den zweiten Hammer.

Zu viert schafften sie es tatsächlich, bis zum Abend alle defekten Fenster abzudichten. Die Reste vom Bretterstapel deponierte Bruno in ihrem Wagen für mögliche Nachbesserungen, ebenso einen Hammer und Nägel. Der Offizier inspizierte alle Wagen und zählte die reparierten Fenster. Am nächsten Tag erhielt jeder Waggon die entsprechende Anzahl an Wolldecken.

Diese Geste der Menschlichkeit wurde von den Gefangenen dankbar angenommen. Dennoch ließen sich die primitiven Transportbedingungen weiterhin schwer ertragen. Der ständige Kampf mit dem Hunger, die mangelnde Hygiene und die Ungewissheit, in welchen Teil Sibiriens man sie verschleppte, zehrten an ihren Nerven.

Nach zehn Tagen hatten sie den Baikalsee erreicht, den sie nördlich umfuhren. Und plötzlich setzte der Winter ein. Er kündigte sich an mit Eisblumen, die er über Nacht an die intakten Fensterscheiben malte. Die wenigen Holzbänke wurden zu begehrten Schlafplätzen, auf dem nackten Wagenboden war es in dieser Frostnacht unerträglich kalt gewesen. Es musste Abhilfe geschaffen werden. Mithilfe der restlichen Bretter bauten sie einen Lattenrost in eine freie Ecke des Abteils, auf dem sie allesamt Platz finden würden, wenn sie dicht genug zusammenrückten. Und das taten sie automatisch, um sich gegenseitig zu wärmen.

Der Überlebenskampf ging weiter. Wer sich aufgab, wachte morgens möglicherweise nicht mehr auf. Bruno und Paul dachten nicht ans Sterben, sie versuchten trotz der schwierigen Lage optimistisch zu bleiben. Und Paul erinnerte sich, immer wenn er das Lexikon in die Hand nahm, an sein Versprechen, das er seinem Gropa beim Abschied gegeben hatte.

Nach zwei Tagen erreichten sie Tynda, wo ihre Bahnfahrt durch Sibirien endete. Der Kälteeinbruch hatte weitere Opfer unter den deutschen Landsleuten gefordert, jetzt konnten sie aus den Wagen geschafft werden. Im Abteil von Bruno und Paul hatten dank des Bretterpodestes alle die ersten sibirischen Winternächte überlebt.

Die Gefangenen mussten auf dem Bahnsteig antreten und wurden abgezählt. Von den 400 Deutschen zu Beginn der Zugfahrt waren noch knapp 350 übriggeblieben, die nun an eine neue Wachmannschaft übergeben wurden. Der nette Offizier blieb kurz bei Paul stehen und wechselte ein paar Worte mit ihm, bevor er mit seiner Mannschaft abzog.

Das neue Nachtquartier war eine einfache Bergarbeiterunterkunft, ein großer Saal mit Doppelstockpritschen und zwei Öfen, die den Gefangenen eine lange entbehrte Wärme schenkten. Sie entdeckten sogar einen Waschraum, in dem sie nach langer Zeit ihre Körper reinigen konnten. In dieser Nacht brauchten sie sich nicht aneinanderzuschmiegen, jeder schlief, ohne zu frieren, auf seiner eigenen Liege.

Vor dem Einschlafen erzählte Paul seinem Freund, was der russische Offizier zu ihm gesagt hatte. Er solle weiterhin jede Gelegenheit nutzen, mit Russen ins Gespräch zu kommen, seine Landsleute würden es sehr schätzen, wenn jemand ihre Sprache lernte. Und dann hatte er ihm noch anvertraut, wohin der Gefangenentransport gebracht werden sollte: Ziel war die Stadt Jakutsk, tausend Kilometer weiter nördlich an der Lena gelegen. Dorthin gab es noch keine Bahnverbindung, deshalb mussten sie auf Lkw umsteigen.

Am übernächsten Morgen, es war der 1. Oktober 1945, standen die Laster bereit, ausgediente Wehrmachtswagen mit einer Plane über der Ladefläche und Holzbänken rundherum. In der Mitte stand ein Ofen, dessen Rohr durch ein Loch in der Plane ins Freie führte. Im Mannschaftswagen der Wachleute, der Verpflegung mit sich führte, stand sogar ein Herd.

Die Verteilung auf die Lastwagen verlief unproblematisch, weil man die Gruppen, die sich von der Zugfahrt her kannten, zusammenließ. In jedem Wagen kümmerte sich einer um das Feuer im Ofen, die anderen schauten in die sibirische Winterlandschaft oder dösten vor sich hin. Mittags stoppte der Konvoi, um Tee an die Gefangenen auszuschenken und eine Pinkelpause zu ermöglichen, denn eine Toilette war nicht an Bord.

Die erste Tagesetappe führte nach Neryungri, die zweite nach Aldan. Hier gab es die übliche Suppe mit einem Kanten Brot. Geschlafen wurde in großen Schuppen auf Stroh oder Pritschen, ein Ofen wurde die ganze Nacht am Brennen gehalten.

Die dritte Etappe war die längste. Noch vor Sonnenaufgang brachen sie auf und erreichten Jakutsk erst gegen Mitternacht. Todmüde legten sich die Deutschen auf den Boden, ohne sich umzuschauen. Sie wollten nur noch schlafen. Der Raum war geheizt, das war die Hauptsache. Am nächsten Morgen stellten sie fest, dass sie in einer Turnhalle genächtigt hatten. Im Gang saßen zwei Wachmänner und spielten Karten.

Auf dem Weg zur Schulküche wirbelten Schneeflocken um sie herum. Der morgendliche Tee tat ihnen gut, er schmeckte harzig und war gesüßt. Zwei Russinnen standen hinter dem Tresen. Eine schenkte mit einer Kelle den Tee aus einem großen Zinktopf, die andere schnitt von Brotlaiben, die sie vor dem Bauch hielt, die Tagesration für jeden Gefangenen ab. Dabei nahm sie es nicht so genau. Wenn ihr jemand sympathisch war, fiel das Stück auch mal größer aus, so bei Bruno und Paul, die mit einem russischen Gutenmorgengruß für Erheiterung sorgten.

Mit der Brotration verband jeder Gefangene seine eigenen Rituale. Manch einer konnte nicht widerstehen, verzehrte sein Brot schon kurz nach der Ausgabe und musste dann mit dem Hunger leben, der sich im Laufe des Tages zurückmeldete. Bruno und Paul waren disziplinierter, sie verteilten drei Rationen über den ganzen Tag. An einem Glückstag wie heute konnten sie sich beinahe satt essen. Zur Feier des Tages gönnten sie sich am späten Abend einen zweiten Zugriff auf ihren Notproviant. Das letzte Brotstück wurde mit einer dicken Scheibe ostpreußischer Räucherwurst belegt.

Die Lastwagenkolonne wartete neben der Turnhalle, ein untrügliches Zeichen dafür, dass sie immer noch nicht am Ziel waren. Paul fragte die beiden Kartenspieler und erfuhr, dass sie 200 Kilometer weiter nordwärts gebracht würden, zu einem Ort namens Sangar, der nicht über Straßen zu erreichen war und an der Lena lag. Im Sommer wurde er mit Schiffen angefahren, im Winter benutzte man eine Eispiste auf dem zugefrorenen Fluss.

Anfang Oktober war die Eisdecke meistens dick genug, um auf dem Strom gefahrlos ein Stück weit Richtung Mündung fahren zu können. Das Postauto hatte seine wöchentlichen Winterfahrten nach Sangar bereits aufgenommen. Und da der Fahrer sich bestens mit den Tücken der Eispiste auskannte, übernahm er mit seinem Kleinlaster die Führung des Gefangenenkonvois. Auf der glatten, teils schneeverwehten Piste kam die Kolonne nur langsam voran, erreichte aber mit Einbrechen der Dunkelheit die am rechten Flussufer gelegene Kleinstadt.

„Angekommen!", sagte Paul auf Deutsch und wiederholte es halb fragend auf Russisch.

Der Wachposten nickte, sprang von der Ladefläche und ließ die Gefangenen einzeln folgen, indem er sie abzählte. Vier Wachsoldaten begleiteten die Deutschen mit Stirnlampen auf ihren Pelzmützen, wie sie Bergarbeiter benutzen, zum Lager. Schlotternd vor Kälte, folgten die Gefangenen den Wachleuten und erreichten nach einem kleinen Fußmarsch das für sie bestimmte Lager. Es lag zwei Kilometer südöstlich von Sangar in einem Dorf namens Smoroditschny an einem Berghang oberhalb der Lena.

Nach fast fünf Monaten waren sie endlich am Ziel, hatten extreme Hitze und klirrende Kälte überlebt auf endlosen Transporten und waren gestrandet im tiefsten Sibirien. Eine Zeitspanne, die überschattet war von der bis zum Schluss anhaltenden Ungewissheit, wohin es sie verschlagen würde. Obwohl sie nicht wussten, wie die Arbeits- und Lagerbedingungen sein würden, machte sich Erleichterung breit, dass sie nun endlich die Möglichkeit hatten, sich mit den wenigen Sachen, die ihnen geblieben waren, für längere Zeit einzurichten.

12
Sibirien, 1945/46

Erst am nächsten Morgen, bei Helligkeit, konnten die Gefangenen Einzelheiten ihres Lagers erkennen. In der Nacht waren sie von der Wachmannschaft zum Lagerkommandanten gebracht worden, der sie an die neuen Aufseher übergeben hatte. Nach dem Abzählen wurden jeweils 50 Mann auf sieben Hütten verteilt. Alles Weitere sollte am nächsten Tag geregelt werden.

Beim Betreten ihrer Hütte spürten Bruno und Paul sofort, dass ein Ofen in Betrieb sein musste. Diese Wärme kannten sie. Ein Aufseher zündete eine Petroleumlampe an, damit sie ihre Schlafplätze fanden, die aus Holzpritschen bestanden. Es war ihnen augenblicklich klar, dass nicht genügend Betten vorhanden waren, also belegten sie zu zweit ein Bett in der Nähe des Ofens. Sie waren zu müde, um noch irgendetwas zu tun, legten sich einfach in voller Kleidung auf die harte Bretterunterlage, der eine mit dem Kopf am Fußende vom anderen, und so schliefen sie auf der Stelle ein.

Das Lager machte den Eindruck, als sei es ganz neu errichtet. Die runden Baumstämme, aus denen die Blockhäuser gezimmert waren, wirkten frisch gefällt. Bruno erkannte an der Holzfärbung, dass die Hütten noch keinem Winter getrotzt hatten.

„Es sieht ganz so aus, als wären wir die ersten Lagerinsassen", sagte er morgens zu Paul, „und das am Ende der Welt."

Damit lag er richtig. Für den Kommandanten Rylow und sein Lagerpersonal war es die erste Arbeitskolonne, die sie beaufsichtigten. Und weil es noch keine Routine gab, musste sich in den nächsten Wochen vieles erst einspielen.

Das Lager lag oberhalb des Flusses auf einer Waldlichtung. Von hier aus hatte man einen weiten Blick auf das breite Flussbett der Lena.

Das andere Ufer war nicht klar zu erkennen, weil die helle Schneedecke die Konturen verwischte und die andere Seite des Flusses sich als eine weiße Fläche bis zum Horizont im Flachland verlor.

Vom Dorf Smoroditschny, das nur wenige hundert Meter entfernt lag, war nichts zu sehen, der dichte Wald schirmte das Lager nach drei Seiten ab. Die Blockhäuser waren hufeisenförmig in die Lichtung hineingebaut, insgesamt sieben große Gebäude für die Gefangenen. Am Eingang zum Lager, das rundherum mit Stacheldraht abgesichert war, befanden sich drei weitere Hütten. Die mittlere beherbergte die Kommandantur, daneben stand die Hütte für die 20 Wachsoldaten mit angrenzendem Waschraum und auf der anderen Seite die Küche mit angebauter Werkstatt. Hinter jeder Hütte befand sich eine Latrine, ein Bretterverschlag mit einem Sitzbalken über dem Latrinenkübel.

Die ersten beiden Tage waren ausgefüllt mit der Registrierung und Befragung jedes einzelnen Gefangenen. Das zog sich in die Länge. Der Kommandant hatte einen Übersetzer an seiner Seite, der gebrochen Deutsch sprach, und zwei weitere Russen aus Sangar, den Chef vom Steinkohlebergwerk und den Leiter des Säge- und Forstbetriebes. Bei der Befragung ging es darum, die Männer für die passende Arbeit einzuteilen.

Bruno und Paul wurden am zweiten Tag kurz nacheinander in die Kommandantur gebracht. Sie konnten bei der Befragung auf ihre langjährige Erfahrung als Forstarbeiter in Ostpreußen verweisen. Das war ihr Glück, denn so entgingen sie der Bergarbeitertätigkeit unter Tage. Sie wurden für Waldarbeit, Straßenbau und Winterdienst eingeteilt.

Nach der Registrierung erfolgte eine Neuverteilung der Gefangenen auf die Hütten gemäß ihrem Arbeitseinsatz, drei Hütten für die Forstleute und vier für die Bergarbeiter. Jeder Gefangene verließ die Kommandantur mit einer Wolldecke, die für die beheizten Unterkünfte ausreichen musste. Der neuerliche Umzug ging nicht ohne Streit vonstatten. Manch einer wollte unbedingt ein Einzelbett haben, während andere sich ein Bett so nah wie möglich am Ofen ergattern wollten. Bruno und Paul fanden schnell einen guten Platz in der Ecke neben einem der beiden Öfen, weil sie die Entscheidung, zunächst zu zweit in einem Bett zu schlafen, schon getroffen hatten.

Die Wachleute mischten sich bei der Belegung nicht ein, sie erteilten nur knappe Anweisungen, halb auf Russisch, halb auf Deutsch, welche Aufgaben von den einzelnen Hütten erledigt werden mussten. Das Heizen der Öfen stand an erster Stelle. Außerdem war jede Hütte für das Schneeräumen und das Leeren der Kübel in den Latrinen verantwortlich. Alles Weitere würde sich einspielen.

In die Küche gingen sie zweimal am Tag, morgens, um heißen Tee oder Kaffee und die Tagesration Brot zu holen, abends, um das Kochgeschirr mit Suppe oder Eintopf füllen zu lassen. Die Verpflegung war auch in diesem Lager nicht ausreichend. Es mangelte an Fett und Vitaminen. Die beiden Frauen in der Küche gaben sich alle erdenkliche Mühe, aus den Vorräten, die sie für eine Woche bekamen, etwas Schmackhaftes zu kochen. Aber nur mit Kohl, Rüben und Kartoffeln ließ sich wenig Abwechslung in den Speiseplan bringen. Einmal in der Woche fanden sich Fleisch- oder Fischstücke in ihrem Kochgeschirr, ein kleiner Lichtblick in ihrem Hungerdasein.

Die Gefangenen hatten sich noch nicht richtig eingelebt, als ihnen eine weitere Pflicht auferlegt wurde, eine traurige: Ein verstorbener Landsmann musste beerdigt werden. Bei diesem ersten Toten im Lager waren alle an der Entscheidung beteiligt, wie man ihn begraben wollte. Es entstand die Idee eines Soldatenfriedhofs. Nun ging es darum, das Einverständnis des Lagerleiters zu bekommen und den Standort auszuwählen. Paul erhielt die Aufgabe, mit dem Kommandanten zu sprechen. Er beriet sich zunächst mit seinem Freund und bereitete sich mithilfe des Lexikons auf das Gespräch vor.

Als er dem Kommandanten gegenüberstand und in fließendem Russisch zu reden begann, sah er wieder das Erstaunen, das sich plötzlich auf dem Gesicht des anderen zeigte. Ähnliche Reaktionen hatte er in letzter Zeit häufiger beobachtet, wenn er einen Russen in dessen Muttersprache anredete. Heute entdeckte er noch etwas anderes, ein Anflug eines Lächelns umspielte Mund und Augen des Kommandanten. Und tatsächlich amüsierte sich dieser über den jungen Deutschen, wie er da vor ihm stand, ernsthaft und konzentriert, um sein Anliegen in bestem Russisch vorzutragen.

Der Kommandant Grischko Rylow erhob sich von seinem Stuhl und wies ihm den Platz vor dem Schreibtisch an. Als sie sich nun auf Augenhöhe gegenübersaßen, bemerkte Paul als Erstes die tiefblauen Augen, die erwartungsvoll auf ihn gerichtet waren. Das rundliche Gesicht des Kommandanten wirkte sehr gepflegt und wies keine Bartstoppeln auf, wie dies bei den Wachsoldaten üblich war, die dunklen Haare waren akkurat zu einer Frisur mit Mittelscheitel gekämmt.

Im Unterschied zu allen anderen Lagerleitern, die Paul bisher kennengelernt hatte, erschien dieser sehr besonnen und gebildet, und obwohl er eine Uniform trug, wirkte sein ganzes Auftreten wenig militärisch. Für die Aufgabe als Leiter eines Gefangenenlagers erschien er recht jung. Paul schätzte ihn auf unter vierzig und tippte darauf, dass sein Gegenüber zum ersten Mal mit solch einer Aufgabe betraut war. Es wunderte ihn daher nicht, dass sich der Kommandant zunächst abwartend verhielt, als er sein Anliegen vorbrachte.

Paul nahm sich Zeit, den Herzenswunsch der Deutschen nach einem eigenen Friedhof vorzutragen, und erwähnte nebenbei, dass sein Freund Tischler sei und einfache Särge aus Brettern zimmern könnte, falls Material vorhanden sei. Und kleine Holzkreuze mit den Daten der Toten würde er ebenfalls anfertigen. Der Kommandant hörte sich alles in Ruhe an, gab dann zu bedenken, dass im hart gefrorenen Boden des sibirischen Winters ein Ausheben von Grabstätten kaum möglich sei, und erkundigte sich, ob sie sich schon Gedanken darüber gemacht hätten, wie und wo sie die Leichen überwintern wollten. Er entließ Paul mit den Worten, er wolle darüber nachdenken und seine Entscheidung am nächsten Tag bekannt geben.

Die Genehmigung eines eigenen Friedhofs erfolgte am nächsten Tag, begleitet von Anweisungen des Kommandanten, wie die Toten überwintern sollten, bis Gräber ausgehoben werden konnten. Für die Gefangenen war dies ein erster Fingerzeig, dass sie ihr Lagerleben mitgestalten konnten, und so keimte eine erste leise Hoffnung auf.

Man überließ es den einzelnen Hüttenbewohnern, die Vorschläge umzusetzen. Zunächst wurden Freiwillige gesucht, die Schneehöhlen bauen sollten. Hinter den Baracken, ein Stück in den Wald hinein direkt am Stacheldrahtzaun, begannen sie unter Anleitung der sibirischen Wächter, die seit ihrer Kindheit mit dem Bau von Iglus vertraut waren, mit dem Bau der Kältekammern.

Zur provisorischen Beisetzung des ersten Lagertoten fanden sich alle Gefangenen an der Schneehöhle ein. Der Leichnam war in seine Wolldecke eingehüllt und lag vor dem Eingang zur Kältekammer, bereit, in die Schneebehausung geschoben zu werden, um auf dem tiefgefrorenen Waldboden zu überwintern.

Ein älterer Gefangener löste sich aus der Menge und trat neben den Toten, ein Pastor aus dem Rheinland, wie sich herausstellte. Er hielt eine kurze Ansprache und wies auf die besonderen Umstände der Trauerfeier hin. An solch einer Grabkammer aus Schnee und hinter Stacheldraht habe er noch niemals gepredigt.

Nachdem er Namen und Geburtsdaten des Verstorbenen genannt hatte, faltete er die Hände und begann, das Vaterunser zu beten. Alsbald fielen die Kameraden ein, mit dumpfem Gemurmel, das vom verschneiten Wald verschluckt wurde. „… unser täglich Brot gib uns heute …" bekam in diesem Augenblick eine herausragende Bedeutung. Es ging ums Überleben.

Bruno und Paul versuchten, sich in ihrer Barackenecke, so gut es ging, einzurichten. Bruno hatte bereits aus Holzstücken, die er bei der

Werkstatt gefunden hatte, kleine Ablagen und Haken für ihre Sachen gebaut, die er an der Wand befestigen konnte. So gewannen sie mehr Platz in ihrer Schlafecke.

Wenn der Hunger sie zu quälen begann, berieten sie, ob sie auf ihren Notproviant zurückgreifen sollten. Sie warteten dann, bis die letzte Petroleumlampe erloschen war und die Kameraden schliefen.

Ihr Festmahl bestand meist nur aus winzigen Portionen wie in einem Fünf-Sterne-Restaurant. Als Nachtisch gönnten sie sich eine einzige Trockenfrucht, die lange wie ein Bonbon im Mund hin und her geschoben wurde. Auch wenn die Leckereien den ständigen Hunger nicht besiegen konnten, so halfen sie ihnen, ihn für kurze Zeit zu vergessen, indem sie sich auf den Geschmack der ostpreußischen Delikatessen konzentrierten, die sie in ihre Kindertage zurückführten, zu den Kuckerneeser Familien, insbesondere in die Küche von Großmutter Schlokat, die für den Notproviant gesorgt hatte.

„Weißt du noch, was du im Zug gesagt hast, als wir das erste Stück Speckschwarte gekaut haben?", fragte Paul seinen Freund.

„Klar, wir werden noch quieken wie Schweine. Und das ist immer noch besser, als zu verhungern."

„Aber wir müssen aufpassen, dass wir mit unseren Vorräten über den ersten Winter kommen. Satt essen können wir uns nicht leisten. Wer weiß, wie es mit dem Hunger wird, wenn wir erst anfangen zu arbeiten."

Das Warten auf den Arbeitseinsatz bereitete den Gefangenen große Sorgen, am meisten fürchteten sie die sibirische Kälte, die jetzt, Mitte Oktober, noch erträglich war. Viele Kameraden hatten für diese Breitengrade völlig unzureichende Kleidung. Bruno und Paul gehörten zu den wenigen, die warme Kleidung bei sich hatten. Mit ihren ostpreußischen Wintersachen konnten sie sich einigermaßen gegen die extremen Temperaturen schützen. Beim Essenholen spürten sie die eisige Kälte nur im Gesicht, beim Gang zur Latrine noch zusätzlich am Po.

Dem Lagerkommandanten war die ungeeignete Bekleidung der Deutschen nicht verborgen geblieben. Er hatte bereits warme Arbeitskleidung bestellt, die mit dem nächsten Postlaster aus Jakutsk geliefert werden sollte. So lange wollte er den Arbeitseinsatz der Gefangenen aufschieben.

Zeitgleich mit dem Eintreffen des Postautos setzten die ersten heftigen Schneefälle ein. Zwei überdachte Schlitten brachten die Arbeitskleidung zur Kommandantur, die kurzfristig zur Kleiderkammer umfunktioniert wurde. Die Verteilung erfolgte barackenweise, wobei keine Sortierung nach Größen zu erkennen war. Es gab sowieso nicht viel zu probieren, Hauptsache, man passte hinein. Viele Gefangene waren inzwischen so abgemagert, dass die meisten Kleidungsstücke zu weit waren. Da musste der Gürtel eben enger geschnallt werden.

Paul war erstaunt, was der Kommandant alles bestellt hatte, Winterkleidung von Kopf bis Fuß, da fehlte nichts. Viele gebrauchte Sachen befanden sich darunter, vermutlich aus Armeebeständen. Paul erkannte die Wehrmachtskleidung wieder, welche die russischen Soldaten bei der Besetzung Sköpens getragen hatten. Graue Jacken und Hosen aus Filz, die bis zu den Knien in langen Schaftstiefeln steckten. Die Filzmützen hatten einen doppelten Rand, der über die Ohren heruntergeklappt werden konnte. Nur Unterwäsche und Strümpfe sahen neu aus. Bruno und Paul freuten sich über einen weiteren Satz Kleidungsstücke, besonders deswegen, weil sie nun mehr Möglichkeiten zum Wechseln hatten und die schmutzigen Sachen auch mal säubern konnten, was im Winter allerdings recht schwierig war.

Unter ihren ostpreußischen Sachen befand sich ein Teil, das die ganze Zeit zuunterst im Rucksack gelegen hatte. Erst mit dem Wintereinbruch in Sibirien hatten sie es hervorgezogen, einen Einteiler aus Angorawolle, lange Unterhose und langärmliges Hemd in einem Stück, so gut wie unbenutzt. Denn beide fanden diese Unterwäsche übertrieben für die Wintertage in Ostpreußen, das war nur etwas für alte Leute. Als die Kälte am Baikalsee im zugigen Personenwagen über sie hergefallen war, hatten sie ihre Eitelkeit überwunden und die warmen Einteiler angezogen.

Paul erinnerte sich, was Bruno am nächsten Morgen zu ihm gesagt hatte.

„Mit dem Einteiler siehst du aus wie ein Clown. Ich wüsste zu gerne, was Mila dazu sagen würde, wenn sie dich in deiner ausgefallenen Unterwäsche sehen könnte."

„Na, sie würde bestimmt lachen und mich mit einem russischen Schimpfwort necken. Wie kommst du auf Mila? Ich habe lange nicht an sie gedacht."

„Als du dein Hemd zugeknöpft hast, ist mir aufgefallen, dass ein Knopf bunt ist. Wahrscheinlich war gerade kein Wäscheknopf in Reichweite, als er ersetzt werden musste. Ich wurde sofort an Mila erinnert, sie hätte absichtlich einen bunten Knopf eingefügt. Du weißt ja, wie eigenwillig sie sich gekleidet hat."

„Ja, da war sie besonders", sagte Paul nachdenklich. „Ich vermisse sie sehr."

Es war nicht Brunos Absicht gewesen, Paul traurig zu machen. Er überlegte, wie er seinen Freund wieder aufheitern könnte, und fand schnell die passenden Worte.

„Weißt du, Paul, mit unseren Einteilern werden wir keine Frau erobern können, weder du noch ich. Aber das ist mir jetzt egal, weil diese blöden Dinger mich heute Nacht einfach wunderbar gewärmt haben."

Paul konnte sich das Lachen nicht verkneifen und war Bruno dankbar für seinen unbesiegbaren Optimismus.

„Ja, die blöden Dinger sind besser, als ich gedacht habe. Ich glaub, die werden wir noch häufiger tragen im sibirischen Winter. Ich bin froh, dass meine Mutter sie in den Rucksack gepackt hat."

Nachdem die Gefangenen ihre Winterkleidung erhalten hatten, begann am nächsten Morgen der Arbeitseinsatz. Zunächst mussten die drei Baracken der Waldarbeiter antreten, um die Wege im Lager von den Neuschneemassen freizuräumen. Alles, was an Schaufeln und Schneeschiebern vorhanden war, kam zum Einsatz. Den Weg von Sangar bis zum Lager hatte bereits ein Schneepflug geräumt.

Endlich kam das Zeichen zum Aufbruch. Alle Gefangenen mussten antreten, es wurde durchgezählt, und dann begann der Abmarsch, barackenweise in Begleitung zweier Wächter, vorbei an der Kommandantur, durchs Eingangstor, das wegen der Schneemassen nur halb geöffnet war, und auf dem schmal geräumten Weg am Waldrand entlang.

Als sie den Wald hinter sich gelassen hatten, blickten sie auf die verschneiten Häuser von Sangar, die sich am Lenaufer entlangzogen. Rechter Hand, unmittelbar vor ihnen hügelaufwärts, lag das Dorf Smoroditschny. Durch den dichten Baumbestand wurde es zum Lager hin abgeschirmt. Der Weg mündete in die Dorfstraße, die bereits vom Schneepflug gründlich geräumt war. An beiden Seiten türmten sich die Schneeberge, hinter denen sich niedrige Holzhäuser versteckten. Die Dorfbewohner ließen sich nicht blicken, die wenigen, die vor ihrer Haustür beim Schneeschieben waren, verschwanden in den Häusern, als die Gefangenentrupps sich näherten. Eine Begegnung wollten sie vermeiden.

Am Ortsausgang trennten sich die Wege. Die Bergarbeiter bogen nach rechts, während die Waldarbeiter weiter auf Sangar zu marschierten, am Sägewerk vorbei hinein ins Waldgebiet. Sie wurden schon erwartet. Drei Forstarbeiter standen an einem Lkw, auf dem Holzfällerwerkzeuge lagen. Es erfolgte eine erste Aufgabenverteilung. Wer sich mit Sägen und Äxten auskannte, so wie Bruno und

Paul, wurde zum Holzfällen eingesetzt, die anderen sollten die Stämme aus dem Wald tragen.

Kaum hatte die Arbeit begonnen, zeigte sich, in welch schlechter Verfassung die Gefangenen waren. Der lange, entbehrungsreiche Transport bis ins Lager hatte ihre Kräfte weitgehend aufgezehrt. Nun kam die unerbittliche Kälte hinzu, die den Kampf ums Überleben noch schwerer machte.

Schon nach wenigen Tagen brachen etliche Gefangene entkräftet zusammen, einige starben sogar im Wald oder im Bergwerk und mussten von Kameraden auf Tragen ins Lager gebracht werden. Dort füllten sich die Schneehöhlen mit Toten, und in den Baracken häufte sich die Zahl der sterbenskranken Kameraden, die zu schwach waren, um morgens aufzustehen.

Der Kommandant erkannte die kritische Lage und holte sowohl den Leiter des Wachpersonals als auch Paul zu sich. Er wirkte ernst und begrüßte Paul respektvoll. Ihm war sehr daran gelegen, dessen Einschätzung der körperlichen Verfassung der Gefangenen zu hören, bevor er irgendwelche Maßnahmen ergreifen wollte. Paul gab zu bedenken, dass viele Gefangene vom langen Transport über Tausende von Kilometern noch derart geschwächt seien, dass die schwere körperliche Arbeit nun noch die letzten Kraftreserven aufzehren würde. Am schlimmsten sei der Durchfall, den man irgendwie bekämpfen müsse. Der Wachmann lobte die gute Arbeitsmoral der Deutschen, die allerdings durch Schwächeanfälle während der Arbeitszeit erheblich gestört würde.

Die Besprechung in der Kommandantur dauerte nicht lange und zeigte Wirkung. Schon am nächsten Morgen kam ein Arzt aus Sangar ins Lager, der zunächst die Schwächsten der Gefangenen untersuchte. Im Laufe des Tages verschaffte er sich in allen Baracken einen Überblick über den Gesundheitszustand der Lagerinsassen. Die ganze Prozedur endete mit einer Einteilung in drei Gruppen, die „voll Arbeitstauglichen", die „bedingt Arbeitsfähigen" und die „zur

Genesung von der Arbeit Befreiten". Außerdem machte er einen Deutschen zu seinem Assistenten, der sich bei seinem Rundgang als Sanitäter zu erkennen gegeben hatte. Von nun an kam der Arzt einmal in der Woche ins Lager, kümmerte sich um neue Krankheitsfälle, überprüfte die Einteilung der Vorwoche und ergänzte den Medikamentenkoffer, den er dem Sanitäter bei seinem ersten Besuch überreicht hatte.

Das Lagerleben hatte sich nach zwei Monaten eingespielt. Bruno und Paul gehörten zur Gruppe der voll arbeitsfähigen Gefangenen und arbeiteten im Wald, eine Tätigkeit, mit der sie seit Kindertagen vertraut waren. Dank der Angoraeinteiler war ihr Körper gut gegen die Kälte gewappnet. Die Gesichter schützten sie mit einer dicken Schicht Rentiersalbe, die sie von den Wachmännern bekommen hatten.

Bei Tagesanbruch erfolgte der Marsch in den Wald, am frühen Nachmittag, bei Sonnenuntergang, ging es zurück ins Lager. Die Tage wurden immer kürzer. In den Baracken war die Stimmung bei der Rückkehr düster. Die Invaliden jammerten oder schimpften, hielten Selbstgespräche. Es ging nur noch ums Essen. Es war wie ein einziges langes, hungerndes Warten bis zur nächsten Essenausgabe.

Anfangs hatte Paul das Wehklagen an sich herangelassen, die wirren Reden gehört, auch mal geantwortet. Inzwischen war er abgestumpft. Zum Überleben musste er ganz bei sich bleiben, das Leid der anderen hatte für ihn seine Bedeutung verloren. Auch an die vielen Toten hatte er sich gewöhnen müssen. Es starb sich leicht im Lager. Aber Paul wollte leben. Die Mitgefangenen in der Baracke blendete er aus. Alle außer Bruno waren wie durch eine Nebelwand von ihm getrennt.

Paul merkte, wie sein Geist verkümmerte. Er vermisste stärker als jemals zuvor eine Tätigkeit, bei der er kreativ sein konnte. Er spürte, dass sein Überleben davon abhing. Ob es Bruno ähnlich erging?

An einem Sonntag im Dezember, als ein langer Ruhetag des Nichtstuns vor ihnen lag, wandte er sich an seinen Freund.

„Was würdest du gerne machen hier im Lager?"

„Na, das kannst du dir doch denken. Ich würde gerne etwas aus Holz bauen. Und was ist mit dir?"

„Auch klar, ich möchte schreiben. Dazu fehlen mir nur Papier, ein Stift und ein Tisch."

Nachdem die Wünsche ausgesprochen waren, ließen sie sich nicht mehr aufhalten. Sie schwebten über ihrer Lagerstatt wie kleine Wolken, die ins Freie drängten. Nichts hielt sie mehr in der Baracke, sie stürmten in die Kommandantur. Zu zweit saßen sie dem Kommandanten gegenüber, der ihnen wohlwollend zuhörte. Als sie hinaustraten auf die Schneelichtung, Paul mit einem Stapel Papier unterm Arm und Bruno mit der Erlaubnis, die Werkstatt zu nutzen, fühlten sie, wie ein Stück Freiheit in ihr Leben zurückkehrte.

Weihnachten 1945. Der Heiligabend fiel auf einen Montag, also wurde tagsüber noch gearbeitet. Am Abend bemühten sich die Gefangenen, etwas von der deutschen Weihnacht in die Baracken zu zaubern. Bruno hatte eine Tanne gefällt und in einem Holzkreuz verankert. Paul besorgte sich rechtzeitig vorm Fest Hobelspäne vom Sägewerk und bastelte heimlich Sterne und Engel. Das war sein Weihnachtsgeschenk für Bruno, der die Tanne damit zu einem richtigen Christbaum schmückte. In der Mitte der Baracken wurden die Betten zur Seite geschoben, um Platz für den Weihnachtsbaum zu schaffen. Die Petroleumlampen nahmen sie von der Wand, um den Baum anzuleuchten, und rückten zusammen.

Ein Hauch von Weihnacht zog in die Baracke ein. An diesem besonderen Abend teilten sie alle das gleiche Schicksal. Weihnachten, das Fest der Familie, und ihre Familien waren unendlich weit entfernt. Hier warteten sie vergeblich auf einen Weihnachtsmann.

Ein kleines Weihnachtswunder erlebten sie dennoch. Plötzlich stand der Kölner Pastor mit seiner Bibel in der Barackentür und verlas die Weihnachtsgeschichte aus dem Lukasevangelium. Da wurde es still in der Hütte, alle Gedanken waren auf dem Weg in die Heimat. Angestimmt vom Pastor, sangen sie das Lied „Stille Nacht", und damit war die Feierstunde beendet.

Bruno begleitete den Pastor nach draußen, nicht ohne Grund. Kurz darauf kam er mit einem Geschenk für Paul zurück. Er hatte in der Werkstatt heimlich einen Holztisch gebaut, quadratisch, mit Platz für vier Personen. Den stellte er in ihre Ecke neben das Bett.

„Fröhliche Weihnachten!", sagte er nur. „Nun kannst du anfangen zu schreiben."

Paul war sprachlos. Er hatte nicht gewusst, was Bruno heimlich in der Werkstatt machte, und nun dieses Geschenk. Er umarmte Bruno, und während er ihn ganz fest an sich drückte, fand er seine Stimme wieder.

„Fröhliche Weihnachten, Bruno! Was für ein geniales Geschenk!"

Bruno grinste, weil ihm plötzlich etwas eingefallen war.

„Es gibt nur ein Problem, Paul. Wie willst du das Geschenk nach Hause transportieren?"

Die ganze Baracke brach in Gelächter aus. Paul war sich hinterher nicht sicher, ob die Mitgefangenen herausgehört hatten, was Bruno eigentlich gemeint hatte: „Wir werden in die Heimat zurückkehren, irgendwann." Daran würde er niemals zweifeln.

Am ersten Weihnachtstag durften die Gefangenen im Lager bleiben. Bruno und Paul wollten den Tag für ihre ganz spezielle Feier nutzen, Notproviant war noch vorhanden. Unbemerkt stopften sie ein paar Rauchwaren in ihre Jackentaschen und zogen sich unter einem Vorwand in die Werkstatt zurück. Bruno hatte jederzeit Zugang, er musste nur in der Wachbaracke Bescheid sagen. Sie setzten sich an die Hobelbank, kramten mehrere Brote hervor, extra aufgespart für dieses Festessen, und belegten sie mit Speck oder Wurst. Was für ein Festessen!

„Wenn unsere Familien das sehen könnten. Weihnachten mit ostpreußischem Notproviant!", sagte Bruno.

„Und erinnerst du dich, wie wir gelacht haben, als Groma uns all diese Sachen mitgeben wollte?", fragte Paul seinen Freund. „Jetzt ist die richtige Zeit, einen Gruß nach Hause zu schicken."

„Frohe Weihnachten euch allen zu Hause", sagten sie im Chor.

Paul blickte sich in der Werkstatt um, in der Bruno längst heimisch war. Es lagen noch etliche Bretter und Leisten herum, auch Werkzeug schien ausreichend vorhanden zu sein.

Ein Wachmann kam herein, um nach den Jungen zu sehen. Ihm war nicht verborgen geblieben, was Bruno vor Weihnachten gezimmert hatte. Nun konnte er ihnen sagen, was er davon hielt. Er lobte Brunos Arbeit und fragte dann nach, ob dieser auch für die Baracke der Wachleute zwei solcher Tische bauen könne. Paul übersetzte für seinen Freund und sah, wie stolz dieser auf die Anfrage des Russen reagierte. Und natürlich wollte er bauen.

Nach Weihnachten holte der Kommandant sie zu sich, um sie an drei Tagen in der Woche für die Werkstatt einzuteilen, jeweils von Freitag bis Sonntag. Die restlichen Tage sollten sie weiterhin zum Holzfällen. Er ließ durchblicken, dass er ihnen keine zu große Sonderstellung einräumen wollte. Das gefiel den beiden Freunden. Bruno stürzte sich mit Eifer aufs Tischlern, Paul half ihm, so gut er konnte, und betätigte sich als Dolmetscher, wenn es um Materialnachschub ging oder um die Erlaubnis, weitere Tische zu bauen.

Ende März, Frühlingsanfang. Die Tage wurden deutlich länger, und die Sonne wärmte schon ein wenig. Noch aber hatte der Winter Sibirien fest im Griff. In den Kältemonaten Anfang des Jahres waren weitere Kameraden gestorben. An manchen Tagen sank die Temperatur unter 40 Grad. Dann wurde nicht gearbeitet. Einen Schneesturm hatten sie auch überstanden, das war eine neue Erfahrung. Sie hatten sich um die Öfen geschart, als der Sturm die eisige Kälte zwischen den Balken hindurch in die Baracke blies. Im Sommer würde man die Ritzen mit Moos verstopfen müssen, auch wegen der Mücken.

Jede Baracke war inzwischen mit zwei Tischen ausgerüstet, und wegen der über 100 Leichen in den Schneekammern hatte sich das Bettenproblem entspannt. Auf Bruno wartete nun eine weitere Aufgabe. Es war höchste Zeit, mit dem Bau von Särgen zu beginnen, damit die Toten bei einsetzendem Tauwetter beerdigt werden konnten. Weitere Gefangene mit handwerklichem Geschick wurden ihm zur Seite gestellt, um die einfachen Holzkisten zu zimmern. Einer der Helfer hatte in Deutschland als Steinmetz gearbeitet, er kümmerte sich um die Beschriftung der Grabkreuze. Bruno bewunderte die akkuraten Buchstaben und Zahlen, die er in schwarzer Farbe ohne Schablonen auf die Bretter malte, oben den Namen, darunter Geburts- und Todesdaten.

Paul pendelte in diesen Tagen zwischen Werkstatt, Kommandantur und Sägewerk hin und her, um für den Materialnachschub zu sorgen. Da er nun täglich mit Russen zu tun hatte, verbesserten sich seine russischen Sprachkenntnisse deutlich. Viele Redewendungen hatte er übernommen. Das half ihm, sich fließend auf Russisch zu unterhalten. Er brauchte sich auf Gespräche mit dem Lagerleiter nicht mehr vorzubereiten. Wenn ihm mal ein Wort fehlte, konnte er es umschreiben und später in seinem Lexikon nachschlagen. „Danke, Gropa", sagte er dann leise zu sich selbst, „danke für dein Buch, das mich am Leben hält."

Der Kommandant hatte inzwischen eine Fläche für den Friedhof der Deutschen ausgewählt. Unterhalb des Lagers auf der anderen Seite des Weges lag ein freies, sanft abfallendes Gelände, das hoch über der Lena in einer steilen Böschung endete. Der am Eingang postierte Wachposten konnte den Friedhofsbereich einsehen und damit leicht beaufsichtigen. Dadurch wurde eine Einzäunung überflüssig.

Mitte April wurde es spürbar wärmer, der Schnee begann zu schmelzen. Es wurde Zeit, die Toten aus den Iglus zu holen und in die

Grabkisten zu legen. Hinter der Werkstatt stapelten sich die einfachen Särge, auf jedem lag das zugehörige Holzkreuz. Alles war bereit für die Beisetzung.

Die Schneeschmelze verwandelte das Lager in eine einzige Schlammwüste, überall flossen Rinnsale bergab. Für die meisten Gefangenen war das eine ganz neue Erfahrung. Bruno und Paul kannten solchen Morast aus den Wintern in der Elchniederung, und die Russen wussten sich zu helfen. Sie legten Tannenzweige auf die Wege, damit die Stiefel nicht im sumpfigen Boden stecken blieben.

Die Arbeiten am Friedhof mussten nun zügig vorangehen. Die drei Baracken der Waldarbeiter wurden für das Ausheben der Gräber eingeteilt, während die anderen wie gewohnt im Bergwerk arbeiteten. Alles, was an Geräten brauchbar war, kam zum Einsatz. Die obere Schicht der Gruben ließ sich mit Spaten und Schaufeln ausheben, dann stieß man auf gefrorenen Boden, der mit Spitzhacken bearbeitet werden musste, bis man auf Permafrostboden stieß, der undurchdringlich war. Bruno war froh, dass er die Kisten sehr flach gebaut hatte. Etwas höher, und sie hätten aus der Grube herausgeragt. So konnten sie den Sarg noch mit Tannenzweigen abdecken und die Resterde zu einem Grabhügel aufschichten, in dem das Grabkreuz Halt fand.

Am Sonntag wurde der Friedhof feierlich eingeweiht. Die Gräber waren barackenweise angeordnet und nahmen bereits einen großen Teil des Geländes ein. Mehr als hundert Kreuze ragten aus dem Boden, die Schriftseite nach Westen ausgerichtet, in die Heimat, wo es Familien gab, die auf ein Lebenszeichen warteten und nichts vom Tod des Angehörigen wussten.

Der Kommandant und die Wachleute waren zur Eröffnung gekommen, wo zunächst der Pastor eine kurze Andacht hielt und der Toten gedachte. Anschließend bedankte er sich beim Kommandanten für die Unterstützung bei der Umsetzung dieses Projektes.

Paul übersetzte die Dankesworte für die Russen und anschließend auch die Ansprache des Kommandanten ins Deutsche. Der Lagerleiter bedauerte in seiner kurzen Rede den Tod so vieler Gefangener im ersten sibirischen Winter und hoffte, dass die Zahl der Gräber nicht weiter ansteigen würde. Er lobte die gelungene Friedhofsanlage und die Arbeiter aus der Werkstatt, die all dies mit einfachen Mitteln geschaffen hatten.

13

Sibirien, 1946/47, Lenya

Ende April, die Winterdecke war fortgezogen. Häuser, Bäume und Grabkreuze ragten aus einem braunen, schlammigen Boden, der die Sonnenstrahlen in sich aufsog. Plötzlich waren Farben in der Landschaft und Konturen. Nur auf dem Eis lag noch die Winterschicht, eine langsam tauende, glänzende Schneedecke.

Im Lager herrschte Frühlingsstimmung, Kälte und Dunkelheit waren endlich besiegt, die toten Kameraden beerdigt, und nun wärmte die Sonne die ausgemergelten Körper bis in die letzten Fasern.

Am Morgen seines 20. Geburtstags wurde Paul von Bruno geweckt.

„Hörst du das Geburtstagsständchen, das dort draußen für dich gespielt wird? Musik von der Lena."

Heute wurden die Vogellaute übertönt. Ein Knacken, Bersten und Rumpeln drang bis in die Baracken, gedämpft noch, es kam vom Unterlauf aus Richtung Jakutsk. Der Fluss spielte seine Frühlingsouvertüre, die unaufhaltsam heranrollte und im Laufe des Tages zu einem gewaltigen Donnergetöse anschwellen sollte.

Das Eis war gebrochen, der Winter vorbei. Alle drängten hinaus ins Freie, wollten das Schauspiel miterleben. Die Wachleute standen vor ihrer Baracke, singend und lachend. Wodkaflaschen machten die Runde. Wenn das Eis brach, wurde gefeiert. Die Arbeit fiel aus.

Bruno und Paul nutzten den freien Tag, um die Umgebung des Lagers zu erkunden. Der Wachposten am Eingang winkte sie durch. Es herrschte ordentlich Betrieb. Viele Gefangene besuchten den Friedhof und versammelten sich an der Steilküste über dem Fluss, der zunehmend in Bewegung geriet, eine Lawine aus Wasser und Eis, die sich flussabwärts wälzte.

Die beiden Freunde wandten sich nach links, am Drahtzaun entlang bis zum Ende des Weges. Friedhof und Lager hatten sie hinter sich gelassen. So weit waren sie noch nie gekommen. Linker Hand zog sich der Wald den Berg hinauf, rechter Hand und vor ihnen lag der Fluss, der hier eine Linkskurve beschrieb. Nur einzelne Lärchen verloren sich auf der Fläche oberhalb der Steilküste, die von Lehm und Geröll bedeckt war.

Das Brechen des Packeises war hier noch deutlicher zu hören. Darunter mischte sich nun ein anderes Geräusch, ein Rauschen, das ganz nahe klang. Sie gingen am Wald entlang, bis es nicht weiterging. Ein Bergbach versperrte ihnen den Weg, der durch die Schneeschmelze zu einem tosenden, schmutzigen Wasserlauf angeschwollen war. Unpassierbar. Auf den letzten Metern bis zur Mündung in die Lena hatte der Bach über die Jahrhunderte eine tiefe Schlucht ausgewaschen. Sie blickten auf eine steil aufragende Wand aus Sandstein, die auf der anderen Bachseite in der Mittagssonne gelblich rot leuchtete, ein wunderbarer Kontrast zum Weiß der Schneefläche über dem brechenden Eis, die bis zum Horizont reichte.

Paul war vom ersten Moment an beeindruckt von diesem Ort. Obwohl er zunächst nicht genau wusste, was ihn so faszinierte, fühlte er sich sofort heimisch. Zunächst war es nur ein Gefühl, später würde er erklären können, was diesen Ort so magisch machte. Es waren der Bach, der im Sommer plätschernd vom Berg floss, der schattenspendende Kiefernwald, der Felsen, der von Mai bis August belebt war, und die träge dahinfließende Lena, deren Wasserfläche im Westen mit dem Himmel zu einer Linie verschmolz, selbst bei Niedrigwasser, wenn die Sandbänke wie kleine Inseln aus dem Fluss ragten.

Sie hatten sich unbeaufsichtigt ziemlich weit vom Lager entfernt und wollten nun eilig in den Lagerbereich zurückkehren, der vom Wachmann eingesehen werden konnte. Hier gesellten sie sich zu den anderen Gefangenen, die am Steilufer standen und den Fluss beobachteten. Über die Eisdecke zogen sich bereits unzählige Risse. Riesige

Eisschollen setzten sich träge in Bewegung. Von weiter oberhalb, wo das Packeis bereits auseinandergebrochen war, kamen kleinere Schollen geschwommen, die sich aufs Eis schoben. An der Flussbiegung vor Sangar, rasierten sie das Ufer und schoben sich zu Eisbarrieren übereinander. Es war ein Naturschauspiel von ungebändigter Kraft, das von donnerndem Getöse begleitet wurde.

Am Abend dieses denkwürdigen Geburtstags lud Paul seinen Freund zum Festessen in die Werkstatt ein, wo sie sich über die letzten Reste des Notproviants hermachten. Er teilte das letzte Stück Räucherspeck in zwei Teile. Eines reichte er Bruno. Als sie darauf kauten, mussten beide an die Nacht im Güterwaggon am Anfang ihrer Odyssee ins Straflager denken, mit der heimischen Speckschwarte im Mund. Sie staunten, dass die Räucherware sich so lange gehalten hatte.

„Mit diesen Leckerbissen sind wir doch ganz gut über den ersten Winter gekommen", sagte Paul.

„Und ganz ohne Quieken", lachte Bruno. „Auf den Sommer!"

Der Sommer kam mit aller Macht. Wenn sie morgens zur Arbeit marschierten, stand die Maisonne schon wärmend am Himmel, und beim Holzfällen kamen sie jetzt mächtig ins Schwitzen. Innerhalb weniger Tage war der schneefeuchte Boden explodiert, Gräser, Kräuter und Blumen schossen in die Höhe, so als wüssten die Pflanzen, dass der Sommer kurz sein würde.

Im Lager begann der Frühjahrsputz. Die Wintersachen wurden gewaschen, die Baracken ausgefegt und gewischt. Wasser war jetzt genug vorhanden. Es wurde in oberirdischen Leitungen vom Bergbach ins Lager geleitet. Im Waschraum herrschte nun reger Betrieb. Viele nutzten die Gelegenheit, den Winterdreck gründlich mit Seife abzuschrubben.

Bruno bastelte in jeder freien Minute, er baute Sitzhocker. Bisher hatten sie auf Baumklötzen gesessen, und das wollte er ändern. Paul nutzte die hellen Abende häufig zum Schreiben. Das kyrillische

Alphabet beherrschte er inzwischen. Wenn er eine Geschichte in Deutsch verfasst hatte, übersetzte er sie anschließend ins Russische.

Während Bruno in der Werkstatt weilte, konnte Paul es kaum erwarten, erneut zum Bergbach zu gehen. Der Wachmann hatte kein Problem damit, wenn Paul für gewisse Zeit nicht zu sehen war. Durch die Öffnung des Lagers zum Friedhof hin wurde die Bewachung mittlerweile wesentlich lockerer gehandhabt, zumal es bisher noch keine Fluchtversuche gegeben hatte.

Paul erkundete den Bach, der nun sein Sommergesicht zeigte. Klares Bergwasser aus einer Quelle oben am Berg, zu der er gerne gewandert wäre. Aus dem Wald kommend, floss der Bach sanft plätschernd über Felsbrocken, hüpfte spielerisch über flache Stufen oder sammelte sich in kleinen Becken, ehe er weiterfloss. Zur Lena hinunter rauschte der Bach dann mit rascher Strömung durch die Schlucht. Paul liebte das Spiel des fließenden Wassers und setzte sich unter eine Kiefer, von wo aus er dem Bach zuschauen konnte. Es gab kaum Geräusche außer dem monotonen Plätschern und Murmeln des Wassers, vereinzelt auch schon Vogelstimmen.

Paul schaute zum Fluss, der nach der Schneeschmelze in sein ursprüngliches Bett zurückgekehrt war. Er floss träge dahin, das Wasser lehmig braun gefärbt, eine unendliche Wasserwelt mit kleinen Inseln, die den Strom an dieser Stelle wie einen riesigen Binnensee aussehen ließen.

Als seine Augen zum Ufer zurückkehrten, an die Stelle, wo der Bach in die Lena mündete, bemerkte er eine Bewegung in der Luft. Im nächsten Moment entdeckte er die Flugkünstler. Sie pendelten zwischen Felswand und Fluss. Er beobachtete, wie sie die Wand anflogen, um kurz darin einzutauchen. Fasziniert schaute er genauer auf die Sandsteinfläche, und nun sah er sie, die winzigen Risse und Löcher, in denen die Vögel verschwanden. Sie waren ihm nicht aufgefallen, als er mit Bruno vor wenigen Tagen hier gestanden hatte, vielleicht weil die Vögel an dem Tag noch nicht eingetroffen waren.

Mauersegler. Hunderte, die im Sandsteinfelsen eine Kolonie bevölkerten, wo sie während der Sommermonate ihren Nachwuchs aufziehen wollten. Es war ein magischer Augenblick für Paul. Solche Schwärme hatte er noch nie gesehen. In Ostpreußen waren ihm nur einzelne Paare begegnet, die in Mauernischen oder unter Dachvorsprüngen nisteten. Er wunderte sich, so hoch im Norden Mauersegler anzutreffen. Vermutlich hatten sie diese Stelle gewählt, weil sie hier ein Futterparadies vorfanden. Der lange Vogelzug zwischen Südafrika und Sibirien über fast 10.000 Kilometer war für die eleganten Flieger kein Problem, das wusste Paul. Diese Vögel waren für ihn die Meister der Lüfte, sie konnten monatelang in der Luft bleiben, im Fliegen Nahrung aufnehmen und sogar schlafen.

Zugvögel liebte Paul seit seinen Kindertagen. In Ostpreußen waren es die Störche, die ihn glücklich machten, wenn sie im Frühling in Scharen ins Memelland zurückkehrten. Er sah ihnen gerne beim Fliegen zu, es sah so leicht aus, wie sie über die Wiesen segelten. Manchmal wünschte er sich, selbst fliegen zu können. Im Spätsommer suchte er die Sammelstelle der Störche auf, um ihren Abflug ins Winterquartier ja nicht zu verpassen. Es war ein unglaubliches Spektakel, wenn sie aufflogen und schnell wie auf ein geheimes Kommando die ideale Flugformation einnahmen, die Paul an eine Pfeilspitze erinnerte. Er fragte sich, ob Zugvögel die Leichtigkeit des Fliegens spürten und ob sie ein Gefühl von Freiheit empfanden.

Hier nun Mauersegler, ein Glücksfall für Paul. Er wusste sofort, dass ihn der Bachlauf mit dem nahe gelegenen Vogelfelsen in Zukunft nicht mehr loslassen würde, ein verwunschener Platz, an dem er ein Stück Freiheit zurückgewinnen konnte. Als er ging, warf er einen letzten Blick auf die Felswand, die ununterbrochen angeflogen wurde. Hier oben im kurzen Sommer musste es schnell gehen mit der Brut und der Aufzucht der Jungen.

Zurück im Lager, hatte er nichts Eiligeres zu tun, als Bruno in der Werkstatt aufzusuchen und von seiner Entdeckung zu berichten. Als er so vor seinem Freund stand, und es aus ihm heraussprudelte, und Bruno die kindliche Freude in seinem Gesicht bemerkte, fühlte er sich mit einem Mal viel erwachsener als sein gleichaltriger Freund. Er griff nach einem fertigen Hocker und reichte ihn Paul.

„Schau mal, was ich für dich gebaut habe. Diesen Hocker kannst du zu deinem neuen Platz mitnehmen. Wie findest du ihn?"

„Du bist ein Künstler, Bruno. Was du aus den Holzresten zauberst, ist phänomenal. Danke. Vielleicht benutze ich ihn auch als kleinen Tisch, wenn ich am Bach sitze und schreibe."

Die Waldarbeit im Mai gefiel den Gefangenen wesentlich besser als im Winter. Sonne und Wärme taten allen gut. Wenn sie die Dorfstraße entlangmarschierten, trafen sie auf Russen, meistens Frauen, die sich im Freien vor ihren Häusern zu schaffen machten und nicht mehr nach drinnen auswichen wie in der ersten Zeit. Die Einwohner hatten sich inzwischen an die Gefangenen gewöhnt, die täglich zweimal vorbeikamen.

Von den Bergarbeitern wurden die Waldleute beneidet, denn „Unter Tage" spürten sie das schöne Wetter nicht. Zum Glück blieb es abends lange hell, sodass viele die freie Zeit außerhalb der Baracken nutzten. An den Hütten musste einiges ausgebessert werden. Wie das am besten zu machen war, schauten sich die Deutschen bei den Russen ab. Am wichtigsten war das Verstopfen aller Ritzen zwischen den Balken der Seitenwände und des Bodens. Als Füllmaterial verwendeten sie Moos, das sie im Wald reichlich fanden. Nun waren die Hütten sommertauglich, abgeriegelt gegen Ungeziefer und Mücken.

In der ersten Maiwoche tauchte der Kommandant überraschend in der Werkstatt auf, wo Bruno und Paul nach der Arbeit weitere Sitzhocker bauten. Er staunte über die Schnelligkeit, mit der sie den in Arbeit befindlichen Hocker fertigstellten. Er nahm ihnen den Hocker aus den Händen und setzte sich darauf, so als wolle er dessen Stabilität überprüfen. Aber das war nur Spaß und Anerkennung.

Eigentlich hatte er die Jungen aus einem anderen Grunde aufgesucht. Er wollte seiner Frau eine Freude machen, und dabei konnten ihm die beiden Handwerker helfen. Er wandte sich an Paul und erzählte ihm von seiner Frau, die im Sommer fast nur im Garten zu finden war und es gar nicht abwarten konnte, die Blumen und Gemüsepflanzen, die sie aus Samen in Töpfen auf den Fensterbänken gezogen hatte, endlich ins Freie zu pflanzen. Sie experimentierte gerne und wollte es in diesem Jahr mit Hochbeeten versuchen. Er fragte Paul, ob sie ihr bei der Anlage von Hochbeeten helfen könnten. Bretter und Pfosten würde er aus dem Sägewerk zu ihrem Haus in Smoroditschny bringen lassen.

Paul stimmte zu, ohne lange nachzudenken und ohne Bruno zu fragen. Er mochte den Kommandanten, der sie respektvoll behandelte und sie nicht spüren ließ, dass sie Gefangene waren.

Früh am Sonntagmorgen machten sie sich mit einer Werkzeugkiste unterm Arm und in Begleitung eines Wachmannes, der sie zum Wohnhaus des Kommandanten führen sollte, auf den Weg. Es lag etwas abseits der Dorfstraße, rechter Hand führte ein schmaler Weg hügelaufwärts. Paul war das Haus schon aufgefallen, weil es nicht viele Steinhäuser im Dorf gab. Die Steinwände ruhten auf einem Balkenfundament, das im Boden verankert war, ähnlich wie bei den Lagerhütten. Rund ums Grundstück lief ein Bretterzaun.

Die Frau des Kommandanten erwartete sie an der Pforte und forderte sie mit einer Geste zum Eintreten auf. Nachdem sie den Wachmann ins Lager zurückgeschickt hatte, widmete sie sich den beiden Deutschen.

„Ich nix Deutsch. Ich Name Lenya."

Und dabei lachte sie übers ganze Gesicht. Dann zeigte sie abwechselnd auf die beiden Jungen und fragte nach ihren Namen.

„Ah, Bruno ... und Pawel", wiederholte sie lachend und damit bekam Paul seinen russischen Namen.

Er protestierte nicht, denn es gefiel ihm, wie sie ihn nannte, aus ihrem Munde klang es wie eine Melodie, wie ein Kosename.

Lenya wandte sich an Bruno, nun in ihrer Muttersprache. Der blickte hilfesuchend zu seinem Freund, aber Paul hatte nicht zugehört, er war zu sehr damit beschäftigt, Lenya zu beobachten.

Alles an ihr wirkte rund, von den ovalen Holzpantinen bis zum Kopf. Dabei war sie keinesfalls dick. Vielleicht verstärkte sich der Eindruck dadurch, dass sie pausenlos in Bewegung war, sie konnte nicht stillstehen, sondern wippte über den Boden wie ein Gummiball. Lenya bildete das absolute Gegenteil zu ihrem Mann Grischko. Während er besonnen und nachdenklich war, sprühte sie vor Temperament und Spontaneität.

Offensichtlich hielt sie Bruno für den Handwerker, der sich mit Holzarbeiten auskannte, und damit lag sie ja richtig. Wie sie dort in ihrem Gartenoverall aus Jeansstoff, in der Taille zusammengehalten mit einem breiten Ledergürtel, vor ihm stand und auf ihn einredete, musste Paul für einen kurzen Moment an Mila denken, deren Stimme ganz ähnlich geklungen hatte, wenn sie Russisch sprach, und die Gürtelschnalle hätte ihr auch gefallen. Bruno holte ihn in die Gegenwart zurück.

„Kannst du mal übersetzen, was Lenya gesagt hat … Pawel."

Er amüsierte sich köstlich über Pauls neuen Namen. Lenya musste wiederholen, was sie Bruno versucht hatte zu erklären. Es ging um den Standort für die Hochbeete, und davon verstand Paul eine ganze Menge. Er war der Gärtner, Bruno der Tischler.

Sie folgten Lenya zur Südseite des Hauses, wo ein großer Haufen an Brettern und Pfosten bereitlag. An der Hauswand standen etwa Hundert Blumentöpfe mit kleinen Pflänzchen, die ins Freiland gesetzt werden sollten. Lenya wollte zwei längliche Hochbeete anlegen.

Bruno markierte die Eckpunkte der Beete, und nachdem Lenya zugestimmt hatte, begannen sie mit dem Bau. Als Erstes hoben sie die oberste Erdschicht aus, dann setzten sie die Pfosten in den Boden. Das machten sie gemeinsam, und auch bei der untersten Bretterlage half Paul seinem Freund. Danach ließ er ihn allein weiterbauen und begann gemeinsam mit Lenya, die Schichten für das Hochbeet anzulegen. Davon verstand er etwas und konnte Lenya beraten, die ihr Wissen aus einer Zeitschrift gewonnen hatte. Sie war erstaunt über seine gärtnerischen Fähigkeiten und fragte ihn, wo er das gelernt habe. Da berichtete er ihr von seinem Großvater aus Kuckerneese, und sie merkte wohl, wie das Heimweh seine Stimme veränderte.

Im Laufe des Vormittags wuchsen die beiden Hochbeete in die Höhe. Während Bruno die letzten Bretter befestigte, hatten Lenya und Paul die unteren Schichten aufgetürmt, Hölzer und Zweige aus dem Wald, Grassoden vom Aushub, Tannennadeln und Stroh, halb verrottete Pflanzenteile und Borke. Nun fehlte nur noch die oberste Pflanzschicht, ein Gemisch aus Humus und der abgetragenen Erde. Das überließ Lenya den beiden Jungen und begab sich ins Haus.

Als die Arbeit beendet und Lenya noch nicht wieder aufgetaucht war, baute Bruno auf die Schnelle eine Sitzbank an die Längsseite des Hochbeetes. Darauf setzten sie sich, die Bretterwand als Rückenlehne, mit Blick auf den Hauseingang und warteten gespannt, was als Nächstes passieren würde.

Lenya erschien lachend mit einem Gartentisch in der Tür, den sie direkt vor ihnen abstellte. Sie drehte sich um und verschwand erneut so schnell in der Küche, dass sie die neue Sitzbank nicht bemerkte, auf der sie saßen. Und nun geschah ein Wunder. Lenya kam mit einem Tablett voller Essen zurück, das sie vor den Jungen abstellte. „Für die fleißigen Arbeiter", sagte sie auf Russisch und freute sich über die ungläubigen Gesichter. Sie hatte offenbar keine Ahnung, wie es im Lager zuging, und wusste nicht, dass ihr kleiner Imbiss für Bruno und Paul ein Festessen war.

Die Jungen mussten erst begreifen, was da vor ihnen lag, bevor sie zulangen konnten. Eingelegte Gurken und Kürbisse ließen ihnen das Wasser im Munde zusammenlaufen. Und dann die Brote, frisch gebacken mit aufgesprungener Kruste und dick mit Leberwurst bestrichen.

Sie waren sprachlos, aßen langsam, schauten einander an, blickten ungläubig zu Lenya, die ihnen gegenüber auf einem Hocker Platz genommen hatte, und entdeckten auf ihrem fröhlichen Gesicht erstmals ernste Züge. Die dunkelbraunen Augen waren für Sekunden weit aufgerissen, so als ob sie sich erschrocken hätte. Ihr war sichtlich erst in diesem Moment bewusst geworden, welch große Entbehrungen die Gefangenen ertragen mussten. Ihr Mann hatte nie mit ihr darüber gesprochen.

Wie so oft war es Bruno, der die angespannte Stille durchbrach.

„Pawel, weißt du, was ich die ganze Zeit denke? Es ist wie in Ostpreußen."

Paul übersetzte für Lenya, und dann erklärte er ihr, was Bruno damit gemeint hatte. In Ostpreußen war es seine Großmutter, die solch leckere Sachen machen konnte, die sauren Gurken und das selbstgebackene Brot, sodass Bruno zu sagen pflegte: „Groma ist die beste Köchin der Welt."

Mehr brauchte Paul nicht zu sagen. Er bemerkte, wie sehr Lenya sich über das Kompliment freute und wie ein verlegenes Lächeln über ihr Gesicht huschte. Sie kann auch ernsthaft sein, dachte Paul. Aber besser gefiel ihm ihr fröhliches Gesicht mit den runden haselnussbraunen Augen, die dicht unter dem blonden Pony hervorlugten.

Nach dem Essen war Pflanzzeit. Die Sitzbank erwies sich nun als gute Ablage für die Töpfe. Lenya positionierte die Töpfe auf dem Hochbeet, und Paul brachte die Pflänzchen an der ausgewählten Stelle in die Erde. Bruno holte derweil Nachschub an Töpfen und bewässerte. Schließlich standen sie zu dritt an den Hochbeeten, und

Lenya erklärte. Im ersten Beet befanden sich Kürbis-, Gurken-, Knoblauch- und Zwiebelpflanzen, im anderen Karotten, Kräuter, Salat und sibirische Paprika. Noch waren sie nicht ganz fertig, da standen weitere Töpfe. Zu Füßen der Hochbeete, an der Rückwand, pflanzten sie Tomaten, sibirischen Kohl, Bohnen und gelbe Rüben. Und zuallerletzt kamen Saatkartoffeln in den Boden, drei Reihen, die angehäufelt wurden.

Lenya freute sich riesig, dass die meisten ihrer mühsam gezogenen Pflanzen dank der beiden Jungen an einem einzigen Tag im Boden waren, und sie war gespannt, ob die Hochbeete eine gute Ernte liefern würden. Im Haus befanden sich nur noch wenige Töpfe mit Blumensamen. Die wollte sie später nach draußen pflanzen.

Während sie auf den Wachmann warteten, der sie ins Lager geleiten sollte, brachte Lenya jedem ein Glas Wasser mit Minzblättern. Zufrieden betrachteten sie ihr Werk. Für die beiden Jungen war es ein bedeutsamer Tag im ansonsten eintönigen Lagerleben gewesen, gekrönt mit einem Festessen.

Sie ließen eine glückliche Lenya zurück, die den Tag an der Seite der beiden fachkundigen Deutschen sehr genossen hatte. Sie bewunderte Brunos handwerkliches Geschick, während sie Paul vom ersten Moment an in ihr Herz geschlossen hatte, als er wie ein neugieriges Kind vor der Gartenpforte stand. Es wunderte sie nicht, dass ihr spontan ein Kosename eingefallen war. Pawel.

Es war ein ungewohntes Gefühl für die Jungen, sich ohne Hunger schlafen zu legen. Wie lange hatten sie das entbehrt. Plötzlich war Ostpreußen ihnen nahegekommen, in einem sibirischen Dorf.

In dieser Nacht träumte Paul von zu Hause. Bruno und er halfen dem Großvater im Garten. Plötzlich trat Großmutter mit einem Blech Streuselkuchen aus der Küche. Als sie näherkam, erkannte Paul, dass es nicht Groma war, sondern Lenya. Triumphierend hielt sie ihnen das Blech entgegen und sagte: „Streuselkuchen." „Hast du ihn selbst gebacken?", fragte Paul. Lenya nickte und reichte jedem ein Stück. Sie bissen hinein, und es schmeckte wie immer. „Lenya, du bist die beste Bäckerin von Kuckerneese", sagte Bruno. Paul wollte noch ein Stück vom Blech nehmen, aber Lenya hatte sich schon umgedreht und ging zum Haus zurück. Paul versuchte zu rennen, kam aber nicht von der Stelle, und Lenya entfernte sich immer schneller. Plötzlich sah er Gropa an ihrer Seite, der seinen Arm um sie legte, und dann war es wieder seine Frau, mit der er Arm in Arm ins Haus ging.

Die Begegnung mit Lenya, der Frau des Kommandanten, hatte Auswirkungen, die im ganzen Lager spürbar wurden. Kurz nach Eintreffen des nächsten Versorgungsschiffes aus Jakutsk verbesserte sich das Essen. Die morgendlichen Brotrationen wurden erhöht, der Hirsebrei war mit Trockenfrüchten angereichert, und in den Suppen fanden sich regelmäßig Fleisch- oder Fischstücke. Paul wusste, wem sie diese Veränderungen zu verdanken hatten. Lenya. Er sah ihr erschrockenes Gesicht lebhaft vor sich, als sie sich vollkommen ausgehungert auf ihre Brote gestürzt hatten. Offensichtlich hatte sie mit ihrem Mann darüber gesprochen.

Der Tag in Lenyas Garten hatte weitere Folgen, die nur die Jungen zu spüren bekamen. Die Beziehung zum Kommandanten veränderte sich. In seine Wertschätzung ihrer Arbeit, die durch die Anlage der Hochbeete noch gestiegen war, mischte sich etwas Neues, ein Gefühl väterlicher Fürsorge. Paul hatte ein Gespür für solche Veränderungen, es waren nur Nuancen, die Art der Begrüßung, eine Nachfrage … Lenya steckte dahinter, plötzlich sah ihr Mann die beiden jungen Gefangenen mit anderen Augen. Nachdem er Lenya kennengelernt hatte, merkte Paul, dass sich seine Einstellung zum Kommandanten ebenfalls änderte. Er fühlte sich ihm nahe, weil er nachvollziehen konnte, was er an Lenya schätzte und warum er sie liebte.

Ein weiterer Sonntag kam und brachte einen neuen Auftrag in Lenyas Haus. Dieses Mal ging es um die Blumen. Bruno und Paul waren sich nicht sicher, ob ihre Hilfe wirklich gebraucht wurde oder ob es nur ein Vorwand war, ihnen zu helfen. Lenya wünschte sich Blumenkästen an der Hauswand. Für Bruno war das eine einfache Sache, Holzreste waren noch ausreichend vorhanden.

Paul nutzte die Zeit, sich im Garten umzusehen. Die Gemüsepflanzen hatten nach kurzer Zeit im Freiland beträchtlich ausgeschlagen. In einer Gartenecke stieß er auf Beerensträucher, Himbeeren, Brombeeren und Johannisbeeren.

Lenya war in der Küche beschäftigt und ließ die Jungen mit ihrer Arbeit allein. Als die Kästen fertig waren, zeigte sie Bruno, wo er sie montieren sollte. Paul half ihr, die Blumentöpfe nach draußen zu tragen. Mittags war die Arbeit erledigt, und Lenya deckte den Gartentisch.

Das zweite Festessen. Diesmal war Lenya entspannt und lachte, als die Jungen zulangten. Sie wusste von ihrem Mann von der unzureichenden Ernährung im Lager und dass er nur wenig daran ändern konnte. Umso mehr freute sie sich, dass die Jungen sich bei ihr satt essen konnten.

Während des Essens erzählte Lenya, wo sie ihren Mann Grischko kennengelernt hatte: auf einem Tanzfest in Jakutsk, da war sie mit einer Volkstanzgruppe aus Sangar, ein junges Mädchen von 18 Jahren. Grischko hatte sich sofort in sie verliebt, und er ließ nicht locker, bis sie ihn nach einem Jahr heiratete. Ihr Lachen klang so, als ob sie das niemals bereut hätte. Seit zehn Jahren lebten sie nun schon in diesem Haus.

Zum Abschied schenkte Lenya jedem der beiden eine Tüte mit getrockneten Blaubeeren, ihr bewährtes Geheimrezept bei Magenverstimmungen oder Durchfall. Sie ahnte, dass die Gefangenen mit diesen Problemen am häufigsten zu kämpfen hatten. Vermutlich wusste sie auch, dass es in nächster Zeit keine Arbeit für die Jungen an ihrem Haus geben würde.

Auf dem Wege zur Arbeit, wenn sie mit den Waldarbeitern durchs Dorf zogen, blickte Paul regelmäßig zu Lenyas Haus. Wenn sie im vorderen Teil des Gartens beschäftigt war, konnte er sie entdecken. Ihr blonder Bubikopf leuchtete in der Sonne und tanzte hinter dem Gartenzaun, wie beim Kasperletheater.

Für die Waldarbeiter kamen im Sommer neue Aufgaben hinzu. Eine Gruppe, zu der auch Bruno und Paul gehörten, arbeitete am Fluss unten beim Sägewerk. Eine Vielzahl von Lastkähnen waren am Ufer vertäut und warteten auf Holz- oder Kohleladung. Hier trafen sie auf eine Gruppe Bergleute, die zum Verladen der Steinkohle abgeordnet worden war.

Neben dem Sägewerk führte eine breite Schotterpiste von der Hochebene zum Fluss hinunter, breit genug für die Kohlelaster, so breit, dass ganze Stämme hinuntergerollt werden konnten. Es war eine schwere und ungewohnte Arbeit, die großen Stämme über Rutschen auf die Boote zu bringen. Es ging nicht ohne Verletzungen ab. Aber nach ein paar Tagen hatten sie die entscheidenden Kniffe heraus.

Für die Kameraden aus dem Bergwerk war das Verladen der Kohlen weniger schwierig. Sie genossen es, vorübergehend unter freiem Himmel zu arbeiten und sich vor der Rückkehr ins Lager mit einem Sprung in den Fluss zu erfrischen, Seite an Seite mit den Waldarbeitern.

Bruno nutzte jede Gelegenheit, sich im Sägewerk umzuschauen. Manchmal, wenn es etwas zu besprechen gab, hatte er Paul als Dolmetscher im Schlepptau. Dem Leiter des Sägewerks blieb das Interesse des jungen Deutschen nicht verborgen, und da er einen Holzfachmann gebrauchen konnte, forderte er ihn beim Kommandanten für die Sommermonate an. So kam es, dass die beiden Freunde von nun an während der Arbeitszeit getrennt waren. Nur die Mittagspause verbrachten sie gemeinsam, unten am Fluss bei den Lastkähnen.

Paul hatte angefangen zu schreiben. Die langen Abende im Juni verbrachte er an seinem Lieblingsplatz unter der Kiefer am Bergbach, eine Baumscheibe als Sitz, Brunos Hocker als Tisch benutzend. Der Kommandant wusste von seinem Vorhaben und hatte den Wachmann entsprechend instruiert. Paul musste sich nur bei ihm abmelden, wenn er das Lager verließ, um seinen Schreibplatz aufzusuchen.

Alles, was er in den vergangenen Monaten zu Papier gebracht hatte, waren Übersetzungsübungen vom Deutschen ins Russische, um mit der kyrillischen Schrift vertraut zu werden. Nun war er bereit für eine erste Geschichte. Er wollte ein Märchen schreiben, in beiden Sprachen, von einem Mädchen, das die Sterne liebte.

Ende Juni begann die Mückenplage. Mit einem Mal tauchten sie auf, zunächst vereinzelt, dann in Schwärmen. Am Tage schwirrten sie um die Köpfe, zu Hunderten, das helle Sirren ein Dauerton. Abends fielen die stechenden Blutsauger über sie her. Bruno und Paul hatten gedacht, dass sie sich aus den ostpreußischen Sommern mit Mücken auskannten, aber solche Schwärme hatten sie noch nie erlebt.

Bei der Waldarbeit und am Fluss schwirrten die Mücken ums Gesicht, bildeten eine summende Glocke, die den freien Blick vernebelte. All die anderen Körperteile waren durch Kleidung geschützt. Vielen Gefangenen blieb nichts anderes übrig, als auf ihre Winterkleidung zurückzugreifen. Lieber schwitzen, als den Mücken eine Angriffsfläche zu bieten. Den Bergarbeitern erging es besser, unter Tage blieben sie von den Mücken weitgehend verschont.

Im Lager wurden weitere Maßnahmen gegen die Mücken getroffen. Zunächst kontrollierten sie die Hütten. Die Mückengitter vor den Fenstern sowie die vorgelagerte Mückentür vor dem Eingang mussten absolut dicht sein. Ins Innere der Baracken wollte man die Quälgeister nicht lassen.

Wieder einmal lernten die Deutschen von den Russen. Die Wachleute machten abends ein Feuer vor der Eingangstür und entwickelten mithilfe von frischen Kiefernzweigen ordentlich Rauch. Das hielt die Mücken ein wenig fern. In der Nähe des Feuers konnte man es abends sogar im Freien aushalten. Wenn die Mücken zu stechen begannen, zogen sich die meisten in die Hütten zurück. Bald hatten sie die beste Technik gefunden, wie sie durch die Mückentür in die Schleuse schlüpfen mussten, bis zur Eingangstür, die schnell wieder geschlossen werden musste. Trotz aller Vorsichtsmaßnahmen schafften es einzelne Mücken ins Innere der Hütte und wurden zu unliebsamen Störenfrieden während der Nachtruhe.

Auf dem Höhepunkt der Mückenplage verlegte Paul seine Schreibarbeiten nach drinnen. Abends saß er am Tisch neben seinem Bett und begann das Geschriebene ins Russische zu übersetzen. Dabei merkte er, dass seine Russischkenntnisse noch nicht ausreichten. Die Alltagssprache beherrschte er recht gut, die literarischen Formulierungen waren etwas anderes. Jetzt half ihm das Lexikon, in dem er viele Begriffe nachschlagen konnte. Dennoch war er unsicher, ob sein Märchen in russischer Fassung mit dem deutschen Original übereinstimmte. Er brauchte Hilfe, und da fiel ihm nur einer ein, Kommandant Grischko. Aber damit wollte er warten, bis er das Märchen zu Ende geschrieben hatte.

Der Juli war geprägt vom ständigen Kampf mit den Mücken. Bruno und Paul probierten einiges aus, am besten half die Rentiersalbe vom Winter, die sie sich dick aufs Gesicht schmierten.

Im Lager machte sich Erleichterung breit, als es Anfang August die ersten Nachtfröste gab und damit die Mückenplage abrupt endete. Der August war für die Gefangenen ein Monat zum Aufatmen. Es war durchweg sommerlich warm, manchmal auch heiß. Viele liefen mit nacktem Oberkörper herum, tankten Sonne auf ihrer Haut, während die gewaschene Kleidung auf der Leine zum Trocknen hing.

Das Allerbeste aber fanden sie außerhalb des Lagers in den Wäldern und auf den Hochebenen: das blaue Gold der Taiga. Die Blaubeeren waren reif. Die Büsche mit den köstlichen Beeren fanden sich überall, sogar im Wald oberhalb des Lagers zogen sich Blaubeerstellen den Hang hinauf. Die Waldarbeiter nutzten jede Arbeitspause, um sich Hände voll Blaubeeren in den Mund zu schieben. Die Bergarbeiter mussten bis zum Abend warten, bis sie sich auf die kostbaren Beeren stürzen konnten. Der Kommandant erteilte den Lagerinsassen nach dem Abendessen großzügig Ausgang. Sie konnten sich im Waldgebiet oberhalb des Lagers frei bewegen, solange sie sich vom Dorf fernhielten.

Sonntags durften sie in Begleitung zweier Wachmänner zu einer Hochebene jenseits von Sangar, die dicht mit Blaubeeren bedeckt war. Dort hatten sie Gelegenheit, sich an Blaubeeren satt zu essen. Bruno und Paul füllten nicht nur ihre Bäuche. Wenn sie gesättigt waren, sammelten sie weiter, bis ihre Kochgeschirre voll waren. Im Lager trockneten sie die Beeren als Vorrat für den Winter. Diese Idee hatten sie Lenya zu verdanken.

Während Bruno ins Pflücken vertieft war, fiel ihm eine Geschichte ein, die Viktor ihm vor langer Zeit erzählt hatte. Sie handelte von Bären und Blaubeeren.

„Weißt du, wie ich mir vorkomme, Pawel? Wie ein Bär, der sich den Bauch mit Blaubeeren vollschlägt, um Fettreserven für den Winterschlaf anzulegen. Genau das machen wir hier."

Paul schaute Bruno an und fing an zu lachen, als er dessen blaurot verschmierten Mund sah.

„Na, dann pass mal auf, dass du nicht anfängst zu brummen."

„Mach ich doch glatt, wenn du dazu quiekst. Wäre bestimmt ein perfektes Duett."

Die Stimmung unter den Gefangenen war noch nie so gut gewesen wie zur Zeit der Blaubeerernte. Alle hatten sich daran beteiligt, selbst die in Lethargie versunkenen Kameraden. Auf der Jagd nach dem blauen Gold hatten sie eine Aufgabe, die sie für Stunden ausfüllte und nebenbei noch den Hunger für kurze Zeit vergessen machte.

Abends arbeitete Paul weiter an seinem Märchen. Nach Sonnenuntergang wurde es nun deutlich kühler, ein Hauch des nahenden Winters lag in der Luft. Wenn er vom Bach aus zum Felsen der Mauersegler schaute, fragte er sich, wann es den Vögeln zu kalt werden würde im hohen Norden. Noch war nicht zu erkennen, dass der Wegzug bevorstand. Die Jungvögel hatten längst ihre Nester verlassen und kreisten mit dem Schwarm über den Futterplätzen, ebenso elegant wie die Alten. Paul fragte sich, was den Abflug auslösen könnte. War es die Windrichtung? War es die Tageslänge? War es Futterknappheit? Vielleicht kam alles zusammen.

Mitte August blies ein kalter Wind aus Nordost. Paul hatte sich die Winterjacke übergezogen, er wollte an seinem Schreibplatz das Märchen beenden. Noch bevor er den Bach erreichte, fiel ihm das Fehlen der Vogelrufe auf. Das „Srieh, srieh" war nicht zu hören. Die Felswand ragte verlassen vor ihm in die Höhe, es gab keine Bewegung im Luftraum davor. Die Mauersegler waren fort. Er suchte am südlichen Himmel nach Vögeln und war für einen kurzen Moment traurig, als er sie nicht entdeckte. Doch dann war er wieder bester Laune. „Guten Flug!", rief er ihnen nach. „Bis zum nächsten Jahr."

Plötzlich hatte er es eilig, die wenigen Schritte den Bach hinauf bis zu seiner Kiefer zurückzulegen. Er wollte das Märchen unbedingt zu Ende schreiben, jetzt, wo ihn die Vögel nicht mehr inspirieren konnten.

In Hochstimmung kehrte Paul ins Lager zurück, die letzten beschriebenen Seiten und den Hocker unterm Arm. Der Kommandant saß an seinem Schreibtisch und winkte ihm zu. Er ahnte noch nicht, dass er der Erste sein würde, dem Paul sein Märchen zeigen wollte.

Er fand Bruno in der Werkstatt, wo dieser weitere Sargkisten baute, für die Toten des kommenden Winters. Im Lager traf man Vorsorge.

Auf dem Friedhof waren bereits weitere Gräber ausgehoben. Man war vorbereitet. Provisorische Bestattungen in Eishöhlen sollte es nicht mehr geben.

Der Winter kündigte sich an mit den ersten Schneeflocken im September. Aber noch war es nicht so weit. Die Gefangenen genossen die milden Herbsttage ohne Mückenplage, verbrachten die Abende im Freien am Lagerfeuer und schoben die bitteren Erfahrungen des letzten sibirischen Winters weit von sich. Solange das Postschiff auf der Lena verkehrte, musste man sich keine Sorgen machen.

Der Kommandant schickte die Jungen erneut zu Lenyas Haus, diesmal ohne besonderen Auftrag. Lenya wollte ihnen den Garten zeigen und was sie alles geerntet hatte. Sie war mächtig stolz. Die Hochbeete hatten sich bewährt, das konnten sie sofort an den Kürbissen sehen, die noch an den Ranken hingen. Riesige Früchte, so große Kürbisse hatten sie noch nie gesehen.

Vieles war schon abgeerntet und eingelegt. An den Tomatenpflanzen reiften die letzten herzförmigen Früchte. Die Kartoffeln waren noch im Boden, die sollten heute eingesammelt werden. Lenya reichte Paul die Kartoffelhacke, und dann ging es los, wie auf Gropas Feld, nur dass Paul in die Rolle des Großvaters geschlüpft war. Bruno und Lenya sammelten die gelben Knollen auf, zunächst in Eimer, die sie dann in Jutesäcke entleerten. Zwei prall gefüllte Säcke waren das Ergebnis. Sie folgten Lenya durch die Küche in die Vorratskammer und stellten die Säcke dort ab.

In der Küche war kein freies Plätzchen zu finden, überall lag Gemüse, Gläser und Töpfe stapelten sich auf dem Tisch und am Boden. Es roch nach Essig und Lorbeer. Selbst auf dem Herd lagen Früchte und Kräuter durcheinander. Lenya lachte, als die Jungen sich über die Unordnung wunderten. Sie hatte alles im Griff, fand mühelos einen Laib Brot und das Küchenmesser und schnitt freihändig vor ihrem Bauch zwei dicke Scheiben ab. In der Vorratskammer angelte sie eine Mettwurst vom Haken und trennte zwei breite Scheiben ab.

Während die Jungen schmausten, konnten sie zusehen, wie Lenya die Gurken einlegte. Mit Schwung warf sie die krummen Früchte in einen Tonkrug, kippte Essig und Wasser darüber, bis alles bedeckt war. Dann streute sie Wacholderbeeren und Lorbeerblätter obendrauf. Alles nach Gefühl und sehr schnell. Deckel drüber und fertig.

Lenya blickte in die verblüfften Gesichter der Jungen und musste lachen. Sie hatte ihnen nichts vorgespielt, wenn sie etwas beherrschte, war sie nicht zu bremsen, und Gurken einlegen konnte keiner so schnell wie sie.

An der Gartenpforte klang Lenya besorgt, als sie sich von den Jungen verabschiedete und sie vor dem nächsten Winter warnte.

„Wendet euch an Grischko, wenn ihr etwas braucht", sagte sie zu Paul. „Er kann euch helfen."

Zufrieden gingen Bruno und Paul ins Lager zurück, es war das erste Mal, dass kein Wachmann sie begleitete.

Der Fluss blieb ungewöhnlich lange eisfrei. Erst Anfang Oktober wurden die Tage frostig, und dann, mit einem Mal, hielt der Winter Einzug. In nur wenigen Tagen hatte sich eine dünne zusammenhängende Eisdecke über den Fluss gezogen. Eisige Temperaturen, auch tagsüber, ließen die Eisdecke schnell dicker werden. Mitte Oktober wurde die Eispiste freigegeben, und das Postauto begann, einmal wöchentlich seine Winterfahrten zwischen Jakutsk und Sangar aufzunehmen.

Ein Jahr Lagerleben lag hinter den Gefangenen. Der erste Winter hatte viele Opfer gefordert. Auf diesen zweiten Winter waren sie besser vorbereitet. Die Verpflegung hatte sich verbessert, an die Arbeitsbedingungen waren sie gewöhnt, und in den Baracken hatten sich die meisten wohnlich eingerichtet, die Schlafplätze mit mobilen Trennwänden eingerahmt und dekoriert mit skurrilen Ästen und anderen Fundstücken aus dem Wald und vom Fluss.

Was den Gefangenen am meisten zu schaffen machte, war die Ungewissheit. Sie hatten keine Ahnung, wie viele Jahre Zwangsarbeit vor ihnen lagen. Das wusste nicht einmal der Kommandant. Am schlimmsten aber war die Abgeschnittenheit von zu Hause. Familien und Freunde wussten nicht, ob sie noch lebten und in welchem Lager sie gefangen gehalten wurden. Jeder sehnte sich danach, einen Brief in die Heimat zu schicken, um dann selbst Post von dort zu bekommen.

Wenn Paul die Kommandantur aufsuchte, war er so etwas wie ein Sprachrohr für die Gefangenen. Der Kommandant fragte ihn regelmäßig nach dem Befinden im Lager und wollte wissen, was am dringlichsten benötigt wurde. Für den zweiten Winter äußerte Paul zwei Wünsche: Matratzenauflagen für die harten Holzbetten und Post in die Heimat schicken zu dürfen.

Heute hatte Paul einen ganz persönlichen Wunsch. Er reichte dem Kommandanten die russische Fassung seines Märchens und bat ihn um Hilfe: ob seine Übersetzung sprachlich korrekt sei und ob die Sätze plausibel zusammenhingen. Der Kommandant legte den Stapel Blätter neben sich ab, er wolle sich das gerne ansehen und freue sich, wenn er Paul helfen könne.

Am freien Sonntag nahm er sich Zeit für Paul. Gemeinsam gingen sie Seite für Seite durch, auf jeder fanden sich Bleistiftnotizen des Kommandanten, er hatte alles gründlich gelesen. Die sprachlichen Fehler ließen sich schnell korrigieren. Wenn es um den Inhalt ging, den Sinn der Formulierungen, begannen sie zu diskutieren. Paul versuchte die Textstelle zu umschreiben, und wenn der Kommandant verstanden hatte, was er ausdrücken wollte, formulierte er einen perfekten Satz. Es machte ihm ganz offensichtlich Spaß, seine Muttersprache literarisch zu verwenden. Und es freute ihn, in Paul einen Gleichgesinnten gefunden zu haben, der sprachbegabt und gebildet war.

Das Märchen war fertig, in zwei Sprachen. Es gefiel dem Kommandanten, und er wollte wissen, warum Paul das Märchen geschrieben habe. Dieser antwortete, dass er einfach viel Spaß am Schreiben habe, und er wolle die russische Sprache besser kennenlernen. Nun ging es darum, alles in Schönschrift abzuschreiben, und dann würde er weitersehen. Der Kommandant nickte, er hatte verstanden.

Paul war im Begriff zu gehen, als der Kommandant ihn aufhielt. Ihm war etwas eingefallen. Seine Frau liebte Märchen, und er fragte ihn, ob er sich vorstellen könnte, ihr das Märchen zu schenken. Einen Moment lang war Paul sprachlos, dann spürte er, wie ein Glücksgefühl seinen Körper erfasste. Während des Schreibens hatte er es nicht wahrhaben wollen, aber jetzt wurde es ihm bewusst: Er hatte das Märchen für Lenya geschrieben … Weihnachten 1946 … ein Geschenk für Lenya.

Das Mädchen, das die Sterne zähmte

Vor langer Zeit, als es noch viele Königreiche gab, erzählte man sich von einem Volk, das weit entfernt im nördlichsten Zipfel Sibiriens lebte. Der König war ein strenger Herrscher, der mit wenigen Beratern und Dienstboten in einem aus Holz gebauten Schloss wohnte. Von hier aus lenkte er im Kampf gegen die Naturgewalten die Geschicke eines Volkes mit eisernem Willen. In diese abgelegene Gegend kamen nur wenige Fremde. So ist es kein Wunder, dass im Laufe der Jahre viele Geschichten und Sagen von diesem verwunschenen Königreich in Umlauf kamen.

Aufgrund seiner abgeschiedenen Lage war das Königreich noch niemals von Feinden angegriffen worden. Dennoch besaß es eine kleine Truppe von treu ergebenen Soldaten, die auf besondere Weise die Geschicke des Volkes lenkte, nach dem Willen ihres Herrschers.

Einmal im Jahr schickte der König seine Soldaten an die Küste, ins Dorf der Fischer, wo sie Arbeiter dingfest machten und ins Königreich verschleppten. Die restliche Zeit setzte er sie als Wächter der Gefangenen ein. Im Sommer begleiteten sie die Arbeiter in die Wälder zum Holzfällen, im Winter eskortierten sie diese zum Eisfischen auf die zugefrorenen Flüsse und Seen oder setzten sie als Treiber bei der Jagd ein. Nachts bewachten sie das Lager der Gefangenen, das rundherum mit Stacheldraht eingezäunt war.

Außerhalb seines Reiches galt der König als grausam, in seinem Volk dagegen wurde er wegen seiner Strenge geachtet, mit der er sein Reich gegen die Naturgewalten am Rande des Polarmeeres verteidigte.

Der König besaß nur ein einziges Kind, eine Tochter, die er über alles liebte. Sie hatte in einer Mittsommernacht das Licht der Welt erblickt, in einer sternenklaren Nacht unter freiem Himmel. In späteren Jahren, als ihre besonderen Fähigkeiten in der Sternenkunde hervortraten, glaubten viele Menschen im Königreich, dass sie bereits bei der Geburt ihre Freundschaft mit den Sternen geschlossen hatte. Als sie laufen konnte, wollte sie abends keine Gutenachtgeschichten hören wie andere Kinder. Sie nahm ihre Mutter bei der Hand, zog sie in den Schlossgarten und blickte in den Sternenhimmel, so als würde sie ihre Geschichten im Himmel finden. Als sie sprechen konnte, wünschte sie sich für ihr Zimmer ein Glasdach. Und da der König ihr jeden Wunsch erfüllen wollte, ließ er an der Decke eine Glaskuppel einbauen. Auf diese Weise konnte die Königstochter allabendlich von ihrem Bett aus zum Himmel schauen, und es verwundert nicht, dass sie schon bald alle Sternenmuster auswendig kannte. Sternbilder waren ihr ständiger Begleiter. Im Garten legte sie mit Steinen Figuren des Nachthimmels nach, und als sie zu malen begann, fand man auf ihren Zeichnungen stets irgendein Sternbild eingefügt. Am meisten liebte sie den Walfisch, der um die Weihnachtszeit den südlichen Himmel beherrschte, mit ihrem Lieblingsstern Mira, der auf dem Walrücken kurz vor der Schwanzflosse besonders hell leuchtete.

Im Laufe der Jahre verbreitete sich die Kunde von der außergewöhnlichen Begabung der Königstochter. Menschen kamen ins Schloss, um sich von ihr den Sternenhimmel erklären zu lassen. Die Wanderungen am Himmel begann sie stets bei ihrem Lieblingsstern, und so wundert es nicht, dass sie im Volk bald nur noch „Mira" genannt wurde. Sie war ein Wunderkind, das die Menschen heilen konnte, indem sie gemeinsam mit ihnen durch die Sternenwelt wanderte.

Als die Königstochter zehn Jahre alt war, nahm der König sie auf seine Reisen mit, um ihr das Reich zu zeigen. Im Sommer fuhren sie in einer prächtigen Kutsche, im Winter saßen sie, in Felle gehüllt, auf einem überdachten Schlitten, der von einem Hundegespann gezogen wurde. Auf diese Weise lernte Mira auch die entlegensten Winkel des Königreiches kennen, und sie freute sich, dass ihr Vater überall mit großer Achtung empfangen wurde.

Der Frühling hielt Einzug, und der König machte einen letzten Ausflug mit seiner Tochter, um ihr das Arbeitslager zu zeigen, das unweit des Schlosses lag. Sie wanderten an den Unterkünften der Soldaten vorbei und erreichten ein eingezäuntes Gelände mit einem Haufen armseliger Holzbaracken. Während der König die Wachsoldaten begrüßte, beobachtete Mira, wie sich die Gefangenen in die Behausungen zurückzogen. An diesem Ort wurden sie nicht freudig begrüßt, das machte sie traurig, und sie beschloss, ihren Vater nach dem Grund zu fragen.

„Vater, du als König, der du über alles bestimmen kannst, warum lässt du diese Menschen hinter Stacheldraht leben?"

Der König hatte damit gerechnet, dass seine Tochter diese Frage stellen würde. Seine Antwort ließ nicht lange auf sich warten.

„Mira, meine einzige Tochter, wir sind ein kleines Volk und haben nicht genug Arbeiter, um die langen Winter zu überleben. Die Menschen in den Baracken sind von der Küste. Sie gehören nicht zu unserem Volk und sind nicht freiwillig hier. Sie arbeiten für uns, und

wir geben ihnen zu essen. Aber wir müssen sie bewachen, sonst würden sie fliehen, zu ihren Familien am großen Wasser."

Auf dem Rückweg blieb Mira schweigsam. Sie dachte über die Worte ihres Vaters nach. Sie konnte nicht begreifen, warum Menschen gefangen gehalten werden mussten.

In den folgenden Wochen besuchte sie regelmäßig das Lager der Zwangsarbeiter und beobachtete sie aus der Ferne, wie sie von den Soldaten zur Arbeit auf die Felder oder in die Wälder geführt wurden. Spätabends sah sie den müden Trupp in seinen dreckigen Klamotten, mit hängenden Schultern zurückkehren. Ihr Mitleid steigerte sich mit jedem Tag und brachte sie schließlich auf eine Idee, wie sie etwas Freude in das Leben der Gefangenen bringen könnte.

Als die ersten Blumen im Schlossgarten zu blühen begannen, sammelte sie die gelben Blüten in einem Körbchen. Sobald die Nacht anbrach, schlich sie heimlich an eine Stelle der Einzäunung des Lagers, die von den Soldaten nicht eingesehen werden konnte, in der Nähe des Waschplatzes und legte mit ihren Blüten ein Sternbild ins Gras, ein genaues Abbild des nächtlichen Sternenhimmels. Als die Gefangenen morgens zur Pumpe kamen, wollten sie ihren Augen nicht trauen. Sie versammelten sich am Zaun und bestaunten das Wunder, das über Nacht geschehen war. In der folgenden Nacht standen sie vor ihren Hütten und suchten am Himmel nach dem Sternbild, das jemand für sie auf die Wiese gezaubert hatte. Am nächsten Morgen fanden sie ein neues Muster von Blüten, und dieses Schauspiel wiederholte sich Tag für Tag. Sobald die Nächte anbrachen, standen die Lagerbewohner unterm Himmelszelt, auf der Suche nach dem Sternenrätsel, das ihnen ein geheimnisvoller Bote ausgelegt hatte. Auf diese Weise machten sie eine Wanderung über den Himmel und wurden allmählich mit den Sternen vertraut. Mira führte sie vom Krebs über Zwillinge, Stier, Widder, Andromeda zum kleinen und großen Bären und natürlich auch zu den Fischen, denn sie hatte inzwischen erfahren, woher die Arbeiter kamen. Die Rätsel mit den Sternbildern wurden für die Lagerinsassen zum lieb gewonnenen Höhepunkt in ihrem tristen Tagesablauf, und sie gaben ihnen die Hoffnung, eines Tages in ihre Heimat zurückzukehren.

Als die Farbe der Blätter das Ende des Sommers ankündigte und die Königstochter die letzten Blüten des Gartens einsammelte, hatte sie ihre Runde im Sternenhimmel beendet und war am Ausgangspunkt ihrer Reise angelangt, dem Sternbild des Wals. Es war der Tag, an dem die Gefangenen am Zaun vergeblich nach einem neuen Blütenmuster Ausschau hielten. Sie konnten die Königstochter in ihrem Versteck nicht sehen, deren Augen sich mit Tränen füllten, als sie bemerkte, wie die Gestalten in sich zusammensackten. In den Sommermonaten war sie glücklich gewesen, wenn sie die Arbeitskolonnen aus sicherer Entfernung beobachtet hatte und feststellen konnte, dass die Männer aufrechter gingen als früher und weniger traurig wirkten.

Als die ersten Schneeflocken fielen, lag Mira schlaflos in ihrem Bett, schaute hinauf zur Glaskuppel und wartete darauf, dass der Sternenhimmel sich zeigte. Die Sterne würden ihr einen Weg weisen, wie sie das Schicksal der Gefangenen verbessern könnte. Die Bilder der traurigen Gestalten gingen ihr nicht mehr aus dem Kopf. Sie sah sie ständig vor sich, wie sie zum Eisfischen gingen, zitternd in ihrer zerrissenen, viel zu dünnen Arbeitskleidung. In ihrer Not suchte die Königstochter ihren Vater auf und flehte ihn an.

„Vater, ich weiß, dass du als König für das Wohlergehen deines Volkes verantwortlich bist. Ich kann dennoch nicht begreifen, warum wir andere Menschen als Gefangene halten müssen. Es macht mich traurig, wenn ich sehe, wie sie hinter Stacheldraht eingesperrt sind und in zerlumpten Klamotten herumlaufen."

Der König hörte die Worte seiner Tochter und dachte lange nach, bevor er antwortete.

„Mira, meine geliebte Tochter, du weißt, wie gerne ich dir jeden Wunsch erfülle. Ich werde dafür sorgen, dass die Gefangenen warme Winterkleidung bekommen. Das verspreche ich dir. Aber ich kann sie nicht freilassen. Wir brauchen sie, besonders jetzt im Winter, weil sie es verstehen, die Fische aus den Seen und Flüssen zu fangen. Ohne die Fischer würde unser kleines Volk den sibirischen Winter nicht überleben."

Der König ließ noch am gleichen Tage seine Hofschneider zu sich kommen und gab ihnen den Auftrag, für die Lagerbewohner neue Wintermäntel zu schneidern. Schon nach kurzer Zeit konnte Mira sehen, dass der Vater sein Versprechen gehalten hatte. Die Gefangenen wirkten nicht mehr ganz so zerbrechlich in ihren neuen Umhängen, aber ihre gebeugten Rücken und hängenden Schultern darunter blieben ihr nicht verborgen.

Als die Königstochter merkte, dass ihr sehnlichster Wunsch, die Freiheit der Gefangenen, nicht in Erfüllung ging, zog sie sich in ihr Zimmer zurück und machte des Nachts lange Wanderungen über den Sternenhimmel. Dabei verweilte sie häufig beim Bild des Wals, ihrem Lieblingssternbild. Ihm konnte sie ihre geheimen Wünsche anvertrauen und fand auf diese Weise Trost.

Das Königreich lag bereits unter einer dichten Schneedecke, als der Winter mit aller Macht Einzug hielt. Zuerst fielen die Temperaturen, dann schneite es mehrere Tage ununterbrochen. Die Gefangenen wurden jetzt gebraucht, um die wichtigsten Verbindungswege frei zu schaufeln. Wenn Mira zum Lager ging, sah sie schon von Weitem über den Barackendächern und über offenen Feuern im Innenhof Rauchsäulen aufsteigen. Jetzt, kurz vor Weihnachten, waren die Tage kurz. An manchen Nachmittagen war der Mond bereits aufgegangen, wenn Mira unterwegs war. Sie hatte sich noch niemals verlaufen, selbst bei absoluter Dunkelheit fand sie den Weg vom Schloss zum Lager mit traumwandlerischer Sicherheit.

Die letzten Vorbereitungen für das Weihnachtsfest waren in vollem Gange, als Mira mit ihrem Korb unbemerkt das Schloss verließ. Sie wollte den Gefangenen etwas schenken, wusste aber noch nicht, womit sie ihnen eine Freude machen könnte. Es war ein klarer, bitterkalter Abend, und die Sterne leuchteten, als ob sie auf die Erde fallen wollten. Der Mond stieg in den Himmel auf, als Mira sich dem Lager näherte. Sie war nahezu unsichtbar, Fellmantel, Mütze und Stiefel vom Fell des Polarfuchses ließen sie mit der Schneelandschaft verschmelzen. Heute brannte nur ein einziges großes Feuer in der Mitte des Lagers. Drum herum standen wenige Männer, die sich wärmten. Mira ging am Drahtzaun entlang, ohne entdeckt zu werden.

Plötzlich blieb sie verwundert stehen und schaute wie gebannt auf den Stacheldraht, der an dieser Stelle schneefrei war. Dicht am Zaun befand sich eine erloschene Feuerstelle. Wärme und Frost hatten den Schnee verwandelt. Es war ein wunderschönes Bild, die eisüberzogenen Drähte glänzten silbrig im Mondlicht, und die Stachelknoten glitzerten wie Sterne auf einer Schnur.

Es war dieser magische Moment, der die Königstochter lenkte und ihre Suche nach einem passenden Weihnachtsgeschenk beendete. Alles, was sie jetzt tat, geschah wie in Trance. Sie streifte die Handschuhe ab und sammelte mit bloßen Händen die Sterne von den Drähten, mit einer Leichtigkeit, als würde sie Blumen pflücken, und legte sie in den Korb. Sie war so vertieft in ihre Arbeit, dass sie die Kälte an den Händen nicht spürte und nicht mehr wusste, ob sie im Himmel oder auf der Erde war. Sie schien zu schweben, als sie mit den Eissternen die Walfigur auslegte und danach erschöpft auf die Schneedecke sank. Glücklich warf sie einen kurzen Blick in den Himmel, auf ihr liebstes Sternbild, dann fielen ihr die Augen zu.

Am Weihnachtstag, als das erste Licht der aufgehenden Sonne ins Lager drang, wurde sichtbar, was die Königstochter über Nacht geschaffen hatte. Die Gefangenen und die Soldaten eilten an den Zaun und wollten ihren Augen nicht trauen, die Stacheldrahtumzäunung war an einer Stelle aufgerissen, und vor der Öffnung bot sich ihnen ein einmaliges Schauspiel. Auf die weiße Schneedecke war ein Bild gezeichnet, mit feinen roten Linien, und an den Eckpunkten blühten rote Blumen ... im Sternbild des Wals. Die Gefangenen erkannten die Himmelsfigur und dachten augenblicklich an den heimlichen Engel des Sommers. Beim Anblick des Wunders standen sie reglos, nur ihre Augen waren in Bewegung und wanderten über das unbegreifliche Bild.

Es dauerte eine Weile, bis sie das Mädchen entdeckten, das wie in einem Schneebett neben dem Blumenstrauß lag, eng zusammengekauert in ihrem weißen Fellmantel. Langsam lösten sie sich aus ihrer Erstarrung und näherten sich dem Kind. Als sie vor ihr standen, erkannten sie die Königstochter. Sie lag dort so friedlich, als würde sie schlafen, aber es war kein Leben mehr in ihr. Ihre bloßen, leicht geöffneten Hände waren bleich wie der Schnee, aber wenn man genauer hinschaute, konnte man kleine rote Punkte sehen, die sich über die Handflächen verteilten.

Es dauerte nicht lange, bis der königliche Schlitten angefahren kam. Die Menschen wichen zurück, bildeten eine Gasse, um den König durchzulassen, und sahen ihren Herrscher zum ersten Mal weinen, als er sich zu seiner Tochter herabbeugte, den leblosen Körper aus dem Schnee hob und in seinen Armen zum Schlitten trug.

Die Nachricht vom Tod der Königstochter verbreitete sich in Windeseile. Viele Menschen kamen von weit her zum Schloss, um dem toten Kind die letzte Ehre zu erweisen. Der König ordnete eine dreitägige Trauer an, die auch für die Soldaten und die Lagerbewohner galt. Im Lager saßen die Gefangenen in kleinen Gruppen beisammen und sprachen über das Wunder, das in der Weihnachtsnacht geschehen war. Nun, da sie wussten, wer ihr heimlicher Bote gewesen war, berieten sie, wie sie der Königstochter im Nachhinein danken konnten. In der folgenden Nacht, als das Sternbild des Wals heller als alle anderen Sterne zu leuchten schien, war ihre Entscheidung gefallen.

Sie wollten Mira ein Denkmal errichten, einen hölzernen Wal, der auf einem hohen Stamm in den Himmel ragen sollte. Am folgenden Tage begannen sie mit den Arbeiten und bewältigten auf diese Weise ihre Trauer. Am Tage nach dem Begräbnis kam der König ins Lager und sprach zu den Gefangenen.

„Meine geliebte Tochter Mira hat für euch ihr Leben geopfert. Es war ihr größter Wunsch, euch in Freiheit zu sehen, er war so stark, dass sie mit bloßen Händen den Stacheldraht entfernen konnte, und damit hat sie ihren Traum unsterblich gemacht. Im Andenken an meine einzige Tochter werde ich den Stacheldraht abreißen lassen und die Wachsoldaten abziehen. Ihr erhaltet ab heute die Freiheit, so wie Mira es gewollt hat, ich bitte euch dennoch im Namen meiner Tochter, bis zum Frühjahr zu bleiben und unserem Volk zu helfen. Ich werde euch für eure Arbeit reichlich entlohnen."

Und so geschah es. Der Stacheldraht wurde entfernt, die Gefangenen waren frei. Aber keiner verließ das Lager, um in die Heimat zu gehen. Ihre Herzen waren erfüllt von Dankbarkeit für die Königstochter, die ihnen einen Sommer lang Hoffnung geschenkt hatte. So bewohnten sie weiterhin die Baracken und gingen allmorgendlich zum Schloss, um für den König zu arbeiten. Dabei vergaßen sie nie, das Grab der Königstochter aufzusuchen, um ein Dankgebet zu sprechen.

Im Frühling, nach der Schneeschmelze, begannen die Lagerbewohner, das hölzerne Denkmal für Mira aufzustellen. Als sie die Stelle suchten, wo sie die Tote gefunden hatten, machten sie einen erstaunlichen Fund. Im Gras lagen Teile des Stacheldrahtzaunes, ein kleiner Haufen aus Drahtknoten. Sie suchten die Umgebung ab und fanden weitere kleine Glitzerstücke, die genau nach dem Sternbild des Wals angeordnet waren, eine letzte Botschaft von Mira. Sie sammelten die sternförmigen Drahtknoten ein und befestigten sie an der Spitze ihrer Holzstatue, dort, wo der Wal thronte. Als der König die Holzskulptur der Arbeiter erblickte, füllte sich sein Herz mit Trauer, und er dachte an die gemeinsamen Abende mit seiner Tochter, wenn sie ihn bei *ihren Ausflügen in den Sternenhimmel mitgenommen hatte. Der hölzerne Wal gefiel dem König sehr. Er bewunderte die Maserung und die glatte Oberfläche, nur die rostigen Drahtsterne passten nicht recht ins Bild. Deshalb fragte er die Arbeiter, ob sie einverstanden wären, wenn er die Sterne vergoldete. Sie hatten nichts dagegen einzuwenden, und so machte sich der königliche Kunstschmied an die Verzierung.*

Das Ende des Winters wurde alljährlich mit einem großen Fest rund ums Schloss gefeiert. In diesem Jahr brach man mit einigen Traditionen. Erstmals wurden die Lagerarbeiter ins Schloss gebeten, um an der Feier teilzunehmen, und anders als sonst endete das Fest mit einem Fackelzug, der vom Schloss zum Grab der Königstochter führte. Die Festgesellschaft versammelte sich am Denkmal, um der Einweihung durch den König beizuwohnen. Als der König zu reden begann, herrschte absolute Stille. Es wurde die kürzeste Rede, die er jemals gehalten hatte, sie bestand nur aus einem einzigen Satz. Aber jedes Wort drang tief in die Herzen der Menschen.

„Dieses Denkmal soll für immer daran erinnern, dass meine geliebte Tochter den Sternenhimmel für uns auf die Erde geholt hat."

Bei diesen Worten zeigte er nach oben, wo der riesige Fisch auf dem Ende des Stammes schwebte. Sein Körper war gegen den dunklen Nachthimmel kaum zu erkennen, aber seine Konturen waren durch die goldenen Sterne deutlich markiert, die im Mondlicht matt glänzten.

Am Morgen nach dem Fest verließen die Arbeiter das Lager und machten sich auf den Heimweg zur Küste. Der König begann noch am selben Tage mit dem Abriss der Baracken, denn er hatte Pläne, wie er seine Tochter mit einer weiteren Gedenkstätte ehren wollte. Anstelle des Lagers sollte ein königlicher Sternengarten entstehen. Er bestellte seine Gärtner zu sich und beauftragte sie, im ganzen Reich nach Blumen zu suchen, die gelbe Blüten trugen. Dann gab er ihnen die kindlichen Zeichnungen seiner Tochter von den Sternen-

mustern des Himmels, die sie als Vorlage für die Blumenbeete verwenden sollten.

Schon bald breitete sich hinter dem Denkmal der Sternengarten aus, in einer einzigartigen Pracht an Gelbtönen. Die Kunde von der außergewöhnlichen Schönheit des Gartens verbreitete sich im hohen Norden. Viele Menschen pilgerten zu diesem ungewöhnlichen Park, selbst die Fischer von der Küste machten sich auf den Weg, um Miras Sternengarten zu sehen und um das Denkmal zu berühren, wo das Wunder geschehen war, das ihrem Volk die Freiheit gebracht hatte. Die Geschichte vom Wunder der Weihnacht wurde von Generation zu Generation weitererzählt, und der Sternengarten entwickelte sich über die Jahrzehnte zu einer heiligen Pilgerstätte.

Auch heutzutage, wo das Königreich lange verschwunden ist, treten die Menschen im Norden Sibiriens in der Weihnachtsnacht vor ihre Häuser und schauen in den Sternenhimmel, bis sie den Stern Mira auf dem Rücken des Wals gefunden haben. Es gibt nicht wenige, die behaupten, dass er in der Heiligen Nacht heller strahlt als alle anderen Sterne, und sie erzählen ihren Kindern von ...

... dem Mädchen, das die Sterne zähmte.

Für Lenya, Weihnachten 1946

Weihnachten 1946. Das zweite Weihnachtsfest im Lager begann mit zwei Überraschungen. Alle bekamen mit Stroh gefüllte Matratzen für ihre Betten, welch ein Luxus. Bruno und Paul hatten sich inzwischen an die harte Bretterunterlage gewöhnt, aber ihr Bettnachbar Edwin, der betagte Postbeamte aus Königsberg, war überglücklich. Seine alten Knochen brauchten eine weichere Unterlage.

Die zweite frohe Botschaft brachte der Kommandant persönlich in jede Baracke: Schreibpapier, Briefumschläge sowie Bleistifte, Anspitzer und Radiergummi. Nach Weihnachten sollten die ersten

Briefe aus dem Lager mit dem Postschiff auf den Weg in die weit entfernte Heimat gebracht werden. Der Pastor ging von Hütte zu Hütte, um gesegnete Weihnachten zu wünschen und ein kurzes Gebet zu sprechen. Auf die Weihnachtsgeschichte verzichtete er diesmal, weil er wusste, dass die Kameraden allein sein wollten, um ihre Weihnachtspost zu schreiben.

Bruno schrieb an seine Eltern und berichtete von der Waldarbeit, von seiner Anstellung im Sägewerk und seinen Tischlerarbeiten im Lager. Paul schrieb zwei Briefe, den ersten an seine Eltern und einen weiteren an seine Großeltern. Er erzählte in Kürze vom Kriegsende in Sköpen, dem unmenschlichen Transport ins Straflager und vom ersten Winter in Sibirien. Dabei erwähnte er besonders Gromas Notproviant und die Geheimtaschen seiner Mutter. Seinem Gropa dankte er für das Lexikon und berichtete ihm von seinen Fortschritten in der russischen Sprache.

Den zweiten Winter konnten die Gefangenen besser ertragen. Sie kannten die Abläufe im Lager, und an die Arbeit hatten sie sich gewöhnt. Die Waldarbeiter gingen nun wieder gemeinsam zum Holzfällen, so auch Bruno und Paul. Im Sägewerk war jetzt wenig Betrieb, und das Holzverladen an der Lena geschah nur im Sommer. Alle lebten von der Hoffnung auf Post aus der Heimat. Wenn sie dann eintraf, verzogen sich die Empfänger mit dem Brief in ihre Ecke. Nicht selten hörte man sie kurz darauf schluchzen. Es waren auch traurige Nachrichten dabei.

In Brunos Familie hatten alle den Krieg überlebt. Beim Fliegerangriff auf den Celler Bahnhof waren sie verschont geblieben, das Fachwerkhaus wurde nicht getroffen. Auch Gustav war nach Kriegsende unversehrt nach Hause gekommen. Der Brief an Paul enthielt traurige Nachrichten. Sein Vater war kurz vor Kriegsende in Frankreich gefallen. Für seine Mutter war dies ein schwerer Schlag, zumal sie zu dem Zeitpunkt nicht wusste, ob ihr Sohn noch lebte. Vor Kurzem hatte sie damit begonnen, für Privatkunden in Celle zu schneidern, eine Tätigkeit, die sie beherrschte und auf andere Gedanken brachte. Gropa schrieb Paul vom strengen Winter, der schon lange vor Weihnachten über ganz Europa eingefallen war und dessen Ende nicht abzusehen war. Er machte sich große Sorgen um seine Frau, die ständig erkältet war und immer schwächer wurde.

In diesem Winter starben nur drei Kameraden. Sie konnten in den vorgefertigten Gruben auf dem Friedhof beigesetzt werden, die nur vom Schnee geräumt werden mussten. Der Winter war schon fast überstanden, als Mitte April im Lager eine Durchfallepidemie ausbrach, auch in der Baracke der Jungen. Der Arzt konnte nicht viel ausrichten, nur wenige blieben arbeitsfähig. Bruno und Paul waren zum ersten Mal richtig krank, hüteten das Bett und standen nur auf, wenn sie zur Latrine mussten.

Paul erinnerte sich an Lenyas Geheimrezept, und nun begannen sie, von morgens bis abends getrocknete Blaubeeren zu essen. Die Wirkung war verblüffend. Schon am nächsten Tag ging es ihnen deutlich besser, und nach zwei Tagen konnten sie wieder zur Arbeit. Derweil verschlechterte sich der Zustand des alten Edwin aus Königsberg. An seinem gequälten Atem konnten sie vom Nebenbett aus hören, wie er ums Überleben kämpfte. Morgens gab Paul ihm eine Tüte mit den Wunderbeeren, auf denen dieser den ganzen Tag kauen sollte. Als sie von der Arbeit zurückkamen, war die Tüte leer und Edwin auf dem Wege der Besserung. Sein Lebensmut war zurückgekehrt, sein ostpreußischer Humor ebenfalls, denn er bedachte Paul mit seinem Lieblingsspruch.

„Wenn wir dich nich hättn und de kleenen Kartoffeln."

Bis die Schneeschmelze einsetzte und die Gräber freilagen, hatte der Durchfall weitere Todesopfer gefordert. Fünf Kameraden mussten beerdigt werden. Die Zahl der Lagerinsassen war inzwischen auf 200 geschrumpft.

Der Arzt kam noch einmal ins Lager, um die Arbeitstauglichkeit der Gefangenen zu überprüfen. Jetzt, Anfang Mai, wo der Sommer Einzug hielt, wollten alle die muffigen Wintergebäude verlassen und arbeiten. Da täuschten selbst die Geschwächten Gesundheit vor. Es war besser, mit den Kameraden zur Arbeit zu gehen, als auf den Betten vor sich hin zu vegetieren.

Ab Mai war die Freizeit für Bruno und Paul wieder ausgefüllt. Bruno arbeitete in der Werkstatt, während Paul seinen Lieblingsplatz aufsuchte, wo er auf die Ankunft der Mauersegler wartete und ein weiteres Märchen vorbereitete. Wenn er lange genug dem Bachlauf zuschaute und sich ganz auf seine Melodie einließ, kamen ihm die besten Gedanken. Und so war es auch heute. Er würde ein Märchen schreiben im Andenken an seinen Vater, der ein engagierter und bei den Schülern allseits beliebter Lehrer gewesen war.

Kaum war der Schnee geschmolzen, begann im Garten von Lenya die Pflanzzeit. Die von Bruno gebauten Hochbeete hatten den Winter gut überstanden. Nur im Inneren war die Erde abgesackt, da musste nachgefüllt werden. Lenya wünschte sich Paul als Helfer für die Pflanztätigkeiten, sie schätzte seine gärtnerische Kompetenz.

Dieses Mal war Paul allein unterwegs zum Steinhaus. Es war ungewohnt für ihn, Lenya erstmals ohne Bruno zu begegnen. Einerseits vermisste er seinen Freund neben sich, andererseits gestaltete sich die Unterhaltung mit Lenya einfacher, weil er nicht dauernd das Gefühl hatte, er müsse Bruno alles übersetzen, damit er sich nicht ausgeschlossen fühlte. Lenya bemerkte seine anfängliche Verlegenheit und machte so lange ihre Späße, bis er ihr Lachen erwiderte.

Bei der Gartenarbeit fühlte Paul sich sicher, davon verstand er eine Menge, und Lenya ließ sich gerne von ihm beraten. Als sie eine Pause machten und mit einem Glas Wasser dicht nebeneinander auf der Bank saßen, kehrte die Unsicherheit zurück. Paul spürte, dass Lenya ihn mochte. Er wusste nur nicht, warum. Sie war immerhin neun Jahre älter als er. Ob ihr aufgefallen war, dass er sie bewunderte?

Lenya hatte auf eine passende Gelegenheit gewartet, die war jetzt gekommen. Sie dankte Paul für das wunderbare Weihnachtsmärchen, das ein ganz besonderes Geschenk gewesen war. Grischko hatte nichts verraten, und so war die Überraschung zum Fest perfekt gelungen. Dann erzählte sie, dass sie manchmal bei Märchen weinen müsse, und sein Märchen habe sie wirklich zu Tränen gerührt. Paul freute sich über solch ein großes Kompliment, und es bestärkte ihn darin, mit dem Schreiben fortzufahren.

Für ihn war es nun an der Zeit, sich ebenfalls zu bedanken. Er berichtete Lenya von der Durchfallseuche im Lager und der heilenden Wirkung der getrockneten Blaubeeren. „Damit hast du uns das Leben gerettet", sagte er scherzhaft. Merkwürdigerweise konnte sie darüber nicht lachen, stattdessen erkannte er einen Anflug von Traurigkeit in ihrem Gesicht, der ihm schon früher einmal aufgefallen war. Er hatte einen wunden Punkt in ihrer Seele berührt, und er glaubte jetzt zu wissen, was es war: der Wunsch nach einem Kind, der nicht in Erfüllung zu gehen schien. In Paul sah sie den großen Jungen, den sie gerne gehabt hätte. Der durfte nicht sterben. Nach Beendigung der Arbeiten aßen sie gemeinsam, das gefiel Paul besser, als wenn sie ihm beim Essen zuschaute. Lenya hatte Bruno nicht vergessen, für ihn stopfte sie Brot und Wurst in Pauls Jackentaschen, bevor er sich auf den Rückweg machte.

„Srieh, srieh" – die markanten Rufe der Vögel hörte er bereits, als er den Friedhof passiert hatte. Sein Herz hüpfte vor Freude, und er hüpfte auch die letzten Meter bis zum Bach. Sie waren zurück, die getreuen Gefährten. Wenn die Mauersegler zu ihren Nestern im Felsen zurückkehrten, bedeutete dies für ihn das Ende des langen Winters, und die Vorfreude auf den Sommer beflügelte seine Gedanken.

„Dann werde ich mit dem nächsten Märchen anfangen", dachte Paul.

Heute allerdings wollte er die Vögel beobachten, wie sie den Felsen anflogen und in den Bruthöhlen verschwanden. Er zog seine Schuhe aus, überquerte den Bach und ging barfuß über die Hochebene bis ans Steilufer. Die Lena floss träge dahin. Die Felswand lag direkt vor ihm, und nun, aus unmittelbarer Nähe, erlebte er die Flugschau der Mauersegler in Perfektion. Noch nie war er den Vögeln so nahe gekommen. Sie segelten mit hoher Geschwindigkeit in niedrigen Regionen Richtung Nesteingang, stellten die Flügel auf, um abzubremsen, und landeten zielsicher in der Felsöffnung, ohne aufgeregtes Flügelschlagen, ohne Karambolagen, auch beim Verlassen des Nestes gingen sie sofort in den Gleitflug über.

Der Sommer verlief ohne besondere Zwischenfälle, die Tage und Jahreszeiten hatten einen vertrauten Rhythmus bekommen. Für die freien Zeiten hatten die meisten Gefangenen etwas gefunden, womit sie sich beschäftigen konnten. Einige besuchten regelmäßig den Friedhof und pflegten die Gräber, andere spielten Karten oder werkelten vor sich hin. Es gab nur wenige, die mit ihrem Schicksal haderten und Trübsal bliesen.

Bruno war inzwischen anerkannter Chef der Werkstatt, selbst die Wachleute sahen ihn in dieser Position, und wenn es irgendwo etwas zu tischlern gab, fragten sie ihn. Manchmal besuchte er Paul an dessen Lieblingsplatz, wo sie sich ungestört unterhalten konnten. Dann schmiedeten sie Pläne für die Zeit nach dem Lager. Paul beendete sein Märchen, das wieder zweisprachig war, mithilfe des Kommandanten. Zu Weihnachten schenkte er Lenya die russische Fassung. Seiner Mutter schickte er das Märchen, das er seinem gefallenen Vater gewidmet hatte.

Der Clown und das Mädchen

Als der Clown aus der Manege ging und der Vorhang hinter ihm zufiel, nahm der Applaus immer noch kein Ende. Es war eine glanzvolle Abschiedsvorstellung nach einer langen Karriere, und es war zugleich eine besondere, denn er hatte sich für seinen letzten Auftritt nur Kinder als Zuschauer gewünscht.

Für Kinder spielte er am liebsten, weil er sie so leicht verzaubern konnte. Mit kindlichen Gefühlen und Träumen kannte er sich aus, weil er selbst ein Kind geblieben war. Und hinzu kam seine meisterliche Pantomime, durch die er berühmt geworden war. Er hatte viele Angebote ausgeschlagen und war dem kleinen Zirkus immer treu geblieben, weil der Zirkus seine Familie war.

Unübertrefflich war seine Nummer mit den Luftballons. Er holte sich dazu Kinder in die Manege und spielte mit ihnen Luftballontheater – ohne Worte. Das Stück erklärte er mit Gesten und Mimik. Die Kinder verstanden, was er von ihnen wollte, aber sie spielten nicht gleich so, wie er sich das vorstellte. Dann raufte er sich die Haare und schlug die Hände über dem Kopf zusammen. Er zeigte ihnen noch einmal, was sie spielen sollten, und führte ihnen vor Augen, wie sie es gemacht hatten, natürlich so stark übertrieben, dass sich alle vor Lachen kaum halten konnten.

Die Nummer endete immer damit, dass sein Lieblingsluftballon in den Zirkushimmel aufstieg, weil er einen Moment lang nicht aufgepasst hatte. Das Lachen erstarb, und es wurde ganz still im Zelt, wenn der Clown sehnsüchtig seinem Luftballon hinterherschaute. Er verstand es, mit seiner Körperhaltung so einsam und verlassen zu wirken, dass alle Zuschauer die Trauer spüren konnten, die sie selbst einmal beim Verlust von etwas Wertvollem empfunden hatten.

An diesem Abend standen auf dem Luftballon in großen Buchstaben die Worte »BYE, BYE!«. Doch viele Kinder wollten nicht glauben, dass der Clown sich für immer aus der Manege verabschieden wollte. Sie dachten, durch ihr anhaltendes Klatschen könnten sie ihn vielleicht umstimmen. Der Clown aber hatte Abschied genommen und lauschte seinem letzten Beifall mit geschlossenen Augenlidern, hinter denen sich Tränen sammelten. Ein letztes Winken, dann hatte ihn der Vorhang verschluckt und für immer seinem Publikum entzogen. Der Clown blickte durch einen Tränenschleier in Richtung der Zirkuswagen, die er verschwommen wahrnahm, unwirklich weit entfernt. Am Ende des Ganges entdeckte er ein kleines Mädchen, das ganz offensichtlich auf ihn wartete, ein Foto in den Händen haltend. Vermutlich wollte sie ein Autogramm. Ihm fiel auf, wie selbstsicher sie dort stand, kein Anzeichen von Schüchternheit. Er wischte seine Tränen fort, während er sich ihr näherte. Als er nun direkt vor ihr stand, bemerkte er ihre neugierigen Augen, die ihn ansahen, als würde sie ihn schon lange kennen.

„Wie heißt du?" fragte er, als sie ihm das Foto reichte.

„Ich heiße Pinka."

„Pinka!", was für ein schöner Name, dachte er und schrieb: „Für Pinka" und fügte noch hinzu: „Zum Abschied".

Als er dem Mädchen die Widmung zurückgab, war er selbst überrascht, als er sich fragen hörte:

„Möchtest du, dass ich dir zeige, wie man ein Clown wird?"

Ohne zu zögern, kam die Antwort:

„Ja, gerne."

Und wieder faszinierten ihn diese neugierigen Augen.

„Dann treffen wir uns morgen zur gleichen Zeit an meinem Zirkuswagen", dabei zeigte er auf einen blau-rot gestreiften Wagen.

Am nächsten Abend begann der Clown mit dem Mädchen zu arbeiten. Zuerst zeigte er ihr, wie man sich schminkt. Er machte es vor, und

Pinka versuchte, ihr Gesicht genauso nachzuschminken. Allmählich verwandelten sich ihre beiden Gesichter in die von Clowns. Sie setzten sich vor den großen Spiegel und schauten hinein, und da mussten sie beide ganz fürchterlich lachen. Pinka konnte gar nicht mehr aufhören, und der Clown wurde von ihrem kindlichen Lachen immer wieder angesteckt.

Nun begann der schwierigste Teil der Arbeit. Pinka sollte lernen, wie sie durch Mimik unterschiedliche Gefühle ausdrücken konnte. Der Clown war erstaunt, wie schnell sie lernte, und sie wurde nicht müde. So verbrachten sie den Abend, bis Pinka nach Hause musste.

„Möchtest du morgen weitermachen?", fragte der Clown beim Abschied.

„Ja, ich möchte alles von dir lernen ... und danke für den schönen Abend!"

Als das Mädchen gegangen war, fühlte sich der Clown rundherum glücklich und freute sich schon auf den nächsten Tag. Sie übten nun jeden Abend zusammen, die Bewegungen der Hände und Arme, die Körpersprache und viele kleine Tricks. Manchmal kam Pinka gleich nach der Schule in den Zirkus. Dann saßen sie zusammen und aßen gemeinsam, und danach hatten sie sich immer viel zu erzählen.

Jeden Abend, wenn Pinka den Zirkus verließ, hatte sie etwas Neues gelernt. Schon bald konnte sie jonglieren, balancieren, auf Stelzen gehen und vieles mehr. Sie war ein Teil der Zirkusfamilie geworden und aus dem Leben des Clowns nicht mehr wegzudenken.

Als die Weihnachtsferien begannen, lief Pinka gleich nach der Schule in den Zirkus, um dem Clown ein schönes Weihnachtsfest zu wünschen. Sie hatte mit ihrer Mutter Weihnachtskekse gebacken, und eine Tüte schenkte sie dem Clown. Er hatte schon auf sie gewartet, denn ein ganz besonderes Geschenk lag seit Tagen für sie bereit, sein alter hölzerner Schminkkoffer, auf Hochglanz poliert und alle Schminkutensilien aufgefüllt und ergänzt.

„Ich möchte dir etwas schenken, an dem mein Herz hängt", sagte der Clown und überreichte ihr lächelnd den blitzenden Koffer.

Zum ersten Mal, seit sie sich kennengelernt hatten, war Pinka sprachlos. Solch ein Geschenk hatte sie noch nie bekommen, und es dauerte eine ganze Weile, ehe sie „Danke" sagen konnte, zuerst leise, kaum hörbar, und dann mit klarer Stimme: „Oh! Danke!" Und dabei umarmte sie den Clown. Nun wusste sie auch, warum sie den Schminkkoffer in den letzten Tagen nicht gesehen hatte.

Sie setzten sich an den Tisch, tranken heiße Schokolade, und der Clown probierte die Weihnachtskekse.

„Bei jedem Weihnachtskeks werde ich an dich denken … das macht deine Kekse so besonders!", sagte der Clown und lächelte. „Und deshalb werde ich zu Weihnachten nicht einsam sein."

„Ich wollte dich schon die ganze Zeit etwas fragen", erwiderte Pinka, und als der Clown ihr aufmunternd zunickte, fragte sie etwas schüchtern: „Warum bin ich so wichtig für dich?"

„Ich bin glücklich, dass du mir diese Frage endlich stellst, denn ich habe schon oft über die Antwort nachgedacht, die ich dir darauf geben möchte. Ich habe jahrelang nichts anderes getan, als Kinder zu verzaubern, und sie haben mich dafür bewundert. Aus der Ferne haben sie mich auf ihre Art verehrt für die Kunst, in ihnen etwas freizusetzen, was sie bisher noch nicht entdeckt hatten. Ihr Applaus und ihre Bewunderung waren wichtig für mich. Dadurch konnte ich das Beste aus mir herausholen, bis zum Schluss."

Er machte eine kleine Pause, um zu sehen, ob sie ihm folgen konnte.

„Bei dir ist alles ganz anders! Du bist mir nah, so nah, dass du mir jeden Augenblick das Gefühl gibst, geliebt zu werden … und das ist ein großes Glück. Die Kinder im Zirkus haben mich angespornt, ein guter Clown zu sein. Dafür habe ich viele Rollen gespielt. Bei dir brauche ich mich nicht zu verstellen, ich muss dir nichts vorspielen.

Ich kann so sein, wie ich bin ... jederzeit ... und dadurch gibst du mir das Gefühl, für dich vollkommen zu sein."

Pinka war ganz nah an den Clown herangerückt und hatte ihre kleinen Arme um ihn gelegt. So saßen sie in Gedanken versunken da. Der Clown brach als Erster das Schweigen.

„Habe ich deine Frage beantwortet?"

Pinka nickte, und dann sagte sie:

„Ich habe noch nie etwas so Schönes gehört. Danke!"

Als sie sich zum Abschied umarmten, waren sie glücklich, weil sie wussten, dass sich ihre Herzen berührt hatten.

Für meinen Vater, Weihnachten 1947

14
Sibirien, 1948/49

Der Winter 1947/48 verlief weniger streng als die beiden vorangegangenen, aber er hielt sich länger. Das Eis der Lena brach langsam mit gedämpftem Getöse, während die Ufer immer noch schneebedeckt waren. Als die Mauersegler Ende April zurückkehrten, waren die Nächte weiterhin frostig, und an Stellen, wo die Sonne nicht hinkam, behaupteten sich hartnäckig einzelne Schneefelder.

Die Schneeschmelze zog sich in die Länge, und die Eisschollen ließen sich Zeit auf dem Weg nach Norden. Ungewöhnlich früh musste die Eispiste gesperrt werden, weil erste Risse auftraten. Das war Anfang April. Und nun verzögerte sich auch noch der Schiffsverkehr auf der Lena. Mehr als drei Wochen lang war die Versorgung von Sangar unterbrochen.

Für die Lagerinsassen hatte sich einiges an Post angesammelt, als das erste Postschiff endlich anlegen konnte. Bruno bekam einen Brief von seinem Bruder Gustav, der ihm schilderte, wie er den Krieg überlebt hatte, und er berichtete von einem Haus an der Zonengrenze, in das er mit den Eltern vor einem Jahr gezogen war.

Paul erhielt zwei Briefe. Einer war von seiner Mutter und einer von seinem Großvater. Seine Mutter dankte ihm für das Märchen, das sie sehr berührt hatte. Sie wünschte sich, dass Pauls Vater es hätte lesen können. Er wäre so stolz gewesen. Dann berichtete sie ihm einiges von der politischen Neuordnung nach dem Kriege und beschrieb das Alltagsleben in der britischen Besatzungszone.

Pauls Gropa hatte einen langen Brief geschrieben. Er enthielt traurige Nachrichten. Seine Frau Sophia, Pauls Groma, war am 15. März 1948 nach langer Krankheit gestorben. Der Tod ihres einzigen Sohnes, der in den letzten Kriegstagen gefallen war, hatte ihr das Herz gebrochen.

Hinzu kam die Ungewissheit über das Schicksal von Paul und Bruno in russischer Gefangenschaft. Im Kältewinter 1946/47 wurde sie ernsthaft krank, blieb geschwächt bis zum nächsten Winter, dem sie wenig entgegenzusetzen hatte. Eine schwere Bronchitis fesselte sie ans Bett, dann bekam sie eine Lungenentzündung und starb nach wenigen Tagen.

Gropa schrieb darüber, wie viel stiller es im Haus an der Aller geworden war. Nachdem Gustav mit seinen Eltern und Großeltern vor einem Jahr ein Bauernhaus auf dem Lande gekauft hatte, konnte die Werkstatt wieder umgeräumt werden, da das Haupthaus genug Platz bot. Nach dem Tod seiner Frau lebte er mit seiner Schwiegertochter in einem plötzlich viel zu großen Haus. Er sehnte Pauls Heimkehr herbei, das las Paul zwischen den Zeilen. Gropa musste es nicht erwähnen.

Bruno und Paul waren sehr traurig über den Tod von Groma. Sie erinnerten sich an viele unvergessliche Details in ihrer Küche, wo sie von ihr verwöhnt worden waren. Lieblingsspeisen, Düfte und Geschmäcker blieben untrennbar mit Oma Schlokat verknüpft.

Die ersten warmen Tage an seinem Schreibplatz nutzte Paul für einen langen Brief an seinen Gropa. Er versprach ihm erneut, dass er nach Hause kommen werde. Er wollte seinem Großvater Mut machen durchzuhalten. Im Dezember, kurz vor Weihnachten, würde Gropa 70 werden. Das nächste Märchen wollte er ihm widmen, und er hatte bereits eine Idee, es drehte sich um ein Versprechen.

Bruno arbeitete seit einigen Tagen wieder im Sägewerk, während Paul zum Holzverladen an der Lena eingeteilt war. Nach der Arbeit ging Paul die wenigen Meter hinüber zu seinem Freund, der nach Feierabend an einem besonderen Werkstück arbeitete, einer Gartenbank für Lenya. Kommandant Grischko wollte seine Frau zum Hochzeitstag damit überraschen. Das Sägewerk bot Bruno bessere Möglichkeiten für die Holzbearbeitung als die Lagerwerkstatt. Und er durfte aus den vielen Hölzern die passenden auswählen. Lenyas Bank baute er aus Lärchenholz.

Paul leistete ihm Gesellschaft, helfen konnte er nicht. Was Bruno baute, war ausgefeilte Tischlerarbeit. Er war inzwischen ein Meister seines Fachs. Paul dachte: „Wenn Bruno nach Hause kommt, wird ihm keiner etwas vormachen in Sachen Holzbearbeitung."

Den Heimweg ins Lager legten sie unbewacht zurück. Der Kommandant vertraute ihnen, und die Wachleute hatten ihre ursprüngliche Aufgabe, Fluchtversuche von deutschen Gefangenen zu verhindern, schon fast vergessen.

Die Bank stand fast fertig im Sägewerk, als sie auf dem Rückweg zu Lenyas Haus abbogen. Sie überraschten sie im Garten, wo sie ihre Neuanpflanzungen wässerte. Grischko war noch nicht zu Hause, das hatten sie gehofft.

Lenya freute sich, stellte die Gießkanne ab und umarmte sie spontan, einen nach dem anderen. Das hatte sie noch nie gemacht, sie waren überrumpelt, aber es gefiel ihnen. Lenya trug ihren Gartenoverall über einem hellblauen T-Shirt. Um den Hals hatte sie ein cremefarbenes Tuch gebunden, Arme und Gesicht glänzten sonnengebräunt. Vermutlich war sie in den letzten Tagen viel draußen gewesen. Auf jeden Fall hatte sie alle Beete bepflanzt, es fehlten nur noch die Blumen vorm Haus.

Paul übersetzte, was Bruno sich ausgedacht hatte. Er wollte für Grischko einen Holztrog bauen, für die Fußpflege, für spezielle Kneippkuren. Lenya lachte über die verrückte Idee, die ihr sogleich gefiel. Ihr Mann hatte sich schon oft bei ihr beklagt, dass seine Füße während der Dienstzeit in Schaftstiefeln eingezwängt waren. Paul fragte Lenya nach einem Anlass, zu dem sie ihrem Mann den Trog schenken könne, und hoffte, dass sie den Hochzeitstag nennen würde. Er hatte sich nicht getäuscht, sie nannte den 8. Juni.

Durch ihren Umweg hatten sie die Essensausgabe im Lager verpasst. Das war nicht schlimm, weil Lenya sie mit einem Laib Brot, einer halben Wurst und sauren Gurken versorgt hatte, bevor sie gingen. Die ließen sie in ihren Jacken verschwinden, die Kameraden durften von diesen Extrawürsten nichts mitbekommen.

8. Juni 1948, Hochzeitstag von Lenya und Grischko. Die Überraschungsgeschenke waren fertiggestellt. Bruno hatte sich wieder selbst übertroffen. Der Kommandant verabredete mit den Jungen, dass sie die Bank am Nachmittag vom Sägewerk zum Haus bringen sollten. Vom Holztrog ahnte er nichts, ebenso wenig wie Lenya von der Bank.

Sie machten die Strecke zweimal. Bevor Grischko nach Hause kam, brachten sie Lenya den Bottich, den sie hinterm Haus versteckte. Beim zweiten Gang schleppten sie die Gartenbank hügelaufwärts bis ans Haus. Grischko empfing sie am Zaun, Lenya musste drinnen warten.

Bruno und Paul hatten ihren Spaß daran, wie Lenya und Grischko sich gegenseitig überraschen wollten. Die beiden freuten sich wie Kinder, und dann war es endlich so weit. Lenya durfte herauskommen. Sie starrte auf die Bank, verharrte für einen Moment ungläubig … dann brach die Freude aus ihr heraus. Sie fiel ihrem Mann um den Hals, jubelte und tanzte, wie es nur Lenya fertigbrachte. Paul war fasziniert, sie konnte sich so unbändig freuen. Als sie sich etwas beruhigt hatte, mussten Grischko und Lenya Probe sitzen.

Nun kam Lenyas Auftritt. Sie trat hinter die Bank, nahm ihr Halstuch und verband ihrem Mann die Augen, lief ums Haus und holte den Bottich. Dann zog sie ihm Stiefel und Strümpfe aus und schob den Trog unter seine nackten Füße. Nachdem sie das Tuch gelöst hatte, klatschte sie in die Hände, zum Zeichen, dass er die Augen aufmachen durfte.

Er wirkte ganz ruhig, als er auf den Bottich unter seinen Füßen schaute, er sah Lenya an, schaute erneut zum Bottich, und man sah, wie die Freude sich auf seinem Gesicht ausbreitete. Er umarmte Lenya und hielt sie lange fest. Schließlich befreite sie sich. Sie wollte das Fass im Beisein der Jungen einweihen. Grischko musste seine Füße in den Bottich stellen, und sie goss mit der Gießkanne Wasser hinein. Zuerst protestierte er über das kalte Wasser, rieb seine Füße aneinander, doch dann sah man, wie er das erfrischende Bad genoss.

Die Jungen hatten abseitsgestanden und alles beobachtet. Bruno freute sich, wie seine Werkstücke bewundert wurden. Grischko lobte die kunstvollen Holzverbindungen, ihm gefiel auch die Bretterwahl. Die helle Farbe des Lärchenholzes mochte er besonders.

Bruno und Paul waren gerade im Begriff zu gehen, als Grischko ihnen zu verstehen gab, dass sie warten sollten. Er tuschelte mit seiner Frau, die lachend ins Haus ging, um kurz darauf mit einer Flasche Wodka und vier Gläsern zu erscheinen. In Russland bekommen Baumeister nach Ende der Arbeiten einen Schnaps, das war Brauch, und daran wollte Grischko festhalten. Es spielte keine Rolle, dass die Jungen zum Lager gehörten.

Lenya schenkte ein. „Nastrowje", sagte der Kommandant, hob sein Glas und leerte es in einem Zug. Die Jungen mussten nachziehen, während Lenya nur einen kleinen Schluck nahm. Nachschenken war Ehrensache, also kippten die Männer noch ein zweites Glas hinunter. Bruno und Paul spürten die Wirkung des Wodkas, kaum dass sie ihn getrunken hatten. Ihr letzter Alkoholkonsum lag Ewigkeiten zurück, in der Silvesternacht 1944 in Britannien.

Paul fing an zu lachen, als er merkte, dass er einen Schwips hatte.

„Ich glaube, ich bin betrunken", sagte er zu Bruno.

„Macht nix, Pawel, dann torkeln wir ins Lager."

Und nun lachten sie gemeinsam.

„Guter Wodka", sagte Paul zu Grischko, „ich bin kaputt."

Grischko amüsierte sich köstlich über die Jungen, die nichts vertragen konnten. Lenya zog derweil eine Mettwurst aus der Tasche ihres Overalls und schnitt für jeden ein großes Stück ab. Das war Balsam für ihre Mägen. Grischko hielt Lenya sein Glas hin, er wollte nachgeschenkt bekommen, und sie tat ihm den Gefallen. Die Jungen ließ sie aus. Mit dem letzten Schluck Wodka in ihrem Glas prostete sie ihrem Mann zu: „Nastrowje."

„Auf ein neues Ehejahr!"

Auf dem Rückweg ins Lager alberten sie herum. Der Wodka hatte sie betrunken gemacht. Brunos Stimme klang schwerfällig.

„Pawel, was ist mit dir und Lenya?" Er stieß seinen Freund in die Seite. „Sie schaut dich so merkwürdig an."

„Ich weiß nicht, Bruno, ich glaube, sie mag uns. Wie sie uns kürzlich umarmt hat, das war ein irres Gefühl."

Bevor sie das Lager betraten, am Wachmann vorbei, rissen sie sich zusammen und gingen aufrecht, ohne zu torkeln, zu ihrer Hütte, wo sie sich ins Bett fallen ließen, um ihren Rausch auszuschlafen. Niemand durfte erfahren, dass sie mit dem Kommandanten getrunken hatten.

In der Lagerwerkstatt warteten keine neuen Aufträge auf Bruno. Er hatte bereits einige Särge auf Vorrat zusammengezimmert. Im letzten Winter waren nur zwei Kameraden gestorben. Jetzt im Sommer musste nicht mit weiteren Toten gerechnet werden, daher brauchte er erst mal nicht für Nachschub zu sorgen.

Wenn Paul an seinem Schreibplatz am Bach weilte, kam es nun häufiger vor, dass Bruno ihn besuchte. Dann legte Paul Papier und Stift beiseite. An diesem Platz konnten sie sich ungestört unterhalten, im Lager und bei der Arbeit war das nicht möglich, weil sich stets Kameraden in der Nähe aufhielten.

Eines Sonntags im August unternahmen sie einen Ausflug. Paul hegte schon lange den Wunsch, den Bach zu erkunden. Bisher hatte ihm der Mut gefehlt, sich so weit vom Lager zu entfernen, aber Bruno konnte schnell seine Bedenken vertreiben. Schließlich ließ sich niemals ein Wachmann am Bachlauf blicken, um nach ihm Ausschau zu halten, auch wenn er länger fortblieb.

Sie machten sich auf den Weg und folgten dem Wasserlauf Richtung Quelle. Es ging ständig bergauf, durch dichten Kiefernwald, der kein Ende nahm. Weiter oben stießen sie auf kleine Wasserfälle. Der Bach hatte mehrere helle Felsplatten freigelegt, über die er von Stufe zu Stufe talwärts sprang. Es war ein guter Platz zum Rasten. Sie spürten die Wärme auf den Felsen, als sie sich auf eine Stufe setzten und die nackten Füße ins Wasser baumeln ließen. Die Bäume standen hier weniger dicht, sodass der Rastplatz voll in der Sonne lag.

Sie gönnten sich nur eine kurze Pause, es zog sie weiter. Oberhalb der Wasserfälle hatte der Bach weniger Gefälle, er plätscherte als schmales Rinnsal durch den Wald, der sich stetig lichtete. Bald standen sie am Waldrand und konnten die Bergkuppe sehen, die über einer flach ansteigenden Hochebene lag, mit Heidelbeerbüschen und Flechten bewachsen. Für einen Moment vergaßen sie den Bach und stürzten sich auf die Blaubeeren, die an niedrigen Sträuchern dicht über dem Boden hingen, in einer Fülle, wie sie sie noch niemals erlebt hatten.

Der Bach schlängelte sich den Abhang hinunter und wurde zusehends schmaler, als sie sich dem Ende des Blaubeerfeldes unterhalb der Kuppe näherten. Schotter und Flechten begleiteten das Bächlein auf den letzten Metern bis zu seinem Ursprung. Der Boden wurde mit jedem Schritt sumpfiger. Sie mussten die Stiefel ausziehen, kamen an eine Mulde und waren am Ziel: Sie hatten die Quelle erreicht. Von allen Seiten flossen winzige Rinnsale, sammelten sich in der Vertiefung und speisten den Quell.

Paul wusste, was an solch einem Ort zu tun war.

„Wir müssen aus der Quelle trinken. Das bringt Glück."

Er formte mit seinen Händen einen Trichter und schöpfte aus der Quelle. Abwechselnd tranken sie, bis der Durst gelöscht war. Es wurde Zeit, ins Lager zurückzukehren. Eine kleine Unterbrechung bei den Blaubeeren, dann sprangen sie bergab wie Gemsen und erreichten in Windeseile das Lager.

Dort hatte niemand Verdacht geschöpft. Der Wachposten am Eingang winkte sie durch, er war daran gewöhnt, dass Paul an manchen Tagen lange draußen blieb, ehe er sich zurückmeldete, den Schreibhocker unterm Arm.

Die nächste Geschichte war fertig. Es fehlte nur noch die Übersetzung ins Russische, bei der er weiterhin Grischkos Hilfe in Anspruch nahm. Wenn er mit beiden Fassungen zufrieden war, folgte ein letzter Schritt. Dann schrieb er die Geschichten in seiner allerbesten Schreibschrift ab, ließ sich sehr viel Zeit dabei, besonders bei den kyrillischen Buchstaben. Bruno bewunderte seine Schrift. Es sah fast aus wie gedruckt.

Die russische Fassung legte er beiseite, für Lenya zu Weihnachten. Die deutsche steckte er in den Brief für seinen Großvater, den er schon im November abschickte, damit er rechtzeitig zum Geburtstag ankam.

Das Versprechen

Hoch oben im Norden, wo die Sonne in einer sanften, flachen Bahn über den Himmel zieht und an manchen Tagen des Winters nicht über den Schneehorizont steigt, lebte ein alter Indianer. Er war der Letzte seines Stammes, der im Tal geblieben war, als alle anderen in die Stadt gezogen waren. Keiner konnte Pongabe davon überzeugen, sein geliebtes Tal zu verlassen. Er lebte mit seinem Hund, einem Husky, in einer alten Blockhütte am Ufer des kleinen Flusses, der sich kurvenreich durchs Tal schlängelte. Hinter der Hütte hatte er seine Frau unter einer alten Zeder begraben. Manchmal lehnte er sich an den Stamm des Baumes und träumte die glücklichen Tage herbei, als er mit ihr das Tal durchstreift hatte. Sein Leben verlief so, wie er es seit seiner Kindheit kannte, im Wechsel der Jahreszeiten, im Einklang mit der Natur. Die Tage waren ausgefüllt mit Arbeit. Abends redete er mit seinem Hund und hatte das Gefühl, dass dieser ihm zuhörte. So war er nicht einsam.

Jedes Jahr in der Mitte des Sommers, wenn die Sonne zum Horizont hinabstieg, um sich kurz auszuruhen, und im nächsten Moment wieder in den Himmel aufstieg, machte Pongabe sich auf den langen Weg in die Stadt, um seinen Stamm zu besuchen. Er liebte diese Tage, an denen es nicht dunkel wird, und er sich mit seinem Kanu ohne Pausen von der Strömung bis in die Stadt treiben lassen konnte. Im Fluss sammelte sich das Wasser der Bergbäche, und sein Bett hatte sich am Ausgang des Tales erheblich verbreitert. Pongabe saß auf der Hinterbank und steuerte das Kanu mit seinem Paddel geschickt durch die Strömungen, die ihm durch seine vielen Fahrten vertraut waren.

Vorne im Boot, auf einem Stapel von Fellen, war der Aussichtsplatz seines Hundes. Unter der Mittelbank lagen allerhand Beutel mit getrockneten Beeren und Pilzen und ein großer Sack voller geräucherter Lachsseiten, die keiner so schmackhaft zubereiten konnte wie er.

Die Felle verkaufte er in der Stadt, die Delikatessen aus der alten Heimat seines Stammes waren Gastgeschenke für seine Familie.

Pongabe freute sich, Familie und alte Freunde wiederzusehen. Aber schon nach wenigen Tagen bekam er regelmäßig Heimweh nach seinem Tal, in der Stadt fühlte er sich wie gefangen. Sobald er alle Vorräte für den Winter eingekauft und in seinem Kanu verstaut hatte, machte er sich auf den Heimweg. Es war ein beschwerlicher Weg zurück. Gegen die Strömung musste er ununterbrochen paddeln und kam nur langsam voran. Es blieb ihm nichts anderes übrig, als viele Pausen einzulegen, und so brauchte er eine Woche, ehe er seine Hütte erreichte.

Bei seinen letzten Fahrten in die Stadt hatte sich etwas verändert. Er blieb so lange dort, bis der nahende Wintereinbruch ihn zur Rückkehr ermahnte. An das Leben in der Stadt konnte er sich immer noch nicht gewöhnen, aber es gab etwas anderes, was ihn dort festhielt: Seit vier Jahren hatte er einen Enkel, und der wollte ihn nicht losfahren lassen.

Wenn die Eltern zur Arbeit waren – der Vater arbeitete im Weinhandel, die Mutter hatte einen Halbtagsjob in der Schule –, saßen sie stundenlang beieinander, und der Großvater erzählte Geschichten aus der Zeit, als der Stamm noch im Tal gelebt hatte. Karimba, so hieß der Kleine, hing an den Lippen des Großvaters und konnte nicht genug von den Geschichten bekommen. Bei seinem letzten Besuch hatte Karimba ihm den Abschied besonders schwer gemacht.

„Ponga" – so nannte er seinen Großvater –, „ich möchte dich begleiten", hatte er gebettelt, „und dann wünsche ich mir einen Hund, wie du ihn hast."

Die Worte seines Enkels hatten das Herz des Großvaters berührt, er nahm sich Zeit, sie ganz in sich aufzunehmen, ehe er antwortete.

„Rimba, ich würde dich gerne mitnehmen, aber du bist noch zu klein. Im nächsten Jahr, bevor du zur Schule kommst, darfst du

mitkommen. Und ich werde dir einen Husky schenken. Das ist mein Versprechen."

Dieser Winter wollte für den Großvater kein Ende nehmen, er sehnte den Tag der Abreise herbei, um seinen Enkel ins Tal seiner Vorfahren zu holen. Kaum hatte der Sommer Einzug gehalten, belud er sein Kanu und folgte dem Fluss bis in die Stadt.

Den Verkauf der Felle wickelte er an der Anlegestelle ab, und seine Vorräte waren schnell zusammengetragen. Als Letztes besuchte er einen Freund, der ihm vor Jahren seinen Schlittenhund geschenkt hatte. Er wanderte an den Käfigen entlang, in denen sein Freund die von ihm gezüchteten Hunde hielt, und entdeckte einen Husky, der kleiner war als alle anderen, aber strahlend blaue Augen hatte. Den kaufte er für seinen Enkel und nahm ihn gleich mit.

Am Abend des Ankunftstages stand er mit zwei Hunden an der Haustür seiner Kinder, die ihn so früh im Sommer noch nicht erwartet hatten. Den kleinen Hund für Rimba trug er auf dem Arm. Sein Enkel kam als Erster aus dem Haus gelaufen, als er die beiden Hunde sah, wusste er sofort, dass der Großvater sein Wort gehalten hatte. Er umarmte ihn so stürmisch, dass dieser ihn bremsen musste.

„Rimba, Rimba, nicht so doll, sonst zerdrückst du noch deinen neuen Freund."

Der Großvater setzte den kleinen Husky auf den Boden, wo dieser um die Beine seines Enkels strich und ihn beschnupperte. Als Rimba seinen Nacken kraulte, legte er sich zu seinen Füßen. „Na, das ist ja Liebe auf den ersten Blick", dachte der Großvater und ging mit den Eltern ins Haus, um alles Notwendige für Karimbas erste große Reise zu besprechen.

Am nächsten Morgen kam sein Enkel schon früh, um ihn zu wecken, und fragte, wann sie endlich aufbrechen würden. Dem Großvater war es recht, so schnell wie möglich die Stadt zu verlassen, er hatte ja Rimba bei sich.

Gegen Mittag war alles im Boot verstaut, und sie konnten ablegen. Der Großvater trieb das Kanu mit kräftigen Schlägen gegen die Strömung und benutzte das Paddel als Steuer, Rimba saß auf der Mittelbank und zog das Paddel mit seinen kleinen Armen durchs Wasser. Dabei wechselte er häufig die Seite, um nicht so schnell zu ermüden. Der Großvater lobte ihn sehr.

„Zu zweit kommen wir viel schneller voran, Rimba. Aber, du kannst ruhig mal aufhören zu paddeln und mit den Hunden spielen. Hast du denn schon einen Namen für deinen Husky gefunden?"

„Na klar, Ponga. Sein Name ist Billi."

Die Hunde lagen friedlich nebeneinander an der Spitze des Bootes auf einem Fell, mit dem der Großvater die Vorräte abgedeckt hatte. Rimba setzte sich zu ihnen und streichelte sie abwechselnd. Jetzt, wo sie gemeinsam auf dem Weg waren, hatte der Großvater es nicht mehr eilig, nach Hause zu kommen. Er steuerte die schönsten Lagerplätze am Flussufer an und nahm sich Zeit, seinem Enkel das Leben in der Wildnis zu erklären. Er zeigte ihm, wie man Feuer macht, und verriet ihm die entscheidenden Tricks beim Angeln. Manchmal saßen sie einfach nur am Ufer und beobachteten die Lachse, die im klaren Wasser an ihnen vorbeizogen. Als sie das Tal erreichten, war Rimba zunächst sprachlos vor lauter Staunen.

„Es sieht genau so aus, wie du es mir beschrieben hast, Ponga. Wie weit ist es noch bis zu deiner Hütte?"

„Wenn du mir beim Paddeln hilfst, schaffen wir es bis zum Abend."

Das spornte Rimba mächtig an. Er hatte inzwischen gelernt, wie man mit langen Schlägen dicht am Boot entlang das Kanu voranziehen musste. Der Großvater passte sich seinem Rhythmus an. Nun paddelten sie im Gleichklang und näherten sich in schnellem Tempo dem Ziel.

An einer scharfen Biegung des Flusses steuerte der Großvater das Boot ganz nah ans Ufer. Sein Hund wurde unruhig, sprang plötzlich aus dem Boot und schwamm die letzten Meter ans Ufer, wo er bellend vorauslief. Billi stimmte in das Gebell ein. Als sie um die Ecke bogen, entdeckte Rimba die Blockhütte.

„Wir sind da!", rief er, während der Großvater das Kanu zur Anlegestelle lenkte.

Nun begann eine Zeit, die sie niemals vergessen sollten. Der Großvater lebte mit seinem Enkel so, wie es die Indianer seines Stammes vor langer Zeit getan hatten. Karimba liebte das Leben in der freien Natur, das er aus zahlreichen Geschichten seines Großvaters kannte. Die Jahreszeiten im Tal waren so ganz anders als in der Stadt, und er erlebte sie alle: den Rest des Sommers, den kurzen Herbst in all seiner Farbenpracht, den langen Winter, der alles in Weiß hüllte, und den plötzlichen Frühlingsbeginn, als das Eis des Flusses unter lautem Getöse zu brechen begann.

Als der Sommer anbrach, mussten sie in die Stadt zurückkehren, damit Rimba den ersten Schultag nicht verpasste. Das Kanu lag tief im Wasser, zwei Menschen, zwei Hunde und die vielen Felle drückten es nach unten. Der Großvater saß neben seinem Enkel auf der hinteren Bank und überließ ihm das Steuern des Bootes, das von der Strömung vorangetrieben wurde. Er blickte auf das Jahr zurück und dachte, wie viel sein Enkel in dieser Zeit gelernt hatte. Er hatte ihm das alte Leben der Indianer eingepflanzt.

Den ersten Schultag von Rimba ließ der Großvater sich nicht entgehen. Kurz danach musste er aufbrechen, dieses Mal ohne Rimba und Billi, die so lange am Ufer standen, bis das Kanu verschwunden war.

Die Sommer kamen und gingen. Der Großvater merkte, dass ihm die lange Reise stromaufwärts mit dem Kanu immer schwerer fiel. Sein Enkel war inzwischen zu einem kräftigen Jungen herangewachsen.

Er kannte seinen Großvater sehr genau und ahnte, wie anstrengend die Reise für diesen sein musste.

Beim nächsten Besuch würde er ihn überraschen. Zum Geburtstag hatte er sich ein Kanu gewünscht, das brauchte er, weil er seinen Großvater begleiten wollte. Am Abend vor der Abreise befestigte er sein Kanu heimlich an dem des Großvaters, und als sie morgens zur Anlegestelle kamen, wollte der alte Indianer seinen Augen nicht trauen. Rimba klärte ihn auf.

„Ponga, weißt du was? Ich habe Sommerferien und möchte dich in deinem Tal besuchen."

Er kannte die Antwort des Großvaters im Voraus und beobachtete sein Gesicht, auf dem sich die Freude ausbreitete.

Die Rückfahrt ins Tal verlief anders als beim ersten Mal. Rimba führte den Steuerschlag und zog das Boot mit kräftigen Schlägen durchs Wasser, sein eigenes tanzte unbeladen hinterher. Ponga saß in der Mitte bei den Hunden und ruderte nur dann, wenn die Strömung besonders heftig war.

Auch das gemeinsame Leben in der Blockhütte zeigte Veränderungen. Früher hatte der Großvater vieles allein machen müssen, und sein Enkel hatte zugeschaut. Jetzt war Rimba so stark, dass er seinem Großvater die schweren Arbeiten wie Holzhacken abnehmen konnte. Er freute sich, dass er ihm helfen konnte.

Als die Sommerferien zu Ende gingen, war die Hütte bestens für den Winter gerüstet, und Rimba konnte mit gutem Gewissen sein Kanu besteigen. Als sie sich zum Abschied umarmten, stellte der Großvater fest, dass Rimba schon genauso groß war wie er.

„Nächstes Jahr besuche ich dich wieder", sagte Rimba als Letztes. „Das ist mein Versprechen!"

Er hatte ganz bewusst die Worte des Großvaters gewählt, die er damals benutzt hatte, als er ihm einen Hund versprach. Den Huskys fiel der Abschied ebenso schwer. Billi bellte vom Kanu aus so lange, bis von seinem Hundefreund nichts mehr zu hören war, dann legte er sich neben Rimba auf die Ruderbank und jaulte leise vor sich hin.

In den folgenden Jahren hielt der Enkel sein Versprechen. In den Sommerferien fuhr er den Großvater mit seinem beladenen Kanu zurück, sein eigenes Boot im Schlepptau.

Es kam der Sommer, in dem das Kanu des Großvaters zu lange ausblieb. Rimba schwante Böses, und er bestieg sein Kanu. Den ganzen Weg stromaufwärts hoffte er, unterwegs auf den Großvater zu treffen, doch vergebens. Er musste bis zur Hütte paddeln ... und dort fand er ihn, auf seinem Fell liegend, so als würde er schlafen. Rimba erkannte sofort, dass sein Großvater nicht mehr lebte. Der Husky lag an seiner Seite und jaulte vor sich hin. Er war völlig abgemagert.

Rimba kümmerte sich zunächst um den Hund, holte eine Lachsseite und ermunterte ihn zum Fressen. Dann ging er zur alten Zeder, um einen geeigneten Platz für Großvaters Grab zu suchen.

„Begrabt mich an der Biegung des Flusses", hatte der Großvater einmal zu ihm gesagt. Daran musste er denken, als er ihn beerdigte.

Er blieb den ganzen Tag vor der Blockhütte sitzen, blickte in den Fluss und musste an die vielen Geschichten und Erlebnisse mit seinem Großvater denken. Das war seine Art, Abschied zu nehmen, indem er alles Wichtige in seinem Herzen für immer aufbewahrte.

In seinem späteren Leben gab es bestimmte Momente, in denen er die Stimme des Großvaters ganz deutlich hören konnte. Das geschah immer, wenn er jemandem etwas versprach. Dann benutzte er die Worte des Großvaters: „Das ist mein Versprechen." Und es bedeutete, dass er sein Versprechen einlösen würde, im Andenken an seinen Großvater, der ihm seinen größten Wunsch erfüllt hatte.

Für meinen Großvater, Weihnachten 1948

In seinem Brief an Gropa schrieb Paul ausführlich vom Lagerkommandanten und dessen Frau und erzählte von den Märchen, die er ins Russische übersetzt hatte, um sie Lenya zu Weihnachten zu schenken. Dank des Lexikons war sein Russisch während der Gefangenschaft immer besser geworden. Und es erinnerte ihn stets an sein Versprechen, das er seinem Großvater vor vier Jahren gegeben hatte: „Ich werde nach Hause zurückkommen."

Winter 1948/49. Das neue Jahr begann mit Schneestürmen. An vielen Tagen mussten die Gefangenen und Wachleute im Lager ausharren. Dort kämpften sie gegen die Schneemassen rund ums Lager, so kamen sie wenigstens für Augenblicke hinaus ins Freie. Die Hütten waren inzwischen winterfest, es gab keine Ritzen mehr, durch die der eisige Wind pfeifen konnte. Die Öfen blieben Tag und Nacht in Betrieb, in den Hütten und auch in der Küche. Nur der Gang zur Latrine stellte eine Herausforderung dar. Auf den frostigen Sitzbrettern drohte die Haut kleben zu bleiben. Bruno hatte einen flachen Holzring gebaut, der über das Latrinenloch passte. Den wärmten sie vor dem Gang am Ofen, das reichte gerade für die Zeit der „Sitzung". Inzwischen benutzten alle Kameraden aus ihrer Hütte diesen „Scheißring".

Die Postsendungen aus der Heimat gehörten zu den Höhepunkten im Lagerleben. Sie trafen nun regelmäßig ein, wenn auch meist mit großer Verzögerung. Nachrichten über die politischen Veränderungen in Deutschland wurden eifrig ausgetauscht und diskutiert. Es war schwer zu begreifen, was in der fernen Heimat passierte. In der unendlichen Weite Sibiriens verloren die Nachrichten an Bedeutung, sie ließen sich nicht richtig einordnen, Tausende Kilometer entfernt vom Geschehen. In ihrem eintönigen Leben bedeutete jede Nachricht aus der Heimat eine willkommene Abwechslung.

Ende Januar traf eine überraschende Postsendung ein: ein dicker Brief für Edwin mit einer Zeitschrift, die erste Ausgabe von „Wir Ostpreußen" vom 1. Februar 1948. Bruno und Paul konnten es kaum erwarten, bis ihr Bettnachbar die Zeitung durchgelesen hatte. Sie waren gespannt, etwas über ihre Heimat Ostpreußen zu erfahren, obwohl sie ahnten, dass die Meldungen nicht positiv sein konnten.

Ein Augenzeuge berichtete in der Erstausgabe über Königsberg, das in „Kaliningrad" umbenannt worden war. Die Stadt, zu achtzig Prozent zerstört, war nicht mehr das alte Königsberg. Die Einwohner bestanden zum größten Teil aus Umsiedlern, Russen und Ukrainern. Paul wunderte sich, dass noch etwa 20.000 Deutsche zurückgeblieben waren. Es gab sogar deutsche Schulen. Mit Interesse lasen sie die Notiz über das Schicksal der ostpreußischen Höfe und Güter, von denen man alle Deutschen vertrieben hatte.

„Was wohl aus Herrn Gudat geworden ist?", fragte Bruno. „Ob er auf dem Gut in Sköpen geblieben ist?"

„Und was wohl mit Viktor passiert ist?", fragte sich Paul. „Vielleicht haben die Russen ihn als Gutsleiter eingesetzt."

Sie fanden auch eine Notiz über ihre Tilsiter Oberschule, deren Hundertjahrfeier 1939 wegen des Kriegsbeginns ausgefallen war. Bruno und Paul sprachen über das zerstörte Tilsit, das sie auf dem Marsch in die Gefangenschaft gesehen hatten. Ob es überall im Memelland solche Zerstörungen gegeben hatte? Ob ihr Heimatort Kuckerneese ebenfalls in Trümmern lag? Sie wollten sich nicht damit abfinden, dass ihre ostpreußische Heimat für immer verloren war.

30. April 1949. Pauls 23. Geburtstag fiel auf einen Samstag. Aus diesem Anlass waren sie für den nächsten Tag überraschend in Lenyas Haus eingeladen worden. Bruno hatte Grischko das Datum verraten, und als dieser es beiläufig Lenya gegenüber erwähnte, ließ sie sich nicht davon abbringen, die beiden Jungen einzuladen. Schließlich konnte sie seine Bedenken zerstreuen. Für ihn war es eine heikle Angelegenheit. Im Lager durfte auf keinen Fall der Eindruck entstehen, dass einzelne Gefangene bevorzugt behandelt wurden.

Bruno und Paul waren bereits ohne sein Zutun in eine Sonderstellung geraten, die von den Gefangenen und den Wachleuten gleichermaßen toleriert wurde, Paul wegen seiner Russischkenntnisse, durch die er häufiger mit dem Kommandanten zusammenkam als jeder andere, Bruno wegen seiner Begabung in der Holzverarbeitung, von der alle im Lager profitierten. Niemand unter den Kameraden neidete es ihnen, dass sie enger mit der Lagerleitung zusammenarbeiteten. Dass daraus ein nahezu freundschaftliches Verhältnis entstanden war, durften sie allerdings nicht erfahren.

Sonntagsnachmittags war die Kommandantur unbesetzt, die Verantwortung lag dann beim Leiter der Wachsoldaten. Grischko nutzte diesen einzigen Tag in der Woche, an dem er längere Zeit mit seiner Frau verbringen konnte. Umso erstaunlicher war für Paul die Einladung in sein Haus anlässlich seines Geburtstags.

In Lenyas Garten hatte die Pflanzzeit begonnen. Überall standen Töpfe und Pflanzschalen herum, Gartengeräte lehnten an der Hauswand, die Hochbeete waren mit frischer Erde aufgefüllt. Paul konnte sich lebhaft vorstellen, wie Lenya in den nächsten Tagen im Garten herumwirbeln würde. An diesem Tag allerdings nahm sie sich Zeit für die beiden Jungen. Bruno überreichte ein kleines Gastgeschenk, natürlich aus Holz, sibirischer Kiefer. Ein graviertes Datumsschild für die Hochzeitsbank: „8. Juni 1948". Aus der Küche strömte ihnen der Duft von Hefe entgegen. Lenya holte einen Butterkuchen aus der Backröhre, frisch gebacken, noch ofenwarm und knusprig. Wie lange hatten sie schon keinen Kuchen mehr gegessen. Lenya fragte sie danach.

Sie erinnerten sich genau an Oma Schlokats Abschiedsstreuselkuchen, bevor sie zum Volkssturm nach Ostpreußen losgezogen waren. Das lag weit zurück, Ende Dezember 1944.

Paul lobte Lenyas Kuchen.

„Der schmeckt genauso gut wie Gromas Streuselkuchen. Findest du nicht auch, Bruno?"

Grischko lachte, als er Brunos verständnislosen Blick bemerkte. Paul hatte in seinem Eifer vergessen, für seinen Freund zu übersetzen. Das holte er schleunigst nach.

„Pawel, Pawel. Du machst Lenya ja schöne Komplimente. Pass bloß auf, dass sie nicht rot wird wie Oma Schlokat."

Es gab später auch noch etwas Herzhaftes: Wurstbrot, eingelegte Gurken und Kürbisse und, was für Grischko nicht fehlen durfte, ein Gläschen Wodka. Dieses Mal für die Jungen nur ein Glas.

„Auf das neue Lebensjahr!", prostete Grischko.

Er fand dann noch weitere Gründe, ein Gläschen zu nehmen.

„Auf Bruno, den Holzkünstler!"

„Auf Lenya, meine Liebste!"

„Auf Paul, den Dichter!"

„Auf Lenya, die beste Gärtnerin!"

Mit dem letzten Glas, schon leicht angetrunken, bot er den Jungen das „Du" an. Außerhalb des Lagers durften sie ihn von jetzt an „Grischko" nennen.

Anfang Mai, nach der Schneeschmelze und den Tagen des Morastes, hatte die Sonne den Boden getrocknet. In den Wäldern begann der Abtransport des im Winter geschlagenen Holzes. Große Stämme lagen kreuz und quer durcheinander. Für den Abtransport standen Pferde bereit, die das Holz aus dem Wald zogen, bis zur Schneise, wo die Verladung auf Lkw erfolgte. Die kurzen Baumabschnitte von zwei Meter Länge mussten von den Gefangenen aus dem Wald geschleppt werden. Das war harte Arbeit, zu der sich keiner freiwillig meldete. Die Einteilung übernahmen die Wachmänner.

Paul bewies im Umgang mit Pferden besonderes Geschick. Deshalb hatte man ihn mit einem Kameraden für den Transport der Stämme eingeteilt. Der Stamm hing an einer Kette am Geschirr und schleifte mit dem hinteren Ende über den Boden. Paul dirigierte das Pferd geschickt zwischen den Bäumen hindurch, stets darauf bedacht, ein Verkeilen des Stammes zu vermeiden. Der Kamerad ging am Ende, um den Stamm frei zu hebeln, falls er doch hängen blieb.

Bruno arbeitete mit einer kleinen Gruppe tiefer im Wald, um weitere Bäume zu fällen, die vom Forstmeister markiert worden waren. Er war Experte im zielgenauen Umlegen der Bäume, wusste genau, wo er die Kerbe einschlagen und die große Bandsäge ansetzen musste. Wenn er die Säge mit seinem Kameraden durchs Holz zog, sah es spielerisch leicht aus. Die Späne flogen nach beiden Seiten, und die Zähne fraßen sich mit jedem Zug näher an die Kerbe heran. Er wusste genau, wann der Schnitt tief genug saß und sie das Sägeblatt herausnehmen mussten, damit es nicht einklemmte. Er konnte die Stimme des Baumes deuten, sein Zittern spüren, wenn er sich anschickte zu fallen.

In dieser Jahreszeit war der Wald erfüllt von Vogellauten, die vielstimmig daherkamen. Gezwitscher und Gezeter, lang gezogene Rufe, Gurren und Krähen vermischten sich zu einer Melodie, die alle anderen Geräusche überlagerte. Das Schnauben eines Pferdes, das Bersten eines fallenden Baumes, das Schleifen eines Stammes über Wurzeln oder das Brummen eines Lkw-Motors klangen gedämpft, als ob der Wald sie verschlucken wollte.

Paul liebte den Frühling, wenn das Leben mit aller Macht zurückkehrte, stimmgewaltig und farbenfroh. Seit Tagen umfing ihn die Musik des Waldes, hüllte ihn ein und ließ ihn im Geiste abschweifen in die ostpreußischen Wälder, die er mit seinem Großvater durchschritten hatte.

Es geschah ohne Vorankündigung. Paul sollte sich später immer wieder fragen, ob er das Unglück hätte verhindern können, wenn er an der Seite seines Freundes geblieben wäre.

Der Arbeitstag war fast beendet. Paul hatte wie jeden Abend sein Pferd vom Geschirr befreit und angeleint und machte sich mit seinem Kameraden auf den Weg zum Sammelplatz bei den Holzfällern. Gegen Abend war der Wind aufgefrischt, die Baumkronen bogen sich unter den Böen und übertönten mit ihrem Rauschen das Bersten und Knacken der fallenden Stämme, das gewöhnlich von Weitem zu hören war, wenn sie sich dem Waldabschnitt näherten, wo die letzten Bäume des Tages gefällt wurden. Heute war es anders. Keine Anzeichen von Holzfällertätigkeiten. Keine Vogelstimmen wie am Morgen. Nur das Rauschen in den Wipfeln. Die ungewohnte Stille machte Paul Angst. Er beschleunigte seine Schritte und begann zu rennen, als er einen Pulk von Arbeitern sah, die sich alle an einer Stelle versammelt hatten. Bruno konnte er nicht entdecken.

Ein unheilvolles Gefühl begann in Paul aufzusteigen. Er spürte, wie es von ihm Besitz ergriff, und er ahnte, dass Bruno etwas zugestoßen sein musste. Ein Schauer lief ihm über den Rücken. Als die Kameraden zurückwichen, eine Gasse bildeten, um ihn durchzulassen, wusste er, dass es um Bruno ging.

Der Moment, als er ihn liegen sah, eingeklemmt unter dem Stamm, erschien ihm wie eine Ewigkeit … ein Augenblick, losgelöst von jedem Zeitempfinden … ein Aussetzen des Denkens und Fühlens … um zu begreifen, was seine Augen sahen.

Bruno lag auf dem Rücken, der Stamm, der quer über seinem Oberkörper lag, presste ihn zu Boden. Die Beine lugten unverletzt auf der einen Seite des Stammes hervor, ebenso wie der Kopf auf der anderen Seite. Nur der Brustkorb war eingedrückt und wirkte unnatürlich flach. Die Handflächen lagen eingeklemmt unter dem Stamm, die Arme angewinkelt, als würden sie den Baum hochstemmen wollen. Brunos Augen waren weit geöffnet, mit einem Anflug von Erstaunen, so als würde er nicht begreifen, dass ihm als versiertem Holzfäller so etwas passieren konnte.

Da war kein Leben mehr in Bruno. Paul kniete neben seinem toten Freund, wortlos strich er ihm über den Kopf. Die Tränen kamen von selbst, die Stimme war abhandengekommen. Die Kameraden standen schweigend am Unglücksort, ließen ihm Zeit für den ersten Schmerz. Nach einer Weile kniete sich Edwin neben Paul. Er schloss Brunos Augenlider und fragte, ob die Kameraden damit beginnen dürften, den Stamm zu entfernen.

Nochmals kamen die Sägen zum Einsatz, zerlegten den Unglücksbaum, bis das Restholz von Brunos Körper weggehoben werden konnte. In der Zwischenzeit hatten andere bereits eine Trage aus dünnen Ästen zusammengebunden, auf der Bruno ins Lager gebracht werden sollte.

Einen Trauerzug aus dem Wald hatte es lange nicht gegeben. Die Kameraden an der Trage wechselten sich ab. Sogar die Wachsoldaten fassten mit an, das war neu. Paul folgte den Trägern wie in Trance die Dorfstraße entlang, vorbei an Lenyas Haus. Stand sie am Zaun, oder bildete er sich das nur ein? Die Unglücksbotschaft war ihnen vorausgeeilt, der Kommandant erwartete den Zug am Eingangstor, um Paul sein Mitgefühl auszusprechen.

Hinter der Werkstatt stellten sie die Trage ab und hoben den Leichnam in eine von Bruno selbst gezimmerte Kiste. Den Deckel legten sie lose obendrauf. Er sollte erst am nächsten Tag festgenagelt werden, um Paul die Möglichkeit zu geben, von seinem Freund Abschied zu nehmen.

Edwin begleitete Paul in die Hütte, zur Schlafstelle, brachte ihm die Essensration aus der Küche, kümmerte sich um alles, wollte ihm auch erzählen, wie das Unglück passiert war, aber Paul ließ ihn nicht an sich heran. Er kämpfte mit seinem Schmerz, der ständig zunahm, wann immer ihm das Fehlen des Freundes ins Bewusstsein drang. Er schaute auf das leere Bett neben sich, und es machte ihn unendlich traurig. Das Schlimmste aber war die Vorstellung, dass es leer bleiben würde … für immer.

Der nächste Tag brach an, ausgefüllt mit Vorbereitungen für das Begräbnis, das am darauffolgenden Abend stattfinden sollte. Unter den Gefangenen hatte sich im Laufe der Jahre eine kleine Gruppe gebildet, die alles Notwendige für Beisetzungen organisierte. Sie kümmerte sich um Paul, fragte nach seinen Wünschen, beriet ihn und lenkte ihn dadurch vorübergehend von seinem Schmerz ab. Paul fühlte sich verantwortlich für seinen Freund auf ihrem letzten gemeinsamen Weg, und er wollte ihm einen würdigen Abschied schenken.

Auf der Suche nach einer geeigneten Grabstelle ging Paul über den Friedhof, auf dem Weg, den er mit Bruno kurz vor der Entdeckung des Baches eingeschlagen hatte. Dort, wo die Gräber endeten, wählte er eine Stelle aus. Es war ein guter Platz, an dem die fernen Rufe der Mauersegler noch zu hören waren, mit einer grandiosen Aussicht auf die Lena. Während die Kameraden das Grab auszuschaufeln begannen, nahm ihn der Steinmetz mit in die Werkstatt.

Unter den restlichen Grabkreuzen, die noch aus Brunos Händen stammten, fanden sie eines aus Lärchenholz, das ihnen am besten gefiel. Als sie über die Inschrift sprachen, fiel Pauls Blick auf die unterschiedlichen Hobel an der Wand, die Bruno so häufig benutzt hatte. Er griff nach einem schmalen, länglichen Nutenhobel, der genug Platz für einen Spruch bot. Er wollte das Werkzeug mit einem besonderen Text auf der Mitte des Querholzes anbringen:

„BRUNO, mein Freund, solange ich denken kann."

Nun war der Steinmetz gefordert, die Buchstaben in das Hobelholz zu kerben. Geburts- und Todesdatum wollte er links und rechts neben dem Hobel platzieren, sie würden den Spruch einrahmen.

Paul konnte hier nicht weiterhelfen, also begab er sich zur Kommandantur, wo Grischko ihn sprechen wollte. Dieser war nicht allein, überraschenderweise stand auch Lenya im Büro. Er glaubte es erst, als sie ihn umarmte. Es war das erste Mal, dass sie im Lager auftauchte, Grischko hatte ihr den Wunsch nicht abschlagen können.

Grischko und Lenya sprachen mit Paul über die Trauerfeier, an der sie gerne teilnehmen wollten. Der Kommandant wünschte sich, ein paar Abschiedsworte an Bruno zu richten. Er hatte sich sogar in den Kopf gesetzt, das auf Deutsch zu tun. Er reichte Paul einen Zettel mit seiner kurzen Rede auf Russisch, die dieser übersetzen sollte. Bis hierhin hatte Paul es geschafft, seinen Schmerz zu unterdrücken. Als er die Worte des Kommandanten las, ließen sich die Tränen nicht mehr aufhalten. Lenya begann ebenfalls zu weinen. Sie nahm Paul in die Arme und summte ein russisches Wiegenlied.

„Ich vermisse Bruno auch", sagte sie, als sie ihn losließ, „er hätte nicht zugelassen, dass du traurig bist."

Paul setzte sich an den Schreibtisch, übersetzte den Text und las die deutschen Worte langsam vor. Grischko musste nachsprechen, und Paul verbesserte ihn so lange, bis es verständlich klang. Lenya amüsierte sich über die beiden Männer, derart unbeholfen hatte sie Grischko noch nie erlebt. Er brachte sie tatsächlich zum Lachen, selbst zu diesem traurigen Anlass.

Abends kam der Pastor zu Paul, um über Brunos Leben vor dem Krieg zu sprechen. Er wollte mehr wissen über die außergewöhnliche Freundschaft, die niemandem im Lager entgangen war. Es tat Paul gut, über die Kindheit in Ostpreußen zu sprechen. All die Bilder, die er hervorkramte aus dem Gedächtnis, mit Bruno an seiner Seite, bedeuteten ihm kleine Abschiede. Er merkte beim Erzählen, dass Abschiednehmen ohne Erinnerungen nicht möglich wäre.

Am Ende des Tages war Paul so erschöpft, dass er in einen tiefen Schlaf verfiel, aus dem er erst am Morgen aufwachte. Der Tag der

Beerdigung lag vor ihm wie eine schwere Last, und er wusste nicht, wie er sie tragen sollte. Die Kameraden rückten zur Arbeit aus, bis auf Edwin, der im Lager blieb und sich um Paul kümmerte. Er setzte sich zu ihm, gegenüber auf Brunos Bett. Es schien ihm der richtige Zeitpunkt, über den Unfall zu sprechen. Paul sollte vor der Beisetzung erfahren, dass niemand Schuld an Brunos Tod trug.

„Es fällt mir schwer, über den Unfall im Wald zu sprechen", begann er, „aber du sollst wissen, dass niemand eine Schuld trifft. Es war ein tragischer Unglücksfall."

Er machte eine Pause, schaute Paul an, ob dieser bereit war, mehr zu erfahren. Dann fuhr er fort.

„Ich hörte einen Warnruf und drehte mich um. Er kam von der Stelle, an der Bruno mit seinem Partner sägte. Ich wusste nicht, was Bruno unterhalb des Baumes suchte. Das habe ich erst hinterher erfahren. Jedenfalls stand er genau in Fallrichtung des Stammes, der zu stürzen begann. Ich wunderte mich zunächst, warum Bruno nicht zur Seite sprang. Dann sah ich, dass sein Stiefel im Unterholz eingeklemmt war und er sich nicht befreien konnte. Es ging alles so schnell. Plötzlich krachte der Stamm zu Boden und begrub ihn unter sich."

„Warum hat Bruno den Platz an der Säge verlassen?"

„Das weiß ich nur von seinem Partner. Sie hatten den Stamm fast zu Ende gesägt. Da entdeckte Bruno seine Axt, mit der er die Fallkerbe geschlagen hatte, unterhalb des Stammes im Unterholz. Er hatte sie dort abgelegt und liegen lassen. Er wollte die Axt holen, weil sie möglicherweise unter den Stamm geraten konnte. Es schien nicht gefährlich, weil der Sägeschnitt noch nicht bis zur Kerbe heranreichte. Normalerweise wäre der Baum nicht gefallen. Aber als Bruno unterhalb des Baumes zu seiner Axt sprang, nahm das Unglück seinen Lauf. Du weißt ja, dass es windig wurde am Nachmittag.

Und ausgerechnet in dem Moment erfasste eine Windbö die Krone und brachte den Baum zu Fall."

Paul saß grübelnd auf seinem Bett. Er konnte immer noch nicht fassen, was für eine tragische Geschichte sich im Wald abgespielt hatte. War Bruno leichtsinnig gewesen, als erfahrener Holzfäller? An Edwin hatte Paul keine Fragen mehr. Die einzige Frage, die ihn beschäftigte, war die, ob er den Unfall hätte verhindern können, wenn er in Brunos Nähe gewesen wäre.

Paul wusste später nicht, wie er bis zum Abend durchgehalten hatte. Der Tag war an ihm vorbeigezogen, ohne Konturen, schemenhaft, hatte ihn seinen Tagträumen überlassen. Am Grab kehrte er in die Wirklichkeit zurück. Das gesamte Lager nahm an der Beerdigung teil. Da fehlte keiner der Kameraden. Selbst die Wachleute und das Küchenpersonal waren gekommen. Sogar eine Abordnung vom Sägewerk hatte sich eingefunden.

Paul stand neben Edwin direkt an der Grube, die gerade so tief war, dass der Sarg hineinpasste. Sie blickten auf das Kreuz mit dem Hobel und der besonderen Inschrift und dachten an die vielen Tischlerarbeiten, die Bruno während des vierjährigen Lageraufenthaltes geschaffen hatte. Die Kameraden verteilten sich in mehreren Reihen hinter Paul, zum Teil zwischen den anderen Gräbern. Das Wachpersonal, die Sägewerkleute und die Küchenhilfen standen links oberhalb hinter dem Grabkreuz. Grischko und Lenya standen in Pauls Nähe, rechts neben der Grube. Es war eine beeindruckende Ansammlung von Trauergästen, die sich an Brunos Grab eingefunden hatte. Niemand wäre auf den Gedanken gekommen, dass hier ein deutscher Gefangener beerdigt wurde.

Als der Pastor an die Grube trat, verstummte auch das letzte Gemurmel. Für einen magischen Moment herrschte absolute Stille. Keine Laute kamen aus dem verwaisten Lager, es herrschte andächtiges Schweigen auf dem Friedhof. Es war so still, dass man das träge Fließen der Lena hören konnte, ein sanftes Rollen, das an einen schlafenden Riesen erinnerte. Die Stimme des Pastors durchbrach die Stille mit einem kurzen Gebet. In der folgenden Ansprache hielt er einen Rückblick auf Brunos Leben, wobei er den Schwerpunkt auf seine Kindheit legte.

Paul war in Gedanken weit fort, der Kölner Dialekt und die ostpreußischen Geschichten passten nicht zusammen. Er tauchte ein in die heimatlichen Laute, die Stimmen seiner Eltern und Großeltern holte er nach Sibirien. Was würden sie sagen an Brunos Grab, beim Abschied? Vielleicht: „Jungche, Jungche, was machst du bloß für Sachen."

Edwin stieß ihn an, um ihn aus seinen Träumen zu holen. Der Kommandant war ans Grab getreten, in der einen Hand den Zettel mit der deutschen Übersetzung, in der anderen die Mütze, welche er abgenommen hatte. Er sprach langsam und deutlich, für alle verständlich.

„Wie ihr wisst, war Bruno ein begnadeter Tischler. Für mich besaß er noch eine andere Gabe, mit der er mich fasziniert hat: seine gute Laune. Ich habe keinen Menschen gekannt, der so optimistisch war wie Bruno. Wir werden ihn vermissen."

Es war ein denkwürdiger Augenblick, den die Gefangenen niemals vergessen würden. Der Kommandant hatte eine Laudatio am Grab eines deutschen Kameraden gehalten. Paul blickte durch einen Tränenschleier zu Lenya, die sich an ihrem Mann festhielt und zu weinen begann. Jemand drückte ihm eine Schaufel in die Hand. Es war an der Zeit, die Grube mit Erde zu füllen. Paul wollte Bruno noch etwas mitgeben. Er kniete nieder und verteilte die Briefe aus der Heimat auf dem Sargdeckel. Auf diese Weise wollte er Brunos Familie in die Trauerfeier einbinden. Vielleicht würde es sie trösten, wenn ihre Worte gemeinsam mit dem Toten auf die letzte Reise gingen.

An den Rest der Beerdigungszeremonie konnte Paul sich später kaum erinnern. Er hatte viele Hände geschüttelt, die Beileidsworte in Deutsch oder Russisch waren an ihm vorbeigerauscht. Nur eine Geste hatte sein Herz berührt. Lenya und Grischko hatten abgewartet, bis alle fort waren. Dann stellte Lenya eine Vase mit Blumen aus ihrem Garten auf den frischen Grabhügel zu Füßen des Grabkreuzes. Paul spürte in diesem Moment, dass er nicht allein war. Wenn er Hilfe brauchte, würde er sie von Lenya und Grischko bekommen.

Die ersten Tage nach der Beerdigung, als Paul zum alltäglichen Lagerleben zurückfinden musste, waren die schlimmsten. Alles ohne seinen Freund. Auf dem Weg zur Arbeit und bei der Waldarbeit fehlte ihm Bruno, noch schlimmer verliefen die Abende, an denen er, allein gelassen, vor sich hin grübelte. Ohne Bruno erschien ihm das Leben sinnlos und leer. Er brachte nicht die Kraft auf, irgendetwas zu unternehmen. Selbst für den Weg zu seinem Lieblingsplatz, vorbei an Brunos Grab, fehlte ihm der Mut.

Er fiel in ein tiefes Loch und wusste nicht, wie sein Leben weitergehen sollte. Es ergab keinen Sinn, ohne Bruno auf die Rückkehr in die Heimat zu warten. Irgendwann musste er den Eltern vom Tod ihres Sohnes schreiben. Auch das stand ihm bevor. Zurzeit wusste er nicht, ob er jemals die Kraft dazu aufbringen würde. Nach zwei Wochen mit schlaflosen Nächten wurde Paul ernsthaft krank. Eine schwere Bronchitis mit hohem Fieber fesselte ihn ans Bett. Der Arzt konnte nicht viel ausrichten. Hustentee und Lutschtabletten halfen nur wenig, wo der Lebenswille verloren ging. Er brauchte seelischen Beistand.

Edwin machte sich große Sorgen, als er merkte, wie Paul immer schwächer wurde. Er achtete darauf, dass Paul regelmäßig Essen und Trinken zu sich nahm, denn dazu konnte er sich kaum noch aufraffen. Als alles nichts half, ging Edwin zum Kommandanten. Grischko kam kurz darauf ans Krankenbett, um nach Paul zu sehen. Er war erschüttert, in welch schlechtem Zustand er ihn vorfand, fast hätte er ihn nicht erkannt. Dann sagte er etwas, das ihm spontan einfiel. Und wie sich herausstellte, sollten seine Worte Wirkung zeigen.

„Pawel, du musst gesund werden, um ein weiteres Märchen zu schreiben. Lenya wartet darauf. Und Bruno hätte sich das auch gewünscht. Und noch etwas kann ich dir anvertrauen: Ihr werdet bald in eure Heimat zurückkehren. Aber das bleibt unter uns."

Der Kommandant kam tags darauf erneut an Pauls Krankenbett. Er brachte Edwin mit, den er als Pfleger von der Arbeit abgezogen hatte. Außerdem überreichte er Paul einen Brief von Lenya und ein Leinensäckchen mit diversen Trockenfrüchten. Auch das zeigte Wirkung.

Lieber Pawel,

Grischko hat mir heute erzählt, wie krank du bist und dass du möglicherweise sterben könntest. Daraufhin habe ich nur noch geweint, so viele Tränen wie noch nie. Grischko hat mich in den Arm genommen und festgehalten wie ein kleines Kind. Ich fühlte mich so hilflos. Schließlich, als ich mich ein wenig beruhigt hatte, haben wir gemeinsam überlegt, wie wir dir helfen können.

Ich kann mir denken, wie sehr Bruno dir fehlt. Ich vermisse ihn auch. Als ich dich allein am Grab stehen sah, wurde mir erst bewusst, wie eng eure Freundschaft war. Was würde Bruno sagen, wenn er es könnte? Vielleicht: „Pawel, du darfst nicht sterben. Du musst für uns beide weiterleben."

Auch ich möchte dich nicht verlieren, Pawel. Du hast bestimmt bemerkt, wie gerne ich dich hab. Ich bin nicht gut, wenn es darum geht, Gefühle zu verbergen. Grischko sagte mir kürzlich: „Das sieht doch jeder, dass du Pawel magst."

An noch etwas wollte ich dich erinnern. Du hast mir von diesem Lexikon erzählt, welches dein Großvater dir geschenkt hat, und von dem Versprechen, das du ihm geben musstest. Ist dir das nichts mehr wert? Denk an dein letztes Märchen.

Ich habe einen riesengroßen Wunsch. Ich möchte, dass du mit Brunos Schreibhocker an deinen Lieblingsplatz zurückkehrst und ein weiteres Märchen schreibst. Für Bruno ... und für mich.

Pawel, du bist mir wichtig, ich möchte dich nicht verlieren. Auch in Grischkos Leben hast du einen festen Platz.

Lenya

Edwin hatte sich abseitsgehalten, als Paul den Brief las. Er wollte nicht nachfragen, merkte aber, dass Paul beeindruckt war. Es sah aus, als hätte der Brief ihn wachgerüttelt.

„Weißt du noch, was ich schon öfter zu dir gesagt habe?", fragte er ihn etwas später.

„Wenn wir dich nich hättn und de kleenen Kartoffeln."

Nach einer kurzen Pause fügte er hinzu: „Das sagt man doch so in Ostpreußen, wenn jemand unersetzlich ist. Und das bist du hier im Lager. Denk mal nach, was du schon alles beim Kommandanten für uns ausgehandelt hast."

Paul hatte die erste Trauerphase überstanden. Lenyas Brief gab ihm den entscheidenden Anstoß, ins Leben zurückzukehren. Wie konnte er seinen Gropa vergessen oder seine Mutter! Selbst in Sibirien gab es Menschen, für die er Verantwortung trug. Er wollte leben und begann mit großem Appetit zu essen, von Lenyas Trockenfrüchten, die wie ein Lebenselixier wirkten und seine Heilung beschleunigten.

Mitte Juni war er wieder arbeitstauglich. Unten am Fluss, beim Verladen der Stämme, vermisste er Bruno weniger, der dann nebenan im Sägewerk beschäftigt gewesen war und nicht an seiner Seite wie im Wald. Dort hätte ihn zu vieles an Bruno erinnert, die Bilder vom Unglückstag wollte er ruhen lassen. Während seiner Krankheit hatte Edwin, der ältere Kamerad aus Königsberg, sein Vertrauen gewonnen. Mit ihm ging er neuerdings gemeinsam zur Arbeit. Kein Ersatz für

Bruno. Aber einer aus der alten Heimat, mit dem er sich gerne unterhielt und dessen ostpreußischer Dialekt ihn aufmunterte.

Der Weg zum Friedhof war kein unüberwindliches Hindernis mehr. Paul machte sich eines Sonntags auf den Weg zum Vogelfelsen, nicht ohne eine Weile an Brunos Grab zu pausieren. In der Blumenvase steckten frische Blumen. Bestimmt von Lenya, dachte er, solche Blumen konnten nur aus ihrem Garten stammen. Paul hatte an diesem Tag Zeit, das Grabkreuz mit der Inschrift genauer zu betrachten. Da hatte der Steinmetz eine Meisterleistung vollbracht.

„Das Kreuz würde dir gefallen", sagte er zu Bruno, „den Hobel hast du oft benutzt in der Werkstatt, nun hängt er direkt über dir, zum Greifen nah. Und ich bin unterwegs zum Lieblingsplatz. Weißt du, was ich mir überlegt habe? Ich werde ein Märchen schreiben, für dich und deine Eltern."

So spät wie in diesem Jahr hatte Paul noch nie mit dem Schreiben gewartet. Die Natur zeigte sich Mitte August schon herbstlich, als er mit seinem Schreibhocker am Bachlauf saß und loslegte. Die Mückenplage war überstanden, und da es abends noch lange hell blieb, ging er fast täglich nach der Arbeit zum Schreiben.

In den Monaten nach Brunos Unfall gab es immer wieder Augenblicke, in denen er seinen Freund besonders vermisste. Eine solche Situation hatte er erst kürzlich erlebt, als die Blaubeeren reif waren. Beim Pflücken hatte ihn plötzlich aus heiterem Himmel eine tiefe Traurigkeit befallen, die ihn so schmerzte wie in den ersten Tagen nach Brunos Tod.

Es gab eine Sache, die Paul lange vor sich herschob: den Brief in die Heimat mit der Todesnachricht. In der ersten Zeit fehlten ihm die Worte, dann hatte er den Zeitpunkt des Schreibens verpasst, und nun musste er auch noch das lange Zögern erklären, was die Angelegenheit zusätzlich erschwerte.

Das neue Märchen half ihm schließlich, die Trauerbotschaft in die Heimat zu schicken. Ein dicker Brief fürs Postauto, bevor der erste Schnee fiel, adressiert an seine Mutter. Paul hatte zwei Abschriften des Märchens in den Umschlag gelegt, eine für Brunos Eltern und eine für seine Mutter und Gropa.

In seinem Brief schilderte er nur kurz den tragischen Unglücksfall, beschrieb umso ausführlicher die Beerdigung, erwähnte unter anderem, dass er Brunos Briefe von zu Hause mit ins Grab gelegt hatte. Und er erklärte, warum er die traurige Nachricht so lange aufgeschoben hatte. Das für Bruno geschriebene Märchen „Zwei Freunde" sollte erst fertig werden. Am Ende des Briefes eine hoffnungsvolle Botschaft. Es würde vermutlich sein letztes Märchen aus der Gefangenschaft sein, weil es untrügliche Anzeichen für die baldige Auflösung des Lagers gab. Einen fünften sibirischen Winter mussten sie noch durchstehen.

15

Celle, Dezember 1949

Der Brief aus dem Lager war lange unterwegs. Fast zwei Monate brauchte er, um die traurige Nachricht von Sangar bis nach Celle zu transportieren. Normalerweise benötigte eine Postsendung aus dem fernen Sibirien ungefähr zwei Wochen, aber manchmal lagen die Briefe tagelang auf einer Poststelle, ehe sie weitergeleitet wurden.

Anfang Dezember brachte der Postbote den dicken Brief zum Haus an der Aller und schaute nach, ob bei den Schlokats jemand zu Hause war, denn so einen gewichtigen Brief aus der Gefangenschaft wollte er gerne persönlich übergeben. Er hatte Glück. Herr Schlokat war bereits von der Waldarbeit zurück. Er trat vors Haus und wusste im selben Augenblick, als er den Postboten mit dem dicken Umschlag wedeln sah, dass der Brief aus Sibirien kam.

„Gerade rechtzeitig zum Advent", sagte Herr Schlokat freudestrahlend und schaute auf die vertraute Handschrift seines Enkels.

Am liebsten hätte er den Umschlag gleich geöffnet, aber er musste sich gedulden, bis Pauls Mutter von einer Anprobe nach Hause zurückkehrte. Sie hatten vom ersten Brief an die Post aus dem Lager gemeinsam gelesen, eine lieb gewonnene Zeremonie, an der er festhalten wollte.

Er überließ es seiner Schwiegertochter, den Umschlag zu öffnen. Die beiden Märchen legte sie auf den Küchentisch, zog als letztes Pauls dicht beschriebene Zettel heraus und begann vorzulesen.

Sie saßen sich am Küchentisch gegenüber, zwischen ihnen das Märchen. Den Großvater befiel eine böse Ahnung beim Blick auf den Titel „Zwei Freunde", und sie wurde bestätigt, als er ein Zittern in der Stimme der Vorleserin wahrnahm. Noch bevor sie es ausgesprochen hatte, wusste er es … Bruno war tot.

Sie begann heftig zu weinen und konnte nicht weiterlesen. Es blieb ihm nichts anderes übrig, als in die Rolle des Vorlesers zu schlüpfen, und so kämpfte er sich durch den Brief seines Enkels, Zeile für Zeile, unterbrochen von heftigen Weinkrämpfen seiner Schwiegertochter, während auch ihm selbst die Tränen über die Wangen liefen. Er weinte auch um Paul, aus dessen Worten er herauslesen konnte, wie sehr ihn Brunos Tod getroffen hatte. Bruno und Paul, die seit frühen Kindertagen unzertrennlich waren. Wie würde Paul ohne seinen Freund die Gefangenschaft überstehen? Diese Frage beschäftigte ihn am meisten.

Nachdem sie sich ein wenig gefasst hatten, überlegten sie, wann sie die traurige Nachricht Brunos Eltern nach Zicherie überbringen sollten. Nun hatte der Krieg auch in der Familie Janz ein spätes Opfer gefordert, vier Jahre nach Kriegsende. Das war besonders bitter, wo er doch gar nicht richtig am Krieg teilgenommen hatte.

In ihre Trauer mischte sich ein Funken Hoffnung, dass Paul im kommenden Jahr aus russischer Kriegsgefangenschaft heimkehren würde.

Der Großvater dachte zurück und rechnete nach. Fünf Jahre waren vergangen seit dem Abschied zum Jahresende 1944, als die Jungen zum Volkssturm eingezogen wurden. Er erinnerte sich auch an das russische Lexikon, sein Abschiedsgeschenk, und das Versprechen, das Paul ihm geben musste. Damals hatte er nicht geahnt, wie wichtig dieses Lexikon für Pauls Überleben in der Gefangenschaft sein würde.

Dreimal hatte Paul ein Märchen nach Hause geschickt, vor allem für seinen Gropa. Er wusste, welch große Freude er ihm damit machen konnte. Der Großvater bewunderte nicht nur seine poetische Begabung, sondern auch seine Bemühungen, die russische Sprache perfekt zu lernen.

Wenn er sich in die Märchen vertiefte und die beiliegenden Briefe las, fühlte er sich seinem Enkel nah, tauchte ein in das Alltagsleben im Lager, gesellte sich für einen kurzen Moment zu ihm an seinen Schreibplatz. Und es machte ihn glücklich zu spüren, wie sein Enkel die schwierige Lage in der Gefangenschaft meisterte.

Heute nun ein weiteres Märchen, in zweifacher Ausfertigung. Pauls Mutter ging mit einem Exemplar in die Küche, während er zum Lesen das Sofa wählte. Jeder für sich, versuchten sie, in Pauls Gedankenwelt einzutauchen, mit der er den Tod seines Freundes zu verarbeiten versuchte.

Zwei Freunde

Vor langer Zeit, als sich in den Wäldern große Veränderungen ankündigten, versammelten sich die Tiere des Waldes, um zu beraten, wie sie den Menschen begegnen sollten. Fast täglich trafen sie sich auf der hellen Lichtung zu ausgedehnten Konferenzen, die manchmal bis in die Nacht hinein dauerten.

Für die Tierkinder des Waldes waren es aufregende Wochen mit ungeahnten Freiheiten. Keiner kümmerte sich darum, wo und mit wem sie spielten, und so verwundert es nicht, dass in diesen turbulenten Tagen manch seltsame Freundschaften entstanden.

Die Hasenfamilien lebten in Mulden zwischen hohem Gras auf einem hügeligen Gelände am Waldrand. Unter all den kinderreichen Familien gab es erstaunlicherweise ein Elternpaar, das nur ein einziges Kind besaß. Der kleine Hase wuchs als Einzelkind heran und wurde von seinen Eltern nach Strich und Faden verwöhnt. Sie konnten ihm keinen Wunsch abschlagen, und da er sehr neugierig war, durfte er sich so weit wie kein anderer von seiner Behausung entfernen. Der kleine Hase erkundete den Wald bis in die letzten Winkel und wagte es sogar, bis zum Rand der menschlichen Siedlungen vorzudringen.

Während die Erwachsenen ihre Versammlungen abhielten, tummelte sich der Nachwuchs im Wald. So lernte der kleine Hase viele andere Tiere kennen, Mäuse, Igel, Marder, Füchse, Rehe, sogar Eichhörnchen, deren Kletterkünste er bewunderte. Nur die Vögel waren ihm ein Rätsel, sie flogen weit entfernt, und wenn er sie am Himmel beobachtete, träumte er davon, selbst einmal fliegen zu können.

Eines Tages, als der Hase mal wieder durch den Wald gezogen war, kam er spätabends zu einer uralten dicken Eiche, die er bisher noch nicht entdeckt hatte. Er lehnte sich an den Stamm, um ein wenig auszuruhen. Da hörte er über sich ein Gurren, und als er aufschaute, blickte er in zwei riesige Augen, die wie Leuchtkugeln in der Baumkrone hingen. Die kleine Eule hatte den Hasen längst erspäht. Auch sie war neugierig auf die Welt außerhalb ihrer Baumhöhle, denn sie hatte erst am Morgen die ersten Flugversuche unternommen. So sprach sie:

„Was bist du für ein komischer Kerl, der seine Flügel am Kopf trägt? Komm doch zu mir nach oben geflogen!"

„Ich habe keine Flügel, das sind meine Ohren, denn ich bin ein Hase und kann nicht fliegen. Komm du zu mir auf den Boden."

Das ließ sich die Eule nicht zweimal sagen und flatterte, noch etwas unsicher, zum Hasen herab. Da standen sie nun Aug in Aug und betrachteten sich eingehend, das ungleiche Paar, die Eule, dick aufgeplustert zu einer Kugel, der Hase, auf seinen Hinterpfoten stehend, aufrecht, mit hochgestellten Langohren, sodass er den Vogel weit überragte.

„*Du kannst also nicht fliegen!*", *sagte die Eule schließlich und schaute erneut auf die langen Hasenohren.*

Der Hase antwortete:

„*Meine Ohren sind viel größer als deine. Daher kann ich ausgezeichnet hören. Du hast dagegen sehr schöne große Augen. Vermutlich kannst du viel besser sehen als ich.*"

„*Ja, das stimmt ... und sogar nachts kann ich alles ganz deutlich erkennen.*"

„*Wollen wir ein Stück zusammen hüpfen?*", *fragte der Hase.*

Und ohne auf die Antwort zu warten, machte er einen gewaltigen Satz nach vorne. Die Eule brauchte mehrere kleine Hüpfer, um ihn einzuholen. So umrundeten sie die Eiche in immer größer werdenden Kreisen, der Hase auf seinen langen Läufen vorneweg, die Eule halb hüpfend, halb fliegend hinterher. Als es ganz dunkel war, flog die Eule voraus, dicht über dem Boden, und zeigte dem Hasen den Weg. Das machte ihm riesigen Spaß, noch nie war er nachts so schnell gelaufen. Als sie zum Baum zurückgekehrt waren und sich ausruhten, stellte der Hase seine Ohren in die Höhe. Er hörte ein leises Rauschen, das noch weit entfernt war.

„*Deine Eltern kommen heim*", *sagte er.* „*Und für mich wird es auch höchste Zeit, den Heimweg anzutreten. Darf ich dich morgen wieder besuchen?*"

Die Eule nickte begeistert, stellte sich auf die Zehenspitzen und winkte zum Abschied mit den Flügeln, während er die Vorderläufe auf den Boden setzte und loshoppelte.

Am nächsten Morgen konnte der kleine Hase es kaum erwarten, dass seine Eltern zum Versammlungsplatz aufbrachen. Er begleitete sie bis zum Waldrand. Dort trennten sie sich, und er sauste mit Riesensprüngen in den Wald hinein. Nicht lange, da kam die Eule angeflogen, sie hatte seit dem frühen Morgen auf ihrem Beobachtungsplatz gesessen und nach ihm Ausschau gehalten.

Das war ein freudiges Wiedersehen, sie tanzten umeinander, bis sie erschöpft auf den Waldboden sanken. Nun war es Zeit, den neuen Tag zu planen. Der Hase hatte eine Idee.

„Wollen wir die Menschen besuchen?", fragte er. „Ich kenne den Weg dorthin."

Die junge Eule stimmte begeistert zu. Sie war neugierig auf die Welt außerhalb des Waldes und wollte sofort aufbrechen. Also zogen sie los. Der Hase voran, mit weiten Sprüngen, hakenschlagend, Büschen und Bäumen ausweichend, die Eule dicht auf seinen Fersen, in Bodennähe fliegend, den weißen Tupfer am Hasenschwanz als Wegweiser vor Augen. Sie liefen an den Sassen der Hasenfamilien vorbei, dann weiter über Wiesen und Felder, bergauf und bergab, ohne Pause, bis sie schließlich an den Rand der menschlichen Siedlung gelangten.

Sie staunten über die merkwürdigen Gebäude, in denen die Menschen wohnten, und über die vielen Straßen und Wege, die sich wie ein Netz durch das Dorf zogen. Als sie sich langsam dem Dorf näherten, stießen sie auf eine Senke, die voller Müll war. Und wieder staunten sie.

„Was die Menschen so alles wegwerfen!"

Tische, Bänke und Stühle, alte Spielgeräte und viele Gegenstände, die sie nicht kannten. Ganz zuoberst lag ein Fahrrad, das zogen sie vom Müllberg herunter, um es genauer zu untersuchen.

Der Rahmen und die wichtigsten Teile schienen in Ordnung. Es gab keine Bremsen und keine Beleuchtung, und es fehlten fast alle Speichen. Mit vereinten Kräften richteten sie das Rad auf und prüften, ob es sie tragen würde. Der Hase stützte sich auf den Gepäckträger und merkte, wie das Hinterrad dem Druck standhielt. Sie schauten sich an und waren sich einig ... sie wollten Radfahren.

Und so verteilten sie die Rollen, die Eule setzte sich auf den Lenker, sie war für den Kurs verantwortlich, der Hase bekam den Sattelplatz, um das Rad in Gang zu halten. Zunächst schoben sie es den Hügel hinauf, um von oben die erste Fahrt bergabwärts zu probieren.

„Bist du bereit?", fragte der Hase, und als die Eule den Lenker gerade gestellt hatte, rief er: „Es geht los!"

Mit diesen Worten brachte er das Rad mit einem kurzen Anlauf in Schwung und sprang über den Gepäckträger auf den Sattel. Und dann begann die wilde Fahrt bergab, immer schneller und schneller. Die Eule hatte Mühe, den Lenker zu führen. Am Anfang fuhren sie Schlangenlinien, aber je schneller sie wurden, umso leichter ließ sich der Lenker bedienen. Der Hase thronte auf dem Sattel, hatte die Ohren aufgestellt und jubelte.

„Juchhu, ich fliege!"

Die Eule hielt sich am Lenker fest, damit sie der Fahrtwind nicht vom Rad hob, umkurvte geschickt alle Hindernisse und wunderte sich, wie man, ohne die Flügel zu benutzen, so schnell sein konnte. Sie rief dem Hasen zu:

„Du hast recht, es ist fast so schön wie fliegen!"

Nun ging es bergauf, und sie verloren schnell an Fahrt. Als der Hase merkte, dass sie umzukippen drohten, sprang er vom Sattel und führte das Rad auf den letzten Metern, bis es zum Stehen kam.

„Alle Mann absteigen!", rief er.

Die beiden Radler setzten sich ins Gras, bestaunten ihr neues Gefährt und sprachen über die berauschenden Gefühle bei der wilden Fahrt. Sie waren sich einig, dass sie ihr neues Rad niemals wieder hergeben würden. Nach kurzer Rast wollten sie weiterradeln. Die Aufgaben waren klar verteilt. Die Eule bediente weiterhin den Lenker, der Hase war Anschieber und Bremser zugleich. Auf ebenem Gelände klammerte er sich an die Sattelstange, von wo aus er mit einer eleganten Flanke neben dem Gepäckträger landen konnte, sobald das Rad an Fahrt verlor. Nach einem kräftigen Anschub kehrte er auf die Stange zurück.

Bei leichten Steigungen schob er die ganze Zeit bergauf, um sich auf dem Gipfel mit einem Jubelschrei auf den Sattel zu schwingen und die rauschende Abfahrt zu genießen. Er war dann nur noch für das Gleichgewicht verantwortlich und folgte den Anweisungen der Eule. Rief sie „links" oder „rechts", legte er sich in die Kurve, rief sie: „Vorsicht, Huckelpiste", rutschte er vom Sattel nach hinten und hoppelte wie ein Hase auf dem Gepäckträger. Manchmal, wenn es zu steil wurde, mussten sie beide absteigen und schieben.
Um die Mittagszeit kamen sie an einem Kohlfeld vorbei. Da meldete sich der Hunger, und sie machten eine längere Pause. Der

Hase setzte sich zu einem Kohlkopf und begann, die Blätter zu fressen, während die Eule zuschaute.

„Hast du keinen Hunger?", fragte der Hase.

„Doch, aber ich mag keinen Kohl. Meine Eltern haben mich mit Mäusefleisch gefüttert."

Der Hase überlegte. Dann hatte er eine Idee.

„Hier an den Kohlblättern sind Raupen. Vielleicht magst du die?"

Kaum hatte er das gesagt, flog die Eule ins Kohlfeld und pickte mit ihrem Schnabel nach den Raupen. Sie schmeckten ihr ausgezeichnet. Als sie sich satt gefressen hatten, schlugen sie ihren Lagerplatz im weichen Gras neben dem Fahrrad auf. Dort lagen sie schweigend auf dem Rücken, schauten in den Himmel und ließen ihre Gedanken wandern. Dem Hasen ging eine Sache nicht aus dem Kopf.

„Wie machst du das mit dem Fliegen?", fragte er.

„Das kann ich dir nicht erklären", antwortete die Eule. „Ich kann es einfach. Ich brauche nur meine Flügel zu bewegen, dann hebe ich ab."

„Schade, dass ich keine Flügel habe", sagte der Hase, „sonst könnten wir gemeinsam am Himmel fliegen."

„Sei nicht traurig", tröstete ihn die Eule. „Wir können zusammen Radfahren ... und das ist ebenso schön."

Und nach einer Pause fügte sie noch etwas hinzu, worüber der Hase lange nachdenken musste:

„Ich möchte dir noch etwas sagen. Du bist mein erster und bester Freund ... und das wird sich niemals ändern."

Die letzte Wegstrecke legten sie weitgehend schweigend zurück. Sie waren bereits ein eingespieltes Team und erreichten die heimatliche Hasensiedlung, bevor die Sonne unterging, die letzten Meter schiebend, umringt von unzähligen Hasenkindern, die neugierig das riesige Fahrrad bestaunten. Der kleine Hase stand plötzlich im Mittelpunkt und wurde mit Fragen überhäuft.

„Morgen erzähle ich euch die ganze Geschichte", sagte er, „und morgen dürft ihr das Rad ausprobieren. Jetzt möchte ich euch meine Freundin vorstellen, die kleine Eule aus dem Wald, die mir geholfen hat, das Rad von den Menschen bis hierher zu bringen."

Die Eule erhob sich bis über die Köpfe der Hasen, damit sie von allen gesehen werden konnte, drehte einige Runden in der Luft, bis die Hasen auseinanderliefen, und landete schließlich direkt vor den Füßen ihres Freundes.

„Darf ich bei dir schlafen?", fragte sie. „Bei uns zu Hause in der Baumhöhle ist es zu eng für uns beide, und außerdem kannst du nicht hinaufklettern."

Der Hase freute sich wie verrückt und wackelte aufgeregt mit den Ohren.

„Meine Eltern sind bestimmt einverstanden. Aber du musst deine Eltern noch fragen."

Also flog die kleine Eule nach Hause, fragte ihre Eltern, und als sie nach kurzer Zeit aus dem Wald zurückkam, erwartete sie der Hase vor der elterlichen Mulde.

Die Haseneltern lauschten gespannt den Erzählungen ihres einzigen Kindes und freuten sich über den zusätzlichen Gast. Der kleinen Eule gefiel das Heim der Hasenfamilie, weil es viel geräumiger war als in ihrer Baumhöhle und weil sie den Himmel über sich sehen konnte.

Als sie sich in eine Ecke zum Schlafen legten, Seite an Seite, waren sie zu müde zum Reden, hörten das Murmeln der Haseneltern ... weit entfernt ... spürten noch den Fahrtwind der rasenden Bergabfahrten und dachten an die Abenteuer dieses einen Tages, der ihr Leben verändert hatte. Sie lagen so dicht beieinander, dass sie das Pochen ihrer Herzen spüren konnten, das sie in den Schlaf begleitete.

Für Bruno, meinen Freund, Weihnachten 1949

Beim Nachmittagskaffee sprachen sie über das Märchen, das in ihnen nachwirkte. Beeindruckend fanden sie seine Auswahl der Tiere. Hase und Eule, eine ungewöhnliche Konstellation für eine Freundschaft. Sie waren erstaunt, wie gut Paul sich und seinen Freund einschätzen konnte. Unterschiedlicher konnten zwei Menschen kaum sein. Der Hase, bodenständig, optimistisch und unternehmungslustig, das war Bruno. Die Eule, in den Lüften schwebend, verträumt und neugierig, so sah sich Paul.

Der Großvater sammelte die Briefe aus dem Lager in einer Mappe. Er legte das neue Märchen zu den drei anderen und fragte sich, ob es das letzte sein würde. Obwohl er die Märchen über alles liebte, wünschte er sich, dass Paul kein neues mehr schreiben müsste.

Am 2. Advent nahm der Großvater sich Zeit, seinem Enkel zu antworten. Der Brief sollte zu Weihnachten im Lager ankommen, da musste er sich beeilen mit dem Schreiben. 1949 war ein Jahr voller Veränderungen gewesen, im Kleinen wie im Großen. Davon wollte er seinem Enkel berichten, damit er eine Vorstellung bekam, was ihn im nächsten Jahr bei seiner Rückkehr nach Deutschland erwartete.

Mein lieber Paul,
heute Morgen, am 2. Advent, waren wir mit Familie Janz in der Wittinger Kirche zu einem Abschiedsgottesdienst. Der Pastor hat Deinen Brief vorgelesen, und ich hoffe, es war in Deinem Sinne. Ich dachte mir, es wäre die beste Möglichkeit, Bruno und Dir näher zu sein.

Bei Euch in Sibirien hat der Winter längst Einzug gehalten, und alles ist weiß verschneit. Stell Dir vor, gestern Nachmittag, als wir zu Brunos Eltern gefahren sind, fing es auch hier an zu schneien, und heute ist die Landschaft mit einer feinen Schneedecke überzogen. Nach dem Gottesdienst sind Deine Mutter und ich vom Wittinger Bahnhof zurück nach Celle gefahren. Ich schaute auf die winterlichen Felder und Wälder, die an mir vorbeizogen, und habe an die Winter in Ostpreußen gedacht. Siehst Du auch das schnaufende Panjepferdchen vor unserem Wagen, das uns zu dritt in den Wald gezogen hat?

Als der Postbote mir vor drei Tagen Deinen Brief überreichte, hüpfte mein Herz vor Freude. Ich konnte es kaum erwarten, ihn zu öffnen, denn ich sah schon am dicken Umschlag, dass Du uns wieder ein Märchen geschickt hattest. Dann der Schock, als wir ihn gemeinsam öffneten und deine Mutter vorzulesen begann.

Die Tränen erstickten ihre Stimme, und ich musste schließlich weiterlesen. So haben wir uns durch den Brief gekämpft, Wort für Wort, denn auch mir drohte die Stimme wegzubleiben. Brunos Unfall ist so unbegreiflich, dass wir auch heute kaum fassen können, was dort im Wald passiert ist. Wir haben immer daran geglaubt, dass Ihr zu zweit nach Hause kommt, denn Eure Briefe klangen nach dem ersten, harten Winter recht optimistisch. Ihr habt auch von lustigen Begebenheiten im Lager berichtet und von einem Lagerkommandanten, der Euch unter seine Fittiche genommen hatte. Deshalb haben wir nicht damit gerechnet, dass einer von Euch sterben könnte.

Der traurige Brief war lange unterwegs, als wollte er die Ankunft der schrecklichen Nachricht hinauszögern. Ich habe zwischen den Zeilen gelesen, wie sehr Du Bruno vermisst. Du brauchtest es nicht zu schreiben, ich weiß doch, wie unzertrennlich Ihr wart. Wenn ich an Bruno denke, sehe ich Dich stets an seiner Seite, es gibt keine Bilder in meinem Kopf, wo er ohne Dich erscheint.

Es hat mich sehr berührt, was Du über das Begräbnis schreibst. Der Kommandant muss ein feiner Kerl sein. Ich denke mir, dass er schwer beeindruckt ist, wie Du Dich bemühst, die russische Sprache zu lernen. Und seine Frau habt Ihr ebenfalls beeindruckt. Es beruhigt mich, dass sie sich nach Brunos Tod um Dich kümmert.

Ich kann mir gut vorstellen, wie schwer es Dir gefallen ist, Brunos Eltern und uns von dem tödlichen Unfall im Wald zu berichten. Du musstest ja selbst erst mal damit klarkommen. Und dann die Idee mit dem Märchen. Wie wunderbar Du Eure enge Freund-

schaft umschreibst! Ich staune bei jedem Märchen über Deine poetische Begabung und versuche mir vorzustellen, wohin Du Dich zurückziehst, damit Du ungestört schreiben kannst.

Der schwere Gang zu Brunos Eltern hat uns zu schaffen gemacht. Für die Familie Janz war das Jahr 1949 ein Unglücksjahr. Im Winter waren kurz hintereinander die Großeltern gestorben und nun auch noch Bruno. Gestern, am Samstag, haben wir uns mit Deinem Brief auf den Weg gemacht. Wie Du weißt, wohnen sie seit Sommer 1947 in einem Dorf, namens Zicherie, in der Nähe von Wittingen, wo Gustav einen kleinen Hof gekauft hat. Du kennst doch die Kleinbahn von Celle nach Wittingen. Die haben wir genommen und sind dann umgestiegen nach Thülau. Von dort zu Fuß nach Zicherie. Ein trauriger Nachmittag im Advent. Wir haben in Erinnerungen gekramt und alte Fotos angeschaut. In Gedanken waren wir in Ostpreußen, wo Ihr als Kinder um diese Zeit schon rodeln konntet. Als ob wir es herbeigeredet hätten, fing es gegen Abend an zu schneien.

Es wird schon dunkel, und Deine Mutter ist gerade dabei, die zweite Adventskerze anzuzünden. Ich habe Dein Märchen ein weiteres Mal gelesen und mich gefragt, wie die russische Version klingen mag, die Du Lenya zu Weihnachten schenkst. Ich kann mir gut vorstellen, dass Du mit Deinen Märchen ihr Herz berührst.

Nun zur Lage in Deutschland. Im Jahr 1949 ist viel passiert. Das Wichtigste möchte ich Dir berichten, damit Du eine Vorstellung bekommst, was Dich hier bei Deiner Heimkehr erwartet.

Am 23. Mai trat das Grundgesetz für die neu gegründete Bundesrepublik Deutschland (BRD) in Kraft. Die drei westlichen Besatzungszonen wurden damit abgeschafft. Im Gegenzug wurde am 7.

Oktober die Sowjetische Besatzungszone in die Deutsche Demokratische Republik (DDR) umgewandelt.

Von der Währungsreform im vergangenen Jahr hatte ich Dir schon geschrieben. Die Einführung der D-Mark hat zu einem wirtschaftlichen Aufschwung geführt, auch familiär. So konnte Gustav den Hof in Zicherie kaufen. Der Ort liegt direkt an der Zonengrenze, nicht weit von Wittingen entfernt, wo Herr Janz weiterhin in der Molkerei arbeitet. Gustav bewirtschaftet mit seiner Mutter den kleinen Hof. Er hat bereits drei Schweine angeschafft und denkt daran, im nächsten Jahr Kühe zu halten. Seine Mutter kümmert sich um die Hühner und den Gemüsegarten.

Es gibt viel zu tun. Ich fahre oft zu ihnen, um zu helfen. Da ich seit meinem 70. Geburtstag nur noch selten im Wald arbeite, bleibt mir viel Zeit, um die kleine Landwirtschaft in Gang zu bringen. Gustav hat noch wenig Erfahrung damit und kann meine Hilfe gut gebrauchen. Du weißt ja, dass ich einiges davon verstehe, und es macht mir Spaß, wie in alten Zeiten anzubauen und zu ernten.

So, mein lieber Paul, morgen früh bringe ich den Brief zur Post und hoffe, dass er rechtzeitig zu Weihnachten bei Dir ankommt. Wir sehnen das Jahr 1950 herbei, wenn Du hoffentlich endlich nach Hause kommen wirst.

Pass gut auf Dich auf im letzten sibirischen Winter.

Eine feste Umarmung von Deinem Gropa

16

Sibirien 1950

An Silvester mussten die Gefangenen nicht arbeiten, denn die Russen feierten an diesem Tag Weihnachten. Der Weihnachtsmann „Väterchen Frost" brachte die Geschenke, begleitet von „Sneguroschko", seiner Enkelin. Jeder Russe, der es irgendwie einrichten konnte, wollte diesen Tag bei seiner Familie verbringen. Ein einzelner Wachmann blieb im Lager zurück, und nach der abendlichen Essensausgabe verließen die beiden Babuschkas eilig die Küche.

Für die Lagerinsassen machte es keinen großen Unterschied, dass sie nahezu unbeaufsichtigt blieben. An Flucht dachte hier niemand. Im Sommer bildete der Fluss ein unüberwindliches Hindernis, und jetzt im Winter ließ die unerbittliche Kälte keinen Gedanken an einen Ausbruch aufkommen. Die russischen Aufseher mussten ihre Gewehre nie benutzen, sie begleiteten die Gefangenen beim Arbeitseinsatz und sorgten innerhalb des Lagers für Ordnung.

Alles hatte sich eingespielt. An einem freien Tag wie diesem war Gelegenheit, die Hüttendienste in aller Ruhe zu erledigen, vom Reinigen der Latrinenkübel bis zum Auffüllen des Vorrats an Feuerholz.

Paul wollte den frostigen Tag im Freien verbringen und hatte seinen Angoraeinteiler unter dem Winterzeug angezogen. Morgens brachte er das vierte Weihnachtsmärchen in die Kommandantur, „Zwei Freunde", ein weiteres Märchen für Lenya. Grischko hatte ihn schon erwartet und schenkte ihm eine Tüte mit Gebäck, frisch gebacken von Lenya. Und dann überraschte er ihn mit einer Einladung. Lenya und Grischko wollten ihn gerne bei ihrer Weihnachtsfeier dabeihaben, der russischen Weihnacht, die am 7. Januar gefeiert wurde.

Die tiefstehende Sonne schien bereits über die Baumwipfel auf die tief verschneite Lichtung, als Paul zum Friedhof ging. Sie brachte den Schnee zum Glitzern, sodass es fast blendete. Ein klarer, sonniger Tag ohne den eisigen Nordwind, vor dem sich selbst die Einheimischen fürchteten. Großvaters Brief war rechtzeitig zum Jahreswechsel angekommen. Paul zog ihn aus der Jackentasche, als er vor Brunos Grab stand. Er hatte sich angewöhnt, mit seinem Freund zu reden, und bildete sich ein, dass Bruno ihm zuhörte.

„Die Weihnachtspost ist angekommen, Bruno. Ein Brief von Gropa. Hör mal, was er schreibt."

Nach dem Vorlesen öffnete er die Tüte und probierte einen von Lenyas Keksen. Er hätte Bruno allzu gerne eine Kostprobe gegeben.

„Stell dir vor, Bruno. Lenya hat für uns gebacken. Lecker! Ich wünschte, du könntest einen Keks probieren. Und noch etwas. Ich bin zur russischen Weihnacht bei Grischko und Lenya eingeladen. Schade, dass du nicht mitkommen kannst."

Bevor er ging, wischte er mit seinem Handschuh den Schnee vom Grabkreuz, sodass die Inschrift zum Vorschein kam.

Von der Einladung zur russischen Weihnacht im Haus des Kommandanten wusste nur Edwin. Da Paul immer häufiger Aufträge des Kommandanten ausführte und zum Schreiben ebenfalls längere Zeiten außerhalb des Lagers verbrachte, hatten die Kameraden sich daran gewöhnt und fragten nicht weiter nach, wo er sich aufhielt. Edwin freute sich für Paul und sagte nur:

„Na, dann lass dich mal ordentlich verwöhnen, Jungche."

Paul wusste nicht, was ihn erwartete, als er am Nachmittag durch die Gartenpforte aufs Haus zuging. Als Grischko ihm öffnete und ihn hereinbat, schlug ihm ein Schwall von Düften entgegen, eine Mischung aus Gewürzen, frischem Hefeteig, gebratenem Fleisch und Essig. Fast so wie bei Groma in der ostpreußischen Küche, wenn die Vorbereitungen für ein Festessen auf Hochtouren liefen. Er hatte ganz vergessen, wie sehr Düfte Erinnerungen wecken können.

Lenya stand am Herd neben einer Frau, die unverkennbar ihre Mutter war. Ihr Vater saß am Küchentisch mit einer Flasche Bier, während Grischkos Mutter damit beschäftigt war, den Tisch zu decken. Lenya übernahm es, „Pawel" der Familie vorzustellen, mit einer Selbstverständlichkeit, als würde er schon lange zur Familie gehören. Grischko schmunzelte über seine Frau, die ihre Freude über Pauls Anwesenheit offen zeigte und ihn aufnahm wie einen Sohn.

Lenyas Eltern wohnten in Sangar, sie waren in ihrem Leben nie über Jakutsk hinausgekommen. Zum ersten Mal unterhielten sie sich mit einem Deutschen in ihrer Muttersprache und wunderten sich, wie gut das klappte. Nur wenn sie in ihren Dialekt verfielen, musste Paul nachfragen. Grischkos Mutter lebte allein in Jakutsk, seit ihr Mann im Krieg gefallen und ihr einziger Sohn nach Smoroditschny gezogen war. Gestern hatte das Postauto sie nach Sangar gebracht. Sie würde ein paar Tage bleiben, bis zur nächstmöglichen Fahrt in die Hauptstadt.

Weihnachten wurde in Russland traditionell mit einem großen Essen in der Familie gefeiert. Die Tische mussten sich biegen vor lauter Speisen, das war nicht viel anders als in Ostpreußen. Paul fragte sich, wann Lenya die vielen Gerichte vorbereitet hatte. Es sah nach einem richtigen Festessen aus.

Große und kleine Schüsseln mit den unterschiedlichsten Speisen füllten den Tisch. Da standen Gemüseschalen mit Kohl und Bohnen neben Fischsuppe, Hühnchen, Hackbällchen und weiteren Schalen mit eingelegten Gurken, Kürbissen, Zwiebeln. Am allerbesten schmeckten Paul die mit Fleisch gefüllten Teigtaschen, Lenyas Spezialität. Frisch aus dem Backofen, waren sie warm und knusprig. Alle freuten sich über seinen großen Appetit und drängten ihn, weiter zu probieren, obwohl er fast platzte. Irgendwann konnte er nicht mehr. Nun gab es erst mal einen Wodka zum Verdauen. „Nastrowje."

Mit dem zweiten Glas bedankte sich Grischko bei seiner Frau für das vorzügliche Essen, und damit sprach er allen aus der Seele. Paul fasste sich ein Herz und sagte spontan, woran er gerade gedacht hatte.

„Lenya, ich staune, wie gut du kochen und backen kannst. Ich dachte bis heute, meine Großmutter wäre unübertrefflich. Aber du kannst es mit ihr aufnehmen."

Lenya strahlte übers ganze Gesicht, als Paul das Kompliment ihres Mannes noch übertraf.

Zu später Stunde servierte sie als Nachtisch Vanillepudding mit eingelegten Rumfrüchten, Butterkuchen und Weihnachtskekse. Das sah so verführerisch aus, dass alle noch mal zulangten.

Der Pegel in der Wodkaflasche war auf einem Tiefpunkt angelangt, ganz im Gegensatz zur Stimmung. Alle redeten durcheinander, erzählten Witze, die Paul nur zum Teil verstand. Schließlich fing Lenyas Mutter an zu singen, Winterlieder aus der sibirischen Heimat. Mit ihrer klaren, fröhlichen Stimme steckte sie alle zum Mitsingen an. Selbst Paul stimmte bei einzelnen Passagen ein, wenn sie sich wiederholten.

Irgendwann im Laufe des Abends griff Paul nach seiner Uhr. Es ging bereits auf Mitternacht zu, und er machte sich Gedanken, wie er in angetrunkenem Zustand ins Lager zurückkommen sollte. Lenya entging es nicht, als er die Uhr aus seinem Stiefel zog. Sie wollte sie unbedingt sehen, eine deutsche Taschenuhr zum Aufziehen. Die Uhr machte die Runde und wurde mit bewundernden Kommentaren weitergereicht. Als sie wieder in Pauls Händen lag, fragten sie ihn nach der Bedeutung der Uhr.

Und Paul begann zu erzählen, angefangen vom letzten Weihnachtsfest in der Heimat vor fünf Jahren, als er mit Bruno in den Krieg ziehen musste, und dann von der Zeit in Gefangenschaft, wo er keinem seine Schätze gezeigt hatte, aus Angst, dass sie gestohlen werden könnten. Hier, in der russischen Familie, fühlte er sich geborgen und traute sich zu erzählen, wie er die Strapazen auf dem Weg ins Lager überlebt hatte. Er vergaß nicht zu erwähnen, wie sehr Eltern und Großeltern ihnen beim Aufbruch in den Krieg geholfen hatten. Ihre Weitsicht sorgte dafür, dass sie für den Überlebenskampf gerüstet waren. Er schwärmte von den Geheimtaschen in Jacke, Hose und Schuhen, wo der Notproviant verstaut war, auf den sie nur heimlich zugreifen konnten, wenn niemand sie beobachtete, denn Gefahr drohte ihnen nicht nur von den russischen Wachsoldaten, sondern auch unter den deutschen Gefangenen gab es Diebstahl.

„Die Uhr und mein Taschenmesser waren am besten versteckt, in kleinen Taschen im Inneren der Stiefel. Eine Meisterleistung meiner Mutter. Sie blieben bei allen Kontrollen unentdeckt."

Bei diesen Worten hatte Paul einen Stiefel ausgezogen, den Schaft nach außen gebogen, damit das kleine Lederfach im Innern zu sehen war. Dann beförderte er seine Uhr ins Versteck und schlüpfte zurück in den Stiefel.

Grischko klatschte spontan in die Hände, Applaus für die perfekte Schneiderarbeit von Pauls Mutter. Das war ein willkommener Anlass, die Flasche zu leeren.

Alle waren leicht angetrunken, außer Lenya, die keinen Alkohol brauchte, um ausgelassen fröhlich zu sein. Sie dachte voraus und hatte einen Plan fürs Nachtquartier, denn alle sollten im Haus schlafen, auch Paul, den sie nicht allein in die Winternacht hinausschicken wollte.

Lenyas Eltern schliefen im Gästebett. Für Grischkos Mutter und Paul wurden Strohmatten in der Küche ausgelegt, wo der Ofen für Wärme sorgte.

Am Morgen gab es dann ein Resteessen. Es schmeckte schon wieder, und der starke Kaffee, den Lenya gekocht hatte, vertrieb den Kater. Paul umarmte Lenya zum Abschied und bedankte sich für das außergewöhnliche Weihnachtsfest, das er mit ihrer Familie hatte feiern dürfen.

Gemeinsam gingen sie zum Lager, Paul an der Seite des Kommandanten, eine Weile schweigend. Dann rückte Grischko mit der Neuigkeit heraus. Er hatte in der vorigen Woche ein offizielles Schreiben aus Jakutsk bekommen, in dem die Auflösung des Lagers für den kommenden Sommer angeordnet wurde. Er fragte Paul, ob er in seinem Auftrag die Mitgefangenen darüber informieren wolle. Er sei schließlich die ganze Zeit als Vermittler und Dolmetscher tätig gewesen, da wäre es nur gerecht, wenn er die frohe Nachricht verkünden dürfe.

Das Lager lag wie ausgestorben da, als sie durchs Tor schritten. Die Arbeitstrupps waren bereits ausgerückt, ohne Paul. Das kam dem Kommandanten ganz gelegen. Nun, da die Auflösung des Lagers beschlossene Sache war, wollte er rechtzeitig die Registerkartei der Gefangenen auf den neuesten Stand bringen. Dabei konnte er Pauls Hilfe gut gebrauchen.

Sie überprüften die Listen der Gefangenen. Für jede Hütte gab es eine eigene Aufstellung, in der Vermerke über den Arbeitseinsatz, Krankschreibungen, Todesfälle chronologisch eingetragen waren. Grischko schickte seinen neuen Helfer zum Friedhof, wo er alle Sterbedaten notieren sollte. Wie sich herausstellte, wiesen die Listen etliche Fehler auf, die Paul gewissenhaft behob.

Schon nach einem Bürotag waren sie gut aufeinander eingespielt. Grischko freute sich über Pauls Hilfe, denn im Grunde hatte er keine Lust zu bürokratischen Dingen. Am Abend fragte er Paul, ob er in den nächsten Tagen weiter in der Kommandantur arbeiten wolle. Da brauchte Paul nicht lange zu überlegen. Es machte ihm Spaß, ein wenig Ordnung in die Lageraufzeichnungen zu bringen, außerdem hatte er seit Brunos Tod wenig Freude an der Waldarbeit. Paul konnte es kaum erwarten, die frohe Botschaft des Kommandanten zu verkünden. Er wartete, bis die Kameraden sich nach der abendlichen

Essensausgabe in ihren Hütten aufhielten. Dann machte er sich auf den Rundgang, als Erstes wollte er die Kameraden in seiner eigenen Hütte überraschen.

„Darf ich mal um Ruhe bitten", begann er, wartete einen Moment, bis die Geräusche verstummt waren, und fuhr dann fort: „Der Kommandant hat mir einen Auftrag gegeben, den ich nur zu gerne ausführe. Das Lager wird im Sommer aufgelöst, und wir werden heimkehren."

Da brach ein Jubel aus in der Baracke, fast alle waren aufgesprungen und tanzten vor Freude. Es gab aber auch einige, die hemmungslos weinten vor lauter Glück über die bevorstehende Heimkehr. Paul beobachtete, wie ein Kamerad bereits den Schreibblock hervorholte, um die frohe Botschaft unverzüglich nach Hause zu melden.

In den anderen Hütten erlebte er ähnliche Reaktionen, vor allem lauten Jubel, aber bei einigen auch Sprachlosigkeit ob dieser unerwarteten Nachricht, die sie zu lange herbeigesehnt hatten. Die Kameraden bestürmten Paul und wollten nähere Einzelheiten wissen. Er konnte ihre Fragen nicht beantworten. Nur so viel wusste er:

„Dieser Winter wird unser letzter sein. Den müssen wir noch durchstehen."

Bei der Rückkehr in seine Hütte empfing ihn eine ungewohnte Stille. Nachdem die erste Freude sich gelegt hatte, saßen die Kameraden auf ihren Betten oder Hockern, ins Schreiben vertieft. Nur Edwin stand wartend in Pauls Ecke. Gemeinsam setzten sie sich an den von Bruno gebauten Tisch, um mit ihren Briefen in die Heimat zu beginnen. Paul wusste, wie sehr sein Großvater und seine Mutter auf diese Nachricht warteten. Außerdem wollte er von der russischen Weihnacht berichten, die er in Lenyas Haus gefeiert hatte.

Der frostige Januar musste noch einmal ertragen werden, für gewöhnlich herrschte dann die bitterste Kälte in Sibirien, denn die Sonne stieg nicht hoch genug, um ein wenig Wärme zu spenden. Die

Tage waren geprägt vom ständigen Kampf gegen Dunkelheit und eisige Temperaturen, für die Dorfbewohner ebenso wie für die Lagerinsassen. Im Freien durfte man sich keine Fehler leisten, sonst holte man sich schnell Erfrierungen. Der Gang zu den Latrinen wurde zur echten Herausforderung, die jeder auf eigene Weise anging. Innerhalb der Hütten brannten die Öfen Tag und Nacht, durchgehend bewacht von einem Kameraden.

Dennoch ließ sich das Lagerleben besser ertragen als in den vorangegangenen Wintern, denn alle wussten, dass sie zum letzten Mal der sibirischen Kälte trotzen mussten. Die bevorstehende Lagerauflösung machte sich auch im Arbeitseinsatz bemerkbar. An kalten Tagen durften die Gefangenen nun häufiger im Lager bleiben und hatten Zeit, sich zu erholen.

Paul arbeitete schon seit Tagen in der Kommandantur. Edwin beneidete ihn, dass er nicht in die Kälte hinausmusste. Andererseits gönnte er ihm die Auszeit von der Waldarbeit, die noch zu sehr mit Brunos Tod belastet war. Inzwischen kannte Paul die Aufgaben, die der Kommandant zu erledigen hatte, und er wusste, welche Unterlagen bei der Auflösung des Lagers vorliegen mussten. Da gab es noch reichlich Arbeit. Grischko staunte über seinen Eifer und freute sich, wenn Paul eigene Ideen einbrachte.

Ein Projekt lag ihm besonders am Herzen. Er wollte die Geschichte des Gefangenenfriedhofs dokumentieren, mit allem, was dazugehörte, einschließlich eines Lageplans mit der Anordnung der Gräber. Er glaubte, dass dieses Projekt ein gutes Licht auf die Lagerleitung werfen würde, und außerdem dachte er an die Angehörigen in Deutschland, die auf diese Weise über die Grabstellen der Verstorbenen unterrichtet werden konnten.

Nach zwei Wochen gemeinsamer Arbeit traf Grischko eine weitreichende Entscheidung, die Paul das Lagerleben erleichtern und seine Sonderstellung unter den Gefangenen weiter befördern sollte.

„Pawel, ich ernenne dich zu meinem ständigen Sekretär. Wie findest du das?"

Paul glaubte sich verhört zu haben und schaute Grischko fragend an, der sich diebisch darüber freute, dass seine Überraschung gelungen war.

„Na, kannst du dir das vorstellen, in meinem Büro zu arbeiten?"

„Ist das wirklich dein Ernst, Grischko?", fragte er. „Was werden meine Kameraden dazu sagen?"

„Da mach dir mal keine Sorgen. Du hast die ganze Zeit ihre Nöte und Wünsche an mich herangetragen und viel für sie erreicht. Sie werden vermuten, dass unsere noch engere Zusammenarbeit mit der Auflösung des Lagers zu tun hat. Und damit haben sie ja auch recht."

Die Argumentation des Kommandanten schien Paul zu beruhigen, wenngleich er nicht abschätzen konnte, ob die anstehende Arbeit in der Kommandantur tatsächlich einen Sekretär rechtfertigte. Er wurde den Verdacht nicht los, dass es vor allem Lenya war, die dafür kämpfte, sein Leben im Lager zu erleichtern.

Pauls neuer Aufgabenbereich an der Seite des Kommandanten wurde von den meisten Kameraden positiv gesehen. Er merkte es daran, dass sie ihn nach der Arbeit vermehrt aufsuchten und ihre Wünsche vortrugen, die auf die bevorstehende Heimkehr ausgerichtet waren. Paul machte sich Notizen, besprach die Angelegenheiten mit Grischko und konnte auf diese Weise viele Anfragen umgehend beantworten. Es gab keine ernsthaften Probleme mit seiner neuen Sonderstellung.

Seine Vermutung bestätigte sich. Lenya zog im Hintergrund die Fäden, sie war sein heimlicher Schutzengel. Grischko brachte nun doppelte Essensrationen von zu Hause mit, und Lenyas selbst gebackenes Brot schmeckte ihm köstlich. Das war kein Vergleich zum klitschigen Kantinenbrot.

Sonntags war Paul nun häufiger zu Gast im Steinhaus. Lenya verstand es, ihn zu verwöhnen, ohne dass ihr Mann eifersüchtig wurde. Dieser hatte erkannt, dass Paul ihr Mutterherz erobert hatte, und er musste sich eingestehen, dass er selbst väterliche Gefühle für ihn entwickelte, seit sie noch enger zusammenarbeiteten.

An einem dieser Sonntage stand plötzlich ein Schachspiel auf dem Tisch. Grischko liebte dieses Spiel, das er während seiner Ausbildung oft gespielt hatte. Paul kannte das Spiel ebenfalls, war aber weitaus weniger versiert. Die ersten Partien waren schnell beendet. Schachmatt. Grischko der Sieger. Das Verlieren machte Paul nichts aus. Er spielte gerne, und er lernte schnell. Ab jetzt spielten sie regelmäßig, auch in der Kommandantur, und es kam der Tag, an dem Paul ein Remis erzwingen konnte. Nun hatte Grischko noch mehr Spaß an den Schachpartien, da ihm ein ernst zu nehmender Gegenspieler gegenübersaß.

Die Arbeit in der Kommandantur und die sonntäglichen Besuche im Hause von Lenya ließen Paul zu alter Stärke zurückfinden. Jetzt war er geistig gefordert, konnte sich täglich satt essen, und was ihm mindestens ebenso viel bedeutete, war, zwei gute Freunde wie Lenya und Grischko um sich zu haben, denen er vertraute. Sie bildeten für ihn eine Ersatzfamilie fern der Heimat.

Als der Frühling Einzug hielt, war Paul in blendender Verfassung. Lenya machte ihm Komplimente und brachte ihn damit in Verlegenheit.

„Was für ein hübscher Junge! Da wirst du dich vor Mädchen nicht retten können, wenn du nach Hause kommst."

„Daran bist du schuld, Lenya, du hast mich schließlich hochgepeppelt."

So neckten sie sich gegenseitig und spürten beide, dass dieses Geplänkel nur eine oberflächliche Ablenkung war. Tief drinnen breiteten sich längst Gefühle aus, die sie nur schwer einordnen konnten und die sie verwirrten.

Lenya hatte für ihre Zuneigung zunächst mütterliche Gefühle verantwortlich gemacht und nicht gemerkt, dass weit mehr dahintersteckte. Erst ein Traum eines Nachts hatte ihr die Augen geöffnet, ein Traum, in dem Pawel auf dem Postschiff davonfuhr, mit ungewissem Ziel. Sie hatte versucht, ihn zu erreichen, als er an Bord gebracht wurde, aber je schneller sie lief, umso mehr vergrößerte sich der Abstand zwischen ihr und dem Schiff. Sein Winken wurde vom Dunst über dem Wasser verschluckt. Sie schreckte aus dem Traum hoch und fühlte, dass ihr Tränen über die Wangen liefen.

Und Paul, der seit der ersten Begegnung von Lenya fasziniert gewesen war? Er brauchte lange, um zu erkennen, dass er sich gleich im ersten Moment in sie verliebt hatte. Die schwierigen Verhältnisse im Lager, der alltägliche Überlebenskampf überlagerten ständig seine Gefühle und ließen nicht zu, dass sie in sein Bewusstsein drangen. Beim Arbeiten in Lenyas Garten an Brunos Seite bemühten sie sich vor allem, ihre Wünsche so gut wie möglich umzusetzen, und wenn sie danach von ihr verwöhnt wurden, nahmen sie es dankbar an. Erst nach Brunos Tod hatte Paul gespürt, dass er außer Bewunderung und Dankbarkeit noch mehr für Lenya empfand.

Die Gefangenen erlebten den sibirischen Frühling ein letztes Mal. Die Schneeschmelze, der Eisbruch auf der Lena und die Rückkehr der Mauersegler wurden in Erwartung der Heimkehr noch freudiger wahrgenommen als in den Jahren zuvor. Paul besuchte wie in jedem Jahr seinen Lieblingsort am Bach, diesmal ohne Schreibhocker. Ein weiteres Märchen wollte er nicht beginnen. Er verbrachte viel Zeit damit, die Vögel zu beobachten, und während er das tat, wanderten seine Gedanken weit voraus, in heimatliche Gefilde. Was würde er mit seinem Leben in Freiheit anfangen?

Seine Kameraden sorgten für den Abtransport des im Winter geschlagenen Holzes, während Paul mit den restlichen Arbeiten in der

Kommandantur beschäftigt war. Er saß gerade an der Schreibmaschine, als Grischko den herbeigesehnten Behördenbrief öffnete. Das Lager sollte Anfang August geschlossen werden. Damit war der Termin endlich greifbar. Im Anhang war detailliert aufgeführt, welche Aufgaben der Kommandant bei der Auflösung zu erfüllen hatte. Sie stellten erleichtert fest, dass sie fast alles schon erledigt hatten. So blieb genug Zeit für weitere Schachpartien.

Im Lager herrschte eine eigenartige Stimmung, seit der Termin für die Heimkehr verkündet worden war, fast so etwas wie Euphorie, zumindest rege Betriebsamkeit machte sich breit. Überall sah man die Gefangenen damit beschäftigt, Vorbereitungen für die Rückkehr zu treffen. Kleidung wurde gewaschen und repariert, so gut es ging. Manche packten die Rucksäcke zum wiederholten Mal, um zu testen, ob alles hineinpasste, was sich angesammelt hatte. Die Körperpflege, jahrelang vernachlässigt, gewann plötzlich an Bedeutung, sodass sich die Männer in den Waschräumen und vor den Spiegeln drängten.

Paul ließ sich von diesen Aktivitäten nicht anstecken. Er freute sich ebenfalls auf zu Hause, aber im Gegensatz zu seinen Landsleuten fiel ihm der Abschied nicht leicht. Fünf Jahre Sibirien ließen sich nicht so einfach abschütteln. Die grandiose Natur im rauen Norden, sein kleiner Bergbach mit der Felswand der Mauersegler hatten ihn in seinen Bann gezogen, und er würde Menschen zurücklassen, die er liebgewonnen hatte.

Ende Juli. Die Arbeitskolonnen rückten schon nicht mehr aus. So blieb in diesem Jahr viel Zeit für die Blaubeerernte. Paul führte Edwin zu seinem Bach und wanderte mit ihm Richtung Quelle, zum Blaubeerfeld am Waldrand, so wie im Jahr zuvor mit Bruno. Dort stopften sie sich die Münder voll und schwärmten von ihren Lieblingsgerichten, die sie zu Hause essen wollten. Edwin würde nach Rostock fahren, wo seine Frau auf ihn wartete, Pauls Ziel war Celle, das Haus von Mutter und Großvater.

Im Lager wartete eine letzte Arbeit. Der Stacheldraht sollte entfernt werden. Unter den Gefangenen fanden sich genügend Freiwillige, die den Wachsoldaten dabei halfen. Als der Zaun verschwunden war, ergab sich ein völlig neues Bild: Es sah aus wie ein Hüttendorf, idyllisch gelegen auf einer Lichtung oberhalb der Lena. Paul staunte über den Wandel. Eben noch eingegrenzt, gefangen hinter Stacheldraht, und plötzlich nach allen Seiten offen, herbeigesehnte Freiheit.

Heimkehr

17

Sibirien, August 1950

Das Datum sollte keiner der Gefangenen jemals vergessen. Für den 8. August 1950 war die Heimkehr angesetzt, die erste Etappe mit dem Dampfer flussaufwärts bis Jakutsk, von dort auf dem Landweg weiter in die Heimat. Am Sonntag davor, dem 6. August, sollte ein Abschiedsfest stattfinden. Zu diesem freudigen Anlass half Paul dem Kommandanten ein letztes Mal.

Grischko hatte sich in den Kopf gesetzt, alle Beteiligten einzuladen, nicht nur die Gefangenen und das Lagerpersonal. Er wollte auch den Arzt sowie die russischen Facharbeiter aus Forstbetrieb und Bergwerk dabeihaben, unter deren Anleitung die Deutschen jahrelang gearbeitet hatten. Im Andenken an Bruno schickte er Paul sogar ins Sägewerk, um die Einladungen dort persönlich zu überbringen.

Der Termin war gut gewählt, ein strahlender Sonnentag im August nach überstandener Mückenplage, ideale Voraussetzungen zum Feiern im Freien. Am Nachmittag begannen die Vorbereitungen. Tische und Stühle wurden ins Freie geschafft. Einige waren damit beschäftigt, aus Brettern von der Werkstatt provisorische Bänke zu bauen, andere bereiteten Lagerfeuer vor. Jeder versuchte irgendwie zu helfen. In der Kantine herrschte Hochbetrieb. Zum Küchenpersonal hatten sich die Frauen der Wachleute gesellt, die allerhand fertige Speisen in der Küche abstellten. Anderes musste noch zubereitet werden.

Gegen Abend kamen die russischen Vorarbeiter aus Sangar herauf, alle in Begleitung ihrer Frauen. Der Kommandant erwartete die Gäste vor der Kommandantur und begrüßte jeden Einzelnen mit Handschlag. Die Frauen trugen große Weidenkörbe überm Arm, mit denen sie in der Küche verschwanden, während die Männer sich zur Runde der Lagerinsassen gesellten, die sie von der jahrelangen Zusammenarbeit kannten.

Edwin und Paul pendelten mit zwei weiteren Kameraden zwischen Werkstatt und Festplatz hin und her. Sie bauten an einer Sitzrunde für das Lagerfeuer. Paul dachte an Bruno. Wie gerne hätte er ihn heute bei sich gehabt. Doch zum Glück wurde er abgelenkt. Durch Lenya, die als eine der Letzten ins Lager kam, ebenfalls schwer bepackt mit Picknickkorb und Rucksack.

Abgesehen von den beiden Köchinnen waren erstmals Frauen im Hüttendorf, für die entwöhnten Augen der Gefangenen ein unvorstellbares Vergnügen. Von der reinen Männerwelt hinein in eine bunte, fröhliche Gesellschaft, es gab Gelächter, Späße, Komplimente, Anspielungen – die ganze Palette an Kommunikation, wenn Frauen eine Männerrunde bereichern. Und die Deutschen, die sich bei diesem Fest erstmals wieder als freie Menschen fühlen durften, legten nach und nach ihre Hemmungen ab, es den russischen Männern gleichzutun.

Das Erste, was aus der Küche kam, waren Kannen mit Tee und Kaffee, und dazu wurden die verschiedensten Kuchen serviert. Natürlich war Blaubeerkuchen vom Blech dabei, und auch Lenyas famoser Butterkuchen durfte nicht fehlen. Paul hatte sich schon fast daran gewöhnt, regelmäßig mit Kuchen verwöhnt zu werden, aber die Kameraden konnten ihr Staunen und ihre Vorfreude nicht verbergen. Zu lange hatten sie auf Kuchen verzichten müssen. Die Russinnen am Kuchenbüfett hatten ihren Spaß daran, die Ausgehungerten zu verwöhnen. Da blieb nicht viel übrig von den Süßigkeiten.

Nach der Kaffeetafel standen wie von Zauberhand Wodkaflaschen auf den Tischen. Die Russen gingen herum und schenkten einen Schuss Schnaps aus der Flasche direkt in die Wehrmachtsbecher, auch wenn sich noch ein Rest Tee darin befand. Das konnte nicht schaden. Zum ersten Mal an diesem Festtag wurde zugeprostet: „Nastrowje", und viele Male sollten folgen.

Paul stand bei Lenya und Grischko, als die Flaschen die Runde machten. Lenya kannte sich aus mit russischen Festen und warnte ihn:

„Pass auf mit dem Wodka, Pawel. Bald sind hier alle betrunken."

Die Vorbereitungen für das abendliche Festessen waren in vollem Gange. An einer der Feuerstellen lagen Gitterroste bereit, auf denen Rentiersteaks gegrillt werden sollten, das war Männersache. Die Frauen hantierten in der Küche und trugen die fertigen Platten und Schüsseln nach draußen. Zum Schluss schleppten die Lagerköchinnen, jeweils zu zweit, riesige Töpfe mit dampfender Suppe ins Freie und forderten zum Essen auf.

Die Deutschen hatten dem emsigen Treiben zwischen Küche und Draußen ungläubig zugesehen. Die Vielfalt und die schiere Menge an Speisen und Brot, die sich auf den Tischen ansammelten, verwirrten sie. Für die Russen war es normal, dass sich die Tische bogen, wenn richtig gefeiert wurde, doch für die Lagerinsassen war der Kontrast einfach zu groß. Die über Jahre unzureichende und eintönige Kost aus der Kantine und jetzt plötzlich Speisen wie im Schlaraffenland. Wie sollten sie das begreifen. Es sah fast so aus, als solle dieses Festmahl ihre entwöhnten Mägen mit einem Mal für alles entschädigen, was sie über lange Jahre hatten entbehren müssen.

Nach anfänglichem Zögern griffen die Deutschen ebenso herzhaft zu wie die Russen und aßen, bis ihre Mägen streikten. Später, als die ersten Steaks vom Grill kamen, konnten sie nicht widerstehen, auch davon noch zu kosten.

Und erneut machten die Wodkaflaschen die Runde. Trotz guter Grundlage zeigte der Alkohol schnell seine Wirkung. Besonders die Deutschen begannen zu torkeln.

Paul hatte sich beim Wodka sehr zurückgehalten. Er kümmerte sich um das zweite Lagerfeuer und konnte dadurch den Angeboten der Russen zum Mittrinken aus dem Wege gehen. Während die Männer dem Schnaps zusprachen, räumten die Frauen ab, brachten die Essensreste in die Küche und entgingen somit einigen Schnapsrunden.

Plötzlich ertönte Musik auf der Lichtung. Ein Angestellter vom Sägewerk hatte sein Akkordeon mitgebracht und spielte russische Weisen. Es bedurfte keiner großen Aufforderung, da begannen die russischen Frauen zu tanzen, und es dauerte nicht lange, bis sie ihre Männer in den Kreis holten. Es war eine Art Volkstanz, den sie alle beherrschten. Sie fassten sich an den Schultern und tanzten im Kreis oder bildeten eine seitliche Linie.

Lenya ging hinüber zu Paul, um ihn zum Tanz zu bitten. Sie trug ein leichtes, weit ausgeschnittenes Sommerkleid, hellblau mit weißen Blüten, das über den Knien wippte, darunter einen eng anliegenden, gerippten Pulli, cremeweiß, mit kurzen Ärmeln. Keinen Schmuck außer einer Haarspange, mit der ihr Zopf zusammengehalten wurde. Sie näherte sich ihm auf tänzelnden Füßen, barfuß in dunkelblauen Leinenschuhen. Ihre sonnengebräunte Haut harmonierte wunderbar mit ihrer Kleidung, und ihre braunen Augen sprühten voller Freude, als sie ihn zum Tanz entführte.

Die Schrittkombinationen waren einfach, und so fiel es ihm nicht schwer, in der Formation mitzutanzen. Sein Arm lag auf Lenyas Schulter, und er spürte, wie ihr ganzer Körper vibrierte. Musik und Tanzen, das war ihre Leidenschaft. Schon als junges Mädchen hatte sie damit in der Volkstanzgruppe von Sangar begonnen.

„Sie tanzt sich durchs Leben", dachte Paul und musste an ihre erste Begegnung im Garten denken, als er fasziniert festgestellt hatte, dass alles an ihr in ständiger Bewegung war. Er konnte sehr gut nachvollziehen, dass Grischko sich auf der Stelle in sie verliebt hatte, als sie sich erstmals auf einem Tanzfest in Jakutsk begegneten.

Nach den allerersten Tänzen mit ihren Landsleuten holten die russischen Frauen die deutschen Männer zum Tanz, und das taten sie mit solch einer Selbstverständlichkeit, dass jeder hineingezogen wurde ins Tanzvergnügen. Mit jedem Wodka stieg die Stimmung, und die Tänze wurden ausgelassener. Bald gab es keine geordneten Formationen mehr, jeder tanzte, wie es ihm gefiel, zu zweit oder in kleinen Gruppen, Männer und Frauen gemischt, Deutsche und Russen. Es war ein wildes Durcheinander. Die meisten Russen sangen lauthals mit, sie kannten die Lieder. Die Deutschen fragten nach „Lily Marleen", und als das gespielt wurde, konnten alle einstimmen. Deutsche und Russen sangen gemeinsam die Hymne des Krieges.

Es kam der Zeitpunkt, als die ersten Tänzer umkippten. Zunächst Deutsche, betrunken wie sie waren, versagten ihnen die Beine. Mit Mühe schleppten sie sich aus der Menge der Tanzenden, um abseits liegen zu bleiben. Paul beobachtete, wie auch einige der russischen Männer bedenklich zu schwanken begannen.

Dennoch wurde immer weiter getrunken. Wer noch stand, konnte auch trinken, das gehörte zu einem sibirischen Fest. Der Kommandant musste mit etlichen Leuten anstoßen. Er kam nicht zum Tanzen und war schließlich auch nicht mehr fähig dazu. Paul beobachtete, wie er betrunken ins Büro torkelte, wo er auf dem Sofa seinen Rausch ausschlafen würde.

Lenya und Paul gehörten zu den Letzten auf der Tanzfläche, leicht beschwipst, gelang es ihnen im Gegensatz zu den anderen, koordiniert zu tanzen. Bei einem dieser Tänze fragte sie Paul, ob er ihr seinen Schreibplatz zeigen würde, und er willigte gern ein.

Als die Dämmerung einsetzte, machten sich die Gäste, die dazu noch in der Lage waren, auf den Heimweg, der Akkordeonspieler voneweg. Alle anderen lagen über die Lichtung verstreut am Boden, vom Wodka niedergestreckt, oder wer es noch geschafft hatte bis zu einem Bett, schlief den Rausch in einer der Hütten aus.

Auf dem Festplatz herrschte ein wildes Durcheinander, umgestürzte Bänke und Hocker lagen herum, dazwischen leere Wodkaflaschen und vergessene Kochgeschirre und, überall verstreut, Menschen in den unterschiedlichsten Schlafpositionen.

Lenya ging in die Kommandantur, um ihren Rucksack zu holen. Grischko lag im Tiefschlaf auf dem Sofa, er würde sich durch nichts stören lassen und seinen Rausch bis zum Morgen ausschlafen. Das kannte sie nur zu gut. Die Hitze des Tages staute sich noch im Büro, so brauchte sie ihn nicht zuzudecken, und in der Nacht versprach es warm zu bleiben.

Paul hatte seine warme Jacke und eine Wolldecke aus der Hütte geholt und erwartete Lenya vor der Kommandantur. Niemand beobachtete die beiden, als sie sich vom Lager entfernten und, am Friedhof entlang, zum Bachlauf gingen.

Er hätte den magischen Ort auch im Dunkeln gefunden, aber es freute ihn, dass noch etwas Tageslicht übrig war, damit Lenya seinen Platz unter der Kiefer im silbrigen Abendlicht sehen konnte. Sie hatte sich oft vorzustellen versucht, wie der Schreibplatz von Pawel wohl aussehen mochte. Nun wurden all ihre Erwartungen übertroffen.

„Pawel, Pawel, was hast du dir für einen schönen Platz zum Schreiben ausgesucht. Hier sind also all deine Märchen entstanden."

Paul nickte und breitete seine Decke aus, auf die sie sich mit dem Rücken zum Stamm setzten, sodass der Bergbach direkt an ihren Füßen vorbeifloss.

„Schließ mal die Augen, Lenya … was hörst du?"

Er sah ihr ins Gesicht, als sie sich mit geschlossenen Augen auf die Geräusche konzentrierte, ließ seinen Blick von den langen Wimpern zu ihren vollen Lippen wandern, die jetzt ganz schmal waren, so sehr konzentrierte sie sich aufs Hören.

„Ich höre vier Geräusche. Das Murmeln des Baches, das Rauschen des Flusses, das Windspiel in den Bäumen und Vogelstimmen."

„Bravo!", sagte Paul und zeigte dabei Richtung Felswand, die schon im Halbdunkel lag und nur schemenhaft zu erkennen war. „Siehst du die Vögel dort, die huschenden Schatten vor der Wand? Ihre Stimmen hast du gehört: ‚Srieh, srieh. Srieh, srieh'. Es sind meine Lieblinge, Mauersegler."

Lenya zog ein Rentierfell aus dem Rucksack und breitete es neben der Wolldecke auf dem Waldboden aus. Es bot ihnen beiden Platz und schirmte besser gegen die Kiefernnadeln ab. Paul zweifelte nicht mehr daran, dass Lenya vorausgeplant hatte, auf welche Weise sie voneinander Abschied nehmen würden. Er wurde bestätigt, als sie einen Krug mit zwei Bechern aus dem Rucksack beförderte.

„Blaubeerbowle", sagte sie triumphierend, „unser Abschiedsgetränk."

Nachdem sie eingeschenkt hatte, saßen sie eine Weile schweigend nebeneinander, mit erhobenen Bechern und wagten nicht zu trinken, als wollten sie den nahenden Abschied hinauszögern.

„Worauf trinken wir, Pawel?", fragte Lenya unschlüssig mit leiser Stimme.

Mit einem Mal war der Abschiedsschmerz präsent, Lenya hatte ihn lange Zeit unterdrücken können, nun brach er voll aus ihr heraus. Paul hatte sie noch nie so unsicher erlebt und spürte die Traurigkeit in ihrer Stimme.

Ausgerechnet Lenya, die ihm jede mögliche Unterstützung gegeben hatte und immer die Fäden in der Hand behielt, brauchte jetzt seine Hilfe und überließ ihm die Initiative. Vielleicht lag es auch an diesem besonderen Platz, wo sie sich als Gast fühlte, in seinem Reich. Paul war sich seiner Verantwortung bewusst, die sie ihm in diesem Moment übertragen hatte, er brauchte nicht zu überlegen, was er ihr antworten wollte. Die Worte bildeten sich wie von selbst und legten seine Gefühlswelt offen. Es gab keinen Grund mehr, irgendetwas vor Lenya zu verbergen.

„Lenya, ich möchte nicht auf den Abschied trinken. Es macht mich traurig, wenn ich daran denke, dass du nicht mehr in meiner Nähe sein wirst wie in den letzten fünf Jahren. Aber es gibt etwas, was ich mitnehme auf die Reise, das ewig bleiben wird … die Liebe zu dir … und das macht mich glücklich. Heute weiß ich, dass ich dich vom ersten Moment geliebt habe. Bruno hat es bemerkt und mich damit aufgezogen. Mir selbst war es zunächst nicht aufgefallen, weil ich dir so dankbar war für deine Hilfe, dass ich meine Gefühle für Dankbarkeit gehalten habe. Nach Brunos Tod habe ich plötzlich begriffen, dass ich dich liebe, so wie du bist, alles an dir ist für mich vollkommen. Deshalb möchte ich mit dir anstoßen. Auf die Liebe!"

„Auf unsere Liebe!", erwiderte Lenya.

Sie tranken von der Bowle, die herrlich schmeckte, nach Blaubeeren, Minze und süßem Wein. Paul nahm gleich einen zweiten kräftigen Schluck.

„Köstlich", sagte er, „tausendmal besser als Wodka."

Inzwischen war es dunkel geworden. Lenya musste dicht an Paul heranrücken, um sein Gesicht zu erkennen. Ihre Stimme war leise.

„Pawel, was wirst du von mir denken, wenn ich dir sage, dass ich dich liebe. Ich muss es dir erklären. Ich liebe Grischko, ich liebe ihn sehr. Die Liebe zu dir ist so ganz anders, ich kann es schwer erklären. Du hast mein Herz berührt, in dem Moment, als du in meinen Garten kamst, als großer Junge, da begann ich dich zu lieben wie mein eigenes Kind. Ich liebe dich für deine Träume, für deine Kreativität, und ich liebe dich für deine Märchen. Du bist ein Teil von mir, in meinen Gedanken, der Teil, der mir fehlt … zusammen sind wir vollkommen … dafür liebe ich dich."

„Auf unsere Liebe!", sagte Paul.

Sie tranken den letzten Schluck Blaubeerbowle und legten die Becher beiseite. Lenya schlüpfte aus ihren Schuhen, sie wollte die Füße ins Wasser halten. Paul entledigte sich seiner Stiefel und Hose und folgte ihr. So standen sie im flachen Wasser des Baches, der um ihre Knöchel floss, Lenya im Sommerkleid, Paul in Hemd und kurzer Hose.

Von diesem Augenblick an übernahm Lenya wieder die Führung. Sie tastete nach seinem Gesicht, fand seinen Mund und küsste ihn, sanft wie ein Hauch, mehrmals hintereinander. Ihre vollen Lippen streichelten seinen Mund, hüllten ihn ein und gaben ihn wieder frei. Er wollte länger an ihrem Mund verweilen, drückte sie fest an sich und küsste ihre feuchtwarmen Lippen. Lenya hatte geahnt, dass Pawel sehr unerfahren war, das merkte sie beim Küssen. Sie ließ ihm Zeit, spielte mit ihrer Zunge zwischen seinen Lippen, bis er sie öffnete, dann küssten sie sich leidenschaftlich … ein langer Kuss.

„Komm", sagte Lenya, nahm Pauls Hand und verließ den Bach.

Sie streifte ihr Sommerkleid ab und legte sich aufs Fell neben Paul. Auf der Seite liegend, dicht an dicht, küssten sie sich, während ihre Hände begannen, den Körper des anderen zu erkunden, vom Kopf her abwärts. Paul strich durch ihr volles Haar, stieß auf die Haarspange und entfernte sie. Er mochte es, wenn die schulterlangen Haare um ihren Hals fielen. Lenya streichelte seinen Rücken.

„Pawel", flüsterte sie, „ich möchte deinen ganzen Körper berühren, überall, damit ich dich niemals vergessen kann."

Ganz selbstverständlich begann sie, ihm das Hemd auszuziehen, saß nun vor ihm und bat ihn um Hilfe bei ihrem Pulli. Er richtete sich auf und schob den Pullover vorsichtig über ihre Brüste, die nackt darunterlagen. Es erregte ihn, sie auszuziehen, ihre Haut zu berühren. Er streichelte ihre runden, festen Brüste, während sie den Pulli über den Kopf zog. Halbnacktnackt legten sie sich wieder hin und erforschten jeden Winkel ihrer Oberkörper. Lenya legte ihren Kopf auf seine

Brust, um seinen Herzschlag zu hören, Paul spielte mit den Haaren unter ihren Achseln.

Ohne Eile streifte sie Pauls Hose über seine Hüften, so weit es ging. Das letzte Stück überließ sie ihm und schlüpfte ihrerseits aus dem Slip. Die kühle Nachtluft strich über ihre nackten Körper, sie spürten sie nicht auf der liebeswarmen Haut, die von den Händen gestreichelt wurde. Pauls Finger wanderten über Lenyas Hüften zu ihrem Bauch, bis er die Schamhaare erreichte, wo er innehielt.

„Dein Körper ist vollkommen, Lenya. Ich liebe deine Rundungen, alles passt perfekt zusammen."

„Deck mich zu mit deinem Körper", erwiderte sie mit erregter Stimme.

Er legte sich auf sie, hielt den Atem an, bewegte sich nicht, ließ die absolute Nähe auf sich wirken, als ihre Körper miteinander verschmolzen. Er fühlte sich wie in einem Boot, das ihn forttrug, irgendwohin, und er ließ es geschehen, weil er Lenya vertraute.

Sie küssten sich ungestüm, ihre Zungen spielten miteinander, als könnten sie die Wünsche dem anderen so mitteilen. Sie fuhr mit ihrer Hand zwischen seine Beine … umfasste sein Glied … streichelte sich unten am Bauch, sanft über die Schamhaare … holte ihn näher zu sich … zwischen die Beine … mit stärkerem Zug. Ihre feuchten Lippen umfingen seine Spitze … es fühlte sich an, als ob ihr Mund nach unten gewandert sei. Sie hatte zwei Münder … oben umspielte sie seine Zunge, unten umfingen ihn ihre Schamlippen … das gleiche Spiel, oben und unten … synchron … Kuss auf Kuss.

Sie unterbrach das Küssen, als sie leise aufstöhnte. Dann zog sie ihn ganz in sich hinein, legte ihre Hände auf seinen Rücken und drückte ihn fest an sich.

„Nicht bewegen!", sagte sie und wiederholte es beschwörend. „Nicht bewegen … nicht bewegen …"

Sie lag regungslos unter ihm, bis auf ein kaum wahrnehmbares Vibrieren, das sich in ihrem Körper ausbreitete. Er hielt still, weil er glaubte, es müsste so sein, und genoss die unglaubliche Nähe ... sie hüllte ihn vollständig ein. Dann spürte er eine Welle in sich aufsteigen, die sich vom Kopf bis in den Bauch hinein ausbreitete. Er konnte nichts dagegen tun und wusste, dass er nicht länger stillhalten konnte. Lenyas Körper durchlief ein Beben, sie stöhnte auf, als er noch tiefer in sie eindrang, und die Welle brach in einem einzigen kräftigen Schwall, dem ein nachhaltiges Pulsieren in ihrem Schoß folgte.

Erschöpft blieb er auf ihr liegen, spürte die Wärme, die sie ausstrahlte, und hörte, wie sie leise zu summen begann, eine Melodie, die ihn an ein Kinderlied erinnerte. Wenn sie glücklich war, begann sie zu singen, das hatte er schon herausgefunden. Er war also nicht allein mit seinem Glück. Sie hatten ihre Liebe nicht nur mit Worten beschrieben, ihre Körper hatten sich in Liebe vereint, was für Paul eine gänzlich neue Erfahrung war. Sie wuschen sich am Bach und legten sich unter die Wolldecke, eng aneinandergeschmiegt. Auf dem Rücken liegend, schauten sie in den Sternenhimmel und auf den Mond, der über der Felswand stand und ein fahles Licht auf das Nachtlager warf. Sie waren sich einig, dass sie bis zum Morgengrauen zusammenbleiben wollten.

„Nun kenne ich deinen Körper schon ein wenig", sagte Lenya, nachdem sie lange schweigend nebeneinandergelegen hatten, „und ich bin neugierig, ihn noch besser kennenzulernen."

Sie streichelte seine Brust und seinen Bauch, glitt an den Beinen außen hinunter bis zu den Knien und wanderte auf der Innenseite nach oben zu den Schamhaaren, die sie mit den Fingern kraulte. Erstaunt stellte sie fest, wie sein Glied sich aufrichtete und gegen ihre Hand drückte.

„Pawel, Pawel, so lange hast du auf die erste Liebe gewartet, und nun kannst du nicht genug davon bekommen", scherzte sie.

Dieses Mal brauchte er keine Führung. Er legte sich auf sie und fand zu ihr.

„Langsam, Pawel, komm langsam zu mir."

Er glitt behutsam, Stück für Stück, in sie hinein und spürte die Glücksgefühle, die durch ihre Nähe in ihm aufstiegen.

„Lass uns tanzen, Pawel", sagte sie, als er ganz bei ihr war, und begann ihre Hüften zu bewegen.

Er konnte nicht anders, er tanzte mit, und es gefiel ihm. Sie gab den Rhythmus vor, und er passte sich an … immer wilder und schneller wurden ihre Bewegungen … begleitet von gleichförmigem Stöhnen und einem erlösenden Schrei auf dem Höhepunkt ihrer Lust.

„Wir schreien wie die Mauersegler", sagte Paul, als er sich aus der Umarmung löste, und dann sagte er noch etwas, worüber Lenya sich sehr freute: „Wenn ich bei dir bin, fühle ich mich frei wie ein Vogel."

Lenya reichte ihm sein Hemd und schlüpfte in ihren Pulli, mit der gefütterten Jacke bedeckten sie sich untenherum, und so, mit der Wolldecke über sich, dem Fell darunter und dicht aneinandergeschmiegt, hielten sie die Kühle der Nacht von sich fern.

Kurze Zeit später waren sie eingeschlafen. Paul war der Erste, der in der Morgendämmerung erwachte, die Rufe der Mauersegler hatten ihn geweckt. Lenya lag auf der Seite, zusammengerollt, friedlich schlafend. Er schmiegte sich an ihren Rücken und legte seinen Arm um ihre Taille. Davon wachte sie auf und kuschelte sich bei ihm ein wie eine Katze.

Er streichelte ihre Brust und wünschte sich, sie ein letztes Mal zu lieben. Da sie noch keine Hosen anhatten, war es für ihn ein Leichtes, sie zu verführen. Schlaftrunken nahm sie ihn auf, wollte sich von ihm wecken lassen.

„Nimm mich sanft, Pawel, ein letztes Mal, lieb mich langsam zum Abschied."

Er hielt sie in den Armen, eine Hand lag über ihrem Herzen, unter dem Pulli, die andere auf ihrem Bauch. Er wiegte sie zärtlich … in kleinen Wellen … träge flossen sie dahin … wie der große Fluss, die Lena … wollten sich nie mehr voneinander lösen … blieben noch lange zusammen … wollten die lang auslaufende Woge der Lust für immer bewahren.

Beim Sonnenaufgang brachen sie das Nachtlager ab. Nachdem sie sich im Bach erfrischt hatten, zogen sie ihre Kleider an und räumten zusammen. Lenya schenkte den Rest Bowle in die Becher und wiederholte die Frage vom Vorabend, mit hintergründigem Lächeln.

„Worauf trinken wir, Pawel?"

„Lenya, was fragst du, wenn du es weißt. Auf unsere Liebe!"

„Auf unsere Liebe, die immer bleiben wird."

Sie umarmten sich mit einem Abschiedskuss. Lenya hatte es plötzlich eilig. Sie schulterte ihren Rucksack und nahm den Weg durch den Wald oberhalb des Lagers, ohne sich umzudrehen. Sie wollte den Abschied nicht schwerer machen, indem sie ihre Tränen zeigte.

Paul schaute ihr lange nach, bis der Wald sie verschluckte. Dann ging er zurück ins Lager, am Friedhof vorbei, warf einen Blick durchs Fenster der Kommandantur, wo er Grischko auf dem Sofa schlafen sah. Auf dem Festplatz lagen nur noch vereinzelte Schläfer, viele hatten sich, von der morgendliche Kälte geweckt, in die Hütten zurückgezogen, um weiterzuschlafen.

Paul hatte seine Schlafstelle aufgeräumt, sein Rucksack war gepackt, nicht so voll wie bei der Ankunft, denn einige Kleidungsstücke hatte er ausrangiert. Oben auf dem Rucksack wollte er den Schreibhocker transportieren, der musste mit in die Heimat, als Andenken an Bruno und seine Märchenschreiberei. Für Lenya und Grischko hatte er Geschenke bereitgelegt, die wollte er am Abend in die Kommandantur bringen. Er hoffte ganz fest, dass er Lenya ein letztes Mal dort antreffen würde. Und so war es, Lenya und Grischko erwarteten ihn. Grischko hatte sich vom feuchtfröhlichen Abschiedsfest leidlich erholt, und Lenya ließ sich nicht anmerken, wie sie die letzte Nacht verbracht hatte.

Als Geschenk für Grischko hatte Paul seine Uhr ausgewählt, weil er dessen Vorliebe für Uhren kannte. Lenya überreichte er seine komplette Märchensammlung in Deutsch und das Lexikon von seinem Gropa, welches ihm beim Schreiben der Märchen unentbehrlich gewesen war, besonders zu Anfang. Bei Lenya war es gut aufgehoben. Vielleicht würde sie irgendwann, mit Hilfe des Lexikons, die deutsche Fassung der Märchen lesen.

Er sah, wie Lenya mit den Tränen kämpfte, als er sein Geschenk überreichte. Sie wusste um die Bedeutung des Lexikons, umso größer war ihre Freude. Sie umarmte ihn und drückte ihn fest an sich, und jetzt, wo ihre Körper sich kannten, spürten beide die Liebe, die sie verband. Grischko schmunzelte, als er Paul ebenfalls kurz in die Arme nahm und sich für die Uhr bedankte.

„Ich werde Lenya wohl trösten müssen. Sie hat dich wirklich ins Herz geschlossen, Pawel. Aber ich werde dich auch vermissen."

Grischko schenkte ihm ein neues Hemd, „für die Ankunft zu Hause", einen Schreibblock und einen besonderen Stift. „Für weitere Märchen", sagte er. Lenya hatte einen großen Leinenbeutel mit Reiseproviant für ihn gepackt, damit er die Heimreise gut überstand. Gut, dass in seinem Rucksack noch Platz war. Paul bat Lenya, ihn zum Friedhof zu begleiten, wo er von Bruno Abschied nehmen wollte. Als sie zu zweit vor dem Kreuz standen, waren sie hilflos wie Kinder, gefangen im Abschiedsschmerz. Paul versuchte sich selbst und Lenya zu trösten.

„Weißt du, Lenya, ein Teil von mir bleibt hier, bei dir und bei Bruno. Ich wünsche mir, dass du zum Grab kommst, hin und wieder, dann wirst du mir nahe sein."

Sie fing an zu weinen.

„Du bist noch gar nicht fort, und ich vermisse dich jetzt schon. Wirst du mir schreiben, wenn du zu Hause angekommen bist?"

„Ja, und noch etwas verspreche ich dir, ich werde auf der langen Heimreise ein weiteres Märchen für dich schreiben, an Brunos Schreibhocker, den ich mit nach Hause nehme."

Mit diesen beiden Versprechen gingen sie auseinander. Ein Abschied für immer. Am nächsten Morgen in aller Frühe gingen die Deutschen zur Anlegestelle in Sangar, wo der Dampfer auf sie wartete, in Begleitung einiger Wachmänner, die zu ihren Familien nach Jakutsk zurückkehrten.

Etwa die Hälfte der Gefangenen hatte fünf Jahre Straflager überlebt und trat die Heimreise an. Paul ließ seine Blicke über die Heimkehrer wandern, die sich an der Reling versammelt hatten und gespannt auf das Ablegen des Dampfers warteten. Ein bemitleidenswerter Haufen von Männern, an denen fünf Jahre Straflager nicht spurlos vorübergegangen waren. Auch die frisch gewaschenen und geflickten Kleidungsstücke konnten nicht verbergen, wie ausgemergelt die meisten waren. Die Klamotten schlackerten um die Körper, die zu weiten Hosen mussten von Gürteln gehalten werden. Paul überkam für einen kurzen Moment ein schlechtes Gewissen, weil er durch seine bevorzugte Stellung während der letzten Lagermonate zu einer guten körperlichen Verfassung zurückgefunden hatte. Und mit dem Hemd von Grischko, das er zur Feier des Tages angezogen hatte, fiel er noch mehr aus dem Rahmen.

Edwin und Paul standen etwas abseits auf dem hinteren Teil des Decks. Der Fluss zeigte ihnen sein Sommergesicht: grüne Ufer, bewachsene Inseln mitten im Strom, andere Farben als das Winterweiß bei ihrer Ankunft im Lastwagen.

Paul erkannte die Felswand mit den Nistplätzen der Mauersegler, die bald fortziehen würden, so wie er, zu fernen Wassern. Und dort oben, an der Kante des Steilufers, wo der kleine Bach in den Strom floss ... stand sie ... klein und verletzlich ... Lenya ... in ihrem blauen Gartenoverall ... und wollte ihn noch einmal sehen.

Paul lief zum Heck des Dampfers, stellte sich auf eine Bank und winkte mit beiden Armen. Sie hatte ihn entdeckt und winkte zurück. Dieses letzte Bild von ihr ... an seinem Lieblingsort ... die Mauersegler über ihr in der Luft schwebend ... und sie ... mit schwingenden Armen ... wie ein Vogel ... ohne abzuheben ... berührte sein Herz zutiefst und grub sich für immer in sein Gedächtnis ein.

Die Rückreise verlief zügig, es gab keine langen Pausen zwischen den einzelnen Etappen. In Jakutsk standen Lkw bereit, die sie zur Eisenbahnstrecke beförderten, und in Tynda warteten fünf Waggons auf einem Abstellgleis auf die Deutschen. Die Bahnstrecke kannten sie von der Hinfahrt, nördlich um den Baikalsee herum bis an die Strecke der Transsibirischen Eisenbahn, wo sie umsteigen mussten. Sonst war vieles anders. Sie saßen nicht eingepfercht in Viehwaggons, sondern hatten Wagen mit Holzsitzen. Die Verpflegung hätte besser sein können, Durst und Hunger hielten sich aber in Grenzen.

Paul hatte Lenyas Verpflegungsbeutel noch nicht ausgepackt, nur einen neugierigen Blick hineingeworfen. Erst nach vier Tagen, als sie das erste Mal im Zug saßen und jeder seinen Platz gefunden hatte, den er für längere Zeit einnehmen würde, wartete er auf einen Moment, wo er unbeobachtet war, um Lenyas Schätze auszupacken. Da fand er einen Zettel unter den Leckereien, den Lenya ganz nach unten gelegt hatte.

Lieber Pawel,

wenn Du meine Nachricht findest, bist Du wahrscheinlich schon weit entfernt von mir. Als ich am Morgen vom Bach durch den Wald nach Hause ging, habe ich über unsere außergewöhnliche Liebe nachgedacht. Ich hatte in der Nacht versucht, sie Dir zu erklären, und es war mir nicht gelungen. Auf dem Weg nach Hause, allein durch den Wald, habe ich plötzlich begriffen, warum Deine Liebe so besonders für mich ist. Ich habe mich an Dein Märchen „Der Clown und das Mädchen" erinnert, und das hat mir die Augen geöffnet.

Bei Dir kann ich sein, wie ich bin, alles, was ich mache, ist für Dich richtig, Du liebst mich so, wie ich bin, ich muss mich nie verstellen. Auch gestern Nacht war ich Deine Lenya, ohne Einschränkungen, das macht die Nacht so besonders. So kann ich Dir heute sagen, mit Deinen Worten, die Du dem Clown verliehen hast: Bei Dir fühle ich mich vollkommen.

Ich wünsche Dir eine gute Reise. Ich hoffe, meine Leckereien helfen Dir, die Reisestrapazen zu ertragen.

In Liebe   *Lenya*

Paul staunte, wie gut Lenya ihre Liebe beschreiben konnte. Er erinnerte sich an die Nacht, als er zu ihr gesagt hatte: „Für mich bist du vollkommen" … nun hatte sie es selbst herausgefunden. Er schämte sich nicht seiner Tränen, die auf Lenyas Zettel tropften und die Worte verwischten.

In den ersten Tagen nach dem Abschied hatte Paul über das Märchen nachgegrübelt, welches er Lenya versprochen hatte. Jetzt, nachdem er ihren Zettel gelesen hatte, wusste er, welches Thema ihm am Herzen lag. Es ging um Heimat.

Schon auf der Dampferfahrt nach Jakutsk hatte ihn das Heimweh gepackt. Er fühlte sich verloren. In die Heimat der Kindheit an der Gilge konnte er nicht zurückkehren. Und nun verließ er den Ort an der Lena, wo er fünf Jahre lang zum Teil unter schwierigsten Bedingungen gelebt hatte und dennoch heimisch geworden war, dank Lenya und Grischko, aber auch dank der grandiosen Natur Sibiriens. Der

Bachlauf mit seinem Schreibplatz und dem Felsen der Mauersegler war ihm vertraut geworden. Er hätte nicht für möglich gehalten, dass ihm dieses Fleckchen Erde so ans Herz wachsen könnte. Jetzt, wo er sich immer weiter davon entfernte, spürte er, dass er ein Stück Heimat zurückließ. Nach dem Umstieg auf die Transsibirische Bahn verbrachte Paul viel Zeit an seinem Schreibhocker, während der Zug unaufhaltsam nach Westen rollte. Als sie schließlich die russische Grenze erreichten, hatte er sein fünftes Märchen beendet: „Der Schlittschuhbär".

18

Hamburg, 1950–1954

Ende August erreichten die Kriegsheimkehrer deutschen Boden. Von Frankfurt an der Oder brachte man sie ins nahe gelegene Auffanglager in Gronenfelde. Hier wurden die Heimkehrer zunächst erfasst und anschließend zu Suchmeldungen des Roten Kreuzes befragt, bevor sie nach Hause weiterreisen durften. Alles musste seine Ordnung haben. Jedem Ankömmling stand eine Verpflegungsration zu. Wer in der DDR blieb, so wie Edwin, bekam zwei Tagesrationen. Paul erhielt drei Tagesrationen, weil er in den Westen weiterreiste.

An alles war gedacht, selbst ein Stück Seife fand sich zwischen den Lebensmitteln. Das war auch das Erste, was Edwin und Paul nutzten. Sie wollten den Dreck und Staub von drei Wochen Bahnfahrt abschrubben und suchten die Waschräume auf. Danach zog Paul das neue Hemd von Grischko an, welches er bisher nur auf dem Dampfer getragen hatte, um es für die Heimkehr zu schonen. Neben Edwin in seinen abgetragenen Lagerklamotten wirkte Paul beinahe elegant, als sie zum Abschied ihre Adressen austauschten und sich ein gutes Einleben in der Heimat wünschten.

Am Abend des 30. August betrat Paul das kleine Fachwerkhaus an der Aller, wo seine Mutter und sein Großvater schon seit Tagen auf seine Ankunft gewartet hatten. Sie ließen ihm kaum Zeit, seinen Rucksack abzusetzen, umarmten ihn unter Freudentränen und wollten ihn gar nicht mehr loslassen. Gropa weinte hemmungslos, so als hätte er all seine Tränen für diesen Augenblick des Wiedersehens aufgespart. Paul spürte, wie sehr all ihre Hoffnungen auf seine Rückkehr ausgerichtet gewesen waren.

Es gab viel zu erzählen in den ersten Tagen. Gropa war ein guter Zuhörer, als Paul von den letzten Kriegswochen in Ostpreußen berichtete, und er unterließ es nachzufragen, wenn er merkte, dass sein Enkel manche Dinge nicht erzählen wollte. Paul schilderte ausführlich das Kriegsende auf dem Gut in Sköpen, wo sie mehrere Wochen lang als Holzfäller beschäftigt gewesen waren. Als Letztes beschrieb er in allen Einzelheiten ihren Abschied von Viktor und Herrn Gudat im Stall, rund ums Panjepferdchen versammelt. Alles, was danach passiert war, auf dem langen Weg ins Straflager, behielt er für sich.

Paul interessierte sich besonders für die Veränderungen in Deutschland während seiner fünfjährigen Abwesenheit. Aus den wenigen Briefen, die ihn im Lager erreicht hatten, hatte er sich ein grobes Bild von der politischen Neuordnung gemacht. Nun wollte er alles ganz genau wissen. Meistens war es Großvater, der erzählte. Er konnte sich am besten vorstellen, was für Paul von Bedeutung war.

Zunächst berichtete er vom Kriegsende in Deutschland, der Einteilung in vier Besatzungszonen und dem Alltagsleben in der britischen Zone, von den ersten beiden Nachkriegsjahren, die von Hunger und Kälte geprägt waren, worunter besonders die Flüchtlinge zu leiden hatten, die irgendwo zwangseinquartiert waren. Die Familien Janz und Schlokat wohnten bereits so beengt, dass sie keine weiteren Flüchtlinge im kleinen Fachwerkhaus aufnehmen mussten. Zum Glück war ihre Speisekammer am Ende des Krieges noch gut bestückt mit ostpreußischen Räucherwaren und Konserven, die vom letzten Schlachtfest in der alten Heimat stammten. Mit dieser Reserve und den Lebensmittelmarken retteten sie sich über den schrecklichen Winter, der 1946/47 ganz Europa von Mitte Dezember bis Ende März mit einer „sibirischen" Kältewelle überzogen hatte. Schließlich kam Großvater auf die politische Neuordnung in Deutschland zu sprechen und erzählte in allen Einzelheiten von der Währungsreform und der Gründung der Bundesrepublik Deutschland als Meilensteinen zu einem Neuanfang in einem Land, das vom Krieg traumatisiert war.

Am Wochenende besuchten sie Familie Janz in Zicherie, und Paul wurde noch ein letztes Mal nach Brunos Unfall gefragt. Es fiel ihm schwer, daran erinnert zu werden, aber bei Brunos Eltern hatte er keine Wahl, er musste notgedrungen erzählen. Danach wollte er die schrecklichen Ereignisse aus der Gefangenschaft nicht mehr anrühren, nicht mehr zurückblicken. All seine Gedanken waren ausschließlich mit der Frage beschäftigt, wie er sein weiteres Leben anpacken würde.

Er merkte, wie er allmählich in seiner Familie ankam, die ihn mit ostpreußischen Leckereien verwöhnte. Es fühlte sich gut an, den alltäglichen Kampf mit dem Hunger für immer aus der Gedankenwelt entlassen zu können. So wurde sein Kopf frei für neue Pläne.

Gropa war sein Vertrauter, wenn es darum ging, wie er sein Leben nach der Gefangenschaft gestalten wollte. Sein sprachliches Talent hatte er während der Zeit in Sibirien weiterentwickelt, es lag auf der Hand, dass er sich für ein Germanistikstudium interessierte. Paul hatte nicht vergessen, wie sehr ihm am Ende seiner Schulzeit seine Rolle als Leiter der Russisch-AG gefallen hatte. Also beschloss er, Lehrer zu werden und in die Fußstapfen seines Vaters zu treten. Gropa bestärkte ihn in seinem Vorhaben und riet ihm, als zweites Fach Sport zu wählen.

Seine Mutter war mit allem einverstanden. Sie war in der glücklichen Lage, sein Studium finanzieren zu können. Die Hinterbliebenenpension ihres Mannes reichte dafür, und durch ihre Tätigkeit als Schneiderin konnte sie die Haushaltskasse aufbessern.

Im September fuhr Paul nach Hamburg, um sich an der Uni einzuschreiben. Er belegte die Fächer Germanistik und Sport im Studiengang fürs höhere Lehramt. Und er hatte Glück, er fand eine preiswerte Studentenbude unweit der Uni in der Hochallee. Eine noble Gegend mit alteingesessenen Hamburger Familien. Pauls Vermieter waren ein nettes älteres Ehepaar mit klaren Vorstellungen: „Keine Damenbesuche!" Das war für ihn kein Problem.

Das Zimmer war klein, es passten gerade das Bett, Tisch und Stuhl sowie ein kleiner Schrank hinein. Das einzige Fenster zeigte zum Hinterhof mit schmucklosen grauen Wänden rundherum. Wenn er nahe genug an die Scheibe trat, konnte er ein Stück Himmel erspähen. Es störte ihn nicht. Das Wichtigste war für ihn, eine Bleibe in der Nähe des Univiertels gefunden zu haben. So konnte er alle Studienbereiche zu Fuß erreichen. Sein Zimmer diente ihm nur als Schlafstätte.

Paul stürzte sich mit Feuereifer auf sein Studium. Sein Geist war sechs Jahre wenig gefordert worden, nun war er leistungsfähiger als jemals zuvor. Schon im ersten Semester zeichnete sich ab, dass er sein Studium im Schnelldurchgang absolvieren würde.

Die Wochen waren ausgefüllt mit Lernen, und an den Wochenenden fuhr er nach Hause, wo er für den MTV Celle Handball spielte, im Winter in der Halle, im Sommer auf dem Großfeld. Der Verein bezahlte ihm die Fahrtkosten, so konnte er es sich leisten, jedes Wochenende nach Hause zu fahren. Seine Mutter verwöhnte ihn mit seinen Lieblingsgerichten, und wenn er am Sonntag in den Zug nach Hamburg stieg, hatte er den Rucksack voller Proviant, der ihm über die Woche half.

Das erste Weihnachtsfest zu Hause war ein besonderes. Gropa wollte nahtlos an alte Traditionen anknüpfen, aber Paul merkte bereits beim Tannenbaumschlagen, dass sich etwas verändert hatte. Er war kein Kind mehr. Seine Gedanken schweiften ab, mal nach Ostpreußen, in seine Kindheit, mal nach Sibirien ins Haus von Lenya und Grischko. Obwohl er seine Mutter und Gropa über alles liebte, wurde ihm bewusst, dass es ihm schwerfallen würde, in Celle heimisch zu werden.

Gropa spürte Pauls Unruhe und fragte ihn nach seinem letzten Weihnachtsfest in Sibirien. Eigentlich wollte Paul nicht darüber reden, aber die russische Weihnacht im Hause von Grischko und Lenya gehörte ja zu den Lichtblicken im Lagerleben, und so erzählte er ausführlich von diesem besonderen Fest. Als er vom Abschied in der

Kommandantur berichtete und den Geschenken, die sie sich gegenseitig gemacht hatten, fingen Gropa und seine Mutter an zu weinen. Ihnen wurde bei seinen Erzählungen schmerzlich bewusst, dass er das Ende seiner Kindheit in Gefangenschaft erlebt hatte und als Erwachsener nach Hause gekommen war.

Unterm Tannenbaum lag ein Weihnachtsmärchen, das Paul vorlas, sein letztes Märchen vom „Schlittschuhbären", das er für Lenya auf der Heimreise geschrieben hatte. Er dachte in diesen Tagen viel an sie und hoffte, dass sein dicker Weihnachtsbrief mit der russischen und deutschen Fassung des Märchens rechtzeitig angekommen war. Die Übersetzung ins Russische hatte er in diesem Jahr ohne die Hilfe von Grischko geschafft. Voller Stolz schenkte er sie seinem Gropa mit einer Widmung:

„Ohne dein Abschiedsgeschenk, das russische Lexikon, wäre ich vielleicht nicht hier. Ich habe es ständig in der Brusttasche bei mir getragen, wie einen Talisman ... es hat mir geholfen, die Gefangenschaft zu überleben. Dafür danke ich dir, Gropa, mit diesem Märchen."

Der Schlittschuhbär

Es geschah vor langer Zeit, als die Winter im Norden noch sehr kalt waren. Da lebte am Rande des Polarmeeres ein Eisbär, dessen Fell nicht weiß war wie bei allen anderen, sondern eine hellbraune Farbe hatte. In der weißen Schneelandschaft zeichnete sich sein getöntes Fell deutlich ab. So war er schon von Weitem sichtbar, wie ein Stern am Himmel, und es verwundert nicht, dass er im hohen Norden allseits bekannt war.

Das Geheimnis seines ungewöhnlichen Aussehens hatte ihm seine Eisbärenmutter beizeiten verraten. Sie war einen Sommer lang mit einem Braunbären durch die Wälder gestreift, und als sie im Winter ein Junges zur Welt brachte, fand sich der bräunliche Farbton des Vaters in seinem Fell wieder. Ansonsten hatte er alle wichtigen Merkmale eines Eisbären geerbt und konnte die kalten Winter im Norden an der Seite seiner Mutter überleben. Jeden Sommer besuchte er seinen Vater und zog mit ihm durch die Wälder des Südens.

So vergingen die Jahre, der sonderbare Bär mit dem hellbraunen Fell war immer auf Wanderschaft und wusste nicht so recht, wo seine Heimat war. Kaum kam er nach dem Winterschlaf aus seiner Schneehöhle gekrochen, dachte er schon an den langen Weg nach Süden ins Land der Braunbären. Und wenn er dort angekommen war und mit seinem Vater durch die Blaubeerwälder streifte, musste er schon wieder achtgeben, dass er sich rechtzeitig auf den Rückweg machte, bevor die ersten Nachtfröste einsetzten.

Es geschah in einem Jahr, als der Winter ungewöhnlich früh einsetzte. Die Bären waren bis in die Nähe einer menschlichen Siedlung vorgedrungen, als sie in der Ferne ein merkwürdiges Schauspiel beobachten konnten. Auf einem zugefrorenen See tummelten sich kleine menschliche Gestalten, die kreuz und quer über das Eis zu schweben schienen. Neugierig näherten die Bären sich dem Ufer, und nun sahen sie die Kufen unter den Füßen der Läufer. Die Menschen liefen Schlittschuh.

„Es wird Zeit für den Abschied", dachten die Bären, als sie auf den winterlichen See schauten.

Die Sonne verschwand hinter den Baumwipfeln am jenseitigen Ufer, und die Menschen kehrten zu ihren Häusern zurück. Als die Eisfläche sich geleert hatte, umarmten sich die Bären und trotteten von dannen, in entgegengesetzte Richtungen am Ufer entlang.

Es dauerte nicht lange, bis der Mond sein fahles Licht auf dem See ausbreitete und das hellbraune Fell des Eisbären zum Leuchten brachte.

Dieser war erst ein kurzes Stück vorangekommen, da bemerkte er etwas Glitzerndes an der Uferböschung, das ihn magisch anzog. Er wollte kaum glauben, was er gefunden hatte: ein Paar nagelneue Schlittschuhe mit Riemen. Seine Neugier war augenblicklich geweckt, er wollte es den Menschen gleichtun und über den See gleiten. Er setzte sich aufs Eis, befestigte die Kufen mit den Riemen an seinen Hinterpfoten und richtete sich vorsichtig auf. Kaum stand er, rutschte ein Bein unter ihm weg und ließ ihn auf sein Hinterteil fallen. Er musste selbst darüber lachen, wie ungeschickt er sich anstellte. Aber er wollte nicht aufgeben. Nach etlichen Stürzen gelang es ihm, auf den schmalen Kufen zu stehen.

Nun kam der nächste Schritt ... er wollte gleiten, so wie er es bei den Menschen gesehen hatte. Es sah sehr lustig aus, wie der Bär, mit seinen Vorderbeinen wild gestikulierend, das Gleichgewicht zu halten versuchte und alle Augenblicke aufs Eis fiel, mal auf sein Hinterteil, mal auf den Bauch. Niemand war Zeuge dieses merkwürdigen Schauspiels auf dem See, doch wer genau hinschaute, konnte ein Lächeln auf dem Gesicht des Mondes erkennen.

Es ging schon auf Mitternacht zu, als er den Bogen einigermaßen heraushatte. Nun konnte er lange Strecken zurücklegen, ohne ein einziges Mal zu stürzen und ... er wurde immer schneller. In wenigen Minuten konnte er den See überqueren. Als er an den langen Heimweg dachte, kam ihm die Idee, die Schlittschuhe mitzunehmen. Und so machte er sich auf ins Land der Eisbären.

Wenn er an eine Eisfläche kam, schnallte er die Schlittschuhe unter und berauschte sich an der Geschwindigkeit. Je weiter er nach Norden kam, umso häufiger stieß er auf zugefrorene Flüsse, auf denen er lange Strecken zurücklegen konnte. Als er nach wenigen Tagen das Polarmeer erreichte, vollführte er einen Freudentanz, zauberte mit den Kufen kreisförmige Figuren aufs Eis, sprang in die Höhe und drehte sich um die eigene Achse. Die Schlittschuhe waren ihm inzwischen so vertraut, dass er sich rückwärts, seitwärts und auf einem Bein fortbewegen konnte. Auf der letzten Etappe durchs ewige Eis war er fast durchgehend auf den neuen Kufen unterwegs und erreichte sein Winterquartier schneller als jemals zuvor.

Die Kunde vom Schlittschuh laufenden Eisbären verbreitete sich in Windeseile. Von weither kamen Freunde und Bekannte herbeigeeilt, um seine Kunststücke zu bestaunen, die er immer wieder vorführen musste. Seine Mutter stand derweil am Eingang zur Schneehöhle und bestaunte ihren verrückten Sohn, bis sie ihn endlich voller Stolz in die Arme schließen konnte.

Während er von seinen Erlebnissen bei den Braunbären erzählte, warf sie immer wieder neugierige Blicke auf die merkwürdigen Gleitschuhe, die ihr Sohn auf seiner Reise benutzt hatte.

So verging die Zeit, und der Eisbär kam nicht zur Ruhe. Bevor das Eis zu schmelzen begann, machte er sich mit seinen Schlittschuhen auf die Reise in den Süden, und im Herbst kehrte er zurück, sobald der Frost die Gewässer mit Eis überzogen hatte.

Kein anderer Bär legte so weite Strecken zurück wie der hellbraune Eisbär, der zwischen Mutter und Vater hin- und herpendelte. Früher war er oft monatelang unterwegs gewesen, auf Schlittschuhen brauchte er nur wenige Wochen. Auf diese Weise sparte er viel Zeit, die er für ausgedehnte Mahlzeiten und Ruhepausen nutzte. So ist es nicht verwunderlich, dass er mit den Jahren an Gewicht zulegte. Sein Bauch war inzwischen so dick geworden, dass er nicht mehr auf seine Füße herabsehen konnte. Wenn die Kinder aus der Siedlung hinter ihm herliefen und ihn wegen seiner Körperfülle neckten, lachte er nur. Auf seinen Kufen fühlte er sich leicht und unbeschwert, und er wusste, dass er die Kinder mit seinen Pirouetten begeistern konnte.

Alle Kinder liebten den gutmütigen Bären, der das Schlittschuhlaufen beherrschte wie keiner aus dem Dorf. Sie freuten sich jedes Jahr auf das große Abschiedsfest, dessen Höhepunkt das große Schaulaufen des Bären auf dem Eis bildete.

In diesem Jahr hatte sich der Bär etwas ganz Besonderes einfallen lassen: Er hatte sich vom Schneider einkleiden lassen. Eine weite, elastische Stoffhose wölbte sich über seinem kugelförmigen Bauch. Über einem gelben eng anliegenden Pulli trug er ein knappes Jackett. Der viel zu kurz geratene Schal flatterte um seinen dicken Hals wie ein abgeschnittener Schlips. Als er sich im Spiegel betrachtete, kam er aus dem Staunen nicht heraus. Er drehte sich nach links und nach rechts und konnte sich nicht sattsehen an seiner vornehmen Garderobe. Am elegantesten aber waren seine Lederstiefel, an denen die Schlittschuhe befestigt waren.

Als der Bär in Menschenkleidung aufs Eis kam, jubelten die Kinder ihm zu wie nie zuvor, und als er mit seiner Vorführung begann, wurde es ganz still, nur das singende Geräusch der Kufen war zu hören. In seinem Frack wirkten die Figuren viel eleganter als sonst, der Bär schien über das Eis zu schweben, alles an ihm wirkte leicht. Wenn er Pirouetten drehte, sah es aus, als tanzte ein riesiger Ball auf der Stelle, und wenn er in die Luft sprang, landete er stets sicher auf seinen Hinterpfoten.

Es kam der Moment, wo der Bär sich vom Ufer entfernte und zur Mitte des Sees lief. Dies war ein untrügliches Zeichen für das nahe Ende der Vorstellung. Er nahm einen langen Anlauf, raste in Richtung Publikum und ließ sich kurz vor den Zuschauern nach vorne fallen. Das letzte Stück rutschte er auf dem Bauch, Arme und Beine weit von sich gestreckt, und da er so nicht bremsen konnte, sauste er mit voller Wucht in die Kinder hinein und riss sie zu Boden. Alles endete in einem riesigen Knäuel aus Armen und Beinen. Im wüsten Durcheinander war vom Bären nun nichts mehr zu sehen, er lag ganz zuunterst. Aus dem Inneren des Menschenknäuels war nur sein brummendes Lachen zu hören, und die Kinder fielen mit ihren hellen Stimmen in das Gelächter ein.

Welch eine wunderbare Melodie lag über dem See, während die Kinder regungslos über dem Bären verharrten und ihn nicht freigeben wollten. Sie wussten, dass der Zeitpunkt des Abschieds gekommen war, und begannen nur zögerlich, sich aufzurappeln.

Als Letzter erhob sich der Bär, schüttelte sich, zauberte eine letzte Pirouette aufs Eis und verabschiedete sich mit einer tiefen Verbeugung von den Kindern. Dann drehte er sich um und lief über den See davon, entfernte sich immer weiter, und als er sich ein letztes Mal umschaute, waren die Kinder nur noch als kleine Punkte am jenseitigen Ufer zu erkennen.

Das fröhliche Lachen klang noch lange in seinen Ohren, es begleitete ihn auf seinem langen Weg nach Norden.

Für Lenya, Weihnachten 1950

Am Ende des Sommersemesters 1951 erhielt Paul einen Brief von Lenya. Sie hatte sich Zeit gelassen mit der Antwort auf seinen Weihnachtsbrief.

Lieber Pawel, *Sangar, 10. Juli 1951*

schon lange wollte ich Dir schreiben, aber ich habe abgewartet, um zu sehen, wie sich alles entwickelt. Es hat inzwischen viele Veränderungen gegeben in Grischkos und meinem Leben.

Erst einmal danke ich Dir für Dein Märchen vom Schlittschuhbären. Deine Weihnachtspost kam rechtzeitig zum Fest, so konnten meine Eltern und Grischkos Mutter Deine Geschichte mit anhören. Ein Weihnachtsfest ohne ein Märchen von Dir kann ich mir kaum noch vorstellen.

Ich konnte Dein Heimweh spüren, das Du auf der langen Fahrt nach Deutschland in Deinem Märchen verarbeitet hast. Ich habe versucht, mir vorzustellen, wie Du dort sitzt, im überfüllten Zugabteil vor Deinem Schreibhocker, um diese Geschichte zu verfassen. Danke, dass Du Dein Versprechen gehalten hast, so wie ich meines.

Ich gehe im Sommer regelmäßig zu Brunos Grab, nehme den Weg durch den Wald oberhalb des ehemaligen Lagers an Deinem Lieblingsplatz vorbei. Brunos Grabhügel ist zurzeit übersät mit Wildblumen. Ein buntes Blütenmeer. Es würde Dir gefallen.

Gut, dass Du mir zusätzlich die deutsche Übersetzung vom „Schlittschuhbären" geschickt hast, so konnte ich Bruno Dein letztes Märchen vorlesen. Ich hätte gerne sein lachendes Gesicht gesehen, als ich ihm in gebrochenem Deutsch die Originalfassung vorlas. Übrigens, Grischko hat Dein letztes Märchen am besten gefallen. Es liegt wohl daran, dass der Braunbär sein Lieblingstier ist, und nicht an der Sehnsucht, von der Du schreibst und die mit Deinen Worten einen unvergleichlichen Klang bekommt. Solche Dinge lässt er im Gegensatz zu mir nicht an sich heran.

Es freut mich, dass Du ein Studium begonnen hast und Lehrer werden möchtest. Ich kann mir nichts Besseres für Dich vorstellen. Ich freue mich auch, dass es Deiner Mutter und Deinem Großvater gut geht und sie Dich unterstützen, wo sie können.

Nun möchte ich Dir erzählen, was sich bei uns ereignet hat, nachdem das Lager aufgelöst war. Grischko hatte drei Wochen Urlaub, und so konnten wir den ganzen August miteinander verbringen. Wir hatten eine gute Zeit zusammen, wie schon lange nicht mehr. Anfang September ging er zurück nach Jakutsk auf seinen alten Posten, sodass wir uns meist nur am Wochenende sahen, so wie früher.

Stell Dir vor, er war kaum fort, da merkte ich, dass ich schwanger war. Welch ein Glück! Mit dem nächsten Dampfer bin ich zu meinem Vertrauensarzt in die Stadt gefahren, um Gewissheit zu haben. Sofort bin ich zu Grischko gestürmt und habe ihn mit der Neuigkeit überrascht.

Wir waren beide überglücklich, dass wir endlich Nachwuchs bekommen sollten. Wenn wir nebeneinander auf der „Hochzeitsbank" saßen, Du erinnerst Dich doch an Brunos Meisterstück, und auf das Datum schauten, „8. Juni", dann wussten wir, dass wir beim nächsten Hochzeitstag schon zu dritt sein würden.

Am 10. Mai, vor zwei Monaten, wurde Pawel Wanja in Smoroditschny geboren. Es war Grischkos Idee, ihn Pawel zu nennen, ich habe den Namen Wanja hinzugefügt. Er kam gesund und munter auf die Welt, und nun erfreut er uns mit allem, was er neu dazulernt, mich tagtäglich und Grischko am Wochenende, unser kleiner Sonnenschein. Ich wünschte, Du könntest ihn sehen. Er hat mein rundes Gesicht und meine braunen Augen geerbt und, wie es aussieht, die dunklen Haare von Grischko.

Meine Eltern sind glücklich über ihr erstes Enkelkind. Sie kommen oft von Sangar herauf und passen auf ihn auf, während ich in meinem Garten beschäftigt bin. Ich denke dann manches Mal, wie schön es war, wenn Du mir dabei geholfen hast.

Nun schicke ich Dir dreifache Grüße, von Wanja ... seinem verliebten Vater Grischko ... und ... einer glücklichen Mutter, Lenya.

Paul freute sich über die guten Neuigkeiten aus Sibirien und gab seinem Großvater den Brief zum Lesen. Gropa hatte kaum zu Ende gelesen, da sagte er: „Wie es aussieht, hast du in Sibirien Freunde zurückgelassen, und damit meine ich nicht nur Bruno."

„Ja, das stimmt. Und am Anfang hat Bruno mich häufig aufgezogen, als er merkte, wie Lenya und ich uns anschauten. Ihm konnte ich nichts vormachen, mit meinen Gedanken war er vertraut wie kein anderer."

Die Semester verbrachte Paul in den Hörsälen oder auf dem Unisportplatz, und in der vorlesungsfreien Zeit arbeitete er in der Bibliothek. Bereits im 8. Semester, im Sommer 1954, hatte er alle Pflichtvorlesungen besucht und meldete sich zum Staatsexamen an.

Besonders in der Weihnachtszeit dachte er sehnsüchtig an Lenya, und überlegte, ob er ein weiteres Märchen schreiben sollte. Aber dann fehlten ihm doch Zeit und Muße, und er beließ es bei einem Brief. Manchmal ertappte er sich dabei, wie er gedanklich auf dem langen Weg nach Sibirien unterwegs war, um Grischko und Lenya zu besuchen und den kleinen Wanja kennenzulernen. Auch Bruno auf dem Friedhof an der Lena wollte er einen Besuch abstatten. Solche Träume befielen ihn in regelmäßigen Abständen, gegen Ende des Studiums immer häufiger. Bald würde er Zeit haben für diese unvorstellbar lange Reise in die Vergangenheit.

Von Lenya hatte er seit der Geburt ihres Sohnes nichts mehr gehört, er machte sich ernsthaft Sorgen. Nach drei Jahren, im Sommer 1954, kam dann endlich ein Brief.

Lieber Pawel,   *Sangar, Juni 1954*

Du wirst Dich wundern, dass ich schon wieder so lange nicht geschrieben habe. Dieses Mal ist der Grund ein trauriger. Grischko wurde vor zwei Jahren sehr krank. Er hatte Krebs, unheilbar, und konnte nicht mehr arbeiten. In der ersten Zeit zu Hause hat er viel mit seinem Sohn gespielt, da hatte er noch Kraft zu kämpfen. Abends saß er lange an Wanjas Bett und hat mit ihm Bilderbücher angeschaut oder ihm kleine Geschichten erzählt, die er sich ausdachte.

Wanja hatte sehr früh zu sprechen begonnen, und im dritten Lebensjahr konnte er bereits in ganzen Sätzen reden. Ich war tief berührt und hab auch manches Mal geschmunzelt, wenn ich Grischko und Wanja zuhörte bei ihren Gesprächen, ein eingeschworenes Team mit eigenen Ritualen. Es machte mich aber auch traurig, wenn ich dachte, wie lange das noch möglich sein würde. Wanja hat zum Glück nicht viel von der Krankheit mitbekommen. Erst Anfang des Jahres ging es rapide abwärts mit Grischkos Gesundheit, sodass ich ihn in den letzten Wochen sogar pflegen musste.

Er hat bis zum Schluss gekämpft, denn er wollte unbedingt den dritten Geburtstag von Wanja miterleben. Kurz nach unserem Hochzeitstag ist er gestorben. Für ihn war es am Ende eine Erlösung.

Er hat mich kurz vor seinem Tod gebeten, Dich zu grüßen, und mir gesagt, dass er Bruno und Dich geliebt hat wie eigene Kinder, und er bedauerte, dass er es nicht offen zeigen durfte.

Du kannst Dir vorstellen, wie sehr mir Grischko fehlt. An die ersten Tage kann ich mich kaum erinnern. Meine Eltern haben sich liebevoll um mich und vor allem um Wanja gekümmert. Irgendwann bin ich dann aufgewacht aus meiner tiefen Trauer und habe mein Kind wieder wahrgenommen, das mich nun noch mehr braucht als vorher.

Pawel, ich glaube, dass Du von allen am besten die Liebe zwischen Grischko und mir begriffen hast, und deshalb weißt Du, wie sehr er mir fehlt. Ich hoffe, dass der Schmerz mit der Zeit nachlässt und ich Wanja wieder meine fröhliche Seite zeigen kann, die Du kennengelernt hast. Aber ich habe nicht vergessen, dass ich Dir auch meine traurige Seite für kurze Momente zeigen durfte.

Ich denke an Dich, Lenya

Lenyas Brief hatte Paul tief erschüttert. Eigentlich wollte er gleich antworten, doch dann nahm er sich vor, aufs Ende des Semesters zu warten. Kurz darauf traf ein weiterer Brief aus Sangar ein.

Lieber Pawel,   *Sangar, 6. August 1954*

Wanja schläft bei seinen Großeltern. So habe ich den Abend für mich. Schau' mal auf das Datum. Ich sitze unter der Kiefer am Bach, der wie vor vier Jahren an meinen Füßen vorbeifließt, und ich habe Schreibzeug dabei, so wie Du, wenn Du zu Deinem Lieblingsplatz gegangen bist.

Hier fällt es mir leicht, Dir etwas zu schreiben, was ich im letzten Brief noch nicht konnte. Es klingt wie ein Märchen, aber es ist wahr. Ich sitze an dem Platz, wo Pawel Wanja entstanden ist. Ja, Du hast richtig gelesen, Wanja ist Dein Sohn.

Als ich schwanger wurde, habe ich nie daran gezweifelt, dass Grischko der Vater ist. Damals im August, als wir plötzlich Zeit füreinander hatten, war unsere Liebe stark, wie am Anfang unserer Ehe. Warum sollte aus diesen Tagen kein Kind hervorgehen.

Auch als Wanja geboren war, sind mir keine Zweifel gekommen. Unsere gemeinsame Nacht habe ich niemals in Zusammenhang mit unserem Kind gebracht. In den ersten Monaten gab es keine Anzeichen dafür. Wanja war mir so sehr aus dem Gesicht geschnitten, dass Grischko mich sogar damit aufzog. „Große Wanja", sagte er. Und die dunklen glatten Haare konnten ebenso von Grischko stammen wie von Dir.

Erst als Wanja zu laufen begann, ist es mir aufgefallen. Er hat Deinen unverwechselbaren Gang, ein untrügliches Zeichen, dass Du sein Vater bist. Und dann reimte sich alles zusammen. Tief drinnen wusste ich ja, warum wir keine Kinder bekommen hatten. Es lag an Grischko. Im Gegensatz zu mir hat er sich nie untersuchen lassen. Vielleicht war das gut so, denn dadurch blieb bei uns immer die Hoffnung auf ein Wunder erhalten. Grischko hat im Gegensatz zu mir niemals gezweifelt, dass Wanja sein Sohn ist, und ich wollte ihm den Glauben nicht nehmen, erst recht nicht, als er schwer krank wurde.

Jetzt, wo ich es weiß, entdecke ich weitere Merkmale von Dir. Er bekommt Deine schlanken Hände, die er weder von Grischko noch von mir haben kann. Bald wird er ein großer, schlanker Junge sein und mich noch stärker an Dich erinnern.

Pawel, Pawel, was sagst Du dazu. Ich sitze an dem Platz, an dem Du einen Teil von Dir in mich eingepflanzt hast. Seit ich es weiß, liebe ich Wanja noch inniger. Er trägt in sich meine beiden großen Lieben, die eine, die so unglaublich wie ein Märchen klingt, die andere, die mich einen großen Teil meines Lebens begleitet hat, ohne jeden Zweifel.

Ich schaue den Mauerseglern zu. Die Leichtigkeit des Fliegens. Eines Tages werde ich mit Wanja an diesen magischen Ort kommen und ihm unsere Geschichte erzählen. Ich hoffe, er wird mich verstehen.

Ich bin dankbar für unsere Liebe, an die mich Wanja jeden Tag erinnert.

Lenya

Paul hielt Lenyas Brief in den Händen und schaute wie gebannt auf den einen Satz: *"Wanja ist Dein Sohn"*. Er glaubte zu träumen. Die Buchstaben verschwammen vor seinen Augen, lösten sich vom Papier und entführten ihn ans Ufer der Lena, zu seinem Schreibplatz. Dort sah er sie sitzen, den Schreibblock in Händen, die Füße im Bach ... Lenya.

Er musste den Brief ein zweites Mal lesen, um zu begreifen, was sie geschrieben hatte. Er überlegte, ob er seinem Gropa wie gewöhnlich den Brief zeigen sollte, entschied sich aber dagegen, schob die Blätter in den Umschlag und begab sich in sein Zimmer, um Lenya zu antworten.

Liebe Lenya,   *Celle, 27. August 1954*

auf Deine letzten beiden Briefe möchte ich Dir heute antworten, nachdem ich mein vorletztes Semester beendet habe. Ich bin für ein paar Tage in Celle, wo ich zur Ruhe komme.

Es tut mir unendlich leid, dass Du Grischko verloren hast. Für mich ist es unfassbar. Ich sehe uns noch am Schachbrett sitzen, als wäre es gestern, und nun ist er tot. Damit habe ich einen weiteren Freund in Sibirien verloren. Ich habe ihn bewundert, auch wegen seiner Liebe zu Dir, die war unerschütterlich.

Er hatte ein großes Herz, es machte ihm nichts aus, als er merkte, wie sehr wir beide uns mochten. Ob er gespürt hat, dass es Liebe war, was wir uns selbst lange nicht eingestehen wollten? Vielleicht. Aber es hatte ja nichts mit Eurer Liebe zu tun. Die war so bodenständig und unerschütterlich, während unsere Liebe keine Bodenhaftung besaß. Wir schwebten in der Luft mit unseren Gedanken und Träumen und ließen uns treiben wie Mauersegler auf der Thermik.

Nun bekommt mein letztes Märchen vom „Schlittschuhbären" noch eine andere Bedeutung. Wanja ist der hellbraune Bär, der zwischen Sibirien und Deutschland hin- und herpendeln muss, um Mutter und Vater zu sehen.

Ich freue mich, dass es Wanja gibt, unser Kind. Ohne ihn wärst Du jetzt allein im sibirischen Steinhaus. Ich sehe Deinen Sommergarten vor mir und höre die Kinderstimme, die bei Deinen Pflanzaktionen zwischen den Beeten ertönt. Bald wird er Dir helfen können, so wie ich es vor einigen Jahren getan habe.

Kürzlich habe ich einen Bericht über die neuesten Entdeckungen amerikanischer Gehirnforscher gelesen. Nach den ersten drei Jahren ist die kindliche Gefühlswelt weitgehend angelegt, und genauso verhält es sich mit der Sprachfähigkeit. Ich freute mich sehr darüber. Denn nun weiß ich, dass Wanja einen großen Teil von Grischko in sich trägt. Er hat ihn durch seine Liebe und die krankheitsbedingte

Anwesenheit entscheidend geprägt. Andere Teile hat Wanja von Dir und mir geerbt, die sich unter anderem in seinem Aussehen, seinen Bewegungen oder seiner Mimik zeigen.

Ich finde es schön, dass Wanja auf diese Weise zwei Väter hat, die sein Wesen geprägt haben, und ich glaube, für Dich ist es eine große Freude, wenn Du mal von dem einen und mal von dem anderen etwas entdeckst. Auf jeden Fall ist Wanja ein Kind der Liebe. Ich wünsche mir, dass er Dich glücklich macht.

Eines Tages wirst Du ihm die ganze Geschichte erzählen. Vielleicht kann mein letztes Märchen Dir dabei helfen.

Wenn ich die Augen schließe, fällt es mir leicht, an meinen Lieblingsplatz zurückzukehren. Dort umarme ich Dich.

Pawel

Pauls Studienzeit ging zu Ende. Im Sommersemester 1954 hatte er alle Praktika und Seminare gemacht, im Wintersemester erwarteten ihn die schriftlichen und mündlichen Prüfungen in Deutsch und Sport, auf die er sich ab Weihnachten vorbereiten wollte.

Er verbrachte eine längere Phase in Celle bei seiner Mutter und begleitete Gropa nach Zicherie, um auf Gustavs Hof zu helfen. Die körperliche Arbeit bei der Kartoffel- und Rübenernte tat ihm gut. Was ihm gar nicht behagte, waren die Grenzbefestigungen der DDR, die mitten durch den Ort verliefen, auf der einen Seite Zicherie, auf der anderen Böckwitz. Schon wieder Stacheldraht, als hätte man aus dem verheerenden Weltkrieg nichts gelernt.

Paul blieb endlich Zeit, etwas anderes als Fachliteratur zu lesen. Sein Großvater hatte eine Zeitschrift über Ostpreußen abonniert, „Das Ostpreußenblatt". Es erschien seit 1950 regelmäßig und berichtete aus früheren Zeiten sowie von Veränderungen aus der Nachkriegszeit.

Gropa hatte alle Ausgaben aufgehoben und überreichte Paul einen riesigen Stapel an Zeitschriften. Mit großem Interesse blätterte Paul darin herum und fand vieles, was ihn an seine alte Heimat erinnerte. Trakehnerzucht in Masuren, Vogelkoje in Rossitten oder Kurische Nehrung – ob dies alles noch so war wie zu seiner Kindheit vor zehn Jahren?

In einer der neuesten Ausgaben entdeckte er einen kurzen Bericht über Herrn Gudat, den ehemaligen Gutsbesitzer von Sköpen. Das interessierte ihn sehr. Er wusste ja bereits, dass alle ostpreußischen Bauern nach dem Krieg von ihren Höfen vertrieben und durch Russen ersetzt worden waren. Herr Gudat hatte damals Ostpreußen verlassen und war nach Glückstadt zu seiner Frau gezogen, die dort auf ihn wartete. Inzwischen bewirtschaftete er einen Apfelhof zwischen Elmshorn und Glückstadt.

19

Hamburg, 1954/55, Jula

Als Paul im Oktober nach Hamburg zurückkehrte, machte er einen Ausflug aufs Land. Mit der Vorortbahn nach Elmshorn, das Fahrrad im Gepäckwagen, und dann Radeln durch die Marsch. Nach fünf Kilometern erreichte er die Apfelplantage.

War das eine Wiedersehensfreude! Herr Gudat führte ihn herum, voller Stolz zeigte er ihm sein neues Anwesen. Überall standen Kisten frisch gepflückter Äpfel und Flaschen mit Apfelsaft. Paul musste erst alles bewundern, von allem kosten, bevor es ans Erzählen ging. Herr Gudat erinnerte sich genau an ihren Abschied im Pferdestall und berichtete, dass man Viktor kurz nach dem Abmarsch der Volkssturmmänner in Gefangenschaft zum Leiter des Gutes ernannt hatte. Von Paul wollte er jedes Detail wissen, angefangen beim Leben im Straflager bis hin zu seiner Heimkehr. Aber Paul blieb wortkarg und kam schnell auf die Gegenwart zu sprechen.

Er berichtete von seinem Studium in Hamburg und seinen beruflichen Plänen. Herr Gudat erzählte ihm von den vielen Ostpreußen, die als Flüchtlinge nach Elmshorn und Glückstadt gekommen waren. Es gab regelmäßige Treffen der ostpreußischen Landsleute. Das nächste Ostpreußentreffen sollte am folgenden Wochenende in Elmshorn stattfinden. Dazu lud er Paul ein, vielleicht würde dieser dort Bekannte aus der alten Heimat treffen, auf jeden Fall würden ihm von all den ostpreußischen Stimmen die Ohren klingen.

Am folgenden Samstag saß Paul erneut im Zug nach Elmshorn. Das Ostpreußentreffen fand im Turnerheim statt, einem vereinseigenen Restaurantbetrieb auf dem Sportgelände, wo größere Veranstaltungen abgehalten werden konnten. Herr Gudat hatte nicht übertrieben. Er betrat den Saal und wurde abrupt in eine andere, vertraute

Geräuschwelt entführt. Der breite, etwas schwerfällige ostpreußische Dialekt prasselte von allen Seiten auf ihn ein, hüllte ihn ein, so als hätte er auf fremdem Boden ostpreußisches Terrain betreten.

Paul blickte sich im überfüllten Saal um und entdeckte Herrn Gudat und dessen Frau, die bereits an einem der vielen Tische der Kaffeetafel Platz genommen hatten. Er setzte sich dazu und wartete gespannt auf den weiteren Ablauf der Veranstaltung.

„Hast du Bekannte entdeckt?", fragte Herr Gudat.

„Nein, bisher nicht. Ich muss mich noch genauer umschauen."

Nach der Begrüßung durch den Vorsitzenden gab es Kaffee und Kuchen, und manch einer genehmigte sich schon mal ein Gläschen Bärenfang. Das konnte der guten Stimmung nicht schaden.

Nach der Kaffeetafel trat ein Landsmann auf die Bühne und hielt einen Vortrag über die Kurische Nehrung, die er kürzlich besucht hatte. Er zeigte Bilder von Nidden mit der hohen Düne und den weißen Sandstränden. Paul erkannte alles wieder und freute sich, dass sich, bis auf den Ortsnamen „Nida", so wenig verändert hatte unter litauischer Verwaltung.

Sein letzter Besuch auf der Nehrung lag schon zwölf Jahre zurück, damals in den Sommerferien, mit den Großeltern ... und Mila ... seiner ersten Freundin. Es kam ihm vor, als wäre dies Ewigkeiten her, wie aus einem anderen Leben. Nach dem Vortrag kündigte der Redner den nächsten Programmpunkt an.

„Und nun begrüßen wir Jula Maleika, die uns wie schon so oft mit einem Gedicht erfreuen wird. Heute, passend zu meinem Vortrag, ‚Die Frauen von Nidden‘."

Paul drehte sich um und schaute zum Eingang, wo eine junge Frau erschien. Was er sah, traf ihn völlig unvorbereitet. In dem Moment, in dem sie den Saal betrat, zog sie alle Blicke auf sich. Er schaute wie gebannt. Eine unglaubliche Ausstrahlung ging von ihr aus, und dabei wirkte sie völlig unbefangen und natürlich. So etwas war ihm schon einmal begegnet. Und als sie sich an den Tischen vorbei zur Bühne schlängelte, ihr ganzer Körper in wippender Bewegung, wurde es ihm schlagartig bewusst ... sie bewegte sich wie Lenya.

Die frappierende Ähnlichkeit setzte sich fort, als er sie, auf der Bühne stehend, von vorne betrachten konnte. Ihr Gesicht wirkte durch den kurzen Bubikopf fast noch runder als Lenyas. Er hörte nicht ihre Worte, die über die vollen Lippen sprudelten. Er tastete sie mit den Augen ab und war fasziniert, wann immer er ein Detail entdeckte, das er von Lenya kannte.

Als die erste Welle der Aufregung abgeklungen war, vernahm er ihre Stimme mit dem ostpreußischen Dialekt und stellte erstaunt fest, wie gebannt ihr die Zuhörer in die Stimmung des traurigen Gedichts folgten. Herr Gudat war Pauls Aufregung nicht entgangen, und nachdem der Applaus abgeklungen war, fragte er ihn: „Kennst du Jula Maleika?"

„Nein, bisher noch nicht, aber ich würde sie gern kennenlernen. Wohnt sie in Elmshorn?"

„Nein, sie kommt aus Glückstadt, lebt dort mit ihrer Mutter und Tante. Ihr Vater ist im Krieg gefallen. Ich glaube, zurzeit bewohnt sie ein Zimmer in Hamburg. Ihre Mutter sitzt dort vorne."

Dabei zeigte er auf einen Tisch nahe der Bühne, an dem Jula gerade Platz nahm.

„Möchtest du, dass ich euch bekannt mache?", fragte er mit hintergründigem Lächeln.

Er stand auf, führte Paul zu Julas Tisch und stellte ihn dort vor.

„Hier ist ein junger Landsmann aus Kuckerneese, Paul Schlokat, der möchte deine Bekanntschaft machen."

Danach ging er lachend zu seinem Tisch zurück. Frau Maleika bat Paul, Platz zu nehmen, direkt neben Jula, und er wollte als Erstes wissen, aus welchem Teil Ostpreußens sie stammten.

„Wir sind aus Gumbinnen", sagte Jula und fügte scherzhaft hinzu: „Da waren wir fast Nachbarn."

Er sah in ihre lachenden blauen Augen unter dem schwarzen Pony und machte eine Bemerkung, die ihm unversehens herausrutschte, an die sie sich aber später noch oft erinnern sollten.

„Jula Maleika, pass bloß auf! Wenn du weiter so stimmungsvoll Gedichte vorträgst, werde ich dich eines Tages heiraten."

Sie schaute ihre Mutter an, der vor Verblüffung der Mund offen stand, und prustete los. Ihr Lachen war ansteckend, und Paul stimmte ein, etwas verlegen zunächst, weil er im Gegensatz zu Jula bereits die Tragweite seiner Äußerung erkannt hatte. Er hatte sich auf der Stelle in sie verliebt, und die Gefühle übernahmen die Führung bei seiner Wortwahl, als er sie das erste Mal ansprach.

Jula ging nicht weiter auf seine Bemerkung ein und fasste das Ganze als Scherz auf, wenngleich sie sich später, als sie darüber nachdachte, eingestehen musste, dass sie selten ein schöneres Kompliment bekommen hatte. Sie wollte wissen, was ihn zu diesem Ostpreußentreffen geführt hatte.

Schließlich fragten sie einander nach ihren beruflichen Plänen. Dabei erfuhr Paul von ihrer Ausbildung zur Postbeamtin, die sie im kommenden Jahr abschließen würde. Zurzeit arbeitete sie in Hamburg im großen Postamt an der Schlüterstraße und bewohnte ein kleines Zimmer am Grindelberg. Beschwingt fuhr er an diesem Abend nach Hamburg zurück. Jula wohnte und arbeitete ganz in seiner Nähe. Obwohl sie sich nicht verabredet hatten, war er sich sicher, er würde sie wiedersehen.

Am Montagabend stand er rechtzeitig am Postamt in der Schlüterstraße, um sie auf keinen Fall zu verpassen. Er musste lange vor dem großen Portal des eindrucksvollen Postgebäudes warten, dann wurde seine Geduld endlich belohnt. Sie trat ins Freie.

Er bemerkte Jula sofort, sie trug das gleiche dunkelblaue Kostüm, das sie beim Ostpreußentreffen angehabt hatte. Sie blieb vor dem Eingang stehen, um in ihren Mantel zu schlüpfen, dann hüpfte sie die wenigen Stufen hinab auf den Bürgersteig.

In dem Moment, als er die Straße überquerte und auf sie zukam, entdeckte sie ihn. Sie konnte sich ein Lächeln nicht verkneifen, als er vor ihr stand, etwas verlegen wegen seiner Dreistigkeit. Sie hatte insgeheim gehofft, dass er ihr vor der Post auflauern würde.

„Jula, mir ist so vieles eingefallen, was ich dich fragen möchte. Da konnte ich keinen Tag länger warten, ich musste einfach kommen", sagte er entschuldigend.

„Macht doch nichts, Paul", beruhigte sie ihn, „ich finde es schön, abgeholt zu werden."

Im nächsten Moment hatte sie seine Hand gefasst, so selbstverständlich, als würden sie sich schon lange kennen. Paul spürte bei dieser ersten Berührung die Wärme ihres Körpers und war glücklich, ihr so nahe zu sein. Händchenhaltend gingen sie zu ihrer Bleibe, die in einem Hinterhof am Grindelberg lag. Sie verabschiedeten sich vor der Haustür. Herrenbesuch war nicht erwünscht.

„Darf ich dich morgen wieder abholen?", fragte Paul.

„Gerne, und dann zeigst du mir, wo du wohnst."

Nun verging kein Tag, ohne dass er vor der Post auf sie wartete. Sie machten lange Spaziergänge an der Alster. Meist war es Jula, die erzählte, und Paul hörte ihr gerne zu. Manchmal verfiel sie ohne Vorankündigung ins Singen oder zitierte ein ostpreußisches Gedicht, ihr Repertoire schien unerschöpflich. Er liebte ihre fröhliche Stimme, und wenn sie einen Schlager sang, geriet ihr ganzer Körper in Bewegung. „Sie tanzt sich durchs Leben", dachte er, „genau wie Lenya." In solchen Momenten gerieten seine Gefühle durcheinander, und er wusste sich nur zu helfen, indem er an das Kompliment ihrer ersten Begegnung anknüpfte.

„Wenn du weiter so schön singst, werde ich dich eines Tages heiraten."

Meistens sprachen sie über ihre Kindheit in Ostpreußen und stellten viele Übereinstimmungen fest. Jula war ebenso wie Paul als Einzelkind aufgewachsen. Ihre beste Freundin hatte sie nach der Evakuierung aus den Augen verloren und nie wieder etwas von ihr gehört. Paul erwähnte Brunos Tod in Sibirien, mehr wollte er aus jener Zeit nicht preisgeben.

Die Flucht aus Ostpreußen bildete für beide eine Zäsur in ihrem Leben. Sie taten sich schwer, im Westen heimisch zu werden. Für Paul gab es ein Thema, das er überhaupt nicht ansprechen wollte, die Zeit der Gefangenschaft, und Jula war sensibel genug, ihn nicht danach zu fragen.

Das Univiertel wurde vorübergehend zu ihrer zweiten Heimat, jede Ecke war ihnen vertraut. Paul zeigte Jula den Unisportplatz an der Rothenbaumchaussee und führte sie in die gegenüberliegende Milchbar. Wie oft hatte er hier mit anderen Sportstudenten nach dem Training gesessen, um sich mit einem Glas Milch oder Apfelsaft zu erfrischen. Der Ladenbesitzer kannte ihn genau, und als Paul jetzt mit Jula auftauchte, zwinkerte er ihm zu, als wüsste er, dass es was Ernstes wäre.

Jula liebte die kleine Konditorei in der Schlüterstraße, nur wenige Meter vom Postamt entfernt. Hier zählte sie zu den Stammgästen. Sie ließ keine Mittagspause aus, um sich von dort ein Brötchen oder irgendeine Leckerei zu holen. Sie freute sich, dass Paul den Laden noch nicht kannte, und war sich sicher, dass er ihn genauso lieben würde wie sie. Kaum waren sie eingetreten, umwehte sie ein Duft von Marzipan und Hefegebäck, der sie an die Kindheit erinnerte. So unverwechselbar roch es nur in den Bäckereien Ostpreußens.

Und das war kein Wunder. Der kleine Eckladen wurde von einem ostpreußischen Konditor namens Urbschat geführt, den es nach dem Krieg von Gumbinnen nach Hamburg verschlagen hatte. Er strahlte über das ganze Gesicht, als Jula in den Laden trat, kam extra hinter dem Tresen hervor und umarmte sie, dabei war sie erst zwei Tage zuvor bei ihm gewesen.

„Julchen, na, watt hab ich dich lange nich jesehn!", sagte er im breitesten Ostpreußisch. „Und wen haste denn da mitjebracht?"

Jula stellte ihren neuen Freund vor und erklärte Paul, dass der Konditor aus ihrer Heimatstadt Gumbinnen stamme und sie ihn schon seit frühester Kindheit kenne.

„Wann gibt es das Königsberger Marzipan?", fragte sie.

„Na, wie immer, Mariellchen, zum ersten Advent."

Sie standen am Tresen und ließen sich mit heißem Kakao und Rosinenschnecken verwöhnen. Paul hörte gespannt zu, als Herr Urbschat von Jula als jungem Mädchen erzählte, wie sie in der Vorweihnachtszeit in den Gumbinner Laden gestürmt war, um Königsberger Marzipan zu kaufen. Er konnte sich das gut vorstellen, Jula vor den Marzipanblechen, von einem Bein aufs andere tänzelnd, die Augen in lebhafter Bewegung, um all die Leckereien zu erfassen.

Ein Monat war seit ihrer ersten Begegnung wie im Rausch vergangen. Die Abende verbrachten sie gemeinsam und auch die Wochenenden, an denen sie Hand in Hand durch Hamburg streiften.

Paul konnte es immer noch nicht fassen, wie sehr sich Jula und Lenya ähnelten. In ihren Bewegungen, ihrem Wesen und ihren Stimmen waren sie seelenverwandt. Wenn Paul in ihr makelloses rundes Gesicht schaute, das die gleiche Harmonie ausstrahlte wie Lenyas, dachte er manches Mal an Sibirien. Zum Glück holten ihn ihre blauen Augen unter dem schwarzen Pony schnell in die Wirklichkeit zurück. Und das waren nicht die einzigen Merkmale, in denen sich die beiden Frauen unterschieden. Paul entdeckte nach und nach immer mehr Kleinigkeiten, die bei Jula anders waren.

Zum ersten Advent wurde Paul erstmals nach Glückstadt eingeladen und brachte Leberwurst und Räucherschinken mit, die Familie Janz auf ihrem Hof traditionell nach ostpreußischer Art hergestellt hatte. Zu Weihnachten traf Jula zum Gegenbesuch in Celle ein, mit einer großen Schachtel Königsberger Marzipan im Gepäck.

Silvester wollten sie gemeinsam feiern, und da Jula gerne tanzte, gingen sie zum traditionellen Fest des ASTA in die Mensa. Es war die erste größere Veranstaltung, die sie nach dem Kennenlernen besuchten, bisher hatten sie alles nur zu zweit unternommen.

Paul trug einen dunkelgrauen Anzug und zur Feier des Tages das Hemd von Grischko. Als Jula ihren Mantel an der Garderobe ablegte und im neuen Ballkleid vor ihm stand, war er so verblüfft, dass er zunächst gar nichts sagte. Sie freute sich, dass ihm ihr Kleid gefiel, und drehte sich kokett hin und her, damit er sie von allen Seiten betrachten konnte.

„Jula, dein Kleid ist zauberhaft. Wirst du mir viele Tänze schenken?"

„Na klar, wir werden die ganze Nacht durchtanzen."

Sie nahm seine Hand und führte ihn auf die Tanzfläche, wo bereits einige Paare erste Runden drehten. Und da geschah es erneut, wie beim Ostpreußentreffen, er hatte es schon fast vergessen. Für einen Moment zog sie alle Blicke auf sich, und das lag nicht nur an ihrem hübschen Kleid. Er hatte immer noch nicht herausgefunden, was ihre magische Anziehungskraft ausmachte. Vielleicht war es die Lebensfreude, die sie ausstrahlte, die kam ganz natürlich von innen heraus. Sie musste sich nicht verstellen.

Jula zeigte keinerlei Reaktion. Paul war sich nicht sicher, ob sie die verstohlenen Blicke überhaupt bemerkte, die für Momente auf sie gerichtet waren. Vielleicht hatte sie sich auch daran gewöhnt und hielt es für ganz normal. In einem Punkt meinte er sich nicht zu irren, sie schien sich ihrer Ausstrahlung nicht bewusst zu sein, und das war es, was ihn besonders faszinierte.

Paul traf einige bekannte Kommilitonen mit ihren Freundinnen, die Jula sogleich ins Tanzgeschehen hineinzogen, und da sie eine gute Tänzerin war, konnte sie sich vor Angeboten nicht retten. Paul musste aufpassen, dass er nicht zu kurz kam, denn am liebsten tanzte er mit ihr.

Den letzten Tanz vor dem Jahreswechsel schenkte sie natürlich ihm. Die Kapelle spielte ein Liebeslied mit langsamem Rhythmus. Jula summte leise mit und schmiegte sich an ihn, bis ihr Kopf an seiner Schulter ruhte. Er spürte ihren warmen Körper durch das Kleid hindurch … und in diesem Moment wurde ihm zum ersten Mal bewusst, dass sie ihn liebte.

Glücklich führte er sie zur Getränkebar, bestellte zwei Gläser Sekt und stieß mit ihr an.

„Worauf trinken wir?", fragte er.

„Auf unser erstes gemeinsames Tanzfest", schlug sie vor.

„Auf die Tänze, die du mir geschenkt hast", ergänzte er.

Paul hatte noch nicht einmal Zeit, sein Glas abzustellen, da brachte sie ihr Gesicht mit einer schnellen Kopfbewegung ganz nah an seines und gab ihm einen zarten Kuss. Ihre vollen Lippen bedeckten seinen Mund, umhüllten ihn ganz, für einen kurzen Moment nur, viel zu kurz, um zu reagieren, lang genug, um den Geschmack ihres Kusses wahrzunehmen. Wieder einmal hatte sie ihn überrumpelt.

Julas erster Kuss. Und das noch im alten Jahr. Sie zählten die letzten Sekunden rückwärts und prosteten aufs neue Jahr. Nun ergriff Paul die Initiative. Dieser zweite Kuss dauerte etwas länger, es fühlte sich an wie beim letzten Tanz, eine berauschende Nähe. Ihre Lippen verrieten, was sie mit Worten noch nicht auszudrücken vermochten, sie hatten sich ineinander verliebt.

„Jula Maleika, nimm dich in Acht!", sagte er ernst. „Wenn du mir mehr von solchen Küssen schenkst, werde ich dich eines Tages heiraten."

Sie lachte und freute sich über sein Kompliment, denn im Küssen hatte sie noch wenig Erfahrung. Sie hob ihr Glas.

„Frohes neues Jahr", prostete sie ihm zu, „ich wünsche dir viel Erfolg beim Examen."

„Prost Neujahr!", entgegnete er. „Und ich wünsche dir, dass du so bleibst, wie du bist. Für mich bist du vollkommen."

Kaum hatte er es ausgesprochen, fiel ihm auf, dass er das schon einmal gesagt hatte. Zu Lenya. Sein Glück wurde für einen kurzen Moment getrübt, als er wehmütig an seine sibirische Freundin dachte, die unerreichbar weit entfernt schien und dann doch für Augenblicke so nah, wenn er Züge von Lenya an Jula entdeckte.

Ende April hatten sie beide ihre Ausbildung mit guten Noten beendet. Nun konnten sie die Welt erobern und endlich Geld verdienen. Zunächst lagen unbeschwerte Tage vor ihnen, Tage, in denen der Frühling sie verzauberte. Sie kannten sich schon ein halbes Jahr und hatten den langen Winter gemeinsam überstanden.

20

Hamburg 1955

Pauls 29. Geburtstag am 30. April 1955 hätte nicht besser liegen können, um ihre bestandenen Prüfungen zu feiern. Auch das Wetter spielte mit. Ein sonniger, warmer Tag lockte sie zu einem Picknick an die Elbe. Jula wollte sich um das Essen kümmern, Paul sollte Getränke besorgen.

Sie trafen sich vormittags an der U-Bahn-Station Hallerstraße, wo Jula auf einem Mauervorsprung stand und ihn mit einem Geburtstagsständchen empfing. Sie sang aus voller Kehle, sodass Passanten stehen blieben, um die Glückwunschzeremonie mitzuerleben. Schließlich sprang sie vom Sockel, umarmte Paul und küsste ihn, als wären sie ganz allein.

Einige der Umstehenden begannen spontan zu klatschen, wie bei einer Theatervorstellung, als könnten sie die Akteure zurück auf die Bühne holen, die bereits die Treppen zum Bahnsteig hinunterliefen, begleitet vom Applaus, der langsam verebbte. Jula hatte einmal mehr unbeteiligte Menschen für Augenblicke verzaubert, was gar nicht in ihrer Absicht lag, sie wollte ganz allein ihn beglücken.

Nun konnte der Ausflug beginnen. Am Dammtorbahnhof stiegen sie in die S-Bahn und fuhren Richtung Blankenese bis zur Haltestelle Hochrad. Von dort wanderten sie zum Elbufer.

So früh am Tage hatten sie den Strand ganz für sich. Nachdem sie einen geeigneten Lagerplatz neben einem Gebüsch gefunden hatten, breiteten sie die mitgebrachte Decke aus, die beiden Platz bot.

Paul sonnte sich in seiner Turnhose, die ihn durch das ganze Sportstudium begleitet hatte. Jula legte ihr Sommerkleid ab. Darunter kam ein dunkelblauer Badeanzug zum Vorschein, den sie bereits am Morgen daruntergezogen hatte.

Er war vorne und hinten tief ausgeschnitten, ließ weite Teile des Oberkörpers unbedeckt und war auch an den Beinen sehr kurz geschnitten. Paul bemerkte überwältigt, dass all ihre Rundungen durch den knapp sitzenden Einteiler noch hervorgehoben wurden. Als sie so halb nackt vor ihm stand, fand er ihren Körper vollkommen, und er stellte aufs Neue fasziniert fest, dass sie sich ihrer Ausstrahlung nicht bewusst war. Sie legte sich wie selbstverständlich bäuchlings neben ihn, um ihren Rücken zu bräunen, und schien nicht zu ahnen, wie sehr sie ihn verwirrte.

Paul setzte sich auf, um sie besser betrachten zu können. Er kannte sie fast ausschließlich in Winterkleidung, und nun lag sie in freizügiger Bademode neben ihm, befreit von allen Winterschichten, um den Sommer zu begrüßen.

Seine Augen wanderten vom schwarzen Bubikopf abwärts, beginnend beim schlanken Hals, den wohlgeformten Bogen entlang über die Schultern bis hin zu den schmalen Trägern, die an den Oberarmen nach unten gerutscht waren und den Rücken nahezu bis zur Taille freilegten. Seine Blicke verweilten auf ihrem runden Po, der vorwitzig in die Höhe ragte, was durch ihr Hohlkreuz noch verstärkt wurde.

Julas Körper war durchtrainiert. Als Kind hatte sie in Ostpreußen regelmäßig geturnt und war dann in Glückstadt zur Leichtathletik gewechselt. An ihren schlanken Beinen konnte Paul ihre Wadenmuskeln erkennen. Am auffälligsten waren ihre langen Oberschenkel, die sich endlos hinaufzogen, bis sie abrupt vom alles überragenden, frechen Po gestoppt wurden. Er wusste von ihrer erfolgreichen Karriere als Sprinterin und wunderte sich nicht darüber, als er jetzt auf ihre nackten Beine schaute.

Paul ging auf Treibholzsuche und fand einige Bretter, aus denen er einen provisorischen Tisch baute. Dabei musste er an Bruno denken, was der zu seinem primitiven Bauwerk sagen würde … und ob er ihn wegen Jula und seiner Verliebtheit hänseln würde.

Jula deckte den Treibholztisch. Sie hatte wirklich an alles gedacht, Klopse, Kartoffelsalat, saure Gurken und einen selbst gebackenen Zitronenkuchen zauberte sie aus dem Picknickkorb. Und zu allerletzt eine Schachtel mit Königsberger Marzipan. „Für mein Leckermäulchen zum Geburtstag", sagte sie.

Ein ostpreußisches Festmahl am Strand. Paul schenkte Apfelsaft in die Becher, und als sie den Kuchen anschnitten, zog er eine Flasche Kakao aus dem Rucksack. Die kleine Sektflasche wollte er erst später, für einen besonderen Anlass, hervorholen.

Sie lagen auf dem Rücken und ruhten sich aus. Die Sonne schien warm auf ihre gefüllten Bäuche und machte sie schläfrig. Beide hingen ihren Gedanken nach, bis Jula an seinem Atem hörte, dass Paul eingeschlafen war.

Sie blickte auf das schlafende Gesicht. Seine dunklen Wimpern wirkten jetzt, wo sie geschlossen waren, noch länger. Die dunklen, glatten Haare bedeckten die halbe Stirn und ließen sein schmales Gesicht runder erscheinen. Sie mochte seinen sportlichen Oberkörper mit den ausgeprägten Brustmuskeln und seine schlanken, durchtrainierten Beine. Seine Haut war von Natur aus leicht gebräunt, so wie bei ihr. Sie hatten den gleichen Teint.

Am Nachmittag kamen einige Familien von der Elbchaussee herunter an den Strand von Nienstedten. Die Kinder zog es sogleich ans Wasser, daher wählten die Eltern ihren Lagerplatz nahe am Elbufer, weit entfernt von Jula und Paul.

Das war gut, denn nun konnte Paul seinen Plan ungestört ausführen. Heimlich holte er die kleine Schachtel aus dem Rucksack und versteckte sie in seinen Handflächen. Dann kniete er sich vor Jula in den Sand, die aus ihrer liegenden Position hochkam, als sie merkte, dass Paul die Decke verlassen hatte.

Sie blickte auf seine geschlossenen Hände, und ihr wurde schlagartig klar, dass ein bedeutender Moment ihres Lebens gekommen war. Ein freudiger Schauer lief ihr über den Rücken, und dann hörte sie ihn sprechen.

„Jula, bei unserer ersten Begegnung habe ich zu dir gesagt, dass ich dich eines Tages heiraten werde. Das war scherzhaft gemeint, aber in Wirklichkeit hatte ich mich schon damals in dich verliebt. Heute frage ich dich aus tiefstem Herzen: Willst du mich heiraten?"

Sie fiel ihm um den Hals und jubelte: „Ja, ich will. Ich will dich heiraten, Paul."

„Mach die Augen zu", sagte er.

Er hob den Deckel von der Schachtel, in der eine silberne Kette mit einem Anhänger, einem blauen, in Silber gefassten Stein, lag. Er nahm die Kette heraus und legte sie um ihren Hals.

Als sie die Augen wieder öffnete, sah er, dass er eine gute Wahl getroffen hatte. Der Stein hatte die gleiche Farbe wie ihre Pupillen.

Jula war sprachlos und sichtbar gerührt. Ihre Augen schimmerten feucht, als sie ihn ganz fest an sich drückte.

„Ich danke dir, Paul ... weißt du eigentlich, dass du ein besonderes Talent besitzt? Das Talent, mich glücklich zu machen."

Er lachte verschmitzt und öffnete die Sektflasche. Sogar an Gläser hatte er zur Feier des Tages gedacht. Sein Geburtstag stand nicht mehr im Vordergrund, sie schauten voraus und begannen, die Hochzeit zu planen.

Schon am nächsten Tag fuhren sie nach Hause, jeder zu seiner Familie, um die Neuigkeit zu verkünden. Jula würde mit ihrer Mutter die Hochzeit vorbereiten, während Paul sich in Celle für ihre gemeinsame Zeit nach der Heirat umsehen wollte.

Als Jula ihrer Mutter von Pauls Heiratsantrag berichtete, fiel diese ihr überglücklich um den Hals. Sie hatte ihn vom ersten Augenblick an gemocht. Nun begannen die Planungen. Termine beim Standesamt und für die kirchliche Trauung mussten abgestimmt werden, und dann galt es, eine Lokalität für die Feier zu finden. Schließlich war ein Termin gefunden, am Samstag, den 30. Juli sollte die Hochzeit stattfinden.

Pauls Mutter und Gropa vergossen Freudentränen, als Paul mit der Hochzeitsbotschaft nach Hause kam. Sie hatten Jula gleich beim ersten Besuch in ihr Herz geschlossen. Nun sollten auch im Schlokat'schen Hause rege Aktivitäten beginnen.

Zunächst suchte Paul das Celler Gymnasium auf, um zu erfragen, ob er dort als Lehrer gebraucht würde. Der Direktor hätte ihn am liebsten auf der Stelle eingestellt. Im ganzen Land war der Mangel an Lehrern groß, auch in Celle. Paul sollte sich beim Kultusministerium um eine Referendarstelle in Niedersachsen bewerben, und der Direktor wollte ihn dann anfordern.

Danach ging Paul ins Postamt, um die beruflichen Möglichkeiten für Jula zu erfragen. Auch bei der Post fehlte es an Personal, sodass Jula dort mit Sicherheit eine Stelle bekommen würde. Ihre Bewerbung war reine Formsache.

Paul und Jula hatten die Möglichkeiten ihres Berufseinstiegs bereits ausgiebig besprochen. Hamburg, Glückstadt oder Celle standen in der engeren Wahl. Da sie lieber in einer kleinen Stadt leben wollten, entschieden sie sich gegen Hamburg. Jula liebäugelte mit Celle, sie hatte sich dort gleich beim ersten Besuch zu Hause gefühlt. Sie mochte die belebte Innenstadt mit den vielen Fachwerkhäusern und Geschäften. Dagegen wirkte Glückstadt fast wie ein Dorf.

Großvater war begeistert, dass es Jula und Paul nach Celle zog. Er entwickelte sofort Ideen, wo sie nach der Hochzeit wohnen könnten, und dachte an die Werkstatt hinterm Haus. Er sprühte vor Ideen und besprach alles mit Paul.

Als Jula und Paul in Hamburg wieder zusammentrafen, tauschten sie begeistert die letzten Neuigkeiten aus. Jula gefiel die Vorstellung, in dem kleinen Haus an der Aller zu wohnen und in Celle zu arbeiten. Paul hörte neugierig zu, als Jula von den Hochzeitsvorbereitungen erzählte. Er fand alles großartig. Am meisten aber freute er sich auf die Hochzeitsreise, die Julas Mutter und Tante ihnen schenken wollten: eine Woche auf der Insel Amrum, deren hohe Dünen, die er auf Bildern gesehen hatte, an die Kurische Nehrung erinnerten.

30. Juli 1955. „Eines Tages werde ich dich heiraten." Diesen Satz hatte Paul häufig benutzt, besonders wenn er Jula Komplimente machte. Nun war dieser Tag gekommen, ihr Hochzeitstag.

Es war eine große Hochzeitsgesellschaft, wie es sich für eine ostpreußische Hochzeit gehörte. „Kreti und Pleti", fast alles Ostpreußen, mussten nach Glückstadt eingeladen werden, zunächst die Familien Maleika und Schlokat mit entfernten Verwandten, die aus ganz Deutschland angereist kamen, dann Freunde wie Ehepaar Janz mit Gustav, Gutsbesitzer Gudat sowie Konditormeister Urbschat mit Ehefrauen. Paul hatte zwei Kommilitonen, Jula eine ehemalige Klassenkameradin und zwei Arbeitskolleginnen eingeladen.

Später würde er viele Bilder vom Hochzeitstag in seinem Kopf behalten. Eines aber überstrahlte alle anderen: Jula im Hochzeitskleid. Der Moment, als er sie im Hauseingang erblickte … wie ein Gemälde, ganz in Weiß. Engelsgleich stand sie dort, bewegungslos für Momente, dann löste sie sich aus dem Rahmen und schien bis zur Kutsche zu schweben … in seine offenen Arme.

Ihr Kleid war ein einziger Traum. Es reichte bis zum Boden und war leicht ausgestellt, sodass ihre Füße nicht zu sehen waren. An der Taille lag es an, wodurch ihre schmalen Hüften und ihr vorwitziger Po betont wurden. Ein luftiger Schleier fiel über ihre Schultern und umschmeichelte das runde Gesicht. Die schwarzen Haare, die unter dem weißen Schleier hervorlugten, glänzten in der Sonne, ebenso ihr gebräuntes Gesicht. Es war ein einziger Traum in Schwarz-Weiß mit nur wenigen Farbtupfern: Kornblumen im Hochzeitsstrauß aus weißen Rosen, deren leuchtendes Blau sich in ihren Augen wiederfand, und ihre rote Lippen.

Niemals würde er dieses Bild vergessen, Jula im Brautkleid, von übersinnlicher Schönheit. Er verspürte die Gewissheit, dass sie für ihn ein Leben lang geheimnisvoll bleiben würde, mochte er sie auch noch so gut kennenlernen. Und dieser Gedanke machte ihn glücklich.

Auf abgelegenen Nebenstraßen fuhr die Kutsche Richtung Marktplatz. Endlich hatten sie Zeit, sich anzuschauen.

„Der dunkle Anzug steht dir gut", sagte Jula.

„Kein Vergleich zu deinem Hochzeitskleid", entgegnete Paul und seufzte. „Jula, Jula, was machst du bloß mit mir, immer wieder verzauberst du mich. Wenn wir es nicht schon wären, würde ich dich auf der Stelle heiraten."

„Pauli, Pauli, auch du verzauberst mich mit deinen unvergleichlichen Komplimenten."

Er hatte sich nicht verhört, Jula hatte ihm einen Kosenamen gegeben, den er noch oft von ihr hören sollte.

Kaum bog die Kutsche auf den belebten Marktplatz ein, applaudierten die Menschen und riefen ihnen Glückwünsche zu. Die Kutsche holperte die wenigen Meter weiter bis zur Stadtkirche über das Kopfsteinpflaster, wo die Hochzeitsgesellschaft versammelt war. Auch hier brandete spontaner Applaus auf.

Die kirchliche Trauung und die anschließende Feier im „Kleinen Heinrich" verliefen sehr harmonisch. Es wurde viel getanzt zur Musik einer dreiköpfigen Kapelle, die aus Akkordeon, Gitarre und Schlagzeug bestand, und im Laufe des Abends wurde es ein feuchtfröhliches Fest, wie es sich gehörte, wenn Ostpreußen feiern.

Paul konnte seine Augen nur schwer von Jula lassen. Sie bewegte sich in dem langen Kleid mit einer Leichtigkeit, als wäre der Stoff fast schwerelos. Nach dem Eröffnungstanz legte sie den Schleier ab und tanzte von da an ausgelassen, nachdem ihre Mutter das Kleid in der Taille hochgesteckt hatte, damit ihre Füße sich nicht im Saum verheddern konnten.

In den Pausen während des Festessens wurden zwei Reden gehalten. Als Erster sprach Herr Urbschat, der einige Anekdoten über Jula aus der Zeit in Gumbinnen und von der ersten Begegnung mit Paul in seiner Hamburger Konditorei zum Besten gab. Die zweite Rede hielt Gropa. Er sprach über das Glück, das zwei Menschen haben können, wenn sie sich zufällig begegnen und erkennen, dass sie füreinander bestimmt sind.

Um Mitternacht wurde der Hochzeitskuchen, eine riesige Marzipantorte, angeschnitten, ein Geschenk von Konditor Urbschat. Das Fest nahm noch einmal Fahrt auf, einer ostpreußischen Polonaise folgten bis in den frühen Morgen unzählige weitere Tänze.

Als Jula und Paul auf ihr Zimmer über dem Tanzsaal gingen, waren sie erschöpft, aber glücklich. Paul spürte eine leichte Verunsicherung bei Jula und fragte nach.

„Pauli, ich weiß, heute ist unsere Hochzeitsnacht, und ich möchte dich nicht enttäuschen. Wir sind beide müde, und die Nacht ist bald zu Ende. Ich wünsche mir sehr, mit dir zusammenzukommen, aber ich möchte warten, bis wir auf Amrum sind, damit wir ganz viel Zeit dafür haben. Kannst du mich verstehen?"

Insgeheim war Paul erleichtert, dass Jula das Thema angeschnitten hatte. Er wollte sie auf keinen Fall in der ersten Nacht im gemeinsamen Bett zu irgendetwas drängen. Und da er sich absolut sicher war, dass sie noch keine Erfahrung auf diesem Gebiet hatte, wollte er sich nach ihren Wünschen richten.

„Ich kann dich gut verstehen, Jula. Du hast mich heute verzaubert in deinem Hochzeitskleid, und morgen wirst du mich auf andere Weise beglücken. Wie ich dich kenne, wirst du mich zum größten Liebhaber aller Zeiten machen."

„Danke für dein Vertrauen und danke für dein Kompliment. Du kannst so herrlich übertreiben. Und was den Liebhaber angeht, muss ich noch viel lernen."

Am Morgen nach der Hochzeit blieb ihnen gerade noch Zeit, sich von einigen Gästen zu verabschieden, dann saßen sie im Zug nach Dagebüll, wo sie die Vormittagsfähre nach Amrum bestiegen. Vom Anleger in Wittdün brachte sie der Inselbus nach Nebel zu ihrem Quartier, einem kleinen Reetdachhaus an der Wattseite.

Zur Begrüßung hatte die Vermieterin eine Flasche Sekt für das Jubelpaar bereitgestellt. Jula suchte eine passende Vase für den Hochzeitsstrauß, den sie mit auf die Insel genommen hatte. Paul stellte den Sekt in den Kühlschrank und legte den restlichen Reiseproviant dazu.

Als Erstes wollten sie an den Strand, packten ihre Strandtasche und bestiegen die Fahrräder, die an der Hauswand lehnten. Es war ein ganzes Stück zu radeln, zunächst durch den Ort, über die Hauptstraße hinweg und dann den Strandweg entlang, der durch ein Waldstück führte, ehe er die hohen Dünen erreichte. An der Kuppe der letzten Düne stellten sie die Räder ab und hatten einen weiten Blick über den Strand bis hin zum Meer. Vieles erinnerte an die Nehrung bei Nidden, nur dass der Strand auf Amrum deutlich breiter war, der Wald auf der Nehrung dafür mächtiger. Sie sahen sich an und dachten das Gleiche.

„Wie auf der Kurischen Nehrung", sagte Paul. „Findest du nicht auch, Jula?"

„Ist ja unglaublich, Pauli! … auch dass du meine Gedanken lesen kannst."

Sie zogen ihre Schuhe aus und gingen barfuß am Wasser entlang, bis sie den Bereich der Strandkörbe hinter sich gelassen hatten. Zurück an der Dünenkante, legten sie sich in den Sand, der hier so weiß und pudrig war wie in Nidden. Keine Menschenseele war in ihrer Nähe, nur einzelne Spaziergänger waren weit entfernt an der Wasserkante zu erkennen.

Paul war in Shorts gekommen und musste nur sein Hemd ausziehen. Jula trug noch das Reisekleid und wollte in den Badeanzug schlüpfen.

„Umdrehen, Pauli!", sagte sie lachend.

„Wir sind doch verheiratet", protestierte er, ebenfalls lachend.

Er drehte sich bereitwillig um, denn er fand es gut, wenn sie kleine Geheimnisse vor ihm bewahren wollte.

„Du kannst wieder gucken."

Da stand sie, im blauen Badeanzug, der ihm so gut gefiel, und hatte noch dazu die Kette angelegt, sein Geschenk.

„Jula Maleika, sieht ganz so aus, als ob du mich verführen willst."

„Ja, Paul Schlokat, wird ja auch langsam Zeit. Schließlich sind wir schon einen Tag verheiratet. Und im Übrigen heiße ich Jula Schlokat."

„Stimmt, daran muss ich mich erst gewöhnen. Aber ich werde dich weiter bei deinem Mädchennamen nennen, Maleika klingt für mich schöner."

Zur Kaffeezeit radelten sie zurück ins Dorf, machten einige Einkäufe im Lebensmittelgeschäft und ließen sich im Garten der Inselbäckerei mit heißem Kakao und einem großen Stück Friesentorte verwöhnen.

Die Spätnachmittagssonne schien durch die Fenster ihrer Ferienwohnung und tauchte Schlaf- und Wohnraum in warmes Licht. Paul holte die Sektflasche aus dem Kühlschrank und schenkte ein.

„Worauf trinken wir?", fragte er.

„Auf unsere Liebe!", sagte sie und gab ihm einen Kuss.

Die Gläser nahmen sie mit ins Schlafzimmer. Während sie sich küssten, krochen Julas Hände unter sein Shirt, streichelten seine Brust und schoben das Hemd Stück für Stück nach oben. Er musste die Arme heben, damit sie es ihm über den Kopf ziehen konnte. Triumphierend hielt sie es in die Höhe, es war das erste Mal, dass sie ihn ausgezogen hatte.

Sie war bereit, auch ihre Hüllen fallen zu lassen, und wünschte sich, dass er es tat. Paul öffnete die obersten Knöpfe ihres Kleides am Halsausschnitt und begann, von den Knien aufwärts, das Kleid in die Höhe zu streifen. Dabei ließ er sich Zeit, er nutzte die Gelegenheit, seine Hände über ihren Körper wandern zu lassen, an den langen Oberschenkeln entlang, über den runden Po über die Taille bis zu den Achseln. Nun war es an ihr, die Arme zu heben, bis das Kleid zu Boden fiel.

Sie legten sich aufs Bett, halb nackt, Paul in Shorts, Jula im Badeanzug. Er merkte ihre Erregung an den Küssen, die immer leidenschaftlicher wurden. Von diesem Zeitpunkt an übernahm er die Führung, weil er das „erste Mal" in die Länge ziehen wollte.

„Leg dich auf den Bauch, Jula."

Nun lag sie neben ihm, verführerisch wie am Elbestrand vor drei Monaten, nur dass sie jetzt verführt werden wollte. Mit den Fingerspitzen zeichnete er die Konturen ihres Badeanzuges nach, von oben nach unten. Er spürte die Wärme vom Strand auf ihrer Haut und fand zwischen ihren Oberschenkeln Sandkörner, die er abstreifte.

Er küsste sie in den Nacken und begann sie auszuziehen. Als er die Träger über ihre Schultern rollte, schlüpfte sie mit den Armen hindurch. Er rollte und schob weiter, abwechselnd am Rücken und unter den Achseln, bis er merkte, wie der Stoff über die Brüste sprang. Es erregte ihn, dass die Brüste nun freilagen, obwohl er sie nicht sehen konnte. Von der Taille an abwärts war es leicht, den Rest zu entfernen. Aber er kostete es aus, sie in kleinen Schritten zu enthüllen.

Zwischendurch streichelte er die Zonen, die er schon freigelegt hatte, und kehrte zurück zum Stoff, der mit jedem Mal eine kleinere Fläche bedeckte.

Als er unter ihren Bauch fasste und über ihre Beckenschaufel fuhr, vernahm er ein leises Stöhnen. Am Po musste er mit beiden Händen nachhelfen, um den herabgerollten Stoff darüberzustülpen. Es war, als hätte der Badeanzug das Gesäß zusammengedrückt, denn nun sprangen die Pobacken noch ein Stück weiter nach oben. Paul war fasziniert von diesen Rundungen. Seine Handflächen strichen pausenlos darüber, und er vergaß für einen Moment den Einteiler, der zusammengerollt an den Oberschenkeln verharrte.

Jula lag immer noch auf dem Bauch und gab leise Geräusche von sich. Er konnte nicht erkennen, ob sie summte oder stöhnte.

„Ist dir kalt?", fragte er, als er sie fast nackt liegen sah.

„Ja, ein wenig schon."

Er stand auf, zog in einer einzigen fließenden Bewegung den Badeanzug von ihren Beinen und legte die leichte Sommerdecke über ihren nackten Körper. Dann schlüpfte er zu ihr, nachdem er sich seiner kurzen Hose entledigt hatte.

Nun lagen sie dicht an dicht, beide nackt. Jula hatte sich seitlich zu ihm gedreht und küsste ihn ununterbrochen.

„Pauli, Pauli, du bist ein toller Liebhaber. Du machst mich noch ganz verrückt. Komm zu mir. Ich möchte dir so nah sein wie noch nie."

Er legte sich auf sie und wusste, dass sie bereit war, als sie ihre Beine um seine Hüften legte. Vorsichtig tastete er mit seinen Fingern über ihre Schamlippen, die leicht geöffnet waren, wie zum Kuss, prall und feucht, wie ein großer Mund. Seine Vermutung bestätigte sich, er würde ihr erster Liebhaber sein.

Jula wartete darauf, dass er zu ihr kam, aber er wollte es sanft tun beim ersten Mal. Er suchte ihre empfindlichste Stelle, und während er sie zu streicheln begann, dachte er an eine Knospe, die ihre Blütenblätter entfaltet.

Ihr Stöhnen wurde lauter, und sie begann sich zu bewegen. Wie beim Engtanz drückte sie ihren Bauch gegen seinen. Er machte weiter, bis ihre Bewegungen fordernder wurden.

„Komm!", hauchte sie.

Ihre Zungenspitze suchte seine Lippen und drückte sie auseinander, sie zeigte ihm, was sie sich wünschte. Es war ein beglückendes Gefühl, als er spürte, dass sie ihn aufnehmen wollte. Behutsam drang er in sie ein, feuchtwarme tropische Gefilde umfingen ihn.

Als Jula ihn spürte, steigerte sich ihre Lust in unbekannte Regionen. In ihrem Bauch brodelte ein Vulkan. Immer noch vorsichtig, begann er, mit sanften Bewegungen weiter vorzudringen, spürte keinen Widerstand, hörte nur lustvolles Stöhnen.

Endlich konnte er seiner Erregung freien Lauf lassen. Er nahm ihre Bewegungen auf, und nun stöhnten sie beide, immer schneller, ihre Körper so dicht wie nie, und erreichten den Höhepunkt fast gleichzeitig, bewegten sich weiter, um vom Gipfel herabzusteigen, bis sie schließlich schwer atmend aufeinanderlagen, bewegungslos, während die Wellen zwischen ihren Beinen langsam verebbten.

Paul küsste sie zärtlich. Er war glücklich, dass auch ihre Körper so gut harmonierten und ihre Liebe auszudrücken vermochten. Dann legte er sich neben sie. So lagen sie eine ganze Weile schweigend Arm in Arm und ließen das Erlebte auf sich wirken. Jula fand als Erste die Worte wieder.

„Unglaublich, was für ein irres Gefühl! Das erste Mal war wunderbar. Pauli, du bist für mich der beste Liebhaber auf der ganzen Welt."

„Danke für das Kompliment. Du hast es mir leicht gemacht, dich zu verführen, weil du mir vollkommen vertraut hast. Ich wusste, dass ich dein erster Liebhaber bin, und habe mir gewünscht, dass es schön für uns beide wird. Aber so unfassbar schön, das hatte ich nicht erwartet. Du bist eben ein Naturtalent."

Nach dem Abendessen schlenderten sie Arm in Arm auf schmalen Wiesenpfaden zur Wattseite. Paul beobachtete die Austernfischer, die hier zahlreich brüteten. Ihre markanten Rufe „Kiwiet, kiwiet" erinnerten ihn an das „Srieh, srieh" der Mauersegler. In ihren Flugkünsten allerdings konnten sie mit seinen Lieblingsvögeln nicht konkurrieren. Dennoch mochte er sie, besonders ihre leuchtend roten Beine.

In dieser zweiten Nacht in einem Bett schliefen sie tief und fest. Jula wachte als Erste auf, befreite sich aus seiner Umarmung und ging leise in die Küche. Sie wollte Paul mit einem Frühstück überraschen. Als sie mit dem Tablett am Bett stand, schlief er noch.

„Aufwachen, Langschläfer! Zeit fürs Frühstück."

Paul schlug die Augen auf und reckte sich. Da stand sie triumphierend vor dem Bett in ihrem luftigen Nachtshirt und mit einem großen Tablett, auf dem ein komplettes Frühstück ausgebreitet lag. Sie stellte es in der Mitte des Bettes ab, und sie setzten sich gegenüber. Jula hatte an alles gedacht, es gab heißen Kaffee mit Milch und Zucker, knusprige aufgebackene Brötchen, Butter und Marmelade, sogar zwei Gläser Sekt hatte sie eingeschenkt und den Hochzeitsstrauß in die Mitte gestellt.

„Jula Maleika, wenn du mich weiter so verwöhnst, werde ich …"

Er brach ab, weil er merkte, dass sein Spruch nicht mehr passte.

„… dich eines Tages heiraten", ergänzte sie und lachte. „Du musst dir etwas Neues ausdenken."

Die nächsten beiden Tage war das Wetter wechselhaft. Das hielt sie nicht davon ab, lange Wanderungen am Strand zu machen. Wann immer sich die Sonne zeigte, suchten sie einen geschützten Platz in den Dünen, um sich weiter zu bräunen. Mit den Rädern fuhren sie auch nach Wittdün und zum Leuchtturm, bis sie die Insel von Nord bis Süd erkundet hatten.

An ihrem letzten Tag hatten sie Glück. Es war ein sonniger Tag, und es herrschte Windstille, das gab es nicht oft auf der Insel. Ideales Wetter für einen Badetag. Gleich nach dem Frühstück fuhren sie mit Rucksack und Strandtasche, leicht bekleidet in Shorts und Pulli, an den Strand von Nebel.

Diesmal wandten sie sich nach rechts und gingen kilometerweit Richtung Norddorf, bis zur Biegung, hinter der sie in der Ferne die Strandkörbe ausmachen konnten. Der Badestrand von Nebel hinter ihnen war nur noch mit Mühe zu erkennen. Die Menschen an der Wasserkante waren jetzt bei Ebbe klein wie Streichholzfiguren und schienen sich im Sonnendunst über dem Wasser zu verlieren.

Hier, wo die Insel einen Bogen machte, waren sie ganz für sich allein, wie auf einer verlassenen Insel. Sie hatten so viel Platz, dass sie nicht recht wussten, wo sie ihr Lager aufschlagen sollten. Schließlich entschieden sie sich für die Dünen, wo der Sand besonders fein und weich wie Mehl war.

Paul musste Jula nicht ermuntern, sie zog ihren Pulli wie selbstverständlich aus, um die Sonne an ihren Oberkörper zu lassen, der schon so viel Farbe bekommen hatte, dass die Ränder des Badeanzuges kaum noch zu erkennen waren. Sie fand Gefallen daran, so wie Paul am ganzen Körper braun zu sein.

Paul lag schon in Badehose auf dem Strandtuch, als Jula ihre Shorts auszog. Was darunter zum Vorschein kam, hatte er noch nie an ihr gesehen. Es war ihre alte Sporthose von der Leichtathletik, eine knapp geschnittene Hose aus schwarzem Stoff, die sie zu Beginn ihrer Sprinterkarriere bekommen hatte, als sie vierzehn war.

Sie war längst aus dieser Hose herausgewachsen. Es machte ihr nichts aus, dass sie zu eng saß und inzwischen viel zu klein war. Sie liebte diese Turnhose, mit der sie so schnell wie der Wind war.

Als Paul zu ihr aufschaute, an den langen Beinen entlang bis zum Nabel, der den flachen Bauch schmückte, den langen Oberkörper hinauf bis zu den makellosen Brüsten und von dort in ihr lachendes, unschuldiges Gesicht, wurde ihm etwas klar.

Sie ist viel mehr Kind, als er gedacht hatte, ein großes Mädchen, das langsam erwachsen wurde, ohne es eilig damit zu haben. Ihre kindliche Unbefangenheit faszinierte ihn.

Vielleicht war es das, was er bei der ersten Begegnung tief in seinem Innern gespürt hatte. Sie sah aus wie eine junge Frau, wirkte auf ihn aber wie ein Mädchen, das die Welt im Zeitlupentempo erobern wollte. Das mochte der Grund dafür sein, dass sie sich ihrer Ausstrahlung nicht bewusst war. Die spontanen Blicke, die sie immer wieder wie ein Magnet auf sich zog, waren zu kurz, um von ihr bemerkt zu werden.

Ihr war sein neugieriges Gesicht nicht entgangen. Sie versuchte, die Hose in die Höhe zu ziehen, mit geringem Erfolg. Der Stoff vermochte nicht den gesamten Po zu bedecken. Ihre vergeblichen Bemühungen erheiterten ihn, er fand, dass ihre knappe Hose perfekt zu ihrem frechen Körper passte. Sie musste nichts ändern.

„Heute trägst du weniger Stoff als ich", sagte er lachend.

„Aber mehr Schmuck als du", konterte sie und zeigte auf ihre Halskette.

Mit dem Baden wollten sie noch warten, bis die Flut das Wasser zurückbrachte. Paul spürte die Kraft der Sonne auf der Haut und überlegte, wie er einen Schattenplatz bauen konnte. Er ging auf Treibholzsuche, fand einige Bretter und eine Palette. Die schleppte er in die Dünenmulde. Während Jula in der Sonne schmorte, baute er ein Sonnendach, unter dem sie sitzend Schatten finden konnten.

„Jula, schau mal, was ich gebaut habe."

Sie drehte sich um und klatschte anerkennend in die Hände.

„Pauli, du bist ein toller Baumeister. Ich kann jetzt gut eine Sonnenpause gebrauchen. Und Appetit habe ich auch schon."

Unter dem Treibholzdach verspeisten sie Joghurt und Früchte. Danach streckten sie sich aus, der Oberkörper blieb im Schatten, die bereits gut gebräunten Beine lagen in der Sonne. Ein Sonnenbrand war nicht zu befürchten.

Nach der Mittagspause war die Wasserlinie deutlich näher gerückt. Zeit zum Baden. Weit und breit keine Menschenseele, als sie ihr Handtuch am Wasser ablegten.

„Wollen wir nackend baden?", fragte Paul.

„Gute Idee, dann brauchen wir unsere Hosen nicht zu trocknen."

Sie wateten durchs flache Wasser, bis sie eine tiefere Stelle fanden, wo sie zwar immer noch stehen konnten, es aber zum Schwimmen reichte. Es war Jula, die ihre Badefreuden abrupt beendete.

„Wer zuerst bei den Handtüchern ist", rief sie und rannte los.

Er versuchte sie einzuholen und merkte, wie schnell sie war. Vor ihm spritzte das Wasser um ihre Beine. Sie lief im Stil einer Sprinterin, mit raumgreifenden Schritten und weit schwingenden Armen. Ihre wippenden Brüste konnte er nicht sehen, dazu hätte er sie einholen müssen.

„Gewonnen!", sagte sie triumphierend.

„Jula Maleika, wenn du weiter so schnell rennst, wirst du mir eines Tages weglaufen."

Sie lachte und gab ihm einen Kuss. Dann zeigte sie in Richtung seines Bauches und kicherte wie ein junges Mädchen.

„War das Wasser zu kalt? So klein habe ich dich noch nie gesehen."

Schnell schlüpfte er in seine Badehose, während sie der Sonne Zeit gab, ihren Körper zu trocknen, ehe sie sich in die Sporthose zwängte. Es machte ihr offensichtlich Spaß, ihn zu necken. Er überlegte, wie er sich revanchieren könnte, und da fiel ihm etwas ein.

„Nun weiß ich, warum du noch keinen festen Freund hattest. Keiner war schnell genug, um dich einzufangen."

Sie sagte nichts dazu, wusste ja auch, dass er scherzte. Sie hatte eben warten wollen, bis der Richtige kam, den wollte sie heiraten. In diesem Punkte war sie hoffnungslos romantisch gewesen, und heute war sie glücklich darüber.

Zur Kaffeezeit labten sie sich an Kuchen und Kakao, den sie direkt aus der Flasche tranken. Die Schatten wurden länger, ihr Strandtuch, das sie unter dem Sonnendach ausgebreitet hatten, lag nun voll im Schatten. Paul blieb dort liegen, er hatte genug Sonne abbekommen, während Jula ihr Handtuch in die Sonne legte, um bei der Bräune auf der Bauchseite noch etwas nachzuhelfen.

Er lag auf dem Rücken, die Arme unter dem Kopf verschränkt, und überlegte, was sie am letzten Abend machen könnten, als Jula in den Schatten kam. Sie setzte sich auf seinen Schoß und sah ihn fragend an.

„Worüber denkst du nach?"

„Wollen wir heute Abend essen gehen?"

„Oh, ja! Das finde ich toll. Dann brauchen wir gar nichts mehr einzukaufen."

Sie redete weiter, und dabei geriet ihr ganzer Körper in Bewegung. Er hörte nicht mehr richtig zu, denn unten tanzte ihr Po, und oben wippten die Brüste, darüber ihr sprechender Mund. Alles in Bewegung, das liebte er so an ihr.

Eine Welle der Erregung erfasste ihn, er musste sie berühren und ließ seine Hände von der Taille zu den Brüsten wandern. Unter sich spürte sie die Kraft in seinen Lenden. Sie beugte sich zu ihm herab, um ihn leidenschaftlich zu küssen. Es bedurfte keiner Worte, ihr Kuss verriet ihre Wünsche.

Sie hatten es eilig, ihre Hosen auszuziehen, streichelten sich fordernd, wollten schnell zueinander. Jula setzte sich auf seinen Schoß, nahm ihn in sich auf und begann sich zu bewegen, drückte ihn in den weichen Sand und hob wieder ab. Er folgte ihren Bewegungen. Seine Knie hatte er angewinkelt, damit sie sich mit den Händen abstützen konnte. Sie kostete die Freiheit, oben zu sitzen, voll aus, bewegte sich in ihrem eigenen Rhythmus, so wie es ihr gefiel.

Paul schaute in ihr Gesicht. Sie hatte die Augen geschlossen, er konnte erkennen, wie sich die Lust ausbreitete. Ihre Brüste hatten sich dem Rhythmus angepasst und wippten aufreizend in seinem Blickfeld. Es steigerte seine Erregung, ihren Körper beim Liebesspiel aus der liegenden Perspektive zu beobachten.

Er sah den leicht geöffneten Mund, aus dem die Melodie ihrer Lust erklang, die ihm immer vertrauter wurde. Als die Töne sich zu überschlagen begannen, schloss er die Augen, um sich von seinen eigenen Lustgefühlen treiben zu lassen. Für Augenblicke fühlte er sich entrückt, willenlos, wie ein führungsloses Boot, das von Wind und Wellen getrieben wird. Als Jula mit einem lang gezogenen Schrei die Schwelle zur höchsten Lust durchbrach, war er auf dem Wellenkamm angekommen und rauschte befreit in die Tiefe.

Ermattet fiel sie auf ihn, blieb eine Weile schwer atmend liegen. Sie hatte sich völlig verausgabt. Ihre Haut glänzte. Er legte seine Arme um sie, hielt sie fest. So lagen sie regungslos, zwei verschmolzene

Körper, aus denen das Feuer langsam entwich. Paul atmete Julas Duft ein, er roch wild und süßlich, ein Hauch von Marzipan.

Sie mussten ihr Glück nicht in Worte fassen. Der Strandtag war von Anfang bis Ende ein einziger Traum gewesen, und sie hatten ihn mit einem unvergleichlichen Liebesakt ausklingen lassen.

Paul hob Julas Kopf von seiner Brust. Sie schaute ihn dankbar an und legte ihren Finger auf seinen Mund. Er sollte nicht sprechen in diesem Moment, nur liegen bleiben und schweigen.

Zum Abendessen machten sie sich schick. Sie hatten ihre Vermieterin gefragt, wo man gut essen könne, und diese hatte ihnen ein Restaurant in Nebel empfohlen.

Paul trug ein langärmeliges weißes Hemd und eine dunkle Hose. Jula zog ihr helles Sommerkleid an, das Paul besonders mochte, darunter einen kurzärmeligen beigefarbenen Pulli, zu dem der Halsschmuck mit blauem Stein perfekt passte. Die Sonnenbräune auf ihren Beinen wurde durch den hellen Stoff des Kleides noch betont, und ihre schlanken Füße, die nur in Sommersandalen steckten, waren ebenfalls gut gebräunt.

Als sie das Restaurant betraten, erwartete sie eine Überraschung. Das Personal und die Gäste applaudierten stehend, während sie zu einem Tisch geführt wurden, auf dem eine Flasche Champagner stand und eine Kerze brannte. Ihre Vermieterin hatte dem Besitzer einen Tipp gegeben.

„Welch ein Empfang!", sagte Jula.

„Ja, ich glaube, wir haben das richtige Ziel für unsere Hochzeitsreise ausgesucht. Es war von Anfang an traumhaft, und wir haben uns beide auf der Insel heimisch gefühlt, so wie heute Abend. Danke an deine Mutter, die uns dieses unvergessliche Hochzeitsgeschenk gemacht hat."

Sie blätterten in der Speisekarte bis zur Seite mit den Desserts. Dort wurde Paul als Erstes fündig. Friesenwaffel mit Vanilleeis und Himbeeren.

„Jula, heute Abend schauen wir mal nicht auf die Preise. Wir bestellen einfach das, worauf wir Appetit haben. Einverstanden?"

Der Kellner kam an ihren Tisch und beschrieb die einzelnen Gerichte, welche sie in die engere Wahl gezogen hatten. Dann öffnete er die Champagnerflasche und schenkte ein. Er ließ ihnen Zeit zu wählen, fragte zwischendurch nach ihren Unternehmungen auf Amrum, und nebenbei notierte er ihre Essenswünsche.

So lecker hatten sie noch nie gespeist. Es war schön, sich verwöhnen zu lassen. Als sie beim Nachtisch angelangt waren, ging der Champagner zur Neige, und Jula hatte einen leichten Schwips.

„Verflixter Champagner!", sagte sie, als ihr eine Himbeere vom Löffel auf die weiße Tischdecke rollte.

Sie lachte fast ununterbrochen, am meisten über sich selbst, und flirtete verliebt und hemmungslos mit Paul.

„Jula Maleika, wenn du mir weiter so schöne Augen machst, werde ich dich zum Nachtisch verspeisen."

„Warte mal, Paul, ich wollte dir etwas sagen, was ich mich bisher nicht getraut habe", begann sie, jetzt etwas ernsthafter. „Als wir auf Hochzeitsreise gingen, dachte ich, wenn wir uns lieben, ich meine körperlich, dann wäre das immer ein und dieselbe Sache. Man macht es mit einem schönen Gefühl, und dann ist es vorbei."

Sie schaute ihn fragend an, ob er verstand, was sie sagen wollte. Er lächelte ihr aufmunternd zu, und sie fuhr fort.

„Ich habe mich unendlich getäuscht. Jedes Mal, wenn wir uns bisher geliebt haben, war es anders, jedes Mal einzigartig und unvergleichlich. Heute am Strand war ich so glücklich, als ich das erkannt habe. Deshalb wollte ich nicht, dass du etwas sagst. Unsere Liebe ist wie eine einzige Melodie in zwei Körpern ... eine Melodie, die wir ständig verändern."

Paul hatte aufmerksam zugehört, es berührte ihn zutiefst, wie sie über ihre Liebe sprach. Jula, das große Mädchen mit dem lachenden Gesicht. Sie hatte auch eine ernsthafte Seite, eine Welt aus geheimen Gedanken, in die sie ihn soeben eingelassen hatte. Er musste die Worte sacken lassen, ehe er antworten konnte.

„Jula, du machst mich sprachlos. Mir fehlen die Worte, um mein Glück zu beschreiben." Er griff über den Tisch und nahm ihre Hand. „Noch nie hat jemand etwas so Schönes zu mir gesagt ... Ich liebe dich."

Beim Verlassen des Lokals zogen sie die Blicke der Gäste auf sich, die fasziniert waren vom Glück, das Jula und Paul ausstrahlten.

Am nächsten Morgen hieß es Abschied nehmen von Amrum. Vom Heck der Fähre aus beobachteten sie, wie die Insel immer kleiner wurde. Schließlich war nur noch der Leuchtturm zu sehen. Pauls Gedanken kehrten zurück auf die Insel, zu den Orten des Glücks. Überall sah er Jula ... sie hatte die Insel für ihn verzaubert.

21

Portugal, August 2010

Die Sommerferien lagen spät in diesem Jahr. Die letzte Augustwoche wollten die Großeltern ihren Enkel ohne seine Eltern an die Algarve mitnehmen. Robin freute sich auf das alte Bauernhaus am Ribeiro do Carriços, seinem Lieblingsfluss mit den unzähligen Steinen, und auf die vertrauten Strände.

„An welchen Strand möchtest du morgen?", fragte der Großvater am ersten Abend, obwohl er die Antwort bereits kannte.

„Bimmelbahnstrand!", kam es wie aus der Pistole geschossen. Der Großvater hatte nichts anderes erwartet.

„Bist du einverstanden, Jula?", fragte er seine Frau.

„Ja, Pauli, du weißt doch, es ist auch mein Lieblingsstrand hier unten an der Algarve. Er erinnert mich sehr an Amrum."

Sie zwinkerte ihm zu, und er wusste, dass sie an ihre Hochzeitsreise auf der nordfriesischen Insel dachte.

Gleich nach dem Aufstehen waren sie aufgebrochen, hatten in der „Padaria" von Santa Lucia gefrühstückt und erwischten eine der ersten, fast leeren Bimmelbahnen für die Fahrt durchs Watt. Der Strand lag menschenleer vor ihnen, sie konnten sich ihren Lagerplatz aussuchen und wählten einen dicht an der Wasserkante.

Als die Sonne höher stieg, brauchten sie eine Abkühlung. Robin ging mit Jula voraus, während Paul seine Badeshorts anzog. Als er ihnen folgte und Jula von hinten anschaute, auf ihren tief ausgeschnittenen Badeanzug, sah er sie vor sich als junge Frau am Strand von Amrum. Er freute sich über ihre gute Figur, die sie dank ihrer sportlichen Aktivitäten zeitlebens behalten hatte. Der vorwitzige Po war immer noch ihr Markenzeichen und ein Blickfang für seine Augen.

Mittagshitze am Strand, das war nichts für die Großeltern, also brachen sie auf, als die Sonne den höchsten Punkt erreicht hatte. Nachdem sie unter der Außendusche Sand und Salz abgespült hatten, schmeckte ihnen der Joghurt mit Schokostückchen und frischen Erdbeeren besonders gut. Im Haus herrschte eine angenehme Kühle, und so blieben sie in der Mittagspause drinnen.

In den heißen Sommermonaten liebten sie alle drei am meisten die Abende, wenn die Sonne an Kraft verlor. Dann saßen sie im T-Shirt an der Hauswand, blickten hinunter ins Flusstal und nippten an einem Lieblingsgetränk. Der Sonnenuntergang, wenn die rote Scheibe hinter den Hügeln verschwand, war für sie allabendlich ein magischer Moment der Stille, so als würde die Natur für einen Augenblick innehalten, um sich auf die Nacht einzustellen.

Dann, noch bevor es ganz dunkel wurde, setzte das Nachtkonzert ein, getragen von Geräuschen, die tagsüber nicht zu hören waren. Die Frösche fingen urplötzlich an zu quaken, als hätte ein unsichtbarer Dirigent das Startzeichen gegeben. Wenig später fielen Grillen und Zikaden mit höheren Tönen ein, und manchmal bereicherte ein Kauz mit einem kurzen Solo die Abendmelodie.

Nach Einbruch der Dunkelheit stellten sich gelegentlich weitere, viel hellere Töne ein, die ganz aus der Nähe kamen, das Sirren von Mücken. An windstillen Abenden konnte das unangenehm werden. Paul blieb ganz entspannt, er wurde wenig gestochen, während Jula und Robin als begehrte Opfer angeflogen wurden. Manchmal neckte er seine Frau.

„Sieh es mal so, Jula, wenn ich Mücke wäre, würde ich auch als Allererstes zu dir fliegen."

Sie lachte über sein eigenwilliges Kompliment und freute sich, dass er nach so vielen gemeinsamen Jahren immer noch „auf sie flog".

Für den letzten Abend des Kurzurlaubs hatte der Großvater eine besondere Gutenachtgeschichte ausgewählt, eine aus der Sammlung seiner sibirischen Märchen.

Mit seiner Lesebrille auf der Nase schlüpfte er unter das Moskitonetz zu seinem Enkel.

„Weißt du, Robin, während meiner Zeit in Sibirien habe ich Mückenschwärme erlebt wie nirgendwo sonst, sowohl tagsüber als auch bei Nacht. Ohne Mückenschutz wären wir gnadenlos zerstochen worden. Das penetrante Summen der Mücken hüllte uns mehrere Sommerwochen lang ein, sobald wir ins Freie kamen."

Robin liebte die abendliche Vorlesezeremonie kurz vor dem Einschlafen. Oft wünschte er sich bestimmte Geschichten, die er schon fast auswendig kannte, manchmal freute er sich, etwas Neues zu hören, so wie heute. Die tiefe weiche Stimme seines Großvaters ließ den Tag in weite Ferne rücken und begleitete ihn sicher in den Schlaf.

Der Großvater hatte das Märchen lange Zeit nicht mehr gelesen. Er konnte sich gut an die Zugfahrt erinnern, damals, im Spätsommer 1950, über Tausende von Kilometern durch die endlose Taiga. Seine Gefühle waren zwiespältig gewesen. Am Anfang überwog der Abschiedsschmerz, dann, je weiter er sich von der Lena entfernte, setzte die Vorfreude auf zu Hause ein.

In dieser Stimmung hatte er zu schreiben begonnen, an dem von Bruno gezimmerten Schreibhocker, ein letztes Mal. Vielleicht spürte er damals schon tief in seinem Innern, dass er nicht recht wusste, wo er hingehörte, wie der Schlittschuhbär in seinem Märchen.

Heute, beim Vorlesen als betagter Großvater, wurde ihm klar, dass er offenbar schon als junger Mensch geahnt hatte, dass es für ihn nicht nur eine einzige Heimat geben würde. In Carriços hatte er in späten Jahren noch ein neues Stück Heimat gefunden. Das lag nicht zuletzt daran, dass der portugiesische Fluss in diesem Dorf aus dem letzten Jahrhundert ihn zuverlässig in seine Kindheit zu entführen vermochte

… und dass sich an diesem Fluss seine ostpreußische Geschichte wiederholte, ein Großvater und sein Enkel, nur dass er jetzt die andere Rolle innehatte.

Er hatte sich lange darüber gewundert, dass er sich in Celle im kleinen Fachwerkhaus weniger heimisch fühlte als im Bauernhaus an der Algarve, obwohl er dort schon seit Ewigkeiten lebte und viele Menschen kannte. Sein neues Zuhause in Portugal zog ihn magisch an, und seit Kurzem kannte er den Grund.

An diesem Ort konnte er vertraute Plätze aus zwei verlorenen Welten wiederfinden, die er vor langer Zeit verlassen hatte und die sich hier auf wunderbare Weise vereint hatten und trotz aller Unterschiedlichkeit miteinander harmonierten. Beide, das heimatliche Ostpreußen mit dem Fluss seiner Kindheit und das sibirische Dorf an der Lena mit dem Felsen der Mauersegler. Seine Heimat lag wie die der Mauersegler an fernen Wassern, die er jederzeit aufsuchen konnte … wie Zugvögel … zielsicher … wann immer seine Gedanken zum portugiesischen Fluss zurückkehrten.

Morgengeräusche. Die Stille, die ihn gewöhnlich umfing, wenn er nach draußen ging, war so intensiv, dass Paul das Summen der Bienen in den Pfefferbäumen als Dauerton hören konnte. Andere Laute drangen nur selten zum Haus, und da sie vereinzelt auftraten, waren sie umso deutlicher wahrnehmbar. Das Bellen eines Hundes, das Gurren eines Taubenpaares, das Gezänk von Spatzen. Ansonsten nur die Melodie der Bienen.

Heute war es anders. Als Paul auf den Balkon trat, spürte er sofort eine Veränderung in der Geräuschkulisse. Die Luft schien zu vibrieren, lautlos zwar, aber doch spürbar. Und dann sah er das Schauspiel der Vögel am Felsen, wo sie auf geräuschlosen Schwingen die Luft zerschnitten, bereit für den Abflug nach Afrika.

Wie gebannt starrte er zum Gegenhang, wagte nicht, sich zu bewegen, aus Angst, er könnte die Flugschau der Vögel stören. Vorsichtig zog er sich ins Haus zurück, und hatte es nun eilig, seinen schlafenden Enkel zu wecken.

„Robin, wach auf! Ich muss dir was zeigen. Beeil dich!"

Im Nu sprang er aus dem Bett, eben noch schlafend, nun hellwach, sekundenschnell, so wie nur Kinder es können. Die Aufregung in der Stimme seines Großvaters wirkte besser als jeder Wecker. Einträchtig saßen sie nebeneinander, im Rücken die dicke Steinwand des Bauernhauses ... schweigsam wie vor vier Jahren ... blickten über die vertrockneten Gräser des Hausberges hinweg, die in der Morgensonne golden schimmerten, zum gegenüberliegenden Hang, wo die eleganten Segler sich zu optimalen Formationen für ihren Abflug sortierten. Staunend schauten sie zu, ließen die Stimmung auf sich wirken. Es gab nichts zu sagen, in diesen Momenten, wo sie doch beide glücklich waren.

In die Stille hinein, die Stimme des Großvaters, die seinen Enkel unvorbereitet traf.

„Weißt du, warum wir sie Leenja genannt haben?"

Robin zögerte mit der Antwort. Er erinnerte sich an seine eigene Frage, die er vor langer Zeit gestellt und die sein Großvater genau so formuliert hatte. Inzwischen kannte er so viele Geschichten über Lenya, dass es ihm nicht schwer fiel zu antworten.

„Ohne Lenya würde es mich nicht geben", sagte er scherzhaft und wurde dann ernst. „Ich weiß, Bapu, dass Lenya dir das Leben gerettet hat. Du bist ihr dankbar dafür. Als du deine Tochter Leenja genannt hast, war klar, dass du Lenya niemals vergessen würdest."

Der Großvater schaute Robin an und nickte zustimmend. Besser hätte er es auch nicht formulieren können. Dann galt ihre Aufmerksamkeit wieder den Vögeln.

Beim Anblick der wegziehenden Mauersegler befiel ihn ein merkwürdiger Gedanke. Ob Mauersegler ein Gefühl für Heimat besaßen, ob sie sogar von Heimweh befallen wurden so wie er? Irgendetwas musste es doch geben, das sie auf magische Weise immer an den gleichen Ort zurückkehren ließ. Vielleicht lagen seine und die Gefühlswelten der Vögel gar nicht so weit auseinander. An der Algarve war er ebenso wie die Mauersegler heimisch geworden. Selbst in Sibirien hatte er über die Jahre ein Fleckchen Heimat gefunden … am Felsen der Mauersegler.

Märchen hinterm Stacheldraht

Berlin, Oktober 1990

Der Tag der Deutschen Einheit sollte für Paul aufregend werden, nicht wegen des historischen Ereignisses, das rückte an diesem Tag in den Hintergrund. Am Rande der Feierlichkeiten in Berlin war ein Treffen mit seinem Sohn Pawel-Wanja geplant. Lenya hatte alles in die Wege geleitet und Paul rechtzeitig eingeweiht.

In all den Jahren war der Briefkontakt zwischen ihnen nicht abgerissen. Paul schrieb ihr regelmäßig zu Weihnachten, und sie antwortete im Laufe des Jahres. So erfuhren sie in groben Zügen, was im Leben des anderen passierte.

Paul hatte ihr von seiner Heirat mit Jula berichtet und dem Berufseinstieg in Celle, von ihrer Wohnung in der umgebauten Werkstatt des Großvaters und vom Kauf ihres ersten Autos. Nach der Geburt ihrer beiden Kinder, Peter 1961 und Leenja 1963, schickte er ihr wieder kleine Märchen, die er sich für seine Kinder ausgedacht hatte. Er merkte von Jahr zu Jahr, dass sein Russisch schlechter wurde, und kaufte sich ein neues Lexikon.

In ihren Briefen ließ Lenya ihn an der Entwicklung ihres Sohnes teilhaben. Er war ihr Lebensinhalt geworden, und sie beschrieb ausführlich, was Wanja im Laufe eines Jahres alles anstellte. Als er 1961 eingeschult wurde, konnte er bereits lesen und schreiben. Er war genauso ein Sprachtalent wie sein leiblicher Vater.

Nach der 8. Klasse wechselte er die Schule und zog von Sangar nach Jakutsk. Das war ein bedeutender Einschnitt in ihrem Leben. Er besuchte ein Internat, und Lenya wohnte manchmal wochenweise bei

Grischkos Mutter in Jakutsk, um in der Nähe ihres Sohnes zu sein. Er war mit seinen 14 Jahren inzwischen ein hoch aufgeschossener Junge, der seinem Vater Pawel von der Figur her immer ähnlicher wurde. Nur das Gesicht blieb rund wie das der Mutter.

In einem ihrer Briefe erwähnte Lenya Pauls Märchen, die sie zu Weihnachten stets hervorholte. Als Wanja alt genug war, begann sie ihm einzelne Märchen vorzulesen. Er wollte sie immer wieder hören, sodass er sie bald auswendig konnte. Am meisten liebte er das Märchen vom Schlittschuhbär.

Kurz vor seinem Schulwechsel in die Großstadt war sie mit ihm zum Felsen der Mauersegler gegangen, hatte ihm das Märchen vorgelesen und ihn über seinen leiblichen Vater aufgeklärt. Er war überrascht, aber nicht erschüttert gewesen und wollte mehr über den deutschen Vater wissen. Die Märchen bekamen nun, da er wusste, wer sie geschrieben hatte, eine noch größere Bedeutung. Mithilfe des Lexikons, das Paul Lenya zum Abschied geschenkt hatte, begann er die deutsche Version zu lesen, seine erste Begegnung mit der deutschen Sprache. Nach Beendigung der Schule wusste Wanja, was er studieren wollte: politische Wissenschaften mit Schwerpunkt Deutsch.

Als Treffpunkt hatte Wanja ein Buchcafé in Ostberlin ausgesucht, eine gute Wahl, wie sich später herausstellen sollte. Paul traf viel zu früh im Buchladen ein. Die Straße „Unter den Linden" war an Feiertagen wie diesen sehr belebt, und er setzte sich im Café an einen Tisch, von dem aus er den Eingang beobachten konnte. Auf dem Bürgersteig vorm Café strömten pausenlos Menschen vorbei, wie auf einem Fließband. Nur selten löste sich jemand aus der Masse und kam herein. Paul war sich ziemlich sicher, dass er Wanja sofort erkennen würde.

Die Begegnung mit seinem Sohn erschien ihm unwirklich. Vielleicht auch deswegen, weil niemand aus seiner Familie von dessen Existenz wusste. Es fühlte sich an wie ein Geheimtreffen. Er dachte an Jula und seine beiden Kinder, denen er bisher nichts von ihrem

Halbbruder erzählt hatte. Er nahm sich fest vor, dass er nach dem Treffen mit Wanja die nächste Gelegenheit nutzen würde, um seiner Frau und seinen Kindern die Geschichte zu erzählen.

Seiner Mutter hatte er kaum etwas von der Lagerzeit anvertraut, schon gar nichts von seiner innigen Beziehung zu Lenya. Er glaubte nicht, dass sie ihn verstanden hätte. Und Julas Mutter hatte er auf keinen Fall damit belasten wollen. Dann waren beide Mütter kurz nacheinander gestorben, zunächst Pauls Mutter 1982 und dann, zwei Jahre später, Julas Mutter. Es half heute nichts mehr, sich Gedanken darüber zu machen, ob seine Entscheidung, nichts preiszugeben, richtig gewesen war.

Als ein schlanker, dunkelhaariger Mann mit Diplomatenkoffer das Café betrat, wurde er aus seinen Gedanken gerissen. Augenblicklich wusste er, dass es Wanja war, denn dieser hatte unverkennbar Lenyas rundes Gesicht. Paul konnte sich ein Lächeln nicht verkneifen und begrüßte seinen Sohn mit Handschlag.

Als sie sich dann am Tisch gegenübersaßen, brauchte es Zeit, ehe eine Unterhaltung in Gang kam. Paul wollte gerne auf Deutsch mit seinem Sohn sprechen, weil er sich in der russischen Sprache nicht mehr so sicher fühlte.

„Ich würde dich gerne Wanja nennen, so wie deine Mutter", begann er, „und du kannst mich Pawel nennen, das ist der Spitzname, den Lenya mir gegeben hat."

Sein Sohn war einverstanden. Er winkte den Kellner herbei, damit sie bestellen konnten. Dann wandte er sich an Paul.

„Pawel, du bist also der Grund für meinen Doppelnamen Pawel-Wanja." Er lachte spontan, wie seine Mutter. Dann fügte er ernsthaft hinzu: „Ich freue mich, endlich meinen zweiten Vater kennenzulernen, den Märchenschreiber. Eigentlich bist du ja mein erster Vater, meine Mutter sagt stets, ich hätte zwei Väter."

Der Kellner brachte die Getränke und lenkte sie kurzzeitig ab.

„Das mit den beiden Vätern sehe ich genauso wie Lenya. Dein russischer Vater war ein besonderer Mann. Zu Beginn der Lagerzeit habe ich ihn bewundert, später war ich mit ihm befreundet. Grischko und Lenya waren für mich ein Traumpaar, ihre Liebe war unerschütterlich."

Paul machte eine Pause, um den eigentlichen Punkt anzusprechen, seine Vaterschaft.

„Das mit Lenya und mir, das war etwas Besonderes. Selbst heute kann ich es dir nicht richtig erklären. Als wir Abschied voneinander nehmen mussten, saßen wir an meinem Lieblingsplatz, dort, wo die Märchen entstanden sind. Du kennst den besonderen Ort, schräg gegenüber vom Vogelfelsen. Als die Nacht anbrach, war der Abschiedsschmerz unerträglich. Mit Worten konnten wir ihn nicht aufhalten … da haben wir uns geliebt … wir haben uns geliebt, weil wir uns festhalten wollten."

Wanja saß ihm gegenüber und schmunzelte.

„Danke, dass du mir das erzählt hast. Die Version meiner Mutter klingt ganz ähnlich. Ich bin also der kleine hellbraune Bär, der zwischen Vater und Mutter hin- und herpendeln muss. Deine Märchen haben mich schon als kleines Kind beeindruckt. Heute, nachdem ich weiß, dass du sie geschrieben hast, sehe ich sie noch einmal mit anderen Augen."

Er unterbrach sich, um einen Schluck aus der Tasse zu nehmen, dann fuhr er fort.

„Vielleicht haben sie mich stärker beeinflusst, als ich angenommen habe. Denn schließlich lernte ich an der Uni in Jakutsk während meines Studiums im Fachbereich Politik auch die deutsche Sprache. Du wirst dich wundern, was mich heute nach Berlin geführt hat. Ich bin 1985 nach Moskau berufen worden, wo ich eine Anstellung im

Außenministerium bekam. Als die Verhandlungen über die deutsche Einheit begannen, wurde ich ins Gremium berufen, das die Verträge für die Ratifizierung bearbeitete. So habe ich einen kleinen Beitrag zur deutschen Einheit geleistet und wurde deshalb zu den Feierlichkeiten nach Berlin eingeladen."

„Ich bin stolz auf dich, Wanja. Aber noch mehr freue ich mich, dass wir uns dadurch treffen konnten. Hast du eigentlich Familie?"

„Ich habe eine Freundin in Moskau. Wir überlegen zu heiraten, wissen aber noch nicht, wo wir leben wollen. Entweder gehen wir zurück nach Jakutsk, um in der Nähe meiner Mutter zu sein, oder wir bleiben in Moskau. Dann würden wir meine Mutter nach Moskau holen."

„Weißt du, Wanja. So wie ich Lenya kenne, wird sie niemals ihre sibirische Heimat verlassen. Moskau ist keine gute Idee."

Sein Sohn nickte, er wusste es im Grunde auch. Er wechselte das Thema, griff nach seinem Aktenkoffer und ließ den Schnappverschluss aufspringen.

„Ich habe dir etwas mitgebracht, ein Geschenk von Lenya. Sie hat lange damit gewartet. Durch meine guten Kontakte in Moskau und nach Ostberlin konnte ich ihr helfen, ihren Wunsch umzusetzen."

Bei diesen Worten zog er zwei Bücher heraus, die er über den Tisch reichte.

Paul schaute auf das Deckblatt, eine Flusslandschaft mit Mauerseglern. Wunderschön. Seine Augen wanderten zur Schrift am oberen Rand. Er konnte es nicht glauben, da stand sein Name, „Paul Schlokat", darunter der Titel, einmal in Deutsch und einmal in Russisch. Er las den Titel auf dem deutschen Exemplar.

»MÄRCHEN HINTERM STACHELDRAHT«

Ungläubig schaute er zu seinem Sohn, der ihm lächelnd gegenübersaß. Wanja erzählte ihm, dass es für seine Mutter eine Herzensangelegenheit gewesen sei, die Märchen gesammelt herauszubringen.

Paul konnte es nicht fassen, dass die Märchen vom Felsen der Mauersegler es bis in ein Buch geschafft hatten. Er zögerte, es aufzuschlagen.

„Du kannst ruhig reinschauen. Lass dir Zeit. Ich geh derweil in die Buchabteilung, ich muss dort noch etwas nachschauen."

Paul schlug das Deckblatt auf und erblickte als Erstes Lenyas Handschrift. Ein Grußwort von ihr in seinem Exemplar.

»*Für Pawel, der mir vertraut ist*«

Er blätterte in dem Märchenband, das mit einem Vorwort von Lenya begann. Danach seine fünf Märchen, im Original, so wie er sie am Schreibhocker in seiner besten Handschrift zu Papier gebracht hatte. Er wollte beginnen, das Vorwort zu lesen, als Wanja zurückkam.

„Komm mit nach hinten zu den Büchern. Ich möchte dir etwas zeigen", sagte er aufgeregt.

Sie gingen die Stufen in die Buchabteilung mit Regalen voller Bücher hinauf, in dessen vorderem Teil ein kleiner runder Tisch mit einem Schild „Zur Deutschen Einheit" stand, vor dem Wanja stehen blieb. Da lagen neben anderen zwei Stapel mit den beiden Märchenbänden. Er kannte inzwischen das Deckblatt, es gefiel ihm, ein Schwarm von Mauerseglern am Himmel über der Lena. Er war überwältigt und fühlte sich geehrt.

Wanja erzählte ihm, wie es dazu gekommen war.

„In allen Buchläden Berlins sind Bücher zur deutschen Einheit gesondert platziert, auch deine beiden Märchenbände. Als Russland dank Gorbatschows Einfluss die Wiedervereinigung entscheidend beeinflusst hat, waren deine deutsch-russischen Märchen hinterm Stacheldraht, die 40 Jahre zuvor geschrieben worden waren, ein eindrucksvolles Zeugnis einer möglichen Völkerverständigung. Ich bin stolz auf dich. Mein Vater ist ein Schriftsteller."

Zurück an ihrem Cafétisch, bestellte Wanja zwei Gläser Sekt, mit denen sie anstießen. „Auf unser Wiedersehen!", sagte Paul und drückte damit auch die Hoffnung auf ein weiteres Treffen aus.

„Ich würde jetzt gerne das Vorwort von Lenya lesen."

Vorwort

In Sangar an der Lena, nördlich von Jakutsk, dort, wo ich lebe, gab es nach dem großen Krieg ein Lager mit deutschen Gefangenen, das von meinem Mann Grischko Rylow geleitet wurde.

Durch einen Zufall lernte ich zwei der Deutschen kennen. Sie waren fast noch Kinder, als wir uns das erste Mal begegneten, gerade 19 Jahre alt. Mein Mann hatte sie zu unserem Haus geschickt, um den Garten neu anzulegen. Der eine, Bruno, war handwerklich sehr begabt, der andere steckte voller Ideen und erwies sich als sehr kreativ bei der Anlage des Gartens. Ich nannte ihn „Pawel", sein richtiger Name lautet Paul Schlokat.

Pawel, dieser verträumte große Junge, hat mich vom ersten Augenblick an fasziniert. Das schwere Schicksal, als Jugendlicher in einem Straflager zu arbeiten, weit entfernt von der Heimat, hat er angenommen, indem er an seinen großen Träumen festgehalten und alltäglich kleine Schritte zu ihrer Verwirklichung unternommen hat.

Sein Russisch war schon recht gut, als ich ihn das erste Mal traf. Wir konnten uns unterhalten, und wenn er etwas nicht verstand, hat er neugierig nachgefragt. Er wollte die russische Sprache perfekt beherrschen, und er war sprachbegabt. Während die anderen Gefangenen mit ihrem Schicksal haderten, nutzte er jede freie Minute und lernte mithilfe eines Lexikons, das ihm sein Großvater geschenkt hatte. Sogar das kyrillische Alphabet eignete er sich an.

Als ich ihn am Ende des Sommers das nächste Mal traf, hatte er enorme Fortschritte gemacht. Er erzählte mir, dass er mit dem

Schreiben auf Russisch begonnen habe. Von meinem Mann erfuhr ich, dass er aufgrund seiner Sprachkenntnisse von Anfang an als Dolmetscher und Verbindungsmann eine wichtige Rolle im Lager eingenommen hatte.

Ende des Jahres war sein erstes Märchen fertig. Er hatte es zunächst in Deutsch verfasst und danach ins Russische übersetzt. Zu der Zeit hatte er sich mit meinem Mann angefreundet, der ihm bei der Überarbeitung der russischen Fassung half.

Zu Weihnachten 1946 schenkte er mir sein erstes Märchen, „Das Mädchen, das die Sterne zähmte". Es hat mich zutiefst berührt, seine kindliche, bildhafte Sprache hat mich sofort in die Märchenwelt entführt und mich in meine Kindheit mitgenommen. Beim zweiten Lesen befiel mich ein Gedanke, der mich nicht mehr losließ. Für die Hauptperson des Märchens hatte er offensichtlich mich als Vorbild gewählt. Ich habe ihn nie danach gefragt, ich wusste es. In dieser Nacht fasste ich den Entschluss, sein Schutzengel zu werden.

Von da an nutzte ich alle Möglichkeiten, um Pawel und seinem Freund Bruno zu helfen. Mein Mann verstand es, meine Hilfe so geschickt zu unterstützen, dass seine Autorität als Lagerkommandant nicht infrage gestellt wurde. Die beiden Jungen kamen nun regelmäßig in unser Haus, und ich konnte sie verwöhnen. Wenn sie ins Lager zurückgingen, waren ihre Taschen mit Proviant gefüllt, den sie vor den Kameraden versteckt halten mussten.

Sehr bald hatten die beiden Freunde eine Sonderstellung unter den Gefangenen, die von den meisten Lagerinsassen aber akzeptiert wurde, weil diese selbst viele Vorteile davon hatten. Selbst als mein Mann sich mit ihnen anfreundete, wurde das Lagerleben davon nicht beeinträchtigt. Pawel arbeitete gegen Ende der Zeit sogar als Sekretär in der Kommandantur und half bei der Auflösung des Lagers.

Für mich folgte eine ausgefüllte Zeit, nachdem ich Verantwortung für Bruno und Paul übernommen hatte. Als Bruno durch einen Unfall bei der Waldarbeit getötet wurde und kurz danach sein Freund schwer erkrankte, brach für mich eine Welt zusammen. Ich wollte nicht zulassen, dass er starb, und begann zu kämpfen wie eine Mutter für ihr Kind. Mein Kampf wurde belohnt. Er überlebte.

Er dankte es mir mit vier weiteren Märchen, die in diesem Märchenband veröffentlicht sind und mit denen er mich immer zu Weihnachten beglückte. Das letzte wurde erst auf der Rückfahrt in die Heimat fertig. Er schickte es mir zu Weihnachten 1950.

Ich habe lange gewartet, ehe ich den Entschluss fasste, die Märchen als Sammlung zu veröffentlichen, in zwei Bänden, in Deutsch und in Russisch. Als in Deutschland und Osteuropa die Grenzen fielen, war ich bereit. Zum Glück hat er mir beim Abschied die deutsche Fassung seiner Märchen geschenkt, so handelt es sich in beiden Bänden um die Originale.

Ich bin unendlich dankbar, dass ich Paul Schlokat kennenlernen durfte, der mich nicht nur mit seinen Märchen beglückt hat. Ich habe niemanden kennengelernt, der so große Träume hatte. Die Welt ein Stück weit besser machen, das wollte er, selbst unter schwierigsten Bedingungen. Seine Märchen aus dem Lager sind beeindruckende Zeugnisse dafür.

Für mich lag der Titel des Märchenbandes auf der Hand. Ich hoffe, dass er Pawel gefällt.

„Märchen hinterm Stacheldraht"

Lenya Rylowa   *Sangar, 1989*

Wanja bemerkte die Tränen, die seinem Vater über die Wangen liefen. Anhand der Erzählungen seiner Mutter hatte er versucht, sich ein Bild von seinem Vater zu machen. Nun, da er vor ihm saß, mit Tränen im Gesicht, entwickelte er erstmals Gefühle für ihn, und er konnte besser verstehen, was zwischen Mutter und Vater in jungen Jahren passiert war. Wie tief musste die Verbindung zwischen den beiden gewesen sein, dass sie ein ganzes Leben überdauert hatte.

Das Café lag verschwommen hinter einem Tränenschleier, als Paul aufblickte. Er dachte an Lenya, und mit diesem Gedankensprung wurde er zu fernen Wassern getragen, an den großen Strom Sibiriens, die Lena ... vom Wasser aus sah er sie ... Lenya ... an der Kante des Steilufers oberhalb der Bachmündung ... klein und verletzlich, mit schwingenden Armen ... wie ein Vogel ... die Mauersegler über ihr schwebend.

Ihr Vorwort hatte ihn tief berührt, weil er zwischen den Zeilen lesen konnte. Sie hatte ihre Liebesgeschichte aufgeschrieben, nur für ihn sichtbar, öffentlich, in einem Märchenbuch, und damit einen Rahmen gewählt, in den ihre Liebe am besten hineinpasste ...

... eine Liebe wie im Märchen.

Nachtrag

Von den Ortsnamen abgesehen, ist *Mauersegler* bis auf wenige Passagen in der Rahmenhandlung frei erfunden.

Der ostpreußische Schauplatz, an dem ein Teil der Geschichte spielt, war das erste Zuhause meiner Frau, welches sie als fünfjähriges Kind mit ihrer Mutter und Tante verlassen musste. Ihre Mutter verbrachte die ersten 43 Lebensjahre in der Elchniederung und erzählte mir und meinen Kindern faszinierende Geschichten aus ihrer Heimat, dem Land zwischen Ruß und Gilge. Es sind ihre realen Erfahrungen, die meine Beschreibungen des ländlichen Lebens rund um die Kleinstadt Kuckerneese und die Abenteuer meiner beiden Romanfiguren entscheidend geprägt haben.

Bei der Vorbereitung auf diesen Roman habe ich mich an die vielen Gespräche mit ihr und anderen Ostpreußen erinnert und mit eigenen Eindrücken verknüpft, die ich während einer Reise ins Memelland gewonnen habe.

Es war hilfreich, dass ich unter meinen Freunden einige gefunden habe, die Ende des Krieges während der Flucht von Russen aufgegriffen und als Jugendliche in Lager verschleppt wurden. Durch ihre Erlebnisberichte konnte ich meine beiden Protagonisten beim Gefangenentransport verschiedene Durchgangslager durchlaufen lassen, die tatsächlich existiert haben, ehe ich sie im tiefsten Sibirien, am großen Strom der Lena, stranden ließ.

Bei meinen Recherchen habe ich einen Ort gefunden, der mir für ein Straflager geeignet erschien. In Sangar, am rechten Ufer der Lena, 200 Kilometer nördlich von Jakutsk, befand sich ein Steinkohlebergwerk, wo deutsche Zwangsarbeiter von Nutzen sein konnten. Hier habe ich gedanklich ein Straflager errichtet.

Das trostlose Lagerleben im tiefsten Sibirien habe ich bewusst aus dem Blickwinkel der beiden jungen Gefangenen geschildert, deren Kreativität und Optimismus beim Überlebenskampf von entscheidender Bedeutung waren. Es liegt im Wesen von Kindern und Jugendlichen an den Zauber zu glauben, welcher der Zukunft innewohnt, jeden Tag aufs Neue und die Hoffnung niemals aufzugeben. Durch meine beiden Romanfiguren wollte ich die Faszination dieses jugendlichen Optimismus zum Ausdruck bringen, der die schrecklichen Umstände des Lagerlebens ein wenig in den Hintergrund drängen sollte.

Die deutsch-russischen Märchen spielen eine wichtige Rolle bei der Schilderung des Gefangenenlebens. Sie sind mehr als nur Schreibübungen zum Erlernen der russischen Sprache. Vielmehr helfen sie der Hauptfigur beim Verarbeiten traumatischer Erlebnisse, und verschaffen den beiden Jungen hilfreiche Kontakte zu Russen innerhalb und außerhalb des Lagers.

Werner Ullrich, 1942 in Berlin geboren, lebt seit einigen Jahren mit seiner Frau Maggie, die in Ostpreußen geboren wurde, als freischaffender Künstler zeitweise in Elmshorn, zeitweise in den Bergen der Algarve.

Nach dem autobiografischen Roman *„Barfuß durch die Kindheit" (2009)* ist *„Mauersegler"* sein zweiter Roman.

„Es gibt keinen besseren Ort, um meine Geschichte zu erzählen, als dieses entlegene Dorf in den Hügeln der Algarve", dachte der Großvater, als er mit seinem Enkel unten am Fluss saß, beim Felsen der Mauersegler. „Es erinnert mich in vielem an das Dorf in Sibirien, wo ich Lenya begegnet bin. Das wird es mir leichter machen, in die Vergangenheit zurückzukehren."

Ein autobiografischer Roman über die Nachkriegszeit

Werner Ullrich

BARFUSS DURCH DIE KINDHEIT

1945 – 1961

Kurzbeschreibung:

Hinter einem dichten Vorhang des Vergessens liegt die Kindheit des Großvaters verborgen.

Erst Pinka löst die Reise in die Vergangenheit aus. Er beginnt zu erzählen, von seinen frühesten Kindheitserlebnissen in einem kleinen Heidedorf, wo er als Flüchtlingskind die letzten Tage des Zweiten Weltkriegs erlebte, wo er unter Hunger und Kälte der ersten Nachkriegsjahre zu leiden hatte, aber noch viel mehr unter der Ablehnung durch die Dorfbewohner, und er denkt an ein Mädchen, das ihn einen Sommer lang verzaubert hat.

Auszug:

Ich kehre zurück an den Bach der Erinnerungen ... setze mich auf einen Fels ... nahe der Quelle. Von hier aus kann ich seinen Lauf gut überblicken ... erkenne die Steine, die meine Geschichten bewahren ... beobachte, wie das Wasser mit ihnen spielt und die Bilder freilegt. Ich beginne zu erzählen ... und als ich meinen Worten lausche, erkenne ich die Melodie meiner Kindheit wieder, die ich tief in mir vergraben hatte ... sie begleitet mich auf meiner Wanderung am Wasser ... und mit jedem Ton geht ein Stück Traurigkeit verloren. Ich schaue Pinka an ... in ihre verträumten Augen ... da weiß ich, dass sie bereits angekommen ist, um an meiner Seite dem Bachlauf zu folgen.

ISBN 978-3-7529-9533-6

www.epubli.de